Tristan Dagron, agrégé et docteur en philosophie, est Directeur de recherches au CNRS. Il est également psychanalyste et docteur en psychologie clinique.

Il est l'auteur de *Pensée et cliniques de l'identité. Descartes, Cervantès, Montaigne* (Paris Vrin, 2019), dont le présent ouvrage est le prolongement.

Le soi subjugué
Servitude volontaire et cliniques de l'aliénation

DANS LA MÊME COLLECTION

Michel FOUCAULT, *L'origine de l'herméneutique de soi. Conférences prononcées à Dartmouth College, 1980*, 2013.

Michel FOUCAULT, *Qu'est-ce que la critique ?* suivi de *La culture de soi*, 2015.

Michel FOUCAULT, *Discours et vérité* précédé de *La* parrêsia, 2016.

Michel FOUCAULT, *Dire vrai sur soi-même. Conférences prononcées à l'Université Victoria de Toronto, 1982*, 2017.

Michel FOUCAULT, *Folie, langage, littérature*, 2019.

Stanley CAVELL, *À la recherche du bonheur. Hollywood et la comédie du remariage*, 2017.

Stanley CAVELL, *La projection du monde. Réflexions sur l'ontologie du cinéma*, 2019.

Aldo Giorgio GARGANI, *Le savoir sans fondements. La conduite intellectuelle comme structuration de l'expérience commune*, 2013.

Ilsetraut HADOT, *Sénèque. Direction spirituelle et pratique de la philosophie*, 2014.

Pierre HADOT, *La philosophie comme éducation des adultes. Textes, perspectives, entretiens*, 2019.

Sandra LAUGIER, *Recommencer la philosophie. Stanley Cavell et la philosophie en Amérique*, 2014.

Todd MEYERS, *La clinique et ailleurs. Anthropologie et thérapeutique de l'addiction*, 2016.

Judith REVEL, *Foucault avec Merleau-Ponty. Ontologie politique, présentisme et histoire*, 2015.

Paolo SPINICCI, *Ithaque, enfin. Essais sur l'Odyssée et la philosophie de l'imagination*, 2018.

Pierre FASULA, *L'Homme du possible*, 2021.

TRISTAN DAGRON

Le soi subjugué
Servitude volontaire et cliniques de l'aliénation

Ouvrage publié avec le concours du Centre national du livre

VRIN | *Philosophie du présent*

Directeurs de collection : Jean-François Braunstein,
Arnold I. Davidson et Daniele Lorenzini

Imprimé en France
ISSN 2270-8669
ISBN 978-2-7116-3059-2
www.vrin.fr

INTRODUCTION

Ce livre traite de la réflexivité et du sentiment de soi, d'un point de vue moral et politique. Il traite aussi de certaines situations qui font obstacle à la capacité de se sentir vivre et exister, et d'en tirer éventuellement du plaisir, une capacité qui constitue, selon Aristote, la marque distinctive de la sagesse. Il y a beaucoup de gens malheureux. Nombreux aussi ceux qui cherchent à exploiter pour leur propre compte la fragilité et la vulnérabilité qui accompagnent le malheur. Sans compter ceux qui, sans être toujours bien lotis, espèrent malgré tout tirer leur épingle du jeu. Ces derniers ne sont sans doute pas les plus sympathiques; c'est pourtant à eux que j'ai consacré le présent travail, et à la forme d'alliance qui les soumet à une autorité dont ils savent pourtant qu'ils n'ont pas grand-chose à attendre. Je me suis appuyé pour cela sur le *Discours de la servitude volontaire* de La Boétie qui traite non seulement des effets politiques de ce consentement, mais également du coût psychique qu'il représente. Je suis parti du principe que ce texte, écrit il y a presque cinq cents ans, proposait sur ces enjeux un éclairage suffisamment saisissant pour nourrir notre réflexion critique, ne serait-ce que par la puissance d'imagination qu'il mobilise. J'ai fait le pari que ces images du passé, pour peu qu'on fasse l'effort de s'en saisir, ne nous éloignent pas tellement de notre actualité, mais peuvent au contraire nous y reconduire et nous permettre de penser le temps présent. Autrement dit, que la tâche de l'historien n'est pas seulement de conserver la mémoire du passé, mais aussi bien de sauvegarder celle du présent.

Le *Discours de la servitude volontaire* d'Étienne de La Boétie (1530-1563) est un texte court, qui, par sa singularité et sa brièveté, mais surtout par la radicalité de sa critique, occupe une place à part dans la pensée politique moderne. Le *Discours* a pour objet un paradoxe, celui de la « servitude volontaire », c'est-à-dire le scandale d'une servitude ou d'une relation de domination qui ne procède pas d'une contrainte extérieure, mais du consentement de la victime transformée en complice de l'injustice qu'elle subit et en instrument de son propre assujettissement. Le « tyran », écrit La Boétie, n'est jamais lui-même assez puissant pour soumettre ses sujets : il ne se maintient que grâce à leur soutien actif ou volontaire. Pour se libérer et se soustraire au pouvoir qui l'opprime, le peuple n'aurait pas à combattre le tyran par la force, mais seulement à cesser de le soutenir : « il ne faut pas lui ôter rien, mais ne lui donner rien ». D'où cette conclusion que le *Discours* propose d'explorer : « Ce sont donc les peuples mêmes qui se laissent ou plutôt se font gourmander [maltraiter], puisqu'en cessant de servir, ils en seraient quittes; c'est le peuple qui s'asservit, qui se coupe la gorge, qui ayant le choix ou d'être serf ou d'être libre, quitte sa franchise et prend le joug : qui consent à son mal ou plutôt le pourchasse » (DSV, 39-40)[1]. C'est sur cette situation paradoxale que je propose ici de revenir, en m'appuyant d'abord sur le texte de La Boétie et sur la tradition éthique et politique qui lui sert de toile de fond.

Le *Discours* ne s'en tient cependant pas à ce constat; il tente d'en exposer les ressorts et les conditions de possibilité. La Boétie se garde en effet de rapporter sans reste la soumission au désir de servitude ou à cette « soif d'obéir » qui caractérisera, par exemple, aux yeux de Gustave Le Bon, la « pulsion grégaire » des foules. Derrière cette thèse, à laquelle on réduit parfois le *Discours*, il y en a une autre. La Boétie entreprend en effet de montrer, à travers le tableau qu'il propose du monde de la « tyrannie », que cette volonté paradoxale de servitude trouve son principe dans la dégradation des liens sociaux et la dissolution de la « chose publique » (*res publica*), qui privent l'individu de son désir de liberté, jusqu'à le déposséder de son « naturel » qui est de « vivre franchement », et « lui faire perdre la souvenance de son premier être, et le désir de le reprendre »

1. Je cite le *Discours* (abrégé DSV) dans l'édition d'André Tournon (Paris, Vrin, 2014).

(DSV, 50). À ce titre, la servitude est dite *volontaire*, non parce qu'elle reposerait sur un consentement conscient et délibéré, mais au sens négatif où elle n'est pas contrainte par la force. Le *Discours* dénonce bien l'injustice et la brutalité du monde de la tyrannie, mais il interroge d'abord les effets de cette violence et son impact sur les individus, la manière dont cette forme de domination vient altérer le rapport à soi et à autrui et conduire à la désorganisation des facultés de connaître et de désirer. Plutôt que d'invoquer la « soif d'obéir », je proposerai dans ce qui suit d'explorer d'autres voies, en rapportant notamment, avec La Boétie, la « servitude volontaire » aux effets de la coutume et de l'accoutumance. Autrement dit, à la transformation de la dépendance normale, au fondement la vie sociale, en une *relation addictive* de soumission activement entretenue par la peur et l'insécurité.

C'est à cette question qu'est consacré l'essentiel de ce travail. Elle m'a imposé une démarche pluridisciplinaire qui, à côté de l'élucidation conceptuelle du *Discours*, propose d'interroger d'un point de vue clinique, au moyen de problématiques issues de la psychologie clinique et de la psychanalyse, l'impact de la réalité sociale sur la vie psychique des individus[1]. Ce double point de vue m'a paru indispensable pour rendre compte du caractère paradoxal et énigmatique de la notion de « servitude volontaire ».

Dans cette perspective, il était intéressant de mettre en regard le *Discours* avec la manière dont nous appréhendons aujourd'hui la question de la *souffrance sociale*, c'est-à-dire d'une souffrance psychique qui trouve son origine dans des situations sociales susceptibles de porter atteinte à l'intégrité et à l'identité de la personne. Ainsi caractérisée, la souffrance sociale peut prendre des formes variées, jusqu'à la décompensation somatique, mais se manifeste le plus souvent par la *honte* associée aux expériences sociales de stigmatisation, de désaffiliation, de marginalisation ou d'exclusion, de mépris ou de déni de reconnaissance : autant d'expériences dans

1. Sur cette perspective, voir T. Dagron, *Pensée et cliniques de l'identité. Descartes, Cervantès, Montaigne*, Paris, Vrin, 2019, dont le présent travail est le prolongement.

lesquelles les individus sont confrontés à des exigences sociales contraires à l'ensemble des représentations fondamentales et des habitudes qui organisent leur rapport à eux-mêmes aussi bien que leur rapport au monde, comme par exemple l'assignation de tâches regardées comme injustes, indignes ou dégradantes[1]. Le sentiment de vulnérabilité identitaire et de précarité psychique qui caractérise la souffrance sociale résulte donc d'expériences dans lesquelles sont mises en échec, et quelquefois même hors service, les défenses ordinaires, collectives ou individuelles, dont dépendent les capacités d'adaptation et de réadaptation du sujet. L'isolement vécu apparaît comme la conséquence de la remise en cause des soutiens identitaires sur lesquels reposent les processus de socialisation grâce auxquels l'individu peut se repérer et se situer lui-même dans son environnement. Cet isolement est aussi la marque d'une atteinte relative à la capacité d'appropriation, qui permet au sujet de faire siennes les situations auxquelles il est exposé et de leur donner la forme d'une expérience vécue compréhensible. Les expériences auxquelles La Boétie fait allusion correspondent assez bien à ce genre de désorganisation et relèvent de processus dont la logique et la cohérence sont « au-delà du principe de plaisir ».

Il est entendu que la réalité sociale qui donne lieu, de nos jours, à ces expériences de précarisation et de désocialisation, apparaîtra très éloignée de celle que La Boétie peut avoir en vue lorsqu'il dénonce les effets de la « tyrannie ». D'un point de vue historique, le *Discours* doit être compris à la lumière du contexte de crise politique associée à l'extension de prérogatives royales et prend par là le sens d'une critique aristocratique du pouvoir monarchique et d'une défense des institutions intermédiaires (juridiques et parlementaires)[2]. Pour

1. Voir E. Renault, *Souffrances sociales. Philosophie, psychologie et politique*, Paris, La Découverte, 2008, p. 313-314.

2. Le *Discours*, vraisemblablement écrit autour de 1548 (selon le témoignage de Montaigne), a circulé sous forme manuscrite jusqu'aux éditions de 1574 et 1576, dans le contexte nouveau des guerres de religion. Sur les sources à la fois structurelles et conjoncturelles du « mécontentement » nobiliaire, voir A. Jouanna, *Le Devoir de révolte. La noblesse française et la gestation de l'État moderne*

autant, les effets qu'il décrit ne se réduisent pas à cette conjoncture particulière. D'abord parce que la « tyrannie » qu'il dénonce n'est ni décrite ni spécifiée, pas plus d'ailleurs que les modalités de la liberté qu'il défend : La Boétie a en vue, écrit-il, « ce qui se fait en tous pays, par tous les hommes, tous les jours », sans plus de précision. L'abstraction du propos fait sa force, mais aussi son ambiguïté. Les illustrations et les exemples, d'abord destinés à frapper l'imagination, sont en général tirés de l'histoire romaine et laissent le lecteur libre de s'approprier ces questions, et surtout de se reconnaître dans le tableau saisissant que La Boétie propose de la « servitude volontaire ». Dans ce qui va suivre, je prendrai appui sur cette généralité un peu énigmatique que le *Discours* partage avec certains songes clairs et distincts, en tâchant de me saisir des restes de cette culture humaniste qu'il mobilise et met en forme, mais également de mettre à contribution le travail d'imagination auquel invite La Boétie. Et auquel aussi, qu'il le veuille ou non, ne manque jamais de se livrer l'historien, même le plus soucieux d'objectivité. Sous cet aspect, il m'est vite apparu qu'une bonne partie de l'efficacité du *Discours* tenait à l'inquiétude et au malaise qu'il fait généralement naître chez son lecteur. Ces effets, il fallait en rendre compte et les intégrer à l'analyse du texte.

S'il est évidemment nécessaire d'aborder cette souffrance du point de vue des transformations les plus récentes du monde social, au plus près de notre actualité, il m'a paru intéressant de prendre les choses autrement et de partir du constat que ces troubles, au-delà des formes spécifiques qu'ils peuvent prendre, n'ont en eux-mêmes rien de nouveau : il n'a pas échappé aux Anciens que les exigences et les contraintes de la socialisation ont un coût psychique, outre les bénéfices éthiques associés à la condition d'« animal politique ». On peut lire ainsi le *Discours* lorsqu'il peint sous des dehors cauchemardesques « ce qui se fait en tous pays, par tous les hommes, tous les jours ». À l'opposé pourtant d'une démarche qui

(1559-1661), Paris, Fayard, 1989. Voir également du même auteur, *Pouvoir absolu. Naissance de l'imaginaire politique de la royauté*, Paris, Gallimard, 2013, qui éclaire l'assimilation sans équivoque de la monarchie à la tyrannie dans le *Discours*.

viendrait banaliser ces atteintes au sentiment d'identité et à la dignité de la personne, La Boétie met en avant des expériences d'injustice et d'humiliation auxquelles on n'accorde que rarement droit de cité, c'est-à-dire un type de souffrance dont le propre est souvent d'être méconnue en tant que telle. C'est que pour lui la « tyrannie », suivant la définition générique et largement indéterminée qu'il en propose, se caractérise d'abord par le *déni de reconnaissance* qu'elle oppose à ces expériences, un déni qui a pour conséquence d'isoler activement l'individu, mais aussi bien de désorganiser, voire de sidérer ses facultés de penser et de désirer. Faute de « s'entre-connaître », les sujets sont privés de la liberté « de faire, de parler, et quasi de penser » : « ils deviennent tous singuliers en leurs fantaisies » (DSV, 65-66). Dans un tel monde, les expressions (en acte, en parole et même en pensée) de la souffrance sont d'emblée disqualifiées : réduites au statut de revendications sans fondement ou de plaintes sans objet, elles peuvent passer pour les productions d'une imagination malade. On peut regarder la « servitude volontaire » comme la conséquence d'une telle situation, c'est-à-dire comme une forme de défense contre ses effets dévastateurs : mieux vaudrait faire alliance avec le tyran que d'être ainsi défait et anéanti.

Ce livre tire son origine d'un travail relevant de l'histoire des idées et de la pensée philosophique qui visait à expliciter les présupposés et les enjeux du *Discours* en le replaçant dans son contexte intellectuel, celui de la réflexion critique et de la tradition éthique de l'Humanisme de l'époque de la Renaissance, nourrie aux sources de la pensée antique. Cette recherche, au plus près du texte, est au cœur des différents chapitres de ce livre. Il m'est cependant apparu intéressant et même nécessaire d'interroger la manière dont les enjeux de la « servitude volontaire » pouvaient être réfléchis également au moyen de nos propres catégories cliniques. On peut se demander aussi comment la réflexion proposée par La Boétie pouvait également contribuer à un travail d'approfondissement de ces mêmes catégories. J'ai conscience que je demande ainsi au lecteur un effort particulier, double : qu'il accepte de s'immerger dans une culture devenue étrangère, et qu'il y reconnaisse quelques-uns des problèmes auxquels le confronte notre monde contemporain.

Sans doute, les formes de domination et d'aliénation relèvent de contextes politiques et sociaux toujours spécifiques, historiquement déterminés. Il en irait de même des représentations qu'ont pu s'en faire les individus, soit pour les justifier, soit pour les soumettre à la critique. De ce point de vue, l'intention de ce travail qui est de montrer comment le *Discours* de La Boétie permettrait aussi bien de penser des formes d'aliénation propres à notre monde contemporain, se heurte d'emblée à l'objection selon laquelle la réalité des rapports de domination et d'exploitation à laquelle avait affaire un homme du XVIe siècle n'a que peu de rapport avec celle d'aujourd'hui.

On pourrait retourner l'argument contre le *Discours* lui-même qui dénonce les transformations de la monarchie de son temps en s'appuyant sur des exemples tirés pour l'essentiel de l'histoire romaine. Ce genre d'anachronisme est pourtant assez courant dans la littérature critique qui assimile parfois le présent à des situations évidemment très différentes empruntées au passé. On comprend l'intérêt du procédé rhétorique qui vise d'abord à *rendre la réalité inacceptable*, et non à produire une description fidèle et circonstanciée de la situation présente. Ce partage entre une critique objective fondée sur une représentation adéquate des conditions de vie et une critique réputée subjective, s'adressant aux affects et à l'imagination, est évidemment justifié. Mais jusqu'à un certain point seulement, dans la mesure où l'on peut aussi comprendre le recours aux affects et à l'imagination comme nécessaire au travail d'objectivation. Et même comme partie intégrante de ce travail.

Il est clair qu'en prétendant dénoncer « ce qui se fait en tous pays, par tous les hommes, tous les jours », La Boétie ne vise pas à produire une analyse concrète, historique, de la conjoncture politique et institutionnelle à laquelle il a pu être directement confronté[1]. Son objet est manifestement ailleurs : ce qu'il interroge d'abord, ce ne sont pas ces conditions objectives ni la forme particulière que prend

1. Devant une telle situation, on peut avoir la tentation (parfaitement légitime) de lire le *Discours* comme un texte à clé, c'est-à-dire en le recontextualisant. D'où l'importance de l'enjeu que représente, de ce point de vue, sa datation exacte. Les questions que je pose ici ont trait à l'opération inverse de décontextualisation manifestement opérée par La Boétie, à sa fonction autant qu'à ses effets.

le rapport de domination, mais plutôt l'impact de ces conditions et de cette réalité sur les facultés de désirer et de penser du sujet, et cette forme particulière de violence sur laquelle repose le lien de tyrannie et de soumission. De fait, ce qui caractérise cette violence et la souffrance qui en résulte, c'est le plus souvent de passer inaperçues en tant que telles. Et, lorsqu'elles se manifestent, de prendre plutôt la forme d'une honte et d'un malaise diffus, d'épisodes de retrait ou de dépersonnalisation, ou encore de s'exprimer par des troubles somatiques. Cette violence vient souvent sidérer et désorganiser les capacités psychiques et mentales d'élaboration et d'appropriation qui permettraient de la transformer en une expérience vécue, partageable et communicable. Une bonne part du conformisme, de la peur et de la résignation qui font obstacle à la colère et empêchent toute révolte constructive tiendrait, à en croire La Boétie, au fait que cette souffrance serait ainsi détournée du reste de la vie psychique : le sujet lui-même paraît en être dépossédé.

On comprend, dès lors, l'intérêt que peut représenter la forme de critique mobilisée par le *Discours*, qui vise moins à produire une représentation adéquate de la situation sociale et politique qu'à seconder ces capacités psychiques (la faculté de penser, mais aussi bien de sentir et de vivre la souffrance) auxquelles porte directement atteinte la violence sociale. À la manière du rêve, cette critique viserait d'abord à organiser, à partir d'un matériau préexistant, emprunté à l'histoire notamment, ce sentiment de malaise et d'étrangeté, à lui donner forme et à transformer ainsi l'expérience subie en une expérience vécue compréhensible. À rendre représentable la dimension traumatique de la violence à laquelle les sujets sont exposés. Pour cela, il ne suffit pas de dénoncer les illusions, au fondement des innombrables justifications destinées à rendre acceptables les effets de la domination, il faut combattre d'abord cette *insensibilisation* sur laquelle repose, aux yeux de La Boétie, la soumission à la tyrannie : de requalifier l'expérience elle-même et les affects qui permettraient de l'organiser et de la vivre. J'interprète pareillement la nécessité de faire du « tyran » un acteur essentiel de la situation décrite par La Boétie. L'intérêt du *Discours* est de mettre en avant ces enjeux que ne manque jamais de rencontrer la pensée critique, y compris la plus circonstanciée, lorsqu'elle entreprend de faire un sort aux effets des rapports de domination. La généralité du propos, son caractère délibérément décontextualisé, permettent précisément d'ajuster le regard et de rendre *perceptibles* ces effets, et *pensables* les processus psychiques sur lesquels ils reposent. Le but d'un tel procédé n'est pas de prétendre que les choses se sont toujours passées ainsi, ou encore qu'il n'y ait rien de nouveau sous le soleil, mais de relancer l'activité réflexive menacée par l'impact traumatique du présent.

Dans la tradition philosophique, le procédé relève de la *mémoire* entendue dans le sens large que lui donne Platon notamment dans le *Phédon* : il y a réminiscence toutes les fois que « voyant une chose ou l'entendant, ou la saisissant par une sensation quelconque, non seulement on connaît cette chose, mais on conçoit en plus une autre chose » (73c). C'est cette conception de l'activité de pensée et de connaissance que mobilise, selon moi, La Boétie dans son *Discours*. Mais qu'il interroge tout aussi bien. La célèbre « doctrine platonicienne de la réminiscence », trop souvent présentée comme une curiosité folklorique, mériterait mieux ici qu'une simple allusion, en ce qu'elle touche au cœur de ces difficultés associées à la souffrance sociale et à la pensée critique. La chose est particulièrement claire dans le *Philèbe*, où Platon assigne à la mémoire la fonction de « sauvegarde de la sensation » (34a), et l'assimile, pour le dire autrement, à un processus qui permet de traiter l'excitation (ou la souffrance) : non de l'évacuer sans reste, mais d'en retenir au moins une partie en vue de la transformer et de la rendre pensable. La sensation est expressément définie par Platon comme une « secousse » (*seismos*), autrement dit par l'impact *traumatique* des objets sensibles capables d'ébranler le corps aussi bien que l'âme. Le sauvetage du présent suppose un travail d'élaboration de ce matériau et s'appuie, selon Platon, sur deux activités psychiques distinctes. La première est analogue à celle d'un « écrivain » (39a) dont la fonction est de transformer en signes (en langage ou en discours) les impressions ou passions de l'âme. La seconde relève de l'imagination : « un peintre succède à l'écrivain et dessine dans l'âme les images de ce que ce dernier a décrit » (39b). Ce peintre intérieur ne représente pas ce qu'ont perçu les sens ni ce qui a eu lieu dans les organes de la perception, mais permet de figurer et de mettre en image le discours et les signes inscrits dans l'âme par l'écrivain. Cette activité de figuration permet ainsi de « voir d'une certaine manière en nous-mêmes les images de ces opinions ou de ces propos ». Seule l'association de ces deux moments constitue cette forme de « connaissance » ou de réminiscence qui permet la « sauvegarde de la sensation ». Penser et transformer les impressions du présent en expérience vécue suppose que le sujet soit d'abord capable de la *rêver*, et de donner par là à cette expérience une forme interprétable, c'est-à-dire communicable et partageable.

Il y aurait beaucoup à dire sur cette définition de la pensée comme sauvetage de la sensation. Elle revient à donner *droit de cité* à l'expérience traumatique de désorganisation psychique, et à insister sur sa nécessaire élaboration. J'ai abordé ailleurs ces enjeux et j'ai l'intention d'y revenir dans un travail plus spécifiquement consacré à la mémoire. En abordant ces questions à partir du *Discours* de La Boétie, j'entends d'abord faire un sort à des situations qui font précisément obstacle à ce travail d'intégration et de symbolisation, en sidérant ou en subjuguant les capacités réflexives du sujet.

Un tel point de vue revient à aborder la problématique de la souffrance sociale à la lumière de « ce qui se fait en tous pays, par tous les hommes, tous les jours ». En m'intéressant d'abord à des processus mentaux finalement assez ordinaires, je cours le risque de me voir reprocher de dissoudre la portée spécifiquement sociale et politique du *Discours* de La Boétie. En un mot, d'en « psychologiser » les enjeux. L'objection, ainsi formulée, est la même que celle que l'on oppose parfois à la notion de « souffrance sociale », aussi bien qu'au traitement psychique des praticiens de terrain, parfois soupçonnés de « dépolitiser la souffrance ». À ces propos ambigus, on peut répondre que la réalité psychique elle-même n'est peut-être jamais que l'effet de la rencontre de l'organisme avec le monde extérieur ou l'environnement, y compris social. Sur un plan plus pratique, l'objection n'est pas sans rapport avec les propos habituels des patients eux-mêmes qui reprochent bien souvent à la psychanalyse son impuissance face aux causes « réelles » (sociales ou somatiques) de leur souffrance, alors qu'on leur promettait aide et soulagement. Dès l'époque des *Études sur l'hystérie*, Freud s'est fait l'écho de cette critique : « Mais vous dites vous-mêmes que ma souffrance est vraisemblablement en corrélation avec les conditions de ma vie et mon destin ; vous ne pouvez rien y changer ; de quelle manière voulez-vous donc m'aider ? » À quoi Freud répondait : « Je ne doute certes pas qu'il serait plus facile au destin qu'à moi d'enlever votre souffrance, mais vous pouvez vous convaincre que beaucoup a été acquis si nous réussissons à transformer votre misère hystérique en *malheur commun* (*Ihr hysterisches Elend in gemeines Unglück zu verwandeln*) »[1]. Cette dernière expression doit être entendue dans un sens fort ; elle renvoie aussi bien aux limites du traitement psychanalytique qu'à l'une de ses visées : mettre fin à l'isolement dans lequel la souffrance psychique enferme le sujet, et rendre possible la transformation de cette « misère » en une expérience non pas banale, mais bien « commune », communicable et partageable, autrement dit la mettre en commun et la resocialiser. À cet égard, la psychanalyse, dans sa pratique, procède de cette vocation fondamentale de la pensée en général, et particulièrement de la pensée critique : *sauver la sensation* en lui accordant droit de cité.

Observation : Inutile d'ajouter que la psychanalyse (malgré la variété de ses écoles théoriques) se distingue par là d'autres pratiques qui visent l'adaptation du sujet à son environnement, c'est-à-dire l'ajustement des fins aux moyens, des objectifs aux ressources, en promettant le paradis de la « réalisation personnelle » ou du plein accomplissement de soi (le bonheur). De manière significative, ces techniques prennent parfois pour modèle l'entraînement sportif (*coaching*), mais pour ne retenir du sport que la recherche de la performance et l'invitation (paradoxale et évidemment absurde) à « se dépasser soi-même » (c'est-à-dire à se sacrifier), jusqu'à

1. S. Freud, *Études sur l'hystérie*, OLC, II, 332 ; GW, I, 311-312.

faire l'apologie de toutes les formes de dopage, sans prendre en considération la réalité même de l'activité sportive qui place d'abord le sujet face à ses propres limites. À leur manière, ces pratiques (en elles-mêmes souvent violentes) reviennent à mettre cyniquement en pratique la devise de Diogène sur laquelle je reviendrai plus loin : *Plutôt la folie que la sensation.*

Le *Discours* de La Boétie montre comment la souffrance elle-même isole et désocialise : toute la question tient à l'issue ou au destin qu'on lui propose, selon qu'on se donne pour tâche de la traiter pour elle-même ou qu'on tente de l'exploiter pour son propre compte.

Pour finir, j'indique que ce livre m'aura accompagné longtemps. Trop sans doute. Mon point de vue sur le *Discours* a changé. À l'époque de ma première lecture, il y a presque vingt ans, j'étais fasciné par la radicalité de la critique de la tyrannie, et d'une tyrannie non pas manifeste mais dissimulée sous une multitude de masques qui la rendent méconnaissable. Le *Discours* rencontrait aussi mon désir de justice et de liberté dont je m'étonnais qu'il ne soit pas plus répandu : je m'étais saisi du tableau de la « fraternelle affection » en y reconnaissant ce rêve d'un monde meilleur, fondé sur l'entraide, la coopération et l'amitié, auquel, comme il me semblait, chacun devrait aspirer. À l'opposé, il y avait le monde de l'avarice et de la cruauté forgé par les complices du tyran que La Boétie voue finalement aux peines de l'enfer. Les choses étaient assez simples et rencontraient ce partage qui organise couramment (et peut-être nécessairement) la pensée politique et critique : il y avait *eux* et *nous* ; d'un côté, ceux qui, comme l'écrit Machiavel, sont gouvernés par le « désir de dominer », et de l'autre ceux qu'anime le « désir de ne pas être dominés ».

La grande question du *Discours* est de savoir pourquoi tant de gens supportent l'injustice et la violence qu'ils subissent. La Béotie n'y répond pas de manière claire et directe. Bien au contraire, puisqu'il s'emploie à mettre en avant une zone d'ombre : l'ambiguïté de ce partage entre *eux* et *nous*. Au point de mettre en déroute ces défenses ordinaires qu'il mobilise d'abord chez son lecteur. S'il fait l'éloge du désir de franchise et de liberté, c'est pour nous avertir que ce désir est moins clair et moins solide qu'il y paraît, et qu'il est finalement hanté par une *potentialité tyrannique* : que le désir d'émancipation est toujours doublé de cette « servitude volontaire » qui l'accompagne comme une ombre. Mon regard sur le *Discours* s'est déplacé pour venir interroger cette fascination qu'il exerce d'abord sur le lecteur. Pour cela, il fallait bien reconnaître la possibilité que La Boétie mobilise lui-même, dans le *Discours*, une stratégie de séduction analogue à celle qu'il dénonce chez le tyran. Ce soupçon est finalement assez conforme à l'esprit du texte. Si le texte met son lecteur dans un état mental un peu particulier, cette forme raffinée de maltraitance n'est pas rare à l'époque de la Renaissance. Le trait, dans le cas du *Discours*, revient à mettre à nu, chez le lecteur lui-même, cette « servitude volontaire » par ailleurs décrite sous des dehors particulièrement noirs, et à lui faire vivre par là une expérience bien désagréable.

Sous cet aspect, le *Discours* opère une sorte de retournement auquel parvient rarement la pensée critique. Plus précisément, il met au jour, avec sa cruelle ironie, une forme de tyrannie que véhicule assez couramment la pensée critique elle-même, lorsqu'elle s'appuie sur les défenses projectives de son lecteur et campe un monde partagé entre les sages et les ignorants, les bons et les méchants, entre l'homme réputé souverain et l'être en proie aux passions tristes : entre *eux* et *nous*, quels qu'ils soient. La Boétie nous apprend aussi cela : dès l'instant où nous mobilisons ce genre de partage, sont réunies les conditions de la tyrannie et de la « servitude volontaire ».

En interrogeant l'effet de fascination produit par le *Discours* et en explorant l'expérience de désorganisation qu'il fait vivre au lecteur, j'en suis venu à rapprocher le texte de La Boétie de la Première Méditation de Descartes et de sa vertigineuse entreprise de remise en question des fondements. Il est entendu que ces textes ne traitent pas de la même chose; ils ont cependant tous deux pour objet un même désir de liberté et d'émancipation. Dans les deux cas, l'idéal de pureté se retourne contre le sujet lui-même. Ce rapprochement n'a bien entendu rien d'évident, mais il m'a conduit à soupçonner une parenté mystérieuse entre le personnage fantomatique du « tyran » dans le *Discours*, dénoncé pour son inconsistance, et le « malin génie » des *Méditations*, ce « trompeur très puissant et très rusé qui emploie toute son industrie à me tromper toujours ». J'ai proposé ailleurs[1] de comprendre cette figure du « malin génie » comme le *double* énigmatique et méconnaissable du sujet méditant lui-même. Il se pourrait que le tyran de La Boétie puisse lui aussi être regardé comme un mal sans visage qui se confond avec le sujet lui-même, se nourrissant pareillement de toutes les forces que l'on tenterait de mobiliser pour le combattre. Dans ce précédent travail, j'ai été amené à mettre l'accent sur la dimension hypocondriaque mise en scène dans la Première Méditation, une *hypocondrie* qui vient altérer aussi bien le rapport au corps propre, réduit à un amas de « choses générales », que le rapport aux pensées et à l'activité de pensée elle-même. Le *Discours de la servitude volontaire* mobilise un sentiment de persécution sensiblement différent : l'expérience qui organise le monde cauchemardesque dépeint par La Boétie paraît plutôt dominée par des angoisses *claustrophobiques*, c'est-à-dire par la terreur associée au sentiment d'être pris au piège d'une situation sans issue. Je pars de l'idée que La Boétie, comme Descartes, peuvent nous inciter à interroger l'idéal d'autonomie par lequel on définit parfois la conception moderne de la subjectivité. Cet idéal n'est bien souvent que le masque d'une injonction à l'identification à l'agresseur.

1. T. Dagron, *Pensée et cliniques de l'identité. Descartes, Cervantès, Montaigne*, Paris, Vrin, 2019.

CHAPITRE PREMIER

SOUFFRANCE SOCIALE ET PRÉCARITÉ PSYCHIQUE

Dans ce chapitre introductif, je voudrais m'arrêter un peu sur la notion de souffrance sociale et sur l'approche pluridisciplinaire qu'elle appelle, à l'articulation de la sociologie, en charge de l'analyse des conditions objectives responsables de ces atteintes identitaires, et de la psychologie clinique dont la tâche est d'évaluer et de traiter l'impact subjectif de ces expériences de précarisation et de désocialisation. Sous cet aspect, cette notion est *ambiguë*. Et cette ambiguïté se retrouve dans les différents dispositifs de prise en charge, eux-mêmes pluridisciplinaires, au croisement du « travail social » et de la « santé mentale ».

J'ai cherché à rappeler, si besoin était, que la distinction entre « réalité sociale » et « réalité psychique » sur laquelle bute la réflexion relative à la notion de souffrance sociale, était largement tributaire de la manière dont se sont historiquement constituées en tant que disciplines indépendantes aussi bien la sociologie que la psychologie. Ces frontières sont bien évidemment nécessaires : s'en priver, au nom d'une « vision globale de l'homme » par exemple, conduit à renoncer à l'ambition *explicative* de ces savoirs qui reposent sur la possibilité d'appréhender les « faits sociaux », aussi bien que les « faits psychiques », « comme des choses ». La nécessité de composer avec ces deux registres de *réalité* présente néanmoins une difficulté particulière, tant sur le plan de la théorie que d'un point de vue pratique. Sans pour autant remettre en question les frontières disciplinaires et méthodologiques, on peut relever qu'elles introduisent une forme d'incertitude quant au référentiel ou au registre d'interprétation qui risque bien de faire vaciller le

« sens de la réalité » sur lequel repose chacune de ces disciplines. Dans la pratique, cette incertitude prend couramment la forme d'une « inversion sémiologique des demandes », en vertu de laquelle, par exemple, le psychologue est sommé de tenir le rôle du travailleur social, et le travailleur social celui du psychologue. Cette confusion mérite qu'on s'y arrête.

Plutôt que d'en tirer argument pour contester ces frontières, il m'est apparu plus intéressant de partir de la manière dont ces disciplines, la sociologie et la psychologie, réfléchissaient chacune, de leur point de vue spécifique, *l'ombre portée par l'autre* : aussi bien l'inscription du psychique dans la réalité sociale que la pénétration du social dans la vie psychique. Comment le souci d'affranchir la sociologie de la psychologie conduisait Durkheim à mettre en avant la contrainte que le social fait peser sur la vie intérieure de l'individu, mais également comment Freud, à sa manière, pouvait reconnaître le fait que « la psychologie individuelle est aussi, d'emblée, simultanément, psychologie sociale ». La prise en compte, dans le champ de la psychanalyse, de la spécificité des dispositifs de groupe, aussi bien que, dans le domaine de la sociologie, l'intérêt porté à des formes de violence irréductibles à la contrainte ordinaire inhérente à la vie en société, relèvent dans les deux cas d'un travail de complexification et d'approfondissement propre à chacune de ces disciplines.

Dans ce qui va suivre, je fais l'hypothèse que ce n'est pas le rapport entre l'« individuel » et le « collectif » qui est premier, mais la manière dont peuvent être mis en regard les enjeux relatifs à la socialisation et ceux qui ont trait à la subjectivation. Une tension au cœur, selon moi, de la notion de « servitude volontaire ».

Narcissisme et identité

On reproche parfois à la psychanalyse le narcissisme de sa théorie : son approche centrée sur la réalité interne et la souffrance psychique interdirait de prendre en compte l'origine sociale de cette souffrance. Cette ignorance aurait pour conséquence de renforcer l'isolement du sujet et finalement la vulnérabilité de l'individu confronté à une situation objective en elle-même désorganisante. Dans le pire des cas, cette approche conduit à interpréter « sous le primat du principe de plaisir » des situations traumatiques subies par le sujet pour lui en imputer la « responsabilité inconsciente ». Faute de reconnaître l'origine extérieure de la violence subie, on risque de faire vivre au patient une nouvelle forme de maltraitance qui vient répéter l'expérience traumatique en l'invitant à prendre la mesure de son « masochisme moral ».

Cette approche a été largement remise en cause avec la clinique des névroses de guerre et la prise en compte de processus « au-delà du principe de plaisir » qui a donné lieu à une complexification de la théorie du narcissisme. Freud en tire les conséquences de cette remise en question dans les premières lignes de sa *Psychologie des foules et analyse du moi* (1921) : la distinction entre la psychologie individuelle et la psychologie sociale, apparemment « très significative », est vouée à être relativisée. Si la psychologie individuelle est bien « réglée sur l'homme pris isolément, et s'attache à savoir par quelles voies celui-ci cherche à accéder à la satisfaction de ses motions pulsionnelles », elle rencontre néanmoins le fait que « dans la vie psychique, l'autre entre en ligne de compte très régulièrement comme modèle, comme objet, comme aide et comme adversaire ». Il s'ensuit que « la psychologie individuelle est aussi, d'emblée, simultanément, psychologie sociale, en ce sens élargi, mais tout à fait fondé ». C'est la raison pour laquelle « le rapport de l'individu à ses parents et à ses frères et sœurs, à son objet d'amour, à son professeur et à son médecin, donc toutes les relations qui jusqu'à présent sont devenues préférentiellement objet de l'investigation psychanalytique, peuvent revendiquer d'être appréciées comme phénomènes sociaux »[1]. Freud les distingue alors de « certains autres processus, [...] nommés narcissiques, dans lesquels la satisfaction pulsionnelle se soustrait à l'influence d'autres personnes ou renonce à elles ». Au moins provisoirement, puisque cette « opposition entre actes psychiques sociaux et narcissiques »

1. S. Freud, *Psychologie des masses et analyse du moi*, 1921, OC, XVI, 5 ; GW, XIII, 73.

ne suffit évidemment pas à « séparer [la psychologie individuelle] d'une psychologie sociale ou psychologie des masses »[1]. Le présent travail repose sur l'idée, développée plus loin dans *Psychologie des masses et analyse du moi*, selon laquelle *le narcissisme peut lui-même être apprécié comme phénomène social.*

Observation : Lorsqu'il traite de la vie des groupes, Freud donne souvent l'impression d'extrapoler à partir de la vie familiale. Et d'une famille suffisamment organisée, fonctionnant plutôt bien[2]. Cette extrapolation est bien entendu problématique. L'approche psychanalytique des groupes modifie cette approche, notamment avec la distinction proposée par Bion entre deux régimes de fonctionnement : celui du « groupe de travail », relevant de la coopération, et celui du « groupe de présupposé de base » qui mobilise des fantasmes primitifs auxquels les individus participent ou contribuent de manière anonyme ou inconsciente. Plutôt que de projeter le monde de la famille dans le domaine social, cette approche conduit au contraire à appréhender le monde de la famille comme lui-même traversé par la tension entre ces deux modalités ou niveaux de fonctionnement. Ici encore, le dualisme permet de se prémunir contre le réductionnisme. Les organisations dans lesquelles nous vivons et nous travaillons fonctionnent nécessairement sur ce double registre : leur noyau réputé sain, qui permet aux individus de coopérer, est toujours flanqué d'un système persécutoire et tyrannique qui menace de l'intoxiquer. Ainsi, au retour de vacances, un patient m'explique qu'il a été enrôlé dans une secte dont il me décrit minutieusement les rouages diaboliques. Comme je le connais, je finis par comprendre qu'il faisait un stage en entreprise.

1. S. Freud, *Psychologie des masses et analyse du moi*, 1921, OC, XVI, 5 ; GW, XIII, 74.

2. Inutile de rappeler que la clinique de la protection de l'enfance confronterait à des situations traumatiques bien différentes. Parmi les travaux sur le sujet, on peut mentionner les recherches cliniques de S. Fraiberg dans *Fantômes dans la chambre d'enfants. Évaluation et thérapie des perturbations de la santé mentale du nourrisson*, Paris, P.U.F., 2012. Sur le fonctionnement de la famille, voir la tentative de modélisation de D. Meltzer et M. Harris : *The Educational Role of the Family. A Psychoanalytical Model* (1976), Londres, Karnac, 2013.

À l'évidence, la prétention de « prendre l'homme isolément » est en soi paradoxale, sinon absurde. Elle n'est méthodologiquement justifiée qu'à condition de se souvenir qu'« une abstraction consiste à isoler une partie de la réalité, non à la faire disparaître »[1]. À condition également de s'interroger sur les effets d'objectivation associés à l'opération mentale d'abstraction, mais également de garder à l'esprit que la méthode elle-même dépend de conditions historiques et sociales particulières[2] : que *l'isolement effectif de l'individu constitue en soi un processus complexe, à la fois social et psychique.*

Le *narcissisme* peut être défini comme un processus de défense du moi confronté à l'expérience de déplaisir, quelle qu'en soit l'origine. Il caractérise d'abord la tendance constitutive du moi à inclure en lui ou à s'introjecter les objets qui s'offrent à lui « dans la mesure où ils sont source de plaisir », mais également à projeter ou à expulser à l'extérieur « ce qui, dans son intérieur propre, lui devient source de déplaisir ». Ce double mouvement a pour effet de reconfigurer les frontières entre le dedans et le dehors :

> Il se change ainsi à partir du moi-réel initial, qui a différencié intérieur et extérieur selon un bon critère objectif, en un moi-plaisir purifié, qui place le caractère de plaisir au-dessus de tout autre. Le monde extérieur se divise pour lui en une part-plaisir qu'il s'est

1. É. Durkheim, « La science positive de la morale en Allemagne » (1887), dans É. Durkheim, *Textes. 1. Éléments d'une théorie sociale*, Paris, Minuit, 1975, p. 274.

2. « Plus on remonte dans le cours de l'histoire, plus l'individu, et par suite l'individu producteur lui aussi, apparaît dans un état de dépendance, membre d'un ensemble plus grand : cet état se manifeste d'abord de façon tout à fait naturelle dans la famille, et dans la famille élargie à la tribu; puis dans les différentes formes de communauté issues de l'opposition et de la fusion des tribus. Ce n'est qu'au XVIIIe siècle, dans la "société civile bourgeoise", que les différentes formes d'interdépendance sociale se présentent à l'individu comme un simple moyen de réaliser ses buts particuliers, comme une nécessité extérieure. Mais l'époque qui engendre ce point de vue, celui de l'individu singulier singularisé, est précisément celui où les rapports sociaux (et de ce point de vue, universels) ont atteint le plus grand développement qu'ils aient connu » (K. Marx, *Manuscrit de 1857-1858. Grundrisse*, trad. fr. J.-P. Lefebvre *et al.*, Paris, Les éditions sociales, 1980, t. 1, p. 18).

> incorporé, et un reste qui lui est étranger. De son moi, il a extrait une part constitutive qu'il rejette dans le monde extérieur et ressent comme hostile[1].

Ce travail de discrimination propre au *jugement d'attribution* en charge de distinguer le bon du mauvais, l'utile du nuisible, Freud le distingue du *jugement d'existence* dont la fonction est de décider si une représentation correspond ou non à une chose qui existe dans la réalité.

La prise en compte, à partir de 1920, de processus qui prennent en défaut le primat du principe de plaisir, appelle une complexification de la notion de narcissisme, dont la tâche n'est plus seulement de protéger le sujet contre l'expérience de déplaisir, mais de permettre au moi de l'intégrer et de se l'approprier. Le travail du narcissisme est alors compris du point de vue plus général d'une « contrainte à la synthèse » par laquelle « le moi tente aussi de supprimer le caractère étranger et isolé du symptôme [de la douleur] en utilisant toutes les possibilités de le lier à lui-même d'une manière ou d'une autre et, par de tels liens, de l'incorporer à son organisation »[2]. Cette compulsion correspond à un caractère fondamental du vivant en général qui tend à transformer ce à quoi il est confronté en une matière appropriée à son métabolisme. Pareillement, au niveau du fonctionnement psychique, le moi, en vue d'intégrer l'expérience de déplaisir et de la lier à son organisation, doit pouvoir s'approprier le surcroît d'excitation, plutôt que de l'évacuer sans reste. C'est la fonction fondamentale que Freud assigne au « masochisme érogène originaire »[3], capable de transformer en libido narcissique ce résidu grâce auquel le moi pourra faire face à l'impact de l'expérience de déplaisir et lui donner la forme d'une « expérience vécue compréhensible », afin de la vivre, aussi bien que de la penser. Ce

1. S. Freud, « Pulsions et destins de pulsions », OC, XIII, 182-183 ; GW, X, 228.

2. S. Freud, *Inhibition, symptôme, angoisse* (1925), OC, XVII, 216 ; GW, XIV, 125-126.

3. S. Freud, « Le problème économique du masochisme » (1924), OC, XVII, 15-16 ; GW, XIII, 375-377.

masochisme vise (selon l'expression de Platon) à la sauvegarde ou au sauvetage de la *sensation*. La contrainte à la synthèse n'est pas sans effet sur le moi exposé au potentiel traumatique de ces expériences : pour en effacer les traces et en dissoudre l'altérité, et prévenir ainsi le risque de « cassure », il lui faudra « se déformer lui-même, en consentant aux pertes quant à son caractère unitaire, éventuellement en se fissurant ou en se divisant »[1].

Ces altérations du moi et du jugement d'attribution relatif au bon et au mauvais, à l'utile et au nuisible, ne sont pas sans rapport avec la manière dont La Boétie propose de réfléchir la servitude volontaire. Ces processus sont même au cœur de la problématique classique de la coutume et des effets de l'accoutumance. La fonction de la coutume comme « seconde nature » est de fortifier l'âme, ou encore de l'insensibiliser contre certains effets de la fortune, mais au prix parfois d'altérations plus étranges du jugement d'attribution, réputées « contre-nature ». Ainsi l'exemple de Mithridate qui, pour prévenir le risque d'empoisonnement, accoutume son corps à se nourrir de poison. C'est à ce genre d'altération que le *Discours* rapporte expressément la servitude volontaire.

Comme le montre cette idée de « seconde nature » (aussi bien que la notion de « contrainte à la synthèse »), le travail narcissique de métabolisation et d'intégration peut se retourner contre le sujet lui-même, en imposant au moi des transformations, des altérations ou des déformations qui risquent de le rendre méconnaissable. Il vise sans doute à protéger l'intégrité du sujet contre l'impact traumatique, mais au prix d'une désorganisation de ses assises identitaires. Mon idée est que la souffrance sociale peut être appréhendée du point de vue de la *tension* entre ces enjeux narcissiques et identitaires.

C'est à une tension analogue que George Devereux proposait de rapporter le difficile équilibre par lequel il propose de définir la « santé mentale » : « À mon avis, la pierre de touche de la santé mentale n'est pas l'adaptation en soi, mais la capacité du sujet à

1. S. Freud, « Névroses et psychoses » (1924), OC, XVII, 7 ; GW, XIII, 391.

procéder à des réadaptations successives, sans perdre le sentiment de sa propre continuité »[1]. Il met en avant ici les limites du relativisme culturel, c'est-à-dire d'une conception finalement très sommaire qui revient à supposer des individus en eux-mêmes incapables de se rapporter à la pluralité de cultures ou d'environnements, et il invite au contraire à regarder l'adaptation rigide à des normes sociales et culturelles comme une forme de défense contre l'angoisse associée à la discontinuité et à la perte d'identité.

Pour autant, à côté de cette fragilité narcissique dont témoignent généralement les formes variées de « repli identitaire », l'idéal d'adaptabilité, de malléabilité ou de flexibilité souvent mis en avant dans le monde du travail, conduit à une autre forme de vulnérabilité par la menace qu'il fait peser sur le sentiment de continuité. À la limite, cet idéal revient à ériger en modèle de comportement des défenses paradoxales caractéristiques de la clinique des « situations extrêmes de la subjectivité »[2]. Ainsi la « renonciation à l'identité »[3] ou encore des stratégies de survie qui peuvent aller jusqu'à cette auto-exclusion que l'on rencontre dans la grande précarité[4].

1. G. Devereux, *Essais d'ethnopsychiatrie générale*, Paris, Gallimard, 1973, p. 73.

2. Voir R. Roussillon, « Les situations extrêmes et la clinique de la survivance psychique », dans J. Furtos et Ch. Laval (éd.), *La Santé mentale en acte. De la clinique au politique*, Ramonville Saint-Ange, Érès, 1995, p. 221-238.

3. G. Devereux, « La renonciation à l'identité : défense contre l'anéantissement », *Revue française de psychanalyse* I, 1967, p. 101-140.

4. Voir J. Furtos, « Souffrir sans disparaître (pour définir la santé mentale au-delà de la psychiatrie) », dans J. Furtos et Ch. Laval (éd.), *La Santé mentale en acte*, *op. cit.*, 1995, p. 9-38, où l'on trouve cette définition : « Il est clair que l'auto-exclusion est corrélée à l'exclusion sociale qui la précède logiquement, en tant que défaillance de l'environnement. Ce syndrome est décrit par certains auteurs sous l'angle de la désocialisation. Choisir ce terme d'auto-exclusion permet de pointer l'activité du sujet humain dans certaines situations où, pour survivre, il est obligé de s'exclure lui-même de sa propre subjectivité. Pour ne pas souffrir l'intolérable, il se coupe de sa souffrance, il s'anesthésie. Pour vivre, il s'empêche de vivre » (p. 21).

Observation : On peut entendre ainsi l'idéal de flexibilité propre au « nouvel esprit du capitalisme », son injonction à l'autonomie (au déni de dépendance) et à « se réinventer soi-même » (la disqualification des identités culturelles et professionnelles). Il pousse inévitablement les sujets vers des formes variées de « radicalisation » identitaire, c'est-à-dire au recours addictif à des artéfacts culturels et sociaux ou à ces débris d'une splendeur passée dont on fait les idéologies aussi bien que les délires. On parle alors parfois de « repli identitaire » pour l'opposer à l'idéal moderne d'autonomie et de liberté. De fait, le phénomène de radicalisation (notamment religieuse) s'appuie sur la défiance, légitime à bien des égards, qu'inspire la dégradation des liens sociaux et des défenses collectives. On omet souvent de relever qu'en lui-même, ce « nouvel esprit », avec son idéal de flexibilité, fait partout la promotion de ces néo-identités et de ces « religions sans culture » (et quelquefois sans dieu avouable) : au point de présenter le rejet des identités constituées (culturelles et professionnelles) comme nécessaire à l'adaptation de l'individu au marché concurrentiel et à sa logique de guerre. Cette forme de désaffiliation est au cœur de l'injonction à endosser la « culture de l'entreprise » et à « s'impliquer personnellement », autrement dit à se soumettre : elle tend finalement à assimiler l'intégration au monde du travail à une forme d'embrigadement sectaire[1]. On peut comprendre alors le phénomène de radicalisation (l'intégrisme en général, le fanatisme et les violences qui l'accompagnent), dont on s'inquiète à juste titre, non comme un rejet mais au contraire comme une forme d'adaptation et d'intégration à un ordre du monde fondé sur une économie de marché prétendument civilisatrice[2].

1. Sur la notion de désaffiliation, voir R. Castel, « Le roman de la désaffiliation : à propos de *Tristan et Yseut* » (1990), repris dans *La Montée des incertitudes. Travail, protection, statut de l'individu*, Paris, Seuil, 2009, p. 299-322. Sur la torture comme technique de désaffiliation, voir F. Sironi, *Bourreaux et victimes. Psychologie de la torture*, Paris, Odile Jacob, 1999.

2. Sur la notion de « religions sans culture », voir O. Roy, *La Sainte Ignorance. Le Temps de la religion sans culture*, Paris, Seuil, 2008. L'auteur défend l'idée selon laquelle le radicalisme religieux contemporain, loin d'être en lui-même un vestige du passé, serait plutôt un produit de la globalisation.

C'est à partir de ces enjeux, au croisement de la problématique psychosociale de l'identité et de la clinique psychanalytique du narcissisme, que je propose de comprendre la « servitude volontaire ».

Socialisation et illusion narcissique

La notion de « souffrance sociale » est ambiguë dans la mesure où elle invite à appréhender les atteintes subjectives sous un double aspect : à la fois du point de vue psychologique, à partir des mécanismes de défense associés aux processus de subjectivation, mais également du point de vue sociologique de l'inscription de l'individu dans son environnement social. Pour peu qu'on lui donne un sens fort, elle constitue un défi pour la sociologie ou la psychologie sociale qui viennent buter sur les enjeux narcissiques de la vulnérabilité identitaire, aussi bien que pour la psychanalyse dès lors qu'elle est appelée à reconnaître la trace de ces objets sur lesquels s'appuie l'expérience de socialisation du sujet, leur ombre portée sur les processus de subjectivation.

La notion de souffrance sociale impose par là une démarche pluridisciplinaire, tant du point de vue de sa prise en charge pratique et de son écoute, que du point de vue théorique nécessaire à sa reconnaissance. En la définissant exclusivement par l'impact des conditions sociales sur l'individu, en tant qu'elle porte atteinte aux processus d'individuation et de socialisation sur lesquels repose la constitution du « moi social », on court le risque de négliger le fait que cette souffrance d'ordre identitaire est d'emblée prise en charge par des mécanismes de défense qui relèvent du travail narcissique et de cette « contrainte à la synthèse » dont parle Freud : une contrainte qui impose au moi de métaboliser ou d'« incorporer à son organisation » ces expériences qui font effraction dans la continuité de la vie psychique, l'obligent à se déformer et à renoncer à une part de son unité. Le « moi social » est ici solidaire du sujet psychique, aussi bien d'ailleurs que du « soi somatique ». C'est à l'intrication de ces problématiques identitaires et narcissiques que renvoie la notion de servitude volontaire, c'est-à-dire l'idée, à première vue étrange, selon laquelle la soumission au rapport de domination est tout à la fois, et sans contradiction, extorquée et spontanée.

Il n'est sans doute pas inutile de rappeler que l'intrication de ces enjeux était au cœur de la définition du « fait social » et de la méthode sociologique chez Émile Durkheim. Définissant la sociologie comme une « psychologie sociale », distincte tant par son objet que par sa méthode de la psychologie individuelle entendue comme étude des faits de conscience, Durkheim relève, dans un article daté de 1900, qu'à ce titre, elle peut revendiquer comme son objet propre une partie importante de la vie psychique des individus. Il avance ainsi que la psychologie devrait être appelée à « se renouveler en partie » sous l'influence de la sociologie : « Car si les phénomènes sociaux pénètrent l'individu de l'extérieur, il y a tout un domaine de la conscience individuelle qui dépend en partie de causes sociales dont la psychologie ne peut pas faire abstraction sans devenir inintelligible »[1].

Caractérisée par son extériorité relativement à la conscience, la réalité sociale constitue une réalité *sui generis*, en elle-même irréductible à la représentation que les individus peuvent s'en faire. C'est sur ce présupposé que se fonde la spécificité de la sociologie. Il faut, écrit Durkheim dans ses *Règles de la méthode sociologique* (1895), « considérer les phénomènes sociaux en eux-mêmes, détachés des sujets conscients qui se les représentent » et « les étudier du dehors comme des choses extérieures »[2]. Le principe de méthode répond d'abord à une exigence d'objectivation. Il signifie également que les faits sociaux « se présentent à nous » par cette qualité, sous la forme d'une contrainte ou d'une pression exercée sur l'individu, autrement dit comme une force ou une « poussée subie » dont le déterminisme se dérobe à l'initiative ou à la volonté du sujet et qui, en tant que telle, échappe largement à la conscience.

1. É. Durkheim, « La sociologie et son domaine scientifique », dans É. Durkheim, *Textes. 1. Éléments d'une théorie sociale*, *op. cit.*, p. 35.

2. É. Durkheim, *Les Règles de la méthode sociologique* (1895), Paris, P.U.F., 1937 ; « Quadrige », 1981, p. 28.

Pour autant, cette contrainte « pénètre l'individu » :

> Qu'un individu tente de s'opposer à l'une de ces manifestations collectives, et les sentiments qu'il nie se retournent contre lui. Or, si cette puissance de coercition externe s'affirme avec cette netteté dans les cas de résistance, c'est qu'elle existe, quoique inconsciente, dans les cas contraires. Nous sommes alors dupes d'une illusion qui nous fait croire que nous avons élaboré nous-mêmes ce qui s'est imposé à nous du dehors. Mais, si la complaisance avec laquelle nous nous y laissons aller masque la poussée subie, elle ne la supprime pas. C'est ainsi que l'air ne laisse pas d'être pesant quoique nous n'en sentions pas le poids[1].

L'objectivation des faits sociaux se heurte à un obstacle épistémologique : à cette « illusion qui nous fait croire que nous avons élaboré nous-mêmes ce qui s'est imposé à nous du dehors », ou encore à cette « complaisance » par laquelle l'individu tend à faire siennes des représentations qui lui viennent de l'extérieur, à les assimiler ou à les métaboliser. Cette forme d'illusion ou d'amnésie repose sur des processus que Freud rapportera au narcissisme, à sa « contrainte à la synthèse », aussi bien qu'à son travail d'effacement des traces de l'expérience vécue (amnésie de la genèse).

Observation : La notion d'agent rationnel et libre repose sur une illusion de ce genre. On peut lire, sous la plume de P. Drucker, cet éloge particulièrement cynique du management par objectifs et de l'autocontrôle des performances, qui visent à faire endosser aux salariés la « responsabilité » de « choix » qui leur échappent largement : « Au contrôle de l'extérieur, il substitue le contrôle de l'intérieur, beaucoup plus exigeant et plus efficace. Il pousse le cadre

1. *Ibid.*, p. 6-7. La notion dynamique d'inconscient est expressément au cœur de la pensée sociologique de Durkheim : elle sert ici à fonder l'idée d'une « réalité sociale » *sui generis*. Chez Durkheim, comme chez Freud à peu près à la même époque, cette conception dynamique organise les débats méthodologiques et épistémologiques de la psychologie explicative. Sur la notion d'inconscient, voir É. Durkheim « Représentations individuelles et représentations collectives », *Revue de métaphysique et de morale* VI, 1898, dans *Sociologie et philosophie*, Paris, P.U.F., 1967, p. 1-38.

à agir non parce que quelqu'un lui a dit ce qu'il fallait faire, ou l'y a contraint, mais parce que les besoins objectifs de sa tâche l'exigent. Cet homme agira non parce qu'un autre l'a voulu ainsi, mais parce qu'il a décidé de lui-même qu'il devait le faire — autrement dit, il agira en homme libre »[1]. Le procédé est ici d'autant plus efficace qu'il repose sur le présupposé fallacieux que les choix ainsi imposés sont rationnels. Cette rationalité qui impose le sacrifice de soi n'est jamais que le masque, non de la contrainte sociale, mais de la violence des rapports de domination. Il s'agit finalement de blâmer la victime en déplaçant sur la responsabilité individuelle le poids des contraintes qui s'exercent de manière collective : tout échec ou défaillance pourra être imputé à celui qui, de sa propre responsabilité, n'a pas *voulu* saisir la chance qui lui était offerte ou qui s'est montré inapte à le faire[2]. L'expression de « servitude volontaire » peut renvoyer à cette forme de liberté sous contrainte.

Pour illustrer cette manière dont la contrainte extérieure produit un tel effet d'illusion, Durkheim prend l'exemple des expériences précoces d'apprentissage et de socialisation :

> On peut, d'ailleurs, confirmer par une expérience caractéristique cette définition du fait social, il suffit d'observer la manière dont sont élevés les enfants. Quand on regarde les faits tels qu'ils sont et tels qu'ils ont toujours été, il saute aux yeux que toute éducation consiste dans un effort continu pour imposer à l'enfant des manières de voir, de sentir et d'agir auxquelles il ne serait pas spontanément arrivé. Dès les premiers temps de sa vie, nous le contraignons à manger, à boire, à dormir à des heures régulières, nous le contraignons à la propreté, au calme, à l'obéissance ; plus tard, nous le contraignons pour qu'il apprenne à tenir compte d'autrui, à respecter les usages, les convenances, nous le contraignons au travail etc. Si, avec le temps, cette contrainte cesse d'être sentie, c'est qu'elle donne peu à peu naissance à des habitudes, à des tendances internes qui la

1. P. Drucker, *Devenez manager ! Les meilleurs textes de P. Drucker*, Paris, Village mondial, 2006, p. 127.

2. L. Boltanski, *De la critique. Précis de sociologie de l'émancipation*, Paris, Gallimard, 2009, p. 192.

> rendent inutile, mais qui ne la remplacent que parce qu'elles en dérivent. [...] Cette pression de tous les instants que subit l'enfant, c'est la pression même du milieu social qui tend à le façonner à son image, et dont les parents et les maîtres ne sont que les représentants et les intermédiaires[1].

Ces effets de l'éducation montrent comment la contrainte sociale est à l'origine d'habitudes et de dispositions internes qui en masquent l'origine extérieure, et quelquefois la violence. Durkheim prend ici appui sur la définition convenue qui fait de la coutume une « seconde nature » : la contrainte extérieure peut cesser d'être sentie en tant que telle, jusqu'à paraître naturelle. La problématique de l'identité du « moi social », c'est-à-dire ici l'idée que « la pression du milieu social [...] tend à façonner [l'individu] à son image », est expressément associée aux effets de l'illusion narcissique en vertu de laquelle ces dispositions ou ces « manières de voir, de sentir et d'agir » se trouvent incorporées au point de devenir des qualités ou des attributs dont le sujet ne saurait s'affranchir sans violence. Le paradoxe apparent est que les instruments de socialisation et d'intégration peuvent être compris tout aussi bien comme des instruments de domination et d'assujettissement.

Ce qui caractérise la *réalité sociale*, ce n'est pas tant son extériorité par rapport à la conscience individuelle que la manière dont elle organise les processus psychiques. Cette réalité se manifeste sans doute d'abord au niveau d'institutions et de réglementations qui s'imposent du dehors à l'individu, mais également, au niveau du sujet individuel, sous forme de « dispositions incorporées ». Aussi bien que la réalité somatique du corps propre, la réalité sociale organise l'horizon préréflexif dont émerge la conscience. Ici encore, l'idée d'un déterminisme inconscient est comprise à partir de l'expérience que chacun peut faire de l'*altérité sans extériorité* du corps ou de la réalité sociale, et de l'effet d'étrange familiarité qu'ils produisent sur la conscience.

1. É. Durkheim, *Les Règles de la méthode sociologique*, *op. cit.*, p. 7-8.

L'analogie entre les effets du conditionnement social et le déterminisme biologique n'est pas neuve. Elle ne signifie nullement que ce conditionnement soit *sans reste*. L'expérience du corps, si elle peut bien servir à penser un « horizon préréflexif », n'en est pas moins au principe de la réflexivité, pour autant que cette expérience confronte nécessairement le sujet avec l'altérité énigmatique de *possessions* dont il ne saurait dire si elles lui appartiennent en propre. À côté de l'expérience muette du corps, il y a cette expérience hypocondriaque d'un corps qui fait défaut et se dérobe : une expérience de déplaisir et de désorganisation au moins aussi originelle que l'expérience de satisfaction. Pareillement, la socialisation, à l'origine d'une série de dispositions incorporées, prédétermine ou organise sans doute le rapport du sujet à son environnement, et peut provisoirement émousser la dureté cassante du monde ; elle ne s'en manifeste pas moins par la contrainte, le déplaisir et un sentiment d'étrangeté qui peut être regardé comme une forme d'hypocondrie relative non plus au corps propre mais au monde social. Un état de fait que Freud relève lorsqu'il évoque la difficile position d'un moi voué à servir plusieurs maîtres, la réalité sociale, le ça ou les exigences pulsionnelles d'origine somatique, aussi bien que le surmoi, précipité d'identifications qui s'enracinent dans les expériences précoces de socialisation.

L'objectivation sociologique, qui consiste à « considérer les faits sociaux en eux-mêmes » et « comme des choses extérieures », suppose une expérience de *désillusion* de ce genre : lorsque l'individu « tente de s'opposer » à l'emprise de la réalité sociale, « les sentiments qu'il nie se retournent contre lui ». C'est à ce prix que peuvent devenir *sensibles* la contrainte ou la pression exercée par l'environnement social et que l'individu peut en reconnaître l'origine extérieure et la violence, autrement dit l'altérité. Ici comme en médecine, l'objectivation vient s'étayer sur les ressources projectives de l'esprit, sur sa capacité à situer au-dehors la cause de ses états internes : elle revient à prendre en compte et à reconnaître le bien-fondé du sentiment d'intrusion et d'influence grâce auquel il devient possible de rompre avec les « prénotions » et avec cette « évidence naturelle » sur laquelle repose l'illusion narcissique.

Ces expériences sociales de désillusion sont fondamentales et nécessaires. Elles rendent également possible l'objectivation des « faits sociaux » sur laquelle repose la sociologie. Reste cependant à interroger les conditions qui permettent cette objectivation et à en appréhender les effets. On comprend les limites d'une approche de la réalité sociale qui tendrait à regarder le processus de socialisation comme une adaptation sans reste de l'individu à son environnement et aux normes culturelles et sociales de son monde. L'objectivation de ces phénomènes sociaux sous la forme de cadres normatifs ou encore de structures rend sans doute compte du fait que « la conscience individuelle dépend en partie de causes sociales ». Cette objectivation représente un gain d'intelligibilité par rapport à une psychologie qui n'appréhenderait la réalité sociale qu'à partir de la conscience qu'en ont les individus. Mais elle court le risque de passer sous silence la manière dont les individus se rapportent à ces cadres sociaux, l'expérience qu'ils peuvent en avoir et l'usage qu'ils en font. Lorsqu'il constate que « les phénomènes sociaux pénètrent l'individu de l'extérieur », Durkheim invite précisément à interroger l'impact de la réalité sociale sur l'individu et à prendre en compte la différence ou l'écart qui existe nécessairement entre la conscience individuelle et cet inconscient induit par les processus de socialisation. Négliger cet écart, c'est rendre impensable la part de violence qui peut résulter de cette pénétration, c'est-à-dire le fait que la réalité sociale puisse être source de souffrance psychique. Cela revient, du même coup, à passer sous silence, au nom d'une vision cauchemardesque de la socialisation, la part de conflictualité qui entre nécessairement dans la confrontation de l'individu avec son monde social, aussi bien que la part de compromis et de créativité que le monde social impose au sujet qui doit s'y faire une place.

Dans ses *Règles de la méthode sociologique*, Durkheim recommande de distinguer le fait social pris en lui-même de « ses répercussions individuelles »[1], de ses effets psychiques ou encore « des formes individuelles qu'il prend en se diffusant »[2].

1. É. Durkheim, *Les Règles de la méthode sociologique*, *op. cit.*, p. 9.
2. *Ibid.*, p. 11.

Ces « manifestations privées » ne sont pas, pour Durkheim, des « phénomènes proprement sociologiques » : elles dépendent « aussi et pour une large part de la constitution organico-psychique de l'individu » et « tiennent à la fois aux deux règnes ». Ces effets « socio-psychiques » (comme les appelle Durkheim) « intéressent le sociologue, sans constituer la matière immédiate de la sociologie »[1]. Les limites qu'il pose ainsi visent à « isoler » l'objet de la sociologie de celui de la psychologie. Il reconnaît cependant, du même coup, que ces objets sont en eux-mêmes inséparables et nécessairement entrelacés.

VIOLENCE ET SERVITUDE VOLONTAIRE

Le *Discours de la servitude volontaire* d'Étienne de La Boétie, par sa brièveté et sa radicalité, est à mettre au nombre de ces œuvres de la Renaissance qui continuent de fasciner le lecteur, au même titre que le *Prince* de Machiavel ou l'*Utopie* de Thomas More. Le *Discours* interroge une forme d'aliénation paradoxale, la « servitude volontaire », qui ne repose pas sur une contrainte extérieure, mais sur le consentement des individus qui deviennent complices, tout autant que victimes, du pouvoir qui les assujettit.

On peut sans doute rapprocher cette servitude volontaire de la « complaisance » mentionnée par Durkheim, par laquelle l'individu peut être conduit à seconder cette « puissance de coercition externe » exercée par la réalité sociale, c'est-à-dire de cette complaisance alimentée par l'illusion qui conduit le sujet à croire être lui-même à l'origine de cette contrainte « qui s'impose à lui du dehors ». Ce rapprochement est justifié, mais il reste évidemment trop général. Selon le *Discours* de La Boétie, le consentement des sujets ne s'appuie pas sur les capacités subjectives par lesquelles les individus finissent par s'approprier la contrainte extérieure et par se reconnaître dans cette « image façonnée » par le milieu social. Tout au contraire, puisque, dans les situations qu'il décrit, ces capacités

1. *Ibid.*, p. 10.

d'appropriation sont débordées et mises en échec. Le paradoxe est que la soumission au tyran dépossède le sujet de lui-même et retourne contre lui les processus sur lesquels repose le travail de socialisation. Les mêmes forces qui garantissent l'intégration de l'individu à son milieu social, en organisent aussi bien l'exclusion. Sans doute, la servitude volontaire est une expression possible de cette « contrainte à la synthèse », au service de l'illusion qui porte l'individu à croire qu'il a élaboré lui-même ce qui lui est imposé du dehors. Néanmoins, la soumission décrite par La Boétie fait obstacle à cette capacité de métabolisation et d'élaboration propre au narcissisme, au point, encore une fois, de la retourner contre le sujet lui-même.

Ces paradoxes sont, me semble-t-il, au cœur de la clinique de la souffrance sociale. Ils invitent à reconnaître, au-delà de la contrainte socialisatrice, les spécificités de la *violence* qui organise l'univers de la tyrannie décrit par La Boétie.

1) L'expression de « servitude volontaire » est équivoque. À la lecture du *Discours*, on s'aperçoit assez vite qu'elle ne signifie pas que la sujétion soit accordée par un acte conscient et délibéré. La volonté désigne bien ici un principe interne d'action, mais essentiellement opaque et irréductible à notre conception du libre arbitre : ce que La Boétie interroge dans son *Discours*, c'est avant tout une disposition éthique, une habitude morale, apparemment incompréhensible, qui empêche les sujets de s'affranchir de l'état de soumission et d'aliénation dans lequel ils se trouvent, et qui les entraîne à renforcer et perpétuer activement le rapport de domination qui les asservit. Si la servitude peut être dite *volontaire*, c'est d'abord dans ce sens négatif, pour autant qu'elle n'est contrainte par aucune force extérieure. Si ses ressorts sont intérieurs, ils n'en sont pas moins obscurs et énigmatiques.

La difficulté que le *Discours* met en avant tient au fait que la soumission concédée par les sujets est *à la fois spontanée et extorquée*. Cette configuration paradoxale n'a rien d'exceptionnel. On la rencontre dans un grand nombre de situations du monde social. On peut notamment la rapporter à cette forme de coercition que Bourdieu a proposé d'appeler « violence symbolique » : une violence à l'origine d'un système de domination qui « ne s'institue que par l'intermédiaire de l'adhésion que le dominé ne peut manquer d'accorder au dominant (donc à la domination) »[1]. Bourdieu illustre la « logique paradoxale » de cette forme de domination en prenant l'exemple de la domination masculine, « forme par excellence de la violence symbolique ». Cette domination ne s'impose pas (le plus souvent) aux femmes du dehors et par la seule force, mais repose (dans une large partie) sur leur adhésion et leur soumission à un ensemble de valeurs et de normes qui finissent par s'imposer à elles comme allant de soi : ce rapport n'est compréhensible « que si l'on prend acte des effets durables que l'ordre social exerce sur les femmes, c'est-à-dire des dispositions spontanément accordées à cet ordre » imposé par la domination masculine[2]. Bourdieu ajoute cette remarque :

> Le pouvoir symbolique ne s'exerce qu'avec la collaboration de ceux qui le subissent, parce qu'ils contribuent à le construire comme tel. Mais rien ne serait plus dangereux que de s'arrêter à ce constat […] : cette soumission n'a rien d'une relation de "servitude volontaire" et cette complicité n'est pas accordée par un acte conscient et délibéré ; elle est elle-même l'effet d'un pouvoir qui s'est inscrit durablement dans les corps des dominés, sous la forme de schèmes de perception et de dispositions, […] c'est-à-dire de croyances qui rendent sensibles à certaines manifestations symboliques, telles que les représentations publiques du pouvoir[3].

Bourdieu récuse ici une conception de la « servitude volontaire » qui n'est pas celle de La Boétie. Il évoque néanmoins une situation qui n'est pas très éloignée, comme on le verra, de celle que décrit le *Discours*.

1. P. Bourdieu, *Méditations pascaliennes* (1997), Paris, Seuil, 2003, p. 245.
2. *Ibid.*, p. 246.
3. *Ibid.*, p. 246-247.

Observation : La définition de la « violence symbolique » est délibérément paradoxale : le plus souvent non sentie en tant que telle, elle se distingue de la violence physique et s'enracine non dans des relations de pouvoir, manifestes et directement observables, mais dans un rapport de domination, largement inconscient, que l'on ne saurait appréhender qu'au moyen d'une construction théorique[1]. On peut concevoir le *Discours* comme une tentative visant à dénoncer cette violence symbolique en la représentant sous la forme d'une violence physique crue et brutale. De fait, la domination qui s'exerce quotidiennement et qui passe la plupart du temps inaperçue peut toujours se manifester au grand jour, dans certaines situations, en prenant la forme d'un rapport de force. C'est en prenant appui sur de telles situations qui font régulièrement effraction dans le monde ordinaire que La Boétie entreprend de rendre sensible et perceptible la tyrannie qui s'y exerce. Plus couramment, c'est la fonction que certains activistes attribuent à la recherche de confrontation et d'affrontement : il s'agit de démasquer la violence par laquelle l'ordre social tente d'imposer un système de valeurs en le présentant comme un état de fait qu'il n'y aurait pas à discuter.

La notion de « violence symbolique » se heurte au problème de l'identification du pouvoir qui l'exerce. Par définition, cette violence n'est que rarement perçue en tant que telle, précisément parce qu'elle s'exerce d'abord au moyen de *dispositions* à la fois cognitives et affectives qui la masquent. P. Bourdieu invoque en premier lieu une forme d'illusion qui fait obstacle à la juste représentation de l'ordre social : le dominé, écrit-il, ne dispose, pour penser le rapport de domination, « que d'instruments de connaissance qu'il a en commun avec [le dominant] ». Or, ces instruments qui permettent de juger de la situation sociale sont eux-mêmes les produits d'une relation de domination. La violence est alors d'autant plus efficace qu'elle est déniée en tant que telle et que l'ordre qu'elle impose se

1. Voir à ce propos la mise au point par Boltanski des « problèmes que pose la notion de domination dans la sociologie critique » (*De la critique. Précis de sociologie de l'émancipation*, Paris, Gallimard, 2009, chapitre 2).

présente comme naturel ou allant de soi. Bourdieu rapporte cette illusion et ce déni à un effet d'incorporation, c'est-à-dire à une série de dispositions inconscientes qui affectent la perception et le jugement, ou encore à des « schèmes de perception » qui organisent la manière dont l'individu est amené à « apercevoir et apprécier les dominants » mais aussi à « se percevoir et s'apprécier » lui-même.

Ce lexique de la *disposition* renvoie au concept d'*habitus* que Bourdieu emprunte à la philosophie antique et médiévale. La notion sert à rendre compte de la manière dont ces « schèmes cognitifs » organisent la soumission au système de domination. L'habitus rencontre ainsi, en partie, la problématique de l'*imagination* et de l'*opinion* que l'on trouve dans la pensée classique. Pour en illustrer les effets, Bourdieu cite un passage de Hume dont la thèse paraît assez voisine de celle de La Boétie :

> Quoi de plus surprenant pour qui d'on œil philosophique considère les affaires humaines, que la facilité avec laquelle le grand nombre est gouverné par le petit, et que la parfaite soumission qui fait aux hommes sacrifier leurs sentiments et leurs penchants à ceux de leurs dirigeants ? Si on cherche la cause de ce prodige, on trouvera que la FORCE étant toujours du côté des gouvernés, les gouvernants n'ont rien pour se soutenir que l'opinion. C'est donc sur l'opinion seule que le gouvernement est fondé. Et cette maxime vaut autant pour les gouvernements les plus despotiques et les plus militaires que pour les plus libres et les plus populaires[1].

Le consentement que « la majorité » ou le grand nombre apportent au pouvoir d'une minorité dépend ainsi de l'opinion, c'est-à-dire, notamment, de la fausse imagination et des préjugés qui entretiennent le prestige attaché à l'autorité et aux puissants.

1. D. Hume, « On the First Principles of Government » (1758), in *Political Essays*, éd. K. Haakonssen, Cambridge University Press, 1994, p. 16-19 ; D. Hume, « Les premiers principes du gouvernement » (1758) dans *Essais et Traités*, I. « Essais moraux, politiques et littéraires » (1re partie), trad. M. Malherbe, Paris, Vrin,1999, p. 93.

La soumission du plus grand nombre repose sans doute sur une illusion, c'est-à-dire sur une forme d'erreur ou d'altération du jugement ; elle ne s'y réduit pourtant pas. Lorsqu'il défend l'idée que la domination s'appuie sur des dispositions ou d'habitudes intériorisées, Bourdieu ne se limite pas à rapporter l'adhésion des sujets à la seule opinion fausse ou aux préjugés. La soumission procède sans doute de « schèmes cognitifs » inconscients, mais ces schèmes n'organisent pas seulement la connaissance du monde social : ils affectent d'abord la manière dont les individus se pensent et se perçoivent eux-mêmes. Il en irait probablement de même chez Hume pour qui l'opinion est non pas la cause mais l'effet d'une soumission plus radicale et énigmatique : « la soumission implicite avec laquelle les hommes *révoquent leurs propres sentiments et passions* ». Pareillement, dans son *Discours*, La Boétie n'ordonne pas (comme Spinoza) la volonté de servir à la connaissance fausse ou illusoire de la réalité du monde social. Il s'étonne même, tout au contraire, que les sujets puissent avoir une représentation assez exacte de la tyrannie à laquelle ils sont assujettis et néanmoins continuer d'y apporter leur concours. Le paradoxe de la notion de servitude volontaire tiendrait moins à l'illusion dont seraient victimes les sujets qu'au paradoxe de cette « soumission implicite », c'est-à-dire à une forme de récusation ou d'auto-récusation par laquelle ils n'abdiquent pas seulement leur capacité de penser, mais également leur capacité de sentir et de désirer, en faveur d'un pouvoir qui pourra les retourner contre eux-mêmes.

L'originalité du *Discours* n'est donc pas tellement de mettre en évidence l'illusion dont dépendrait le consentement des dominés, ni la manière dont elle peut être rapportée à l'éducation, la coutume, la croyance, l'imagination ou, en général, à l'opinion ou aux « schèmes de perception » induits par la socialisation. Elle tient plutôt au fait que ces effets puissent, dans certaines situations, entrer en contradiction avec les dispositions les plus fondamentales du vivant. La servitude volontaire dont parle La Boétie altère sans doute le jugement d'existence relatif au vrai et au faux, ainsi que le jugement moral relatif au juste et à l'injuste, sous l'effet de l'opinion ou des préjugés, mais elle désorganise surtout, et plus radicalement, le sentiment de soi et le jugement d'attribution relatif au plaisir et à la douleur, au cœur de la définition du narcissisme : conduisant les sujets à « révoquer leurs propres sentiments et passions », elle les rend, comme l'écrit Aristote à propos des méchants, « étrangers à leurs propres plaisirs et à leurs propres peines ». C'est à cette altération de la *faculté de sentir* elle-même que renvoie d'abord l'aliénation décrite par La Boétie. Cette forme de désorganisation, à la fois identitaire et narcissique, est au cœur de la souffrance psychique d'origine sociale.

2) La notion de contrainte, chez Durkheim, suffit à l'objectivation des « faits sociaux » et à la remise en question de cette illusion « qui nous fait croire que nous avons élaboré nous-mêmes ce qui s'est imposé à nous du dehors ». Parler de violence, même « symbolique », c'est se situer sur un autre registre qui impose de prendre en compte des rapports de domination, en eux-mêmes irréductibles à la seule puissance anonyme de la réalité sociale, et d'aborder par conséquent les « phénomènes sociaux » du point de vue de ces « manifestations individuelles » ou « psychosociales », dont Durkheim écrit qu'elles intéressent la sociologie sans pour autant constituer son objet principal. Il ne s'agit plus seulement de prendre acte, par exemple, des effets de l'éducation et de l'environnement, mais de se pencher plus précisément sur les modalités concrètes par lesquelles les parents et les éducateurs entreprennent de « forger l'individu ». Autrement dit, de prendre en considération les effets subjectifs de ces expériences et de l'histoire de la rencontre du sujet avec ces représentants ou ces intermédiaires. C'est à cet horizon plus spécifique que renvoie la problématique de la souffrance sociale.

L'impact des conditions sociales dépend d'abord nécessairement des dispositions psychiques de celui qui les subit. Comme le souligne Bourdieu, la violence symbolique ne s'exerce pas de manière abstraite ni du dehors, mais tire sa puissance de « nécessités internes » ou de dispositions incorporées à l'époque des premières expériences de socialisation. Bourdieu soutient ainsi qu'en général,

« l'efficacité des nécessités externes s'appuie sur l'efficacité d'une nécessité interne » :

> La reconnaissance pratique par laquelle les dominés contribuent, souvent à leur insu, parfois contre leur gré, à leur propre domination en acceptant tacitement, par anticipation, les limites imposées prend souvent la forme de l'émotion corporelle (honte, timidité, anxiété, culpabilité), souvent associée à l'impression d'une régression vers des relations archaïques, celles de l'enfance et de l'univers familial. Elle trahit dans des manifestations visibles, comme le rougissement, l'embarras verbal, la maladresse, le tremblement, autant de manières de se soumettre, fût-ce malgré soi et à son corps défendant, au jugement dominant, autant de façons d'éprouver, parfois dans le conflit intérieur et le « clivage du moi », la complicité souterraine qu'un corps qui se dérobe aux directives de la conscience et de la volonté, entretient avec la violence des censures inhérentes aux structures sociales[1].

Ces effets psychophysiologiques que l'on peut observer à de nombreuses occasions témoignent d'un genre de régression typique des troubles de l'identité. Il faut voir, dans ces phénomènes de dépersonnalisation, une première manifestation de la souffrance sociale. On peut conjecturer que c'est une forme analogue de désorganisation identitaire que La Boétie a en vue lorsqu'il écrit que, sous un tyran, les sujets se trouvent privés de la liberté « de faire, de parler et quasi de penser », au point de devenir « tous singuliers en leurs fantaisies » (DSV, 65-66). La soumission à l'autorité et au rapport de domination s'appuie bien sur ces situations sociales de honte et de passivation, où la perte de contrôle ou de maîtrise témoigne d'un vacillement des frontières du moi. Sur ces situations

1. P. Bourdieu, *Méditations pascaliennes*, *op. cit.*, p. 244-245. Bourdieu se garde, à juste titre, de rapporter trop vite ces effets à l'instance psychique d'un surmoi : on peut comprendre en effet la déroute du moi comme procédant au contraire d'un défaut d'organisation du surmoi et de la mise hors circuit des identifications sur lequel il repose. Tandis que la contrainte sociale chez Durkheim s'accommode généralement du refoulement, la violence impose au sujet le recours à des mécanismes de défense différents, tels que le clivage.

dans lesquelles le sujet, en se disqualifiant lui-même, confirme et légitime du même coup, « à son corps défendant », le jugement dominant. C'est à une forme d'abdication de ce genre que renvoie Hume lorsqu'il relève que la docilité du plus grand nombre s'appuie sur cette « soumission implicite » par laquelle les sujets « révoquent leurs propres sentiments et passions en faveur de leurs dirigeants ». De manière analogue, le *Discours* rapporte la servitude volontaire à ces expériences de *honte*.

La honte (avec la désorganisation identitaire qui lui est associée) est au cœur de la problématique de la souffrance psychique d'origine sociale. Affect social par excellence, la honte est aussi bien source d'isolement que de désocialisation. Pour autant, cet isolement est seulement apparent : il est activement *induit* et résulte de ces situations de violence qui imposent au sujet la reconnaissance pratique du rapport de domination auquel il se soumet. Je proposerai d'explorer quelques-uns des enjeux identitaires et narcissiques de ces situations d'emprise et de la forme de réflexivité qu'elles mobilisent. Ce sera l'occasion d'éclaircir l'ambiguïté de la notion de volonté sur laquelle repose en partie le *Discours* de La Boétie.

DÉSILLUSION, VÉRITÉ ET CONDUITE ADDICTIVE

La problématique de la violence sociale est très différente de celle de la contrainte normale associée à l'apprentissage de la vie en société, même s'il arrive bien souvent que cet apprentissage ait recours à la honte et à l'humiliation. Cette distinction essentielle renvoie encore à la frontière ambiguë mais nécessaire entre *dépendance* et *soumission.* Dissoudre cette différence revient à ne proposer qu'une vision caricaturale et cauchemardesque de la réalité sociale. Bien entendu, cette vision n'est jamais très éloignée de la vérité. C'est à ce paradoxe que renvoie l'embarras auquel s'expose la reconnaissance de la souffrance sociale dans sa spécificité. Lorsqu'elle ne fait pas l'objet d'un déni pur et simple et n'est pas directement imputée à une forme de faiblesse ou de vulnérabilité purement psychologique et personnelle, cette souffrance peut aussi bien être banalisée au nom de la vision cynique, prétendument réaliste, d'un monde humain dominé par la « loi du plus fort ».

Je propose de comprendre ainsi l'effet de malaise que provoque généralement le *Discours* de La Boétie qui interroge bien, sans toutefois la dissoudre, la frontière qui existe entre dépendance et soumission. Il met en avant l'ombre portée par le travail de socialisation, ces restes le plus souvent méconnus qui résistent aux efforts de métabolisation et d'appropriation des sujets. Et la part de honte ou de mauvaise foi qui entre nécessairement dans le fait d'avoir une identité.

Cet effet de malaise tient d'abord au fait que La Boétie, lorsqu'il dépeint le monde de la tyrannie, prétend avoir en vue « ce qui se fait en tous pays, par tous les hommes, tous les jours », en recourant aux exemples tirés de l'histoire romaine[1]. Il invite son lecteur à interpréter son expérience quotidienne à la lumière des situations extrêmes qu'il évoque. Le procédé suggère que la tyrannie repose non sur la négation des valeurs fondamentales, éthiques et politiques qui organisent la communauté humaine, mais sur leur perversion ou leur dévoiement. La Boétie entend ainsi faire voir comment « sous un tyran » ces valeurs sont renversées en leur contraire : comment, par exemple, l'amitié et la reconnaissance, au fondement de la communauté politique, sont transformées en instrument d'aliénation et de soumission; la coutume et la mémoire, au cœur du travail de socialisation, en liens addictifs ; la pudeur, gardienne de la dignité humaine, en mépris et haine de soi. Ainsi conçue, la tyrannie qui s'exhibe au grand jour, dans des situations exceptionnelles et extrêmes, n'est jamais qu'une virtualité qui hante finalement les relations sociales les plus ordinaires.

1. Et de cette Rome païenne, dénoncée par saint Augustin comme le creuset de tous les abus et de tous les vices. De nos jours, l'allusion au « totalitarisme » et à l'Allemagne nazie, voire au monde concentrationnaire, joue un rôle analogue. Le procédé est largement exploité par Orwell dans *1984* : le lecteur est amené à reconnaître le monde dans lequel il vit dans le tableau d'une société imaginaire, librement inspirée du fascisme et du stalinisme. Voir L. Boltanski, *Énigmes et complots. Une enquête sur les enquêtes*, Paris, Gallimard, 2012.

Le propos critique du *Discours* consiste à mettre en avant cette *potentialité tyrannique* et à dénoncer comme fictif et mensonger le consensus sur lequel repose le sens ordinaire de la réalité. Autrement dit, à faire naître, chez le lecteur, le *soupçon* relatif à la réalité sociale et aux règles éthiques et juridiques qui l'organisent[1]. La vérité de ce monde rêvé, ce serait la violence et la cruauté du cauchemar qui s'y dissimule. On conçoit l'extrême brutalité de l'opération critique consistant à arracher ainsi, quoi qu'il en coûte, le masque des apparences. Reste à s'interroger sur la teneur de la « vérité » ainsi dévoilée.

La Boétie ne s'en tient pas là. Sans doute le *Discours* laisse quelquefois entendre que l'adhésion au monde social et la confiance ordinaire dont il fait l'objet reposent sur l'aveuglement et le défaut de jugement. C'est en ce sens que l'on pourrait entendre les allusions de La Boétie au peuple ignorant (le « gros populas ») qui se contente de « regarder ce qui est devant [ses] pieds ». Le propos du *Discours* est pourtant plus complexe et suit une voie différente. S'il déplore en passant l'aveuglement du petit peuple, La Boétie évoque d'emblée des situations dans laquelle la souffrance sociale apporte un puissant démenti aux illusions et à la confiance du prétendu « sens commun ». Le paradoxe de cette servitude que La Boétie présente comme « volontaire » est bien que les sujets en savent assez pour comprendre la situation dans laquelle, malgré cela, ils s'engagent activement, et pour en souffrir eux-mêmes.

Observation : Comme je l'ai annoncé, et comme je le rappellerai dans la suite, on doit avoir à l'esprit que le *Discours* ne s'adresse pas tant au « peuple » qu'à la fraction (réputée éclairée) de la classe dominante qui s'imagine être préservée des violences du tyran. Le « peuple » est généralement mieux au fait de cette violence dont il fait l'expérience directe et brutale. Selon moi, La Boétie inviterait

1. Sur ce soupçon et l'usage sociologique de la notion de *sens de la réalité*, voir L. Boltanski, *De la critique. Précis de sociologie de l'émancipation*, Paris, Gallimard, 2009. Dans *Énigmes et complots*, Boltanski propose une approche sociologique des sentiments de persécution et d'influence. Il apporte ainsi un stimulant éclairage sur les processus paranoïaques.

ainsi ses lecteurs (les petits aristocrates) à se comparer, non au peuple, mais à la « populace » qui se laisse abuser par les jeux et les divertissements et parmi laquelle se recrutent les hommes de main du prétendu « tyran » : ils pourraient bien eux-mêmes en être pareillement les « chiens de garde ». On peut avoir à l'esprit le portrait cruel d'Adrien Deume, bureaucrate de la SDN, brossé par Albert Cohen, notamment ce passage : « Inconscient, la tête tournoyante, passionné d'esclavage, Adrien Deume accéléra son allure, plein de foi en la coopération internationale mais également prêt à se passionner sur-le-champ à tels autres sujets divins ou humains, frivoles ou tragiques, qu'il plairait à celui qui tenait entre ses mains d'abondance la manne des promotions, des missions et des congés spéciaux ainsi que les craquantes foudres de l'avertissement, de la réprimande, du blâme, de la rétrogradation, de la révocation et du renvoi sans préavis. Adorant et troublé, flottant, absolument abstrait, il entra, leva les yeux, aperçut au fond de l'immense cabinet le sous-secrétaire général et se sentit perdu »[1].

Le *Discours* de La Boétie invite précisément à interroger cette volonté tacite des acteurs de s'engager activement dans des situations dont ils auront à souffrir et de coopérer par là à un système de domination qui les assujettit. L'explication (d'inspiration spinoziste) qui met en avant la force des préjugés et de l'erreur apparaît typique de la pensée des Lumières et de sa croyance dans les vertus émancipatrices de la « vérité », c'est-à-dire de la désillusion. Le propre d'une telle conception est d'abord de sous-estimer les capacités critiques et réflexives des dominés. Le fait de *vivre* une situation n'empêche pas nécessairement d'en *penser* quelque chose : la question est au cœur de la problématique classique de la « mémoire ». L'explication omet également de prendre en considération cette forme de résistance narcissique, l'*acrasie*, qui témoigne de l'impuissance de la raison et de la volonté devant des enjeux de survie psychique qui les dépassent : « Je vois le bien, je l'approuve, et néanmoins je poursuis le mal (*Video melior, proboque deteriora*

1. A. Cohen, *Belle du Seigneur*, chap. VII, Paris, Folio-Gallimard, 1968, p. 114.

sequor) »[1]. Le propos est attribué à Médée qui, pour se venger de l'abandon dont elle fait l'objet, en est réduite à retourner contre elle-même sa colère et à tuer ses propres enfants. Plus couramment, cela revient à saccager le dispensaire ou l'épicerie du coin pour protester contre la violence policière ou la délocalisation d'une grande entreprise[2].

Plutôt que de comprendre le lien de soumission comme un effet de l'illusion, on peut faire l'hypothèse contraire. La « servitude volontaire » procéderait non de l'aveuglement des sujets, mais d'une désillusion qui rend caduque la confiance ordinaire accordée au monde social : une désillusion qui, loin d'engager les sujets sur la voie d'une révolte constructive, les conduit, au contraire, à se « dépouiller de leur naturel » et à se déposséder de leur liberté au profit d'un maître cruel et froid. La notion de « servitude volontaire » a bien trait à cette logique narcissique au cœur des processus de socialisation tels que les conçoit Durkheim notamment, mais elle renvoie plus spécifiquement au *destin* de cette forme d'illusion, une fois démentie par les faits : une fois ébranlée, voire dissoute, la confiance sur laquelle repose l'adhésion à la réalité sociale. Sans doute, la confiance généralement accordée au monde social dépend de la capacité du sujet « à halluciner ou à manipuler les faits de façon à produire le matériel de l'illusion délirante qu'il existe dans le groupe une réserve inépuisable d'amour en sa faveur »[3]. Reste que le démenti quotidiennement apporté par l'expérience commune ne conduit pas nécessairement, loin s'en faut, à une vision plus éclairée ni plus objective de la réalité sociale permettant d'organiser des conduites véritablement émancipatrices.

1. Ovide, *Métamorphoses*, VII, 20.

2. Sur l'*acrasie*, parfois traduite par « faiblesse de volonté » ou « incontinence », voir Aristote (*Éthique à Nicomaque*, VII, 5) qui propose de rendre raison du paradoxe socratique selon lequel « nul n'est porté au mal volontairement » (*Protagoras*, 358d). Voir aussi J. Elster, *Agir contre soi. La faiblesse de la volonté*, Paris, Odile Jacob, 2007, qui aborde la notion d'un point de vue essentiellement logique. Je propose ici plutôt de rapporter l'acrasie à ce qu'on peut appeler des situations d'impasse de la subjectivité.

3. W. Bion, *Cogitations* (1992), Paris, In Press, 2005, p. 38-39.

La « servitude volontaire » ne naîtrait pas de l'aveuglement mais serait portée, au contraire, par la reconnaissance, en soi douloureuse, de la vérité. Elle ne relèverait donc pas de cette illusion sociale qu'on pourrait dire primaire, mais d'une forme de défense paradoxale (parmi d'autres possibles) destinée à faire face aux effets catastrophiques de la désillusion : on peut la voir comme une tentative, aussi étrange qu'onéreuse, de restauration narcissique, une fois ébranlée l'adhésion naïve au monde social. La servitude volontaire apparaît alors comme l'effet d'une forme d'illusion, non plus primaire, mais secondaire, par laquelle le sujet tente, coûte que coûte, de sauver du naufrage cette confiance perdue : faute d'objets sociaux sur lesquels s'appuyer, il en est réduit à confier son salut à des reliques ou des débris, à ces restes qu'un tyran saura bien faire miroiter. La prétendue « soif d'obéir » à laquelle on réduit parfois la servitude volontaire procéderait de cette logique de survie.

Observation : Cette forme d'obstination pourrait être illustrée par cette remarque de Proust : « Mais, de ce que M. Vinteuil connaissait peut-être la conduite de sa fille, il ne s'ensuit pas que son culte pour elle en eût été diminué. *Les faits ne pénètrent pas dans le monde où vivent nos croyances*, ils n'ont pas fait naître celles-ci, ils ne les détruisent pas ; ils peuvent leur infliger les plus constants démentis sans les affaiblir, et une avalanche de malheurs ou de maladies se succédant sans interruption dans une famille ne la fera pas douter de la *bonté de son Dieu ou du talent de son médecin* »[1]. L'exemple n'illustre peut-être pas seulement ici la puissance de l'illusion primaire d'un narcissisme qui ne tient aucun compte de la réalité : il invite aussi bien à prendre la mesure de l'effort déployé pour restaurer cette illusion et *se tromper soi-même*. Ce déni actif (« volontaire » au sens de La Boétie) doit relativiser la conception que l'on se fait parfois de la croyance et du rapport du sujet à sa propre culture, à la tradition, autant qu'au sens commun : ce qui est premier, ce n'est peut-être pas tellement l'adhésion (réputée

1. M. Proust, *Du Côté de chez Swann*, éd. J.-Y. Tadié, Paris, Gallimard, 1987, p. 146.

naïve) aux valeurs et aux croyances, mais plutôt l'incertitude et l'inquiétude qu'elles suscitent nécessairement. Le fait est bien connu de théologiens qui rangent la foi parmi les vertus morales. Les choses se compliquent si l'on interroge l'impact de ce déni sur les objets de croyance en relation avec lesquels le sujet s'organise.

Ainsi entendue, la servitude volontaire serait à rapprocher d'une forme particulière de croyance qui relèverait moins de la « force des préjugés », chère aux penseurs des Lumières, que d'une *relation addictive à l'erreur*, solidaire du démantèlement des facultés de penser et de désirer décrit dans le *Discours*. Il en irait de la soumission au tyran comme de l'étrange stratégie adaptative mise en œuvre par Mithridate réduit, pour se prémunir contre les tentatives d'empoisonnement, à *se nourrir de poison*. Une telle relation addictive est en soi très différente de l'adhésion naïve du sens commun qui sert de support à l'expérience socialisatrice.

On peut formuler les choses autrement en disant que la servitude volontaire ne repose pas tant sur une illusion que sur un *mensonge* qui permet au sujet de faire barrage au risque de bouleversement que représenterait la pleine reconnaissance de la réalité. Le mensonge suppose que le sujet en sache plus qu'on ne veut bien l'admettre à la fois sur la violence subie et sur la menace qu'elle fait peser sur lui, mais que, confronté au risque de désorganisation que représente l'admission de la vérité, il prenne le parti de régler sa vie sur des propositions dont il reconnaît par ailleurs la fausseté. Ainsi la conviction manifestement mensongère « qu'il existe dans le groupe une réserve inépuisable d'amour en sa faveur ». En traitant le mensonge d'un point de vue philosophique, sur un plan strictement théorique ou logique, comme la capacité de soutenir au-dehors comme vraies des propositions que l'on saurait intérieurement être fausses, on passe à côté des problèmes psychologiques qu'il pose. Et on procède de même quand on insiste sur le caractère volontaire de la forme de servitude décrite par La Boétie. S'il faut au mensonge un penseur pour le penser et s'il faut également que celui qui le pense possède une préconception de la vérité qu'il nie, on se heurte nécessairement à la difficulté posée par la relation du sujet à son mensonge : au fait que ce lien de dépendance ressemble le plus souvent, comme le remarque W. Bion, au lien entre l'hôte et le parasite dans la relation de parasitisme. Il relève moins d'une relation symbolique que d'un rapport symbiotique. C'est cette difficulté que l'on rencontre régulièrement dans le délire psychotique qui, à bien des égards, s'apparente au mensonge. Au final, le mensonge rend illusoire l'intégrité subjective qu'il vise à garantir[1].

Observation : W. Bion qui traite régulièrement de la question propose d'illustrer cette conception du mensonge par une fable : « Les menteurs ont fait preuve de courage et de résolution en s'opposant aux hommes de science qui, avec leurs doctrines pernicieuses, sont en passe de dépouiller leurs dupes du moindre brin d'illusion sur soi, les laissant sans rien de la protection naturelle nécessaire à la préservation de leur santé mentale face au choc de la vérité. Quoiqu'ils aient bien connu les risques encourus, certains ont néanmoins fait le sacrifice de leur vie pour affirmer des mensonges afin que le faible et le sceptique soient convaincus par l'ardeur de leur conviction de la vérité des propositions même les plus absurdes. Il n'est pas trop de dire que la race humaine doit son salut à ce petit groupe de menteurs de talent prêts à soutenir la vérité de leurs mensonges même devant les faits les plus indubitables. Même la mort était niée et les arguments les plus ingénieux étaient évoqués pour soutenir des propositions de toute évidence ridicules selon lesquels les morts continuaient à vivre dans la béatitude. Sans eux et le témoignage qu'apportait leur sincérité évidente, la santé mentale de la race n'aurait pas manqué de sombrer sous le fardeau dont on l'accablait »[2].

1. On reconnaît ici le versant psychologique du paradoxe du menteur (ou paradoxe d'Épiménide) que l'on peut résumer ainsi : « si la proposition je mens est vraie, alors elle est fausse ».

2. W. Bion, *Attention et interprétation. Une approche scientifique de la compréhension intuitive en psychanalyse et dans les groupes* [1970], Paris, Payot, 1974, p. 172.

On comprend l'étrangeté de cette logique de survie décrite par La Boétie. Reposant sur un déni actif de la réalité, cette logique paradoxale de restauration permet d'assimiler, du point de vue des processus en jeu, la servitude volontaire à une forme de production délirante. Pareillement, en effet, le délire peut être entendu comme une réponse aux conséquences catastrophiques d'une expérience de désillusion venue ébranler les assises identitaires et narcissiques du sujet : une défense qui passe par l'invention d'une « néo-réalité », le plus souvent forgée au moyen des restes ou des débris de ces objets culturels et sociaux qui organisaient autrefois le « sens commun ». Réinvestis tant bien que mal, ces objets sont rendus méconnaissables, à la manière de ces hommes miraculés, « faits-là en vitesse », qui, selon le Président Schreber, seraient apparus après la catastrophe de la « fin du monde ». Ainsi encore, la croyance en un Dieu bon et providentiel, une fois ébranlée, peut ouvrir la voie à l'idée d'un Dieu trompeur et d'un malin génie, à la conviction d'être damné, qui réduit les désespérés à composer avec des formes dégradées de religion et à faire alliance avec le diable. À sa manière, La Boétie invite lui aussi à interroger la différence (plus ténue qu'il n'y paraît) entre le contrat social et le pacte sorcier.

CHAPITRE II

PSYCHANALYSE ET PROBLÉMATIQUE PSYCHOSOCIALE DE L'IDENTITÉ

> Le problème des pythons, surtout dans l'agglomération du grand Paris, exige un renouveau très important dans les rapports, et je tiens à donner au langage employé dans le présent traitement une certaine indépendance et une chance de se composer autrement que chez les usagers. Car il ne s'agit pas seulement de tirer votre épingle du jeu, mais de bouleverser le rapport du jeu avec les épingles[1].

Je propose de revenir ici sur quelques-uns des enjeux associés à l'articulation de la psychanalyse et de la sociologie en distinguant la problématique identitaire des « soutiens du moi » de la problématique narcissique relative aux fonctions d'appropriation et d'intégration psychique. Ces points de vue sont solidaires mais reposent sur deux manières différentes de penser le processus de subjectivation. La problématique identitaire part de l'inscription du sujet dans son environnement : elle appartient plutôt au registre de la psychologie sociale ou de la sociologie. La problématique narcissique envisage la relation d'objet à partir du destin des pulsions et des mécanismes de projection et d'introjection : elle appartient plutôt au cadre de référence spécifique de la psychanalyse.

La distinction est évidemment artificielle et abstraite au regard de la complexité de la clinique. Elle rencontre les apories ou les

1. É. Ajar, *Gros-Câlin*, Paris, Mercure de France, 1979 ; Folio-Gallimard, 2012, p. 14.

inconséquences de la notion-limite de *narcissisme primaire* qui s'organiserait indépendamment de l'environnement et de la relation avec l'objet. Pareillement, une conception de l'identité qui ferait abstraction du travail d'élaboration par lequel le sujet se saisit de l'assignation sociale conduirait à une conception à la fois cauchemardesque et absurde de la socialisation, réduite à sa seule dimension d'emprise. Même forcée, cette distinction heuristique présente au moins un intérêt : celui de complexifier et de problématiser, à partir de ces points de vue, *l'entrelacement du dedans et du dehors, du social et du psychique*, ou plus précisément leur *enchâssement*.

La différence entre ces deux horizons problématiques et disciplinaires peut être illustrée par la manière, en apparence très différente, dont chacun de ces points de vue mobilise le *modèle du jeu* : la sociologie avec la conception du *jeu réglementé* (*game*) qui permet de penser les interactions sociales comme sont soumises à des cadres normatifs ; la psychanalyse avec le *jeu libre* (*play*), au moyen duquel elle propose d'expliciter les processus psychiques de symbolisation, de transformation ou de métabolisation.

Identité et jeu réglementé

La psychologie sociale de George H. Mead montrerait assez bien la manière dont la question de l'identité (du *self*) peut être appréhendée du strict point de vue des interactions dans lesquelles est engagé l'individu, autrement dit l'absolue dépendance du sentiment d'identité à l'égard de l'expérience de socialisation :

> L'individu s'éprouve lui-même comme tel, non pas directement, mais seulement en se plaçant aux divers points de vue des autres membres du même groupe social, ou au point de vue généralisé de tout le groupe social auquel il appartient. Il entre dans sa propre expérience comme un soi ou comme un individu, non directement ou immédiatement, mais seulement dans la mesure où il devient d'abord un objet pour lui, de la même manière que les autres individus sont des objets pour lui. Il ne devient un tel objet qu'en

> prenant les attitudes d'autrui envers lui à l'intérieur d'un milieu social, ou contexte d'expérience et de comportement où il est engagé avec eux[1].

C'est par la communication avec autrui et l'expérience sociale que l'individu peut devenir un objet pour lui-même. Mead rapporte cette socialisation, qui organise et structure l'identité ou le soi, à l'expérience du jeu. Il distingue alors le jeu libre (*play*) du jeu réglementé (*game*). Dans le jeu libre, l'enfant fait d'abord l'expérience de « doubles » (« compagnons imaginaires ») et assume lui-même différents rôles. Il joue à la maman, à la maîtresse, au policier, à l'indien… Cette activité exploratoire précède le jeu réglementé dans lequel l'enfant « doit être capable de prendre l'attitude de tout individu qui participe à la partie ; et ces différents rôles doivent avoir une relation définie les uns avec les autres »[2]. Mead précise : « l'attitude des uns appelle l'attitude appropriée des autres »[3]. C'est sur ce modèle du jeu réglementé que se constitue l'identité du sujet, conduit à « adopter les rôles » des autres membres du groupe, de façon à se comporter conformément aux règles du groupe social, c'est-à-dire aux attentes de chacun. Mead propose d'appeler le groupe qui donne à l'individu « l'unité du soi », un « autrui-généralisé »[4], par lequel la communauté exerce un contrôle sur la conduite de ses membres. La personnalité du sujet dépend ainsi de la manière dont il se rapporte à cet autrui-généralisé, en tant que « membre organique de la société », et par conséquent de la forme de reconnaissance qu'il en attend et qu'il est en droit de revendiquer. Cette dimension normative de l'identité sociale est évidemment fondamentale.

Ce cadre théorique est au cœur de la sociologie d'Erving Goffman et de son analyse des interactions sociales. Dans sa préface à *La*

1. G. H. Mead, *Mind, Self and Society fron the Standpoint of a Social Behaviourism* (1934) ; *L'esprit, le soi et la société*, Paris, P.U.F., 1963, p. 118.
2. *Ibid.*, p. 128.
3. *Ibid.*, p. 129.
4. *Ibid.*, p. 131.

Mise en scène de la vie quotidienne[1], il indique que la perspective ainsi adoptée prend modèle sur la « représentation théâtrale » : « La scène propose des fictions ; et on peut penser que la vie propose des situations réelles auxquelles on ne s'est pas toujours bien préparé », car elle impose une part d'improvisation et de créativité nécessaire pour faire face à l'imprévu. Il poursuit : « Qui plus est, sur la scène un comédien se présente sous les traits d'un personnage déterminé à d'autres personnages joués par d'autres comédiens ; le public constitue le troisième partenaire de l'interaction [théâtrale] ». La situation réelle est un peu différente, dans la mesure où « les trois partenaires se ramènent à deux : une personne adapte le rôle qu'elle joue aux rôles que jouent les autres personnes présentes qui constituent aussi le public ». L'analogie théâtrale permet de définir l'identité comme déterminée par le rôle social, c'est-à-dire par la manière dont l'individu ajuste son comportement à une situation définie en fonction d'un « autrui-généralisé ». Goffman annonce qu'il s'intéresse d'abord aux dysfonctionnements d'un tel modèle, dont il reconnaît par ailleurs les limites. Son attention porte sur ce qui se passe lorsque « des événements se produisent dans le cours de l'interaction qui viennent contredire, discréditer ou jeter d'une façon ou d'une autre le doute sur cette projection »[2], c'est-à-dire sur l'horizon d'attente ou la « revendication morale » de l'individu.

Comme Mead, Goffman insiste ainsi sur la dimension normative du rôle social appelé par le jeu social réglementé (*game*) et le cadre de l'interaction : « la société est fondée sur le principe selon lequel toute personne possédant certaines caractéristiques sociales est moralement en droit d'attendre de ses partenaires qu'ils l'estiment et le traitent de façon correspondante »[3]. Dans un autre texte, Goffman propose d'analyser cette projection en parlant de *face* et en explicitant les stratégies défensives par lesquelles l'individu cherchera à « ne pas perdre la face » : « On peut définir le terme

1. E. Goffman, *La Mise en scène de la vie quotidienne. 1. La Représentation de soi*, Paris, Minuit, 1973, p. 9-10.

2. *Ibid.*, p. 20.

3. *Ibid.*, p. 21.

de *face* comme étant la valeur sociale positive qu'une personne revendique effectivement à travers une ligne d'action que les autres supposent qu'elle a adoptée au cours d'un contact particulier. La face est une image du moi [ou du *soi* : *self*] délinéée selon certains attributs sociaux approuvés, et néanmoins partageables, puisque par exemple, on peut donner une bonne image de sa profession ou de sa confession en donnant une bonne image de soi »[1].

Les notions de *self* et de *face* (ou « façade ») sont directement inspirées du sens original de la catégorie de « personne » ou *persona*, qui désigne le masque dans le théâtre antique. Après avoir évoqué les sociologues attachés à l'étude de « la signification symbolique des pratiques sociales, et [de] leur contribution à l'intégrité et à la solidarité des groupes qui les emploient », Goffman rappelle que cette notion de personne était déjà au cœur de la sociologie de Durkheim, chez qui elle était revêtue d'« une espèce de sacralité » associée à sa dimension sociale. Citant les *Formes élémentaires de la vie religieuse*, Goffman rappelle que chez Durkheim, « la personne individuelle peut être considérée comme une parcelle de la *mana* collective et que [...] les rites accomplis envers les représentations de la collectivité le sont parfois envers l'individu lui-même »[2].

La notion de *self* mobilisée par les psychanalystes de langue anglaise est en partie héritière de cette problématique de l'identité, du rôle et de l'assignation, propre à la sociologie et à la psychologie sociale[3]. Elle est importée dans le champ psychanalytique du point de vue de la problématique du narcissisme, c'est-à-dire de l'exigence de travail psychique nécessaire à l'appropriation et à l'intégration

1. E. Goffman, *Les Rites d'interaction*, Paris, Minuit, 1974, p. 9.

2. *Ibid.*, p. 43. On pourrait encore mentionner Marcel Mauss, « Une catégorie de l'esprit humain : la notion de personne et celle de "moi" » (1938), dans *Sociologie et anthropologie*, Paris, P.U.F., 1950, p. 331-362, ainsi que I. Meyerson, qui consacre un chapitre à la notion de personne dans ses *Fonctions psychologiques et les œuvres* (1948), Paris, Albin Michel, 1995.

3. La notion de *self*, associée à la notion d'identité personnelle, renvoie également à l'unité psychosomatique de la personne et aux troubles identitaires qui lui sont associés (dépersonnalisation, somnambulisme, dissociation), autrement dit à la question des « frontières du moi » et de l'investissement narcissique de ces limites (P. Federn).

subjective de cette « image de soi ». La notion d'identité se trouve ainsi relayée par celle d'*identification*. Il est par là possible d'interpréter la problématique œdipienne comme l'expression des conflits relatifs au passage du jeu libre, dans lequel l'enfant peut s'inventer des rôles à volonté, à un jeu réglementé qui met fin à l'illusion de toute-puissance, et dans lequel la participation à la vie sociale repose sur le point de vue d'un « autrui-généralisé ».

La problématique du *self* organise encore la question du rapport au corps propre, dans la mesure où, ici encore, le corps qu'il s'agit de s'approprier n'est pas un corps biologique seulement, mais un corps socialisé par les techniques de soin et de maternage ou de dressage (au sens des « techniques de corps » dont parle Mauss). C'est ce que montre la clinique des relations précoces : ces techniques ou ces réponses de l'environnement (de l'objet maternant) sont autant de manières d'interpréter, d'organiser et de satisfaire les besoins psychiques (et non pas seulement corporels) du nourrisson. C'est également ce que montre la clinique du travail : le corps réputé *propre* est façonné par le travail.

Ajoutons, dans le même ordre d'idée, que le dispositif groupal décrit par Bion pourrait être compris comme un cadre expérimental dans lequel le jeu social provisoirement *déréglementé* induit une perte des repères identitaires et le recours à des mécanismes primitifs de communication et de défense : c'est la régression aux « hypothèses de base » qui viennent suppléer à la dissolution de la réglementation qui organise les groupes de travail réputés coopératifs. L'exploration psychanalytique des processus ainsi induits a une portée sociologique fondamentale : dans l'expérience menée par Bion, on voit en effet ce qui se passe lorsque, comme le dit Goffman, le doute est porté sur les « projections » des individus, lorsque leurs attentes sont déçues et leurs « revendications morales », déniées ou disqualifiées, autrement dit lorsque la fonction interprétante de l'environnement social est prise en défaut. La désorientation identitaire est ici l'autre face de la désorganisation narcissique associée à la perte d'objet. On est ici au cœur de la clinique psychosociale de la « souffrance sociale », c'est-à-dire des processus de désocialisation et de précarisation. La « servitude volontaire » décrite par La Boétie apparaît comme l'un des effets de cette déréglementation et de la désorientation induite qui devient une méthode de domination et de gouvernement (de gestion collective et de *management*).

L'IDENTITÉ ET LES SOUTIENS DU MOI DANS LA PSYCHOLOGIE SOCIALE

Mead soulignait le rôle décisif du jeu libre dans le développement de l'enfant, en tant que moment préparatoire et organisateur de la socialisation. Il comprend cette activité dans un sens assez déterminé, puisque le jeu qu'il appelle libre consiste principalement à endosser le rôle d'un autre : l'enfant joue à être le papa ou la maman, la maîtresse d'école, un voleur ou un gendarme, etc. Cette forme de jeu a une valeur *exploratoire* et *expérimentale* dans la mesure où l'enfant cherche à savoir « ce que ça fait » d'être à la place de l'autre :

> Quand un enfant assume un rôle, il possède en lui-même les stimuli qui provoqueront en lui cette réaction particulière ou ce groupe de réaction. [...] Dans la phase ludique, l'enfant utilise ses propres réactions à ces stimuli qu'il emploie à construire un soi. La réaction qu'il tend à faire à ces stimuli les organise. [...] Il possède un ensemble de stimuli qui provoquent en lui la même réaction que chez les autres. Il prend ce groupe de réactions et les organise en un certain tout. Telle est la façon la plus simple d'être un autre pour soi-même[1].

En d'autres termes, ce jeu libre (dans sa dimension identificatoire) est appréhendé par Mead du point de vue de l'apprentissage : il prépare l'individu à s'adapter à la réalité sociale et à ses règles en adoptant le point de vue de cet « autrui-généralisé » qui caractérise le jeu réglementé. C'est dans cette perspective comportementale

1. G. H. Mead, *L'Esprit, le soi et la société*, *op. cit.*, p. 128. La conception du jeu libre reste ici très abstraite. L'expérience d'être un autre peut aussi être regardée comme une manière de traiter l'affect.

que l'apprentissage vise essentiellement à *organiser* les réactions aux stimuli associés à la situation d'interaction ainsi créée artificiellement : l'enfant n'apprend pas seulement des règles, c'est-à-dire comment on est censé se comporter dans ces situations typiques, il fait également l'expérience de ce que « ça fait d'être un autre » confronté à ces situations. Le jeu développe ainsi une capacité d'empathie et de réflexion, faute de laquelle l'adaptation au « jeu réglé » de l'environnement social interdit au *moi* d'encadrer le *je* agissant et de constituer ce fond sur lequel s'organise le *soi* (suivant la terminologie de Mead). L'intérêt des analyses de Goffman[1] est d'intégrer à l'analyse des interactions sociales le point de vue objectivant du sociologue, de l'acteur cynique (sociopathe) et, plus généralement, les effets sociaux du manque de sincérité et de la pseudo-adaptation (*faux self*).

La psychologie sociale pose à bon droit que l'identité se construit par le moyen d'un jeu réglementé par lequel l'individu est conduit à assumer le rôle social en fonction des différentes situations ou interactions qu'il rencontre : la constitution du soi dépend ainsi de la faculté d'adaptation du sujet, par l'assimilation de modèles ou de normes comportementales dont le bon usage relève de l'art de s'orienter dans le monde social, d'en comprendre les règles du jeu et les rouages. L'identité et la reconnaissance sont ainsi suspendues au rôle ou au statut de l'individu socialisé[2]. Cette dépendance peut être décrite en termes d'*étayage* : le moi trouve dans son inscription dans le monde social une série de *soutiens* nécessaires à l'affirmation de

1. Voir par exemple : E. Goffman, *La Mise en scène de la vie quotidienne. 1. La Représentation de soi*, *op. cit.*, p. 25-29.

2. Aux yeux d'Axel Honneth, ce serait ici la limite de la théorie de la reconnaissance de Mead qui subordonne l'intégration éthique de l'individu à sa « contribution positive à la communauté », c'est-à-dire à sa capacité de s'accomplir par un travail socialement utile et conforme aux fins globales de la société (*La Lutte pour la reconnaissance* (1992), Paris, Cerf, 2010, p. 107-111). Comme on le sait, ces emplois « socialement utiles » sont fort rares. On ne doit pas non plus omettre que pour être exclu aussi bien que dominé, il faut être intégré, et que la forme d'adaptation (et donc d'intégration) exigée par le statut de précaire ou de marginal est en elle-même particulièrement exigeante et coûteuse (socialement, psychiquement comme financièrement).

soi et à l'estime de soi. Au contraire, la perte de ces soutiens conduit à une désorganisation identitaire, à une « perte de soi ».

La problématique du narcissisme invite à appréhender les choses sous un angle différent, du point de vue de la pulsion et de son organisation. C'est la tâche du jugement d'attribution grâce auquel le moi se constitue en se donnant un objet (bon, à inclure ; mauvais, à expulser). L'enjeu du narcissisme est celui de l'appropriation subjective et de la capacité du sujet à faire face aux expériences de déplaisir, de les inclure et de les métaboliser ou de les transformer.

La problématique narcissique subordonne la question de l'adaptation et du rôle social à celle de l'appropriation subjective. La subjectivation ne sera plus conçue à partir de *soutiens* reçus de l'extérieur, mais à partir d'un travail de symbolisation opérant sur des *objets*. Suivant les indications de Winnicott qui fait de l'activité de jeu le prototype de l'expérience culturelle socialisatrice, on peut concevoir la notion d'*objet social* à la lumière de ces enjeux narcissiques : l'emploi, l'argent, le logement, etc., sont évidemment des réalités qui appartiennent au monde social extérieur, et à ce titre ils constituent des *soutiens identitaires*, mais en tant qu'ils sont les *objets d'un investissement narcissique*, ils peuvent être regardés comme relevant de la sphère d'omnipotence du sujet. La *tension* entre ces deux points de vue peut être pensée au moyen des paradoxes de la transitionnalité. La perte de ces objets n'est pas seulement source de désorganisation identitaire ; elle peut être comprise comme une perte d'ordre narcissique relative aux « sécurités de base » du sujet : la vulnérabilité sociale va de pair avec la précarisation psychique.

L'OBJET MÉDIATEUR ET LE JEU LIBRE SELON WINNICOTT

La distinction entre le jeu réglementé (*game*) et le jeu libre (*play*) est au cœur de la pensée de Winnicott. Elle acquiert évidemment un statut très différent dans le cadre de l'approche psychanalytique du développement de l'enfant et de la clinique des relations précoces. D'abord parce que le jeu libre n'est pas immédiatement associé au jeu de rôle qui sert de modèle à Mead, mais à l'usage plus précoce d'objets qui concourent au travail de symbolisation et d'intégration. Le jeu libre est d'abord appréhendé par Winnicott du point de vue de la notion d'espace potentiel et de la localisation de l'expérience ludique :

> *Le jeu a une place* et un temps propre. Il n'est pas *au-dedans*, quel que soit le sens du mot [...]. Il ne se situe pas non plus *au-dehors*, c'est-à-dire qu'il n'est pas une partie répudiée du monde, le non-moi, de ce monde que l'individu a décidé de reconnaître (quelle que soit la difficulté ou la douleur rencontrée) comme étant véritablement au-dehors et échappant au contrôle magique. Pour contrôler ce qui est au-dehors, on doit faire des choses, et non simplement penser ou désirer, et *faire des choses, cela prend du temps*. Jouer, c'est faire[1].

L'expérience du jeu est bien comprise du point de vue de l'aire d'omnipotence du sujet, à partir d'un état psychique marqué par la suspension du jugement d'existence (ou de la vigilance), comme peut l'être le sommeil qui sous-tend l'activité hallucinatoire du rêve : le jeu suppose que demeure indécise ou indéterminée la question relative à la « subjectivité ou l'objectivité du lieu où se situe l'objet transitionnel »[2]. Mais cette suspension ou cette indécision n'est possible (comme dans le cas du rêve) que si le climat de confiance procuré par l'environnement permet également un *libre jeu* du jugement d'attribution, afin que l'objet puisse être, tour à tour, « répudié, ré-accepté et objectivement perçu »[3], inclus dans le moi, expulsé, puis réintégré. *Le jeu permet ainsi de figurer et de symboliser la série des processus à l'origine du narcissisme* ou du « moi-plaisir purifié »[4].

1. D. Winnicott, *Jeu et réalité*, *op. cit.*, p. 59.
2. *Ibid.*, p. 24.
3. *Ibid.*, p. 66.
4. Winnicott se fait implicitement l'écho des paradoxes par lesquels Kant définit le *jugement esthétique* (organisateur de la subjectivité) qui suppose le « libre jeu » des facultés de l'esprit : le beau est 1) l'objet d'un « plaisir désintéressé », 2) il plaît « universellement sans concept », 3) il représente une « finalité sans représentation d'une fin [déterminée] », 4) le beau est enfin « reconnu sans concept comme l'objet

L'intérêt de la démarche de Winnicott tient au fait qu'il propose de spécifier les conditions dans lesquelles le narcissisme peut s'organiser. Dès lors, c'est la fonction du jeu qui change de sens, aussi bien que celle de l'*illusion* qui lui est propre. Le jeu s'organise autour d'un *objet* au statut paradoxal : à la fois *trouvé* dans le monde extérieur et *créé* par l'activité hallucinatoire du sujet, il n'est ni au-dedans ni au-dehors, mais il appartient à un espace intermédiaire localisé « entre le subjectif et ce qui est objectivement perçu ». La question centrale pour Winnicott devient celle de la « *tension* suscitée par la mise en relation de la réalité du dedans et la réalité du dehors »[1], autrement dit, de manière plus générale, celle de la nécessaire relativité de l'objectivité, pour autant que « ce qui est objectivement perçu est, jusqu'à un certain point, conçu subjectivement »[2]. L'objet transitionnel assure le lien entre le dedans et le dehors : il constitue une médiation qui rend possible le travail de symbolisation et de transformation nécessaire à l'appropriation subjective. Ce travail, dans le jeu, relève d'une activité libre et spontanée, rendue possible par la levée d'une contrainte double : la levée des exigences relatives à la réalité extérieure (état de confiance et sentiment de sécurité), mais aussi la levée de la tension pulsionnelle (état de repos et de satiété).

La conception de Winnicott, fondée sur l'observation des jeunes enfants, conduit à une conclusion apparemment très éloignée de celle de la psychologie sociale. Elle est évidemment paradoxale dans la mesure où elle met en avant un état de non-intégration qui, en soi, ne saurait être « ni observé ni remémoré » (directement) :

> Le sentiment de soi (*sense of self*) en fait se constitue sur la base d'un état non intégré qui, cependant, par définition, n'est ni observé ni remémoré par l'individu et qui est perdu, à moins qu'il ne soit observé et renvoyé en miroir par un être en qui on peut

d'une satisfaction nécessaire ». Ces paradoxes ont chez Kant une fonction réflexive et intégratrice, aussi bien que socialisatrice et civilisatrice. Cette double dimension est au cœur de l'idée d'une « éducation esthétique de l'homme » (Schiller).

1. D. Winnicott, *Jeu et réalité*, *op. cit.*, p. 24.
2. *Ibid.*, p. 92.

> avoir confiance, qui justifie cette confiance et va au-devant de la dépendance[1].

La conception du jeu développée par Winnicott est en soi complexe : elle opère à deux niveaux et repose sur une tension dialectique entre la problématique de l'identité et celle du narcissisme.

Cette suspension du jugement ou ce « libre jeu », au fondement du travail de symbolisation, repose sur la capacité de l'environnement à assurer un « état de confiance » ou de quiétude suffisant pour permettre au bébé de se vivre comme informe et indéterminé. À l'inverse, Winnicott présente le jeu réglementé (*game*) comme un moyen de défense contre les aspects potentiellement effrayants de l'activité libre de jeu (*playing*) :

> Mais il faut admettre que le jeu est toujours à même de devenir quelque chose d'effrayant. Et l'on peut tenir les jeux [réglementés] (*games*), avec ce qu'ils ont d'organisé, comme une tentative pour tenir à distance l'aspect effrayant du jeu [libre] (*playing*). Des personnes responsables doivent être disponibles quand les enfants jouent, mais cela ne signifie pas qu'il leur faut entrer dans le jeu des enfants (*into the children's playing*). Quand un organisateur est amené à diriger le jeu, cela implique que l'enfant ou les enfants sont incapables de jouer au sens créatif où je l'entends ici[2].

La réglementation équivaut ici à une interruption du jeu créatif par l'intervention ou la participation de la personne dont dépend l'enfant. Winnicott insiste ainsi sur la précarité de cette expérience menacée par la pression venue du dedans (l'excitation engendrée par le jeu lui-même), aussi bien que du dehors, par l'intrusion d'autrui dans la sphère d'omnipotence de l'enfant.

C'est à ces deux obstacles que l'on peut rapporter l'incapacité à jouer : 1) lorsque l'accroissement de la tension pulsionnelle et de l'excitation engendre un déplaisir qui empêche la suspension du jugement d'attribution, mais aussi 2) lorsque l'objet n'a pas pu être

1. D. Winnicott, *Jeu et réalité*, *op. cit.*, p. 85.
2. *Ibid.*, p. 71.

« ressenti comme réfléchissant ce qui se passe dans le jeu » et que sa présence a été incapable de garantir l'« état de confiance » nécessaire. Dans ce cas, le jeu ne peut durer : il devient effrayant et le sujet doit tenter « d'assurer son emprise sur l'objet potentiellement intrusif, de l'incorporer, de se coller à lui et de l'englober »[1]. La fonction de l'objet transitionnel risque alors d'être dévoyée en perdant la valeur d'un moyen de communication pour devenir un simple instrument au service du « déni de séparation ». C'est la solution addictive.

Tel est le cas de ce garçon de sept ans jouant avec sa ficelle, rapporté dans le premier chapitre de *Jeu et réalité*, à propos duquel Winnicott parle d'une « utilisation pervertie » de l'objet transitionnel, qui servira plus tard de modèle aux conduites addictives :

> La fonction de la ficelle évolue, passant de la communication au déni de séparation. En tant que déni de séparation, la ficelle devient une chose en soi, chose qui a des propriétés dangereuses et qu'il faut maîtriser. [...] Quand l'espoir est absent et que la ficelle représente un déni de séparation, l'état de chose devient beaucoup plus complexe et difficile à guérir [que dans le cas présenté] en raison des bénéfices secondaires résultant de l'habileté qui se développe, chaque fois qu'un objet doit être manipulé pour être maîtrisé[2].

Le jeu libre cesse en raison de la vigilance nécessaire à l'exercice de l'emprise sur la « chose en soi » qu'est devenue la ficelle. Maniée par le garçon avec une surprenante dextérité, mais dévoyée de son usage ludique, la ficelle qui relie risque bien de devenir une corde pour se pendre. On touche ici à l'ambiguïté (largement soulignée par Goffman) de nombreux apprentissages qui, bien que socialement valorisés, ou parce qu'ils le sont un peu trop, ne font

1. R. Roussillon, « Le transitionnel et l'indéterminé », dans B. Chouvier (éd.), *Les Processus psychiques de médiation* (2002), Paris, Dunod, 2012, p. 63.

2. D. Winnicott, *Jeu et réalité*, *op. cit.*, p. 31. Sur la question, voir aussi É. Kestemberg, *La Psychose froide*, « La relation fétichique à l'objet » (1978), Paris, P.U.F., 2001, p. 77-101. Mais également É. Chauvet, « L'addiction à l'objet : une dépendance passionnelle », *Revue française de psychanalyse* 63, 2004-2, p. 609-622. L'exemple de la ficelle évoque évidemment le jeu de la bobine du petit-fils de Freud (*Au-delà du principe de plaisir*).

que renforcer le sentiment d'omnipotence et les défenses maniaques de l'enfant. Le destin de cette pseudo-maturité et de l'insincérité qui en résulte, c'est la sociopathie (le soi factice, voire le moi postiche) des complices de la tyrannie, et quelquefois le suicide.

Je proposerai d'interpréter pareillement la « servitude volontaire » de La Boétie comme une modalité de cette « utilisation pervertie » de l'objet transitionnel, dans laquelle les enjeux d'emprise font obstacle aux processus de symbolisation et au libre jeu qu'ils supposent. La soumission à la tyrannie correspondra ainsi à une relation addictive à des débris ou à des reliques d'objets sociaux. Cette hypothèse constitue le pendant de l'idée avancée plus haut, selon laquelle l'aliénation et la servitude volontaire procèdent d'une déréglementation du jeu social[1].

Jeu libre et jeu réglementé : tensions et enchâssement

La distinction entre jeu libre et jeu réglementé est fondamentale pour comprendre la spécificité des problématiques auxquels chacun renvoie. On a moins affaire ici aux déterminations objectives des situations observées qu'à une différence de point de vue ou d'approche. Pour autant, cette distinction est également relative à l'intérieur de chacun des champs disciplinaires.

a) *Jeu et modalisation dans la psychologie sociale*

Dans *Les Cadres de l'expérience* (1974), Goffman revient sur l'analogie entre l'adaptation aux normes sociales et le jeu réglementé pour y introduire une dimension nouvelle, celle de la transformation ou de la modalisation de la signification de la situation sociale. Les « cadres sociaux primaires » structurent et organisent l'interaction, ordonnent les comportements et les réponses en fonction d'un horizon d'attente : ce sont eux qui permettent d'interpréter ce qui se passe et d'accorder du sens à une situation qui, sans cela, serait

1. La tyrannie, dans sa conception classique, est d'abord, à parler proprement, un effet de déréglementation : elle est le fruit de la dissolution de la norme de justice ou de l'état de droit.

dépourvue de signification. Ces cadres peuvent être interprétés comme les règles du « jeu social ». C'est le modèle adopté dans les *Rites d'interaction* et surtout dans la *Mise en scène de la vie quotidienne*. On a vu comment cette définition du jeu social reposait explicitement sur le point de vue extérieur du sociologue placé en position d'observateur ou de spectateur désintéressé.

Avec *Les Cadres de l'expérience*, Goffman introduit cependant une autre manière de concevoir le jeu, non plus comme un effet d'observation, mais comme une modalisation du cadre primaire qui organise l'interaction sociale. Il évoque alors un texte de Bateson qui fait état de l'observation de loutres « qui ne se contentent pas de se battre, mais jouent à se battre ». Dans l'activité ludique, « le vrai combat sert donc de modèle, de schème à suivre, de fondement pour une forme d'action », mais ce qui qualifie l'activité comme jeu, c'est le fait que « certains éléments de ce schème seront pourtant systématiquement altérés : par exemple si les loutres jouent à se mordre, aucune morsure n'est sérieuse »[1]. Cette altération correspond à une modalisation du comportement, comparable à la transformation que l'on retrouve dans la plaisanterie. Goffman spécifie cette altération : « En somme, on a là une transcription, une transposition, une *transformation* […] au sens de la géométrie : une séquence de jeu se substitue à une séquence de combat »[2]. Chez Bateson, le jeu témoigne d'une capacité de *métacommunication* par laquelle les individus qui s'y livrent sont « capables d'échanger des signaux véhiculant le message : *ceci est un jeu* »[3].

1. E. Goffman, *Les Cadres de l'expérience*, Paris, Minuit, 1991, p. 49.

2. *Ibid.*, p. 49-50. Goffman et Bateson ont tous deux une formation d'anthropologue et une expérience d'observateurs en institution psychiatrique.

3. « Une théorie du jeu et du fantasme », dans G. Bateson, *Vers une écologie de l'esprit*, t. 1, Paris, Seuil, 1977, p. 211. Dans cet article, Bateson relève une série de paradoxes logiques sur lesquels se fonde la communication normale (humaine comme non humaine), et en particulier ceux qui ont trait à la relation entre l'énoncé et le cadre de l'énoncé. Il explore ainsi la distinction freudienne entre processus primaires et processus secondaires et suggère que l'une des raisons qui expliquent l'efficacité de la psychothérapie, tient au fait que le métacadre thérapeutique institue une situation propre à rendre ces paradoxes *interprétables*. Sur ces questions, voir également R. Roussillon, *Paradoxes et situations limites de la psychanalyse*, Paris, P.U.F., 1991.

Le sociologue prend ainsi en considération une série de phénomènes qui relèvent de l'activité de symbolisation, pour autant que cette méta-communication qui institue le jeu, repose ici sur une capacité de métaphorisation au service du travail de représentation. C'est ce que dit Bateson, lorsqu'il constate que, dans le jeu des animaux, « les unités d'action, ou signaux, [sont] *analogues*, mais non pas *identiques* à ceux du combat »[1]. Ce sont les mêmes, *au mode près*. Le comportement relève donc non plus des « cadres primaires » mais d'une modalisation qui repose, de la part des acteurs, sur un processus auto-représentatif, par lequel le sujet se représente qu'il représente. C'est ce qu'on peut déduire de la définition que donne Goffman du *mode* (*key*) : « Par *mode*, j'entends un ensemble de conventions par lequel une activité donnée, déjà pourvue d'un sens par l'application d'un cadre primaire, se transforme en une autre activité qui prend la première pour modèle, mais que les participants considèrent comme sensiblement différente. On peut appeler *modalisation* ce processus de transcription. L'analogie avec la pratique musicale est délibérée »[2].

Un peu plus loin, Goffman montre comment l'observation sociologique peut elle-même être regardée du point de vue de cette notion de modalisation ou de transformation. L'objectivation du cadre primaire induit ainsi un effet de distance qui fait passer pour un jeu l'activité non transformée (« sérieuse ») : « En général, face à une activité non transformée, les définitions en termes de cadre visent à marquer une désaffection, une ironie, une distance »[3]. Goffman interroge ici l'objectivation sociologique dont le point de vue tend à négliger la dimension modale des interactions sociales, autrement dit la part de jeu, de créativité et d'humour qu'elles autorisent et qui les rendent supportables.

La distinction entre cadre primaire et modalisation est présente à un autre niveau dans l'analyse que propose encore Goffman

1. G. Bateson, *Vers une écologie de l'esprit*, *op. cit.*, p. 211.
2. E. Goffman, *Les Cadres de l'expérience*, *op. cit.*, p. 52-53.
3. *Ibid.*, p. 55.

(dans *Asiles*) de la tension entre deux formes d'adaptation, une « adaptation primaire » et une « adaptation secondaire » (*primary* et *secundary adjustment*). Il définit l'*adaptation primaire* de l'individu comme la conformité du comportement aux normes prescrites par la situation, c'est-à-dire aux « cadres primaires » : « Lorsqu'un individu collabore à une organisation en participant à une activité demandée dans des conditions requises [...], il donne et reçoit, avec l'esprit requis, ce qui a été systématiquement décidé, qu'il lui en coûte personnellement peu ou beaucoup. Bref, il découvre qu'on lui demande officiellement de n'être ni plus ni moins ce à quoi il est préparé et se trouve obligé de vivre dans un univers qui est fait pour lui »[1]. Goffman illustre la chose en étudiant l'adaptation de l'individu aux règles du monde carcéral ou asilaire.

Les adaptations secondaires, qui peuvent parfois prendre des formes illicites, « représentent pour l'individu le moyen de s'écarter du rôle et du personnage que l'institution lui assigne tout naturellement »[2]. Ce n'est plus seulement l'organisation ou l'institution qui exploite l'individu, même si ce dernier peut y trouver certains avantages liés, par exemple, au fait d'avoir une place stable et reconnue. Avec ces adaptations secondaires, c'est plutôt l'individu qui exploite le système pour ses fins personnelles, pour en tirer ce qu'il est convenu d'appeler des « bénéfices secondaires ».

Observation : On ne saurait, bien entendu, réduire l'adaptation secondaire à sa dimension individuelle et psychologique, en l'opposant au caractère social de l'adaptation primaire. L'adaptation secondaire, si elle répond à l'exigence de rendre supportables les contraintes associées à la réglementation, poursuit des buts narcissiques, mais elle est inséparablement socialisatrice en ce qu'elle fait aussi exister le collectif. Inversement, c'est à condition de prendre la forme d'un *fait social collectif* que ces formes

1. E. Goffman, *Asiles. Étude sur la condition sociale des malades mentaux*, Paris, Minuit, 1968, p. 245.

2. *Ibid.*

secondaires d'adaptation ou ces arrangements peuvent être investis narcissiquement. On en trouve un bon exemple dans l'écart entre le travail prescrit et le travail réel qui prend souvent la forme d'un jeu collectif permettant l'appropriation du travail imposé. *La transformation ludique de l'activité (même sous contrainte) est socialisatrice et potentiellement émancipatrice.*

Ces registres de comportements adaptatifs pourraient illustrer la distinction entre le jeu réglementé et le jeu libre, mais également l'enchâssement de la logique identitaire et de la logique narcissique. C'est ce dont témoigneraient quelques-uns des exemples d'adaptation secondaire proposés par Goffman : « Il est des paroissiens trop empressés à vivre dans l'église et pour l'église, des maîtresses de maison qui tiennent leur intérieur trop propre, des officiers subalternes qui insistent pour couler avec leur navire »[1]. L'adaptation secondaire prend alors la forme d'une relation addictive.

Pareillement, après avoir évoqué la « contrainte à la synthèse » qui caractérise le travail du narcissisme, Freud évoque cette forme d'adaptation secondaire :

> Ainsi le symptôme se voit peu à peu confier la représentation d'importants intérêts, il reçoit une valeur pour l'auto-affirmation, s'entrelace de plus en plus intimement avec le moi, lui devient de plus en plus indispensable. C'est seulement dans des cas très rares que le procès de guérison par inclusion d'un corps étranger peut répéter quelque chose de semblable. On peut aussi exagérer la signification de cette adaptation secondaire aux symptômes en énonçant que le moi ne s'est, somme toute, procuré le symptôme que pour jouir de ses avantages. Cela est alors aussi vrai et aussi faux que de soutenir l'opinion que le blessé de guerre ne s'est fait arracher la jambe que pour vivre de sa pension d'invalide, sans plus avoir à travailler[2].

1. E. Goffman, *Asiles. Étude sur la condition sociale des malades mentaux*, *op. cit.*, p. 249.

2. S. Freud, *Inhibition, symptôme et angoisse*, OC, XVII, p. 217 ; GW, XIV, 126.

b) *Le processus et le cadre dans la situation analytique*

Winnicott montre bien comment le jeu libre ne peut avoir lieu que dans des circonstances définies et suppose un environnement sur lequel on peut compter, capable de garantir un « état de confiance » et de quiétude. Cette stabilité est essentielle à l'expérience d'omnipotence, et la conditionne. Elle est garantie par la présence de « personnes responsables » qui doivent être disponibles, sans pour autant entrer dans le jeu. Cette observation peut être associée au paradoxe de cette « capacité d'être seul » qui suppose « l'expérience d'être seul en présence de quelqu'un d'autre »[1]. Aux yeux de Winnicott, cette expérience particulière est source d'intégration pulsionnelle et de renforcement du moi : « c'est seulement lorsqu'il est seul (c'est-à-dire en présence de quelqu'un) que le petit enfant peut découvrir sa vie personnelle ». À la différence de cette « existence fausse, construite sur des réactions à des excitations externes », appelée par la vigilance et la défiance, cette forme de solitude permet le repos et « l'état de non-intégration » et permet de vivre une expérience réelle et personnelle.

Le jeu libre repose bien sur des conditions extérieures. La suspension du jugement d'existence nécessaire à l'expérience d'omnipotence n'est possible que grâce à cette fonction de contenance de l'environnement dont la présence muette s'apparente à un *fond* sur lequel peut se déployer et prendre forme l'activité créatrice propre au jeu libre. On peut interpréter cette fonction comme une forme d'interaction reposant sur l'institution d'un « cadre primaire » porté d'abord par une « mère suffisamment bonne ». Ainsi présenté, le jeu apparaîtra de son côté comme une forme d'« adaptation secondaire » par laquelle l'enfant peut exploiter à ses propres fins la stabilité d'une situation propre à garantir un état suffisant de confiance et de sécurité. L'aire d'illusion ou l'espace transitionnel se trouve ainsi enchâssée dans un cadre réglementé. C'est de cet enchâssement que résultent les paradoxes de la transitionnalité.

1. D. Winnicott, « La capacité d'être seul » (1958), dans *De la pédiatrie à la psychanalyse*, Paris, Payot, 1969, p. 325-333.

La chose est claire lorsque Winnicott parle de la précarité de l'expérience du jeu, et notamment de son interruption sous la pression de l'accroissement de la tension pulsionnelle ou de l'excitation. La situation impose alors la participation active de « personnes responsables », qui a pour but de « tenir à distance l'aspect effrayant du jeu ». Le jeu libre cède alors la place au jeu réglementé qui met fin à l'expérience d'illusion et de toute-puissance : le fond, auparavant muet, fait retour sur le devant de la scène.

Le modèle du jeu élaboré par Winnicott regarde aussi bien la clinique des interactions précoces que la situation analytique. Dans cette perspective, on peut dire que le « jeu libre » (le processus associatif) est indissociable du « jeu réglementé », c'est-à-dire du cadre ou du dispositif thérapeutique qui le contient et l'organise, définissant ainsi une interaction sociale et un horizon d'attente déterminé. C'est ainsi que Madeleine et Willy Baranger avaient proposé d'interpréter « la situation analytique comme champ dynamique », où la notion de « champ dynamique » est directement empruntée à la psychologie sociale de Kurt Lewin. Ce champ « se construit à partir d'une configuration de base déjà présente dans le contrat initial qui distribue les rôles de chacun des deux participants » :

> Chaque participant attend de l'autre des comportements bien déterminés, notamment le respect du contrat de base. C'est pourquoi, dans sa relation à l'analyste, l'analysant accepte une série de règles implicites – et, s'il refuse de s'y tenir, les interprétations de l'analyste le lui rappelleront. Il s'agit notamment d'une limitation considérable de l'action, selon laquelle, par exemple, le patient pourra souhaiter la destruction de l'analyste, mais ne lui tirera pas dessus ni, dans le cas contraire, ne s'installera pas chez lui, même s'il croit qu'il y serait mieux que n'importe où ailleurs[1].

La situation analytique enchâsse ainsi un jeu libre, par lequel peut avoir lieu le travail d'intégration et de symbolisation, dans

1. M. et W. Baranger, « La situation analytique comme champ dynamique » (1961), *Revue française de psychanalyse* 6, 1985, p. 1545.

un jeu réglementé, le cadre, qui structure et organise la relation thérapeutique[1].

Comme le montre suffisamment Winnicott, le jeu libre est un phénomène précaire : il dépend de l'« état de confiance » ou de sécurité garanti par l'environnement et son cadre réglementé. Cette précarité est observable à travers les résistances que la plupart des patients opposent à la « règle fondamentale » de l'association libre qui mobilise d'emblée les « aspects effrayants du jeu ». On comprend ainsi qu'avec certains patients, il soit nécessaire de modifier ou d'adapter le cadre thérapeutique afin de tempérer ces aspects persécutants du jeu libre. Dans le cas des patients pour lesquels les préoccupations psychosociales (associées aux conditions matérielles et sociales de vie, comme l'emploi ou le logement) occupent le devant de la scène, la précarité réelle fait également obstacle au jeu libre[2].

Partant des thèses proposées par les Baranger, José Bleger invite à interpréter cet enchâssement du processus analytique dans le « champ dynamique » qui échappe au processus à partir de l'idée d'un clivage entre le moi et le non-moi, entre une partie intégrée de la personnalité et une partie non-discriminée dont le cadre devient le dépositaire : « Pour Melanie Klein, le transfert reproduit les relations primitives d'objet ; or il nous semble que c'est l'indifférenciation, plus primitive encore, qui se répète dans

1. Sur le cadre analytique et ses fonctions, dans leur rapport avec le jeu, voir notamment R. Roussillon, *Logiques et archéologiques du cadre psychanalytique*, Paris, P.U.F., 1995.

2. Les observations de Freud dans ses écrits techniques fondent une double exigence : le traitement s'appuie sur la stabilité du cadre aussi bien que sur les soutiens et les appuis que le patient rencontre dans son existence sociale. D'où la recommandation, à une époque où la cure analytique était généralement de courte durée, de ne prendre pendant le traitement aucune décision importante, mais également d'ancrer la relation thérapeutique dans la réalité sociale, notamment par le paiement dont Freud insiste sur la fonction de régulation, faute de laquelle « l'ensemble de la situation [risquerait de] glisser hors du monde réel » et d'ôter au patient « un bon motif d'aspirer à la terminaison de la cure » (« Sur l'engagement du traitement » (1913), OC, XII, p. 173 ; GW, VIII, 465-466). De nos jours, c'est la médiation de l'institution qui joue cette fonction, ce qui permet des soins gratuits.

le cadre »[1]. Dans le meilleur des cas, ce cadre ne fait pas problème et sert de fond aux processus en jeu dans la situation analytique. Le cadre est alors muet, à la manière du corps propre en bonne santé, et peut servir de dépositaire du noyau symbiotique de l'identité ou de la personnalité : il forme alors « la *base* à partir de laquelle le moi se structure en fonction des expériences frustrantes et gratifiantes ». Ou encore : « [Le cadre] est le châssis à l'intérieur duquel le moi et l'identité du sujet sont construits, et se trouve donc clivé du processus, du moi qui donne forme au transfert névrotique »[2]. Cette opposition entre le processus et le noyau immobilisé dans le cadre permet de circonscrire et d'organiser le jeu analytique avec sa dimension d'illusion propre au transfert, en vertu de laquelle « tout événement prenant place dans le champ analytique [est] en même temps autre chose »[3]. Cette ambiguïté, essentielle au processus, ne vaut pas pour le cadre lui-même.

Le non-moi ainsi immobilisé et séparé du processus doit être entendu, selon Bleger, comme un *méta-moi* « dont dépend la possibilité de formation et de conservation du moi, son existence même ». L'auteur donne alors cette définition qui rapporte la relation entre le moi et le non-moi à un *clivage* :

> On pourrait dire que l'identité dépend de la façon dont le non-moi est conservé ou manié. Si la méta-conduite varie, c'est le moi tout entier qui se modifie (aussi bien quantitativement que qualitativement). Le non-moi est le fond ou le châssis du moi organisé ; le fond et la figure d'une seule et même *Gestalt*. Entre moi et non-moi (ou entre les parties névrotique et psychotique de la personnalité), ce n'est pas une dissociation qui s'installe, mais un clivage[4].

1. J. Bleger, *Symbiose et ambiguïté* (1967), Paris, P.U.F., 1981, chap. 7, « Psychanalyse du cadre psychanalytique », p. 290.
2. *Ibid.*, respectivement p. 286 et 289.
3. M. et W. Baranger, « La situation analytique comme champ dynamique », art. cit., p. 1547.
4. J. Bleger, *Symbiose et ambiguïté*, *op. cit.*, p. 290-291.

Toute modification du cadre psychanalytique compromet l'illusion sur laquelle repose le processus. Le changement interrompt le jeu libre. Il équivaut à une perte de « l'évidence naturelle » gardienne de l'identité, c'est-à-dire à une expérience de désorganisation qui peut prendre la forme d'épisodes de dépersonnalisation ou de vécus hypocondriaques : « le fond de la *Gestalt* se transforme en figure » et ce bouleversement « met le non-moi en crise, dément la fusion, problématise le moi et oblige à la réintrojection, à la réélaboration ou à l'activation des défenses dans le but d'immobiliser ou de reprojeter la partie psychotique de la personnalité »[1]. La crise, qui peut prendre des formes parfois violentes, interdit la perlaboration du refoulement : la levée brutale du clivage confronte le sujet à ces restes traumatiques auparavant neutralisés par le cadre réglementé. Du point de vue technique, « l'analyse du cadre psychanalytique bouleverse le moi et l'identité la plus mûre du patient. On n'interprète pas le refoulé, on crée le processus secondaire. On n'interprète pas à partir des lacunes mnésiques, mais sur ce qui n'a jamais fait partie de la mémoire. Ce n'est pas une identification projective, mais la manifestation du syncrétisme ou de la participation du patient »[2].

La compréhension des phénomènes de symbiose ou de syncrétisme conduit Bleger à proposer d'appliquer à la clinique groupale cette forme de clivage, mise en évidence dans la situation analytique. Dans un article paru en 1971[3], il propose de distinguer, à côté de la relation d'interaction entre individus séparés et distincts, un genre de sociabilité qui lui sert d'arrière-fond : « cette sociabilité très particulière qui se caractérise par une non-relation et par une indifférenciation, dans laquelle l'individu ne se différencie pas d'un autre ou ne se trouve pas discriminé parmi d'autres, et dans laquelle

1. *Ibid.*, p. 293-294.

2. *Ibid.*, p. 295-296.

3. J. Bleger, « Le groupe comme institution et le groupe dans les institutions » (1971), in *Temas de psicología*, Buenos Aires, Nueva Visión, 1985, p. 89-104; trad. fr. dans R. Kaës (éd.), *L'Institution et les institutions. Études psychanalytiques*, Paris, Dunod, 1996.

il n'y a pas de discrimination établie entre moi et non-moi, ni entre corps et espace, ni entre moi et autrui ».

Comme en témoigne l'analyse du cadre psychanalytique, cette sociabilité syncrétique ne signifie pas l'absence de réglementation[1] ; elle renvoie au fait que les « cadres sociaux primaires » peuvent devenir les *dépositaires* de la partie la moins intégrée de la personnalité. Ici encore, la stabilité du cadre et de sa réglementation, permettant l'immobilisation de ces fonctionnements primaires, garantit la sécurité nécessaire au travail d'intégration psychique au service du moi[2].

Cette tension entre le cadre et le processus, entre le moi et le non-moi, telle que Bleger la met en évidence dans sa théorie de la situation analytique, rencontre la réflexion sociologique de Goffman relative aux cadres de l'expérience sociale et à ses modalisations : dans les deux cas, les processus de symbolisation que Winnicott rapporte au registre du jeu libre sont enchâssés dans le jeu réglementé qui organise l'interaction. Les aspects effrayants du jeu libre peuvent être interprétés à partir de l'expérience de *crise* qui vient remettre en question l'accord tacite ou l'évidence naturelle attachée au fond symbiotique. Cette rupture est source d'angoisses identitaires, paranoïdes aussi bien qu'hypocondriaques, qui imposent la mobilisation de mécanismes de défense primitifs, associés à la partie la moins intégrée de la personnalité.

C'est de ce point de vue que je propose de rapprocher « l'utilisation pervertie » (addictive) de l'objet transitionnel qui fait obstacle au jeu libre, des effets de dérégulation du jeu social. C'est cette hypothèse que je propose d'illustrer dans le présent travail. Cette tension permet de porter un éclairage sur la clinique psychosociale et sur la notion de souffrance sociale, en particulier lorsqu'il s'agit d'appréhender les effets psychiques de la dérèglementation sociale. Elle permet encore de penser, avec La Boétie, les effets du mélange

1. Comme le rappelle Marx dans la *Sainte famille*, l'ordre social donne forme à la « masse » ; il en est l'organisation.

2. La notion de « clivage fonctionnel » renvoie à une approche analogue : voir G. Bayle, *Clivages. Moi et défenses*, Paris, P.U.F., 2012.

de défiance et de honte sur lequel repose le monde de la tyrannie, c'est-à-dire la transformation en « avarice et cruauté » de l'amitié et de la solidarité qui organisent les liens sociaux et la vie politique proprement dite.

c) *Aperçus relatifs à la clinique du travail*

On trouverait une illustration de cette tension entre la figure et le fond, le jeu libre et le jeu réglementé, dans l'opposition entre travail prescrit et travail effectif ou réel. Le jeu réglementé correspond ici au cadre social dans lequel s'inscrit le travail : il comprend le système juridique, le contrat, mais aussi la gestion et l'organisation du travail. Ce cadre prescriptif ne saurait rendre raison de la réalité du travail, qui suppose l'ajustement toujours nécessaire de la norme aux conditions effectives. Ce travail réel repose sur l'ingéniosité, l'expérience, le métier, les compétences et le savoir-faire. Cette part du travail, créative et vivante, souvent clandestine et non reconnue, peut être appréhendée à la lumière des déterminations propres au jeu libre. Elle relèverait encore du registre des « adaptations secondaires » au sens de Goffman.

L'analogie ne va évidemment pas de soi et témoigne assez de l'entrelacement des enjeux identitaires et narcissiques, pour autant que le travail effectif mobilise l'identité professionnelle du travailleur et appelle une reconnaissance sociale, pour autant également que l'individu tire également du cadre prescriptif des avantages et des gratifications qui relèvent aussi de la logique du narcissisme. Cet entrelacement et cette ambiguïté caractérisent en général l'ensemble des objets sociaux qui sont susceptibles d'être appréhendés selon ce double point de vue.

On peut illustrer cette analogie par quelques brèves remarques qui renvoient à des enjeux assez généraux, que le lecteur pourra aisément transposer à toutes sortes de situations, et notamment au cadre psychanalytique :

1) La précarisation de la situation de l'emploi, c'est-à-dire l'altération du cadre social en raison de l'augmentation des risques de rupture, fait perdre au travail sa fonction de socle identitaire

et d'instrument d'intégration sociale[1]. Cette déréglementation met également en péril la possibilité d'une adaptation secondaire (Goffman) et d'un rapport créatif et satisfaisant au travail : elle contribue à dénaturer cet objet social qu'est l'emploi.

2) L'organisation taylorienne du travail vise à réduire l'écart entre le travail prescrit, la tâche, et le travail effectif. Pour cela, elle sépare les fonctions de décision et de conception et les fonctions d'exécution. L'organisation du travail conduit alors au gonflement de l'appareil bureaucratique d'encadrement, au détriment du savoir-faire et des compétences. Robert Linhart parle ainsi d'une « expropriation de masse au plan du savoir »[2]. L'« organisation scientifique du travail » repose sur la tentative de normaliser et de réglementer des pratiques qui relevaient auparavant de l'initiative et de la créativité des ouvriers, sapant ainsi les bases de la solidarité et des syndicats de métiers. En déqualifiant le travail et en morcelant l'activité, elle porte atteinte à l'implication subjective du travailleur. Cette tendance du mode de production capitaliste avait été décrite par Marx dans le *Capital* : « Non seulement les divers travaux sont répartis entre différents individus ; mais l'individu lui-même est divisé, transformé en mécanisme automatique d'un travail partiel. [...] [La force de travail individuelle,] rendue inapte, par sa conformation naturelle, à faire quelque chose d'autonome, l'ouvrier de manufacture ne développe plus d'activité productive que comme accessoire de l'atelier du capitaliste »[3].

3) En prenant les choses autrement, on peut expliquer l'usage paradoxal du taylorisme proposé par Lénine dans le contexte de la révolution soviétique[4] : s'agissant d'intégrer au mode de production

1. Voir S. Paugram, *Le Salarié de la précarité. Les nouvelles formes de l'intégration professionnelle*, Paris, P.U.F., 2000. Mais également les travaux du juriste Alain Supiot, notamment : *La Gouvernance par les nombres*. Cours au Collège de France (2012-2014), Paris, Fayard, 2015.

2. R. Linhart, *Lénine, les paysans, Taylor* (1976), Paris, Seuil, 2010, p. 105.

3. *Le Capital*, Livre I, sect. 4, chap. XII, § 5, trad. fr. J.-P. Levebvre (dir.), Paris, Les éditions sociales, 1983, p. 405-406.

4. Voir R. Linhart, *Lénine, les paysans, Taylor* (1976), Paris, Seuil, 2010.

industriel des masses non qualifiées, Lénine partait du principe selon lequel l'organisation scientifique du travail permettrait une forme d'adaptation primaire sur la base de laquelle pourrait se développer une nouvelle « conscience de classe » et une politisation de la classe ouvrière (ayant valeur d'adaptation secondaire). Il fondait ses espoirs sur la fonction régulatrice du cadre taylorien (au prix d'une « militarisation du travail ») pour relancer le processus révolutionnaire, c'est-à-dire l'appropriation collective et politique des moyens de production. La stratégie élaborée par Lénine reposait sur la tension dialectique entre créativité et réglementation, entre processus et cadre.

4) Comme le montre plus récemment Danièle Linhart, bien qu'elles prétendent faire une place importante à la subjectivité, les nouvelles formes de gestion du travail s'inscrivent dans le prolongement des méthodes tayloriennes, puisqu'il s'agit toujours « de trouver les moyens de contraindre les employés à travailler selon les normes les plus rentables du point de vue de leur employeur »[1]. La stratégie d'individualisation du travail (autonomie, flexibilité, polyvalence) met en place un système apparemment opposé à l'organisation taylorienne. Pourtant la dérégulation qu'elle organise aboutit ici encore à briser « l'identité collective des travailleurs », une identité fondée non sur les qualités personnelles des individus, mais d'abord sur les qualifications professionnelles, les savoir-faire et l'expérience acquise. Danièle Linhart montre ainsi comment l'argumentation éthique du management, qui fait sienne la « critique

1. D. Linhart, *La Comédie du travail humain. De la déshumanisation taylorienne à la sur-humanisation managériale*, Toulouse, Érès, 2015, p. 63. Ce qui ne signifie aucunement la disparition, sur le terrain, de l'organisation taylorienne du travail, qui s'est étendue au contraire à de nouveaux secteurs d'activité, comme les services et l'administration. L'organisation « par projet », favorisant la parcellisation du travail, repose en partie sur les rigidités de l'outil informatique : le flux tendu informationnel fait vivre aux ingénieurs et techniciens une urgence différente, mais analogue à celle que vivent les ouvriers à la chaîne. Voir notamment, J.-P. Durand, *La Fabrique de l'homme nouveau. Travailler, consommer et se taire ?*, Lormont, Le bord de l'eau, 2017.

artiste » du système capitaliste[1], constitue une forme de séduction narcissique : à force d'entretenir une illusion de toute-puissance (déni de dépendance), elle accule les salariés à des situations de « mise en incompétence ». Au final, la dérégulation et la remise en question systématique du cadre reviennent à mettre en avant les aspects effrayants du jeu libre (Winnicott) et à mobiliser ainsi des mécanismes primitifs de défense associés à la partie psychotique ou folle de la personnalité (Bleger). La chose vaudrait tout aussi bien de l'injonction à l'autonomie sur laquelle reposent certaines pratiques pédagogiques : on peut les regarder aussi comme autant de méthodes visant à adapter l'enfant à une réalité sociale déréglementée et finalement à la violence que représente la flexibilité nouvelle du marché de l'emploi.

Observation : Cette prétendue autonomie, au principe d'une liberté sous contrainte, est au cœur de l'injonction paradoxale à laquelle conduit la *lean production* : l'autonomie et la responsabilité servent d'abord l'exigence (finalement impossible à satisfaire) de produire plus avec toujours moins de moyens. À la réglementation traditionnelle qui organise le travail prescrit, se substituent des « métarègles » qui encadrent le travail libre[2]. On n'a plus affaire à un rapport de force, mais à une relation de domination. *C'est parce qu'il ne s'agit plus d'obéir, que l'on peut parler de « servitude volontaire »*. On ne demande plus une action conforme à des règles, mais de faire sien ou d'incorporer un idéal. Et un idéal non seulement étranger au moi, mais jaloux et vindicatif. Psychologiquement, cette forme de rapt ou d'intrusion se traduit par le sentiment d'être un fraudeur, un imposteur et un intrus. La recherche de vérité et de sincérité n'est plus seulement un aveu de faiblesse ; elle devient un acte de délinquance.

1. Voir L. Boltanski et E. Chiapello, *Le Nouvel esprit du capitalisme*, Paris, Gallimard, 1999.

2. Voir J.-P. Durand, *La Chaîne invisible. Travailler aujourd'hui : flux tendus et servitude volontaire*, Paris, Seuil, 2003 et *La Fabrique de l'homme nouveau*, *op. cit.*

On insiste souvent, à juste titre, sur les excès de la réglementation sociale et sur la privation de liberté qu'ils représentent. J'ai pris le parti d'interroger les effets à la fois psychiques et sociaux de la dérèglementation. Ce qui importe, à mes yeux, c'est le double horizon que j'ai proposé de mettre en avant, et la marge de manœuvre ou le libre jeu qu'il autorise. J'ai dans l'idée que le *Discours de la servitude volontaire* dénonce moins la brutalité d'un système oppressif, qu'il ne renvoie à un monde social en crise et à l'injonction cynique et paradoxale d'un tyran qui somme les sujets de *se réaliser* en devenant eux-mêmes les artisans de leur propre domination. De fait, La Boétie s'adresse moins au « menu peuple », qu'à la fraction dite éclairée de l'aristocratie (aux « cadres dirigeants » du royaume parmi lesquels se recrutent les complices du tyran).

Dans ce chapitre, j'ai voulu mettre en avant l'écart et la tension qui paraissent exister entre l'approche psychosociale de l'identité et la problématique psychanalytique du narcissisme. Mais également montrer comment ces deux perspectives se font écho ou se réfléchissent l'une l'autre. Il s'agissait de faire place, à côté de la fonction du rôle social et de l'assignation identitaire, au statut particulier du transfert sur les objets culturels et sociaux et de l'investissement narcissique auquel ils se prêtent, autrement dit à la part de jeu et de créativité qui entre dans les processus de socialisation : à côté de l'adaptation primaire exigée par la vie en société, il apparaît nécessaire de prendre en considération cette part d'inventivité qui relève d'une forme secondaire d'adaptation, et permet au sujet de rendre son monde vivable. Il s'agissait ainsi de prendre mes distances à l'égard d'approches qui tendent à réduire la socialisation et la subjectivation à de purs effets d'emprise (de discipline et de contrôle), jusqu'à concevoir le fait d'avoir une identité sociale et personnelle comme une forme d'assujettissement et d'aliénation. Faute de distinguer entre *dépendance* et *soumission*, et en assimilant *sans reste* toute forme d'attachement à une servitude, un tel réductionnisme revient à transposer, sans médiation, et sous forme non transformée, la théorie de l'identité propre à la psychologie sociale au domaine de la réalité psychique – pour soutenir finalement que le narcissisme ne se construit jamais que sur la base d'identifications intrusives et aliénantes. On fait ainsi l'impasse sur la série des modalisations ou adaptations secondaires qui rendent supportable la vie en société. On sous-estime encore les capacités critiques et réflexives de dominés qui en savent plus long sur leur situation qu'on ne l'admet généralement. Le reproche auquel s'expose surtout une telle conception, c'est qu'elle écrase ces horizons que j'ai proposé de distinguer, et risque de conduire à une banalisation de la souffrance sociale en s'interdisant d'en reconnaître la spécificité et la part, non de contrainte, mais de violence qui entre dans ces situations d'impasse qui font échec au travail narcissique de métabolisation et d'appropriation.

Observation : Cette définition de la dépendance et de l'attachement comme aliénation conduit à une conception de l'émancipation comme désillusion, c'est-à-dire comme dénuement, retrait et renoncement aux liens avec le monde. La conception théorique d'un sujet désubstantialisé débouche sur un idéal d'autonomie et d'authenticité qui ferait la promotion de la désimplication, du désengagement et de la désobjectivation. Cette stratégie de désillusion repose sur la toute-puissance illusoire d'une subjectivité pure conçue comme un être, non de besoins, mais « de désir », et comme sujet d'un désir sans objet : c'est *la survie comme accomplissement personnel*, et *la liberté comme auto-exclusion*. Cette conception trouve une assez bonne illustration avec la tradition cynique instituée par Diogène de Sinope. Dans un livre consacré à ces questions, Franck Fischbach montre comment cette conception de l'aliénation a tous les caractères d'une « injonction paradoxale » : « Le sujet n'est libre qu'à être délié de tout objet, ou à n'être lié qu'à ceux qu'il aurait librement choisi, est aussi le sujet qui est séparé de tous les objets en lesquels et grâce auxquels il pourrait réaliser et accomplir cette liberté, et sans lesquels cette liberté n'est qu'une "liberté du vide" »[1].

1. F. Fischbach, *Sans objet. Capitalisme, subjectivité, aliénation*, Paris, Vrin, 2009, p. 256.

Face à cet ascétisme, il propose de redéfinir la tâche de la pensée critique en partant de la simple reconnaissance des « besoins vitaux, psychiques et sociaux des individus » : « Notre époque étant celle qui présente cyniquement l'aliénation elle-même comme une émancipation réelle, et le dénuement absolu du sujet comme sa “libération”, la tâche critique n'est plus d'ouvrir de nouveaux et trop vastes horizons d'émancipation, mais simplement de rejoindre le sol sur lequel les individus naissent et vivent comme des êtres de besoins et de rapports, comme des êtres qui ne peuvent vivre sans rapport avec un monde dans lequel il y a toujours d'abord pour eux de la lutte pour les conditions objectives permettant la satisfaction de leurs besoins vitaux, psychiques et sociaux les plus élémentaires »[1].

Le problème est que ce partage entre contrainte et violence, bien que nécessaire, est toujours ténu. Et que ces aspects sont inséparables l'un de l'autre. J'interprète ainsi le sentiment de malaise que provoque généralement la lecture du *Discours* de La Boétie, qui met finalement au-devant de la scène la part de violence et de cauchemar associée à ce fond syncrétique et indifférencié généralement relégué dans les coulisses. La Boétie interroge l'ambiguïté fondamentale de ces valeurs sur lesquelles repose le sens ordinaire de la réalité, invitant son lecteur à soupçonner, lorsqu'une sainte messe est célébrée dans le chœur, qu'une messe noire a lieu, en même temps, dans la crypte. Il sollicite ainsi, chez son lecteur, des angoisses claustrophobiques que son propos ne prend toutefois pas en charge.

1. *Ibid.*, p. 258-260.

APPENDICE

L'ALIÉNATION COMME PERTE NARCISSIQUE. NOTE SUR MARX

Je souhaite ici conclure ces chapitres introductifs par une dernière mise au point, relative à la notion critique d'aliénation. Mon intention ne sera pas de discuter les nombreux développements dont elle a fait l'objet, mais seulement de mettre en avant la manière dont la notion permet d'articuler un double horizon, à la fois objectif et subjectif, social et psychique, identitaire et narcissique. Le concept d'aliénation est en lui-même *ambigu*, dans la mesure où il se situe à l'articulation des deux approches que je propose de mettre ici en tension. Il renvoie d'une part à des processus psychiques qui font obstacle au travail de symbolisation, d'appropriation subjective et d'intégration en mettant le sujet *hors-jeu*. Mais également aux conditions sociales objectives qui organisent cette dépossession de soi.

Je propose ici seulement d'évoquer ici les pages célèbres des *Manuscrits de 1844* dans lesquelles Marx introduit le concept d'aliénation (*Entfremdung*) dans le champ de la critique sociale[1]. Le jeune Marx y définit l'aliénation comme un processus double. Dans son sens premier, l'aliénation qui désigne la simple cession d'un bien, signifie d'abord que le travailleur est dépossédé du *produit* de son activité. Cependant, la spécificité du mode de production capitaliste tient, selon Marx, au fait que le travailleur ne cède pas

1. Je m'appuie sur la traduction et les éléments de commentaire de Franck Fischbach : K. Marx, *Manuscrits économico-philosophiques de 1844*, Paris, Vrin, 2007.

réellement le produit du travail, mais plutôt sa force de travail qui prend alors la forme abstraite et objectivée d'une marchandise : le travailleur qui vend sa force de travail se trouve alors dépossédé de son *activité* elle-même. C'est ce rapport social d'*exploitation* qui définit l'aliénation de l'identité du travailleur lui-même au processus de production[1]. Les *Manuscrits de 1844* s'attachent tout particulièrement à cette forme spécifique d'aliénation qui désorganise le jugement d'attribution et redouble la perte identitaire associée à l'exploitation, d'une perte narcissique.

L'analyse de Marx met en évidence des processus fondamentaux inséparablement psychiques et sociaux. Son intérêt est donc aussi méthodologique. L'analyse des *Manuscrits* articule en effet trois moments : la pénétration du social dans le psychique ; la situation d'impasse à laquelle le monde du travail soumet le sujet ; et les défenses paradoxales qui sont induites par là. Elle vient conjuguer la misère subjective au « malheur commun ». La démarche de La Boétie est, à mes yeux, analogue, même si le propos du *Discours* ne s'enracine pas, à proprement parler, dans une analyse objective des conditions ou circonstances historiques et sociales qui rendraient compte de la servitude volontaire[2].

Si un tel rapprochement est possible du point de vue de la démarche ou de la méthode, il va de soi que la « pathologie sociale » qu'interroge La Boétie est très dissemblable de celle dont il est question chez Marx dans les *Manuscrits*. Cela n'interdit cependant pas de parler, dans l'un et l'autre cas, d'*aliénation*.

1. Ce rapport d'exploitation est par lui-même source d'exclusion sociale. Ce qui caractérise le prolétariat au XIXe siècle, c'est son exclusion d'un monde social dans lequel la propriété devient le premier ressort de l'intégration et de la socialisation : le travail, là où il est *libre* (c'est-à-dire non protégé), devient une marchandise. Comme le dit Auguste Comte, les prolétaires *campent au sein de la société occidentale sans y être casés* (*Système de philosophie positive*, Paris, 1929, p. 411 ; cité par R. Castel, *Les Métamorphoses de la question sociale. Une chronique du salariat*, Paris, Fayard, 1995, p. 317).

2. On peut noter au passage que cette « limite » quelquefois évoquée à propos de La Boétie n'est pas sans rapport avec la manière dont on oppose couramment les *Manuscrits* du « jeune Marx » à la méthode mise en œuvre dans le *Capital*.

1) En un sens premier, l'aliénation définit ce moment de l'échange marchand par lequel un individu cède à un autre une chose qui lui appartient : ainsi lorsque le travailleur se séparer ou se dessaisit du produit de son travail, qui acquiert par là le statut nouveau de marchandise échangeable. On conçoit que cette transformation ne va pas de soi et puisse être regardée, dans bien des situations, comme une violence. La notion d'aliénation, telle que Marx la met en avant d'abord dans ses *Manuscrits*, est un cas particulier de ce dessaisissement : elle regarde la situation du travail salarié dans laquelle le producteur ne cède pas le produit de son travail, mais sa force de travail, autrement dit son activité productive elle-même. Il entre ainsi dans une forme d'échange qui repose finalement sur la possibilité de séparer ou d'abstraire la personne du travailleur de son activité, c'est-à-dire de ses compétences acquises, de son effort… etc. Marx souligne l'étrangeté de la fiction juridique[1] qui fait du travail un bien échangeable, une marchandise ; il insiste sur son caractère paradoxal et finalement absurde, mais également sur la violence qu'elle implique.

Marx prend également appui sur la théorie hégélienne qui définit l'aliénation (*Entfremdung*), dans le contexte spéculatif de la *Phénoménologie de l'esprit*, comme un moment d'objectivation, d'expression (*Äusserung*) et d'extériorisation (*Entäusserung*) caractéristique de la production en général, en vertu de laquelle l'esprit ou la conscience sort de son intériorité et de son isolement pour se donner un objet : dans ce mouvement, le sujet se sépare alors de lui-même et, dans cette activité de production, se perd dans son objet, comme il perd cet objet qu'il appréhende comme une chose extérieure, étrangère, séparée et indépendante de lui. C'est notamment le cas du monde de la culture que les hommes ont produit, mais qui finit par s'imposer comme une réalité extérieure à eux.

1. Sur cette fiction (comme le droit en produit régulièrement), voir les travaux d'Alain Supiot.

Cette double perte de soi et de l'objet, est, chez Hegel, un moment nécessaire du processus réflexif par lequel la conscience pourra reconnaître l'objet extérieur comme le produit de sa propre activité, mais également se reconnaître lui-même comme principe ou sujet de cette même activité. Faute de ce moment d'aliénation (*Entfremdung*), le soi est, comme le dit Hegel, réduit à une simple entité abstraite, sans substance; sa réalité repose dans ce processus d'extériorisation (*Entäusserung*) par lequel le soi ou le sujet peut se reconnaître et se concevoir lui-même comme activité.

Sans entrer dans le détail des enjeux associés à cette théorie de l'expression et de la réflexivité, on peut en rapprocher la dialectique du phénomène psychologique de la *projection* par lequel le sujet donne pareillement forme au-dehors à des processus internes qu'il représente et figure, mais aussi transforme et organise, de manière à rendre possible leur appropriation. C'est typiquement le cas du rêve dont la fonction est notamment de transformer un vécu hallucinatoire, potentiellement traumatique, en une expérience vécue compréhensible.

2) Ce processus de mise en forme et de transformation est à distinguer du mécanisme de la projection paranoïaque qui vise à l'évacuation des affects et des représentations. Cette forme de projection pathologique est au cœur, dans le *Capital*, du chapitre sur le *caractère fétiche de la marchandise*, dans lequel Marx montre comment le produit du travail, dès qu'il « entre en scène comme marchandise », revêt un caractère d'inquiétante étrangeté qui altère la perception des rapports sociaux et donne une forme délirante à la représentation du monde économique : la marchandise qui répond à un besoin et met en œuvre un travail humain, du fait qu'elle acquiert une valeur d'échange, devient pour celui qui l'analyse « une chose extrêmement embrouillée, pleine de subtilités métaphysiques et de lubies théologiques ». Ainsi, la table en bois, « dès qu'elle entre en scène comme une marchandise, se transforme en une chose sensible suprasensible. Elle ne tient plus seulement debout en ayant les pieds sur terre, mais elle se met sur la tête,

face à toutes les autres marchandises, et sort de sa petite tête de bois toute une série de chimères qui nous surprennent plus encore que si, sans rien demander à personne, elle se mettait soudain à danser »[1]. La forme-marchandise tire ce caractère mystérieux du fait qu'elle « renvoie aux hommes l'image des caractères sociaux de leur propre travail comme des caractères objectifs des produits du travail eux-mêmes, comme des qualités sociales que ces choses posséderaient par nature : elle leur renvoie ainsi l'image du rapport social des producteurs au travail global, comme un rapport social existant en dehors d'eux, entre des objets »[2]. Cette forme d'objectivation revêt les caractéristiques d'une représentation hallucinatoire et délirante que les acteurs du monde social ne sauraient transformer en une expérience vécue compréhensible : la marchandise qui métamorphose le produit du travail en « chose en soi », organise un monde dans lequel ils n'ont plus leur place : ils n'en sont plus que les rebuts, les ombres ou les fantômes. Winnicott décrit quelque chose d'analogue avec son petit garçon à la ficelle.

La mystification ne produit pas seulement un reflet déformé de la réalité, elle travestit également l'image que les sujets peuvent se former d'eux-mêmes, des produits de leur travail aussi bien que de leur activité elle-même. La question soulevée par Marx est celle de la définition et des propriétés de l'*objet social* et de sa fonction réfléchissante ou interprétante (ici sous son aspect déformant, mystificateur et finalement désocialisant). Il en irait ici de la « science économique » comme de cette médecine objectivante qui mobilise chez le patient le même genre de défenses hypocondriaques (paranoïdes) face à la maladie dont il souffre, par exemple en transformant, à la manière des médecins de Molière, un mal de tête en « céphalée ».

3) Dans le cas du travail salarié, selon Marx, l'aliénation a lieu en pure perte, ne prépare aucun processus de réappropriation ; elle lui fait même obstacle. Le célèbre chapitre du *Capital* sur le

1. K. Marx, *Le capital*, Livre I, trad. J.-P. Lefebvre (dir.), Paris, Les éditions sociales, 1983, p. 81.

2. K. Marx, *Le capital*, Livre I, trad. cit., p. 82-83.

« caractère fétiche de la marchandise » peut être rapproché des *Manuscrits de 1844*, où Marx examinait les modalités et les effets de la dépossession du produit du travail. On y lit ainsi que « l'objet que le travail produit vient à lui faire face comme un être *étranger*, comme une *puissance indépendante* du producteur »[1].

Dans les *Manuscrits de 1844*, le jeune Marx montrait comment cette dépossession n'altérait pas seulement la représentation de la réalité, mais affectait directement l'économie narcissique du travailleur. En donnant substance et objectivité aux choses, le travailleur se vide lui-même de toute la réalité et de cette objectivité qu'il confère par son activité au monde des choses : « plus le travailleur se dépense dans son travail, et d'autant plus puissant devient le monde étranger, objectif qu'il engendre en face de lui, et d'autant plus pauvre il devient lui-même, d'autant plus pauvre son monde intérieur, et d'autant moins a-t-il de choses en propre ». L'objet produit n'est pas seulement étranger comme le serait une réalité extérieure seulement séparée et indépendante du sujet, mais vient s'opposer activement au travailleur, jusqu'à prendre la forme d'une puissance hostile : « La perte de l'expression (*Entäusserung*)[2] du travailleur dans son produit a la signification, non seulement que son travail devient un objet, une existence extérieure, mais que son travail existe en dehors de lui, indépendant de lui, et qu'il devient une puissance autonome lui faisant face – que la vie qu'il a prêté à l'objet vient à lui faire face *de façon hostile et étrangère* »[3].

1. K. Marx, *Manuscrits économico-philosophiques de 1844*, trad. F. Fischbach, Paris, Vrin, 2007, p. 118.

2. Je suis ici la traduction de Fischbach : dans le contexte des *Manuscrits*, *Entäusserung* n'a plus le sens neutre d'expression, mais qualifie plutôt une *expression en pure perte*, analogue au processus d'*évacuation* qui caractérise la projection pathologique.

3. « Les carrosseries, les ailes, les portières, les capots sont lisses brillants, multicolores. Nous, les ouvriers, nous sommes gris, sales, fripés. La couleur, c'est l'objet qui l'a sucée : il n'en reste plus pour nous. Elle resplendit de tous ses feux, la voiture en cours de fabrication. Elle avance doucement, à travers les étapes de son habillage, elle s'enrichit d'accessoires et de chromes, son intérieur se garnit de tissus douillets, toutes les attentions sont pour elle. Elle se moque de nous. Elle nous nargue. Pour elle, pour elle seule, les lumières de la grande chaîne. Nous, une nuit invisible nous enveloppe » (R. Linhart, *L'Établi* (1978), Paris, Minuit, 1981, p. 60.

Cette transformation du produit du travail en puissance hostile tient au fait que l'aliénation porte non seulement sur le produit du travail, mais sur l'activité productive elle-même : « comment le produit de son activité pourrait-il venir faire face au travailleur comme un produit étranger, si le travailleur ne s'aliénait pas de lui-même dans l'acte de production ? »[1] Au lieu d'être un moyen de s'affirmer, le travail devient « un travail du sacrifice de soi, un travail de mortification » : « Finalement l'extériorité du travail pour le travailleur apparaît en ceci qu'il n'est pas son travail propre, mais le travail d'un autre, en ceci qu'il ne s'appartient pas à lui-même, mais appartient à un autre »[2]. Marx donne ici un sens fort à l'extériorité de l'activité elle-même qui, vendue et objectivée, finit par exister en dehors du travailleur qui se trouve dépossédé de son corps propre aussi bien que de ses facultés mentales et intellectuelles : c'est en ce sens que le travail, séparé ou abstrait du sujet, apparaît comme « indépendant de lui », jusqu'à devenir pour lui « une puissance autonome lui faisant face [...] de façon hostile et étrangère ».

Dans ce texte, Marx fait clairement état d'enjeux narcissiques au cœur de la clinique du travail et de la souffrance sociale.

4) Les conditions sociales de l'organisation du travail engendrent un mode d'existence que Marx compare au délire religieux :

> De même que dans la religion, l'autoactivité de l'imagination humaine, du cerveau humain et du cœur humain agit indépendamment de l'individu, c'est-à-dire agit sur lui comme une activité étrangère, en tant qu'activité divine ou diabolique, de même l'activité du travailleur n'est-elle pas son autoactivité. Elle appartient à un autre, elle est la perte de soi-même[3].

Le travailleur est dépossédé de son activité elle-même, c'est-à-dire de sa force abstraite de travail. Et c'est cette activité, prêtant vie aux choses, qui fait retour sous la forme d'une puissance étrangère et

1. K. Marx, *Manuscrits de 1844*, *op. cit.*, p. 120.
2. *Ibid.*, p. 120-121.
3. *Ibid.*, p. 121.

hostile. En s'appuyant sur Feuerbach[1], Marx compare ce processus d'aliénation au délire dans lequel l'homme ne peut se reconnaître comme l'auteur des fictions religieuses qui commandent sa vie, parce qu'il a été préalablement dépossédé de ses facultés mentales et de son activité imaginative elle-même. Pareillement, mis au service d'une puissance autonome, le travail devient sacrifice de soi et mortification. Le travailleur peut se regarder, dans son travail, comme un esclave, une bête de somme ou même comme une machine, au service d'une marchandise devenue en « chose en soi ».

De même que la transformation en marchandise transforme le produit du travail en le réduisant à sa seule valeur d'échange, c'est-à-dire en occultant ou en masquant sa valeur d'usage qui lui confère justification et dignité, de même l'aliénation réduit le travailleur à une simple force de travail abstraite et impersonnelle. Elle coupe ainsi le travailleur de ses propres besoins, jusqu'à l'amputer de sa capacité de sentir[2]. Cette privation transforme l'appareil de production en une véritable « machine à influencer » au sens de Viktor Tausk[3] : mise hors-jeu, la subjectivité est ici réduite à n'être

1. « La raison (imagination, fantaisie, représentation, opinion), la volonté, l'amour ou le cœur, ne sont pas des facultés que l'homme *possède* – car sans elles il n'est rien, n'étant ce qu'il est que par elles. En tant que fait, elles sont les puissances qui l'animent, le déterminent, le dominent – des puissances divines, absolues auxquelles il ne peut opposer aucune résistance » (L. Feuerbach, *L'Essence du christianisme*, trad. J.-P. Osier, Paris, Maspero, 1968, p. 119).

2. Thèse défendue par Franck Fischbach dans l'introduction à sa traduction des *Manuscrits*, ainsi que dans son livre : *Sans objet. Capitalisme, subjectivité, aliénation*, Paris, Vrin, 2009. Voir également, chez Marx, *L'idéologie allemande* : « La manière dont les individus manifestent [ou : expriment] leur vie, voilà ce qu'ils sont. [...] Par conséquent, ce que sont les individus, cela dépend des conditions matérielles de leur production » (K. Marx, *Die deutsche Ideologie*, K. Marx, F. Engels, *Werke*, Dietz Verlag, Berlin, t. 3, 1990, p. 21 : « Wie die Individuen ihr Leben äussern, so sint sie. [...] Was die Individuen also sint, das hängt ab von den materiellen Bedingungen ihrer Produktion »). J'ai légèrement modifié la traduction française : *L'Idéologie allemande*, Paris, Editions sociales, 1976.

3. V. Tausk, « Sur la genèse de l'appareil à influencer au cours de la schizophrénie » (1919), trad. fr. dans *Œuvres psychanalytiques*, Paris, Payot, 1975, 177-217. Voir T. Dagron, « Enjeux du délire d'influence selon Viktor Tausk : hypocondrie et processus mélancolique », *Psychanalyse et psychose* 14, 2014, p. 151-173.

plus que la spectatrice extérieure et impuissante de tout ce qui lui arrive, aussi bien que de sa propre activité.

L'aliénation consiste bien en ceci que l'activité propre relève du « pouvoir d'autrui ». Elle conduit à une altération du jugement d'attribution et de l'économie narcissique du sujet.

a) Cette altération prend d'abord la forme d'un *délire de persécution.* On peut ainsi rapprocher l'aliénation des *Manuscrits* du mécanisme de la projection paranoïaque telle que Freud l'analyse à propos de Schreber, pour autant que l'on puisse reconnaître dans l'activité propre du travailleur, un processus par lequel « ce qui a été intérieurement supprimé (*aufgehobene*), fait retour de l'extérieur », et sous une forme inversée[1]. L'analyse de Marx illustre un processus analogue : le produit objectivé du travail se présente au travailleur de manière déformée ou renversée, comme une réalité extérieure à la fois étrangère et hostile.

b) Marx va plus loin. L'aliénation ne porte pas seulement sur le produit du travail, mais sur l'activité elle-même, dont le sujet se trouve dessaisi au profit d'une « puissance autonome ». Sous cet aspect, le délire de persécution conduit au *délire d'influence.* C'est la réduction du travailleur à une bête de somme ou à une machine. Marx montre comment l'organisation capitaliste qui réduit la subjectivité à une force de travail purement abstraite, dissociée des besoins propres, dépossède finalement l'individu de tout rapport vivant à soi-même aussi bien qu'à la réalité objective : dépossédé du produit de son activité, mais surtout de son activité elle-même, il est réduit à une forme abstraite et vide (moi = moi) et privé de cette objectivité dans laquelle se réfléchir et se reconnaître.

Du point de vue de la pensée spéculative, Franck Fischbach relève combien la critique est féroce, puisque « l'émergence de la subjectivité, la conception de soi comme d'un sujet essentiellement actif et séparé de la réalité objective, devient le symptôme même

1. « Remarques psychanalytiques sur un cas de paranoïa », 1910, OC, X, p. 294 ; GW, VIII, 308. C'est chez L. Feuerbach que l'on trouverait sous forme systématisée le lien entre le l'objectivation et la projection délirante.

de l'aliénation »[1]. Du point de vue des processus psychiques, les *Manuscrits* montrent comment l'aliénation objective va de pair avec une perte de contact avec la réalité interne : le délire d'influence résulte non de la suspension du jugement d'attribution comme dans le cas du jeu libre, mais de sa mise hors-circuit : le moi se trouve réduit, comme l'écrit Tausk, à une « entité psychique » abstraite recevant les *simuli* émanant du corps propre « comme s'ils venaient de l'extérieur », autrement dit comme les *disjecta membra* d'une réalité qui lui échappe et qu'il devient incapable de constituer « en un tout bien coordonné », c'est-à-dire comme « moi corporel ».

Ce que l'aliénation met ainsi en échec, c'est la constitution d'un objet narcissique, en miroir ou en double, susceptible de mettre en rapport « ce qui est objectivement *perçu* et ce qui est subjectivement *conçu* » (Winnicott). L'analyse de Marx montre que cette privation d'objet a une double conséquence : elle interdit au travail de se constituer en expérience culturelle socialisée, mais elle altère également le rapport au corps propre. Elle est à la fois désocialisante et source de dépersonnalisation.

5) La notion d'aliénation dans les *Manuscrits* propose d'établir un lien fort en montrant comment l'organisation du monde social (le rapport d'exploitation) n'affecte pas seulement la conscience et la représentation que s'en font les individus, mais bien le rapport à soi des sujets. Le *délire* n'est pas seulement une représentation fausse ou erronée de la réalité objective ; il procède d'emblée d'une désorganisation de la faculté de sentir et de désirer qui vient altérer radicalement le « sens de la réalité ». D'où son irréductible étrangeté et sa force de conviction, impénétrable aux arguments de la raison ou du bon sens.

C'est en ce sens large que l'on peut se ressaisir de la notion d'aliénation, à la frontière du psychique et du social, en tant qu'elle invite expressément à concevoir, comme y invite Marx, la sensibilité

1. Présentation des *Manuscrits de 1844*, *op. cit.*, p. 46. J'ai proposé ailleurs d'illustrer une idée analogue à propos du *cogito* de Descartes et du délire d'influence mis en scène dans la Première Méditation : *Pensée et cliniques de l'identité. Descartes, Cervantès, Montaigne*, Paris, Vrin, 2019.

ou la sensorialité (*die Sinnlichkeit*) « comme une activité pratique » (*als praktische Tätitigkeit*)[1], socialement organisée. Ce qui revient à appréhender le narcissisme également comme un phénomène social.

Dans ce qui suit, je propose d'entendre dans ce sens fort la thèse de La Boétie selon laquelle « la première raison de la servitude volontaire, c'est la coutume » (DSV, 63), où il faut entendre par *coutume* une altération de la nature, c'est-à-dire du jugement d'attribution relatif non pas aux valeurs morales de justice ou aux règles de l'utile, mais aux critères du plaisir et de déplaisir. L'étrangeté de la servitude volontaire, dont s'étonne à chaque ligne La Boétie, tient au fait que cette altération ou cette désorganisation narcissique est à l'origine de comportements qui ne sauraient être appréhendés à la lumière de la notion commune d'humanité, non plus qu'à l'aune des normes spécifiques du vivant, mais mobilisent des processus dont la logique se situe « au-delà du principe de plaisir ». À cet égard, l'analyse de Marx s'inscrit dans la tradition clinique à laquelle appartient le *Discours* qui dénonce moins l'injustice à proprement parler, que la violence sociale, ses effets psychiques et l'impact qu'elle a sur le rapport du sujet à lui-même et au monde. Ces choses n'ont pas échappé aux Anciens. Encore faut-il être attentif à ce qu'ils disent de ce sentiment d'étrangeté qui alimente le délire de persécution et d'influence. Et se garder d'aborder les choses depuis le partage évidemment trop grossier entre raison et déraison.

6) Ces processus sont au cœur du texte de La Boétie. Pour autant, on doit concevoir la servitude volontaire comme une *solution* particulière ou une stratégie de défense parmi d'autres possibles susceptibles d'être mobilisées par le psychisme pour faire face à l'impact désorganisateur de la violence sociale et au sentiment

1. K. Marx, *Thèses sur Feuerbach*, IX : « Le plus haut point auquel parvient le matérialisme intuitif, c'est-à-dire le matérialisme qui ne conçoit pas la sensibilité comme activité pratique (*der die Sinnlichkeit nicht als praktische Tätigkeit begreift*), est l'intuition des individus isolés et de la société civile ». Inversement, un matérialisme qui franchirait le pas de concevoir la sensibilité ou la sensorialité « comme activité pratique », ne saurait se limiter à cette représentation intuitive qui juxtapose la société civile et les individus qui la composent.

d'influence. Parmi ces stratégies, on peut en mettre en avant deux, opposées, mais complémentaires et même solidaires : 1) le retrait qui peut prendre la forme du « syndrome d'auto-exclusion » dans lequel, pour faire face au sentiment d'influence, le sujet s'abandonne lui-même, jusqu'à disparaître. C'est la devise ascétique de Diogène, le philosophe cynique, sur laquelle je reviendrai : *plutôt la folie que la sensation*, où l'insensibilisation vise à affranchir le sujet de ses besoins, y compris les plus fondamentaux. 2) La « servitude volontaire » peut apparaître comme l'envers de cette auto-exclusion et de cette auto-récusation : elle prend alors la forme d'une *relation addictive aux objets sociaux et culturels* ou, plus exactement, à leurs débris ou leurs reliques. Faute de pouvoir dépendre de quelqu'un, le sujet se soumet à un tyran[1]. Ces deux solutions sont complémentaires : confronté au sentiment d'influence, le sujet peut se soumettre et faire alliance avec les puissances qui le dominent et l'asservissent ; il peut aussi s'exclure lui-même.

1. Témoignerait de cette proximité la manière dont un si grand nombre de personne font état de leur crainte de tomber dans la précarité. Cette crainte, activement entretenue par l'idéologie managériale, même lorsqu'elle paraît sans fondement objectif, est néanmoins justifiée d'un point de vue psychologique, surtout si l'on prend en considération la dépense d'énergie (ou la « force de volonté » comme on disait à l'époque classique) qu'il faut pour entretenir une conviction délirante.

CHAPITRE III

AMITIÉ, LIEN SOCIAL ET RÉFLEXIVITÉ

> Quant à l'homme, il participe à la fois de l'état grégaire et de la vie solitaire.[1]

> Le civilisé des villes immenses revient à l'état sauvage, c'est-à-dire isolé, parce que le mécanisme social lui permet d'oublier la nécessité de la communauté et de perdre le sentiment du lien entre les individus, autrefois réveillé incessamment par le besoin. Tout perfectionnement du mécanisme social rend inutile des actes, des manières de sentir, des aptitudes à la vie commun.[2]

Dans ce chapitre je voudrais mettre en avant quelques enjeux de l'amitié politique auxquels le *Discours* de La Boétie fait référence, en particulier lorsqu'il traite de la « fraternelle affection », expression qui peut être entendue comme un équivalent de la *philia* grecque. La Boétie oppose cette forme de solidarité aux liens tyranniques, mélange d'avarice et de cruauté, d'envie et de destructivité. Cette critique n'est pas seulement morale ; elle est aussi politique, au sens où le renversement des valeurs ne trouve pas son origine dans la corruption des individus, mais d'abord dans la dissolution des liens de solidarité qui constituent la « chose publique ». Le *Discours* est largement consacré aux effets psychiques de cette désorganisation.

1. Aristote, *Histoire des animaux*, I, 1, 488a.

2. P. Valéry, Cahier B 1910, «Bibliothèque de la Pléiade», t. II, Paris, Gallimard, 1930, p. 588.

La notion de *philia* que l'on rencontre dans les textes de l'Antiquité est à entendre dans un sens large : elle renvoie à notre notion de solidarité sociale, et dénote aussi bien, comme notre amitié, une relation affective particulière, voisine de l'amour. Elle désigne également une forme plus générale de solidarité susceptible d'unir ou de relier les individus d'une même communauté, capable s'étendre à l'ensemble de l'humanité (philanthropie), au-delà des frontières géographiques ou linguistiques. En ce sens étendu, la *philia*, au fondement du « lien social », rencontre les problématiques contemporaines de la *reconnaissance*. Elle renvoie encore à l'idée que la vie en communauté repose sur un accord entre des individus qui partagent d'abord certaines catégories de pensée, certaines expériences et une certaine vision de la réalité : au constat que le conflit n'est possible que sur fond de ce consensus, ou encore que le conflit relatif au monde social suppose lui-même une sorte d'accord sur les terrains de désaccord et sur les modes d'expression de ce désaccord[1].

Lorsqu'il brosse le tableau d'un monde social dans lequel « avarice et cruauté » se sont substituées au lien d'amitié ou de « fraternelle affection », La Boétie ne déplore pas seulement la corruption morale à laquelle conduit la tyrannie; il interroge un phénomène social plus inquiétant : la dissolution de cet accord fondamental qui relève de la *philia* ou de la reconnaissance, constitutive de la communauté politique et de la « chose publique » (*res publica*). Faute de cette forme d'accord, c'est la possibilité même du conflit qui est menacée. Les pratiques inhumaines du tyran, dénoncées dans le *Discours*, s'enracinent dans un monde dont a été banni non seulement l'horizon du « bien commun », mais aussi,

1. Voir P. Bourdieu, par exemple, *Sur l'État. Cours au Collège de France 1989-1992*, Paris, Seuil, 2012, p. 15. L'idée sert à expliciter la notion d'une « intégration logique » que l'on trouve dans les *Formes élémentaires de la vie religieuse* (1912), où Durkheim écrit des catégories fondamentales de la pensée qu'elles sont au fondement d'un « conformisme logique » et constituent « les conditions indispensables de toute action commune » (Paris, P.U.F., 1960, rééd. 1994, p. 24). Cette forme d'intégration est une condition nécessaire de la conflictualité.

avec lui, la possibilité de se rapporter à une expérience commune partageable, c'est-à-dire à une expérience vécue compréhensible. Un monde dans lequel les valeurs morales et civiques sont lettres mortes, non parce que les hommes seraient devenus immoraux, mais parce que, faute de « s'entre-connaître », ils se trouvent empêchés d'entrer en relation les uns avec les autres. Le *Discours* est largement consacré à mettre en évidence les effets sociaux aussi bien que psychiques de cet isolement d'un genre particulier, commandé par la défiance et la peur.

Je voudrais insister sur cette double dimension de l'amitié, en tant qu'elle doit être conçue à la fois du point de vue des processus de socialisation et comme principe de subjectivation, du lien à autrui comme du rapport à soi. La notion antique de *philia* articule la dimension politique et intersubjective de l'amitié à la notion de réflexivité, en faisant de l'ami un *alter ego*, un « autre soi-même », au moyen duquel le sujet peut, en miroir, se sentir ou prendre conscience de lui-même. Cette définition d'une réflexivité non solipsiste, mais en double, donne un sens fort à la notion de reconnaissance, tant au plan politique qu'au niveau éthique et psychique. Elle signifie d'abord que l'individu ne prend conscience de lui-même qu'à travers la relation de *dépendance* qu'il entretient avec le groupe. C'est la définition convenue de l'identité comme personnalité morale ou comme « moi social ». Ainsi entendue, la reconnaissance renvoie à un processus double et complémentaire : elle ne suspend pas seulement le sentiment de soi à la reconnaissance d'autrui, mais également à la possibilité, pour le sujet, de se reconnaître lui-même dans cette image réfléchie de soi. L'identité, de ce point de vue, suppose ce mouvement d'identification. On peut entendre ce double mouvement à la lumière de la distinction, évoquée au précédent chapitre, entre une « adaptation primaire » qui a trait au « jeu réglementé », et une « adaptation secondaire » qui renverrait, elle, au jeu libre potentiellement créatif. Cette dualité organise la tension entre la problématique psychosociale de l'identité et la conception psychanalytique du narcissisme. On la retrouve avec la comparaison stoïcienne du sage à un acteur de théâtre capable de « jouer le même rôle », ou « le même personnage » : il s'agit par là non seulement d'être reconnu, mais aussi de se reconnaître soi-même. Ce motif est présent dans le *Discours* de La Boétie lorsqu'il soutient, de manière apparemment paradoxale, que la perte du « bien commun » au fondement de la communauté politique, sa confiscation entre les mains du « tyran », dépossède les sujets de tout « bien propre », c'est-dire de cette capacité d'appropriation en vertu de laquelle ils peuvent regarder comme « propres » non seulement des biens matériels, mais également leur corps et leur vie, afin « d'être à eux-mêmes » et de s'appartenir.

Ces enjeux conduisent, en retour, à interroger les liens sociaux du point de vue des *formes de réflexivité* qu'ils conditionnent : à côté de ces formes accomplies qui caractérisent l'idéal de sagesse, il existe d'autres modalités de réflexivité qui peuvent être mutilées, dévoyées et subjuguées. Parmi elles, la « servitude volontaire ». Ces formes, dans leur variété, témoignent assez de la plasticité de l'organisation psychique au cœur de la conception antique des vices et des vertus. Elles témoignent aussi de l'ambiguïté de la notion de reconnaissance et de la conception antique de la *philia*, pour autant que « déni de reconnaissance » peut encore être regardée comme une forme de reconnaissance, notamment lorsqu'elle prend la forme d'une assignation identitaire souvent brutale et disqualifiante.

Dans ce chapitre, je propose d'expliciter d'abord la manière dont La Boétie oppose la « fraternelle affection » et les liens politiques fondés sur l'amitié, aux liens tyranniques qui reposent sur l'avarice et la cruauté. On ne saurait cependant s'en tenir à cette opposition : l'idéal d'unité ou de « communion » est aussi bien la *source* à laquelle s'alimentent la servitude volontaire et la soumission au tyran. D'où l'idée forte, centrale dans le *Discours* : si l'amitié ou *philia* peut être regardée comme essentielle au processus de socialisation, elle peut également être un principe de désocialisation et de dissolution des liens politiques.

Le propos du *Discours* tient en une formule : *si tout est à un, rien n'est commun, donc rien n'est propre*. Cela signifie que la disparition du « commun », c'est-à-dire du support à partir duquel se tissent les liens de solidarité et d'amitié, compromet l'ensemble des capacités d'appropriation de l'individu. La formule peut évidemment s'entendre en un sens économique, du point de vue de la relation aux biens matériels et au droit de propriété. Plus largement, elle regarde aussi bien, comme le souligne La Boétie, le rapport du sujet à ses objets sociaux en général, à son monde domestique (la famille), mais également au corps propre et même aux pensées et aux émotions. Ce monde où « tout est à un » affecte ou altère jusqu'au rapport du sujet à son monde interne. La problématique psychosociale de la dégradation des liens sociaux est directement articulée par La Boétie à ces enjeux qui relèvent de l'économie narcissique.

Observation : J'ajoute que cette thèse du *Discours* peut également être comprise, très concrètement, du point de vue de l'organisation de la propriété dans l'Europe moderne et des « communs »[1]. On sait l'importance des enclosures dans le contexte anglais, dénoncées par Thomas More notamment, dans son *Utopie*, au début de la longue histoire du recul de la propriété communale. Sans doute, le cas de la France est différent. On peut cependant avoir à l'esprit, lorsque La Boétie met en avant les notions de *propre* et de *commun*, qu'il n'entend pas la propriété comme un droit privé et exclusif, mais lui assigne une fonction sociale assez différente. Après La Boétie, cette propriété privée exclusive sera souvent regardée par les théoriciens modernes du droit comme garante de la liberté individuelle. La lecture du *Discours* suggérerait plutôt qu'elle pourrait aussi bien, au contraire, la limiter et faire obstacle à la liberté civile et politique. À cet égard, La Boétie appartient clairement à la tradition de l'« humanisme civil » qui trouve ses sources chez Aristote et Cicéron.

1. Sur les « communs », voir notamment le volume coordonné par B. Coriat, *Le Retour des communs. La crise de l'idéologie propriétaire*, Paris, Les liens qui libèrent, 2015. Voir aussi P. Dardot et Ch. Laval, *Commun. Essai sur la révolution au XXIe siècle*, Paris, La Découverte, 2014.

Amitié et réflexivité

1) La notion antique d'amitié politique ou de *philia* est à entendre dans un sens large. Elle désigne les liens par lesquels l'individu s'inscrit dans la réalité sociale et entre en relation avec autrui. Ces liens ne se surajoutent pas à la définition du sujet humain ; ils ne le déterminent pas du dehors, en le qualifiant comme membre de la communauté, mais le constituent pour autant qu'ils répondent à un besoin fondamental, condition de son accès au statut d'être humain. C'est le sens que l'on peut donner à la définition d'Aristote qui fait de l'homme un « animal politique ». La définition ne se limite pas à constater que les êtres humains vivent en société ; elle fait de cette existence sociale et politique une caractéristique essentielle de l'humanité, au même titre que sa capacité d'user de la raison ou du langage, c'est-à-dire à la faculté de communiquer et d'entretenir avec autrui des relations fondées sur la reconnaissance réciproque. On peut citer ce passage bien connu de la *Politique* :

> C'est pourquoi il est évident que l'homme est un animal politique plus que n'importe quelle abeille et que n'importe quel animal grégaire. Car, comme nous le disons la nature ne fait rien en vain ; or seul parmi les animaux l'homme a un langage. Certes la voix est le signe du douloureux et de l'agréable, aussi la rencontre-t-on chez les animaux ; leur nature, en effet, est parvenue jusqu'au point d'éprouver la sensation du douloureux et de l'agréable et de se les signifier mutuellement. Mais le langage existe en vue de manifester l'avantageux et le nuisible, et par suite le juste et l'injuste. Il n'y a en effet qu'une chose qui soit propre aux hommes par rapport aux autres animaux : le fait que seuls ils aient la perception du bien et du mal, du juste et de l'injuste et des autres <notions de ce genre>. Or avoir de telles <notions> en commun, c'est ce qui fait une famille et une cité[1].

1. Aristote, *Les politiques*, I, 2, 1253a6-19 (trad. P. Pellegrin, Paris, Garnier-Flammarion, 1993, p. 91-92).

Le texte est évidemment complexe et a fait l'objet de nombreux commentaires. On peut relever ici que la référence à l'usage de la raison au fondement des notions de l'utile et du juste, s'inscrit dans la continuité de l'usage de la voix commune aux hommes et à certains animaux, dont la fonction est le partage d'affects relatifs au plaisir et à la douleur. La raison et le langage articulé n'annulent pas ce premier niveau de l'expérience intersubjective de communication, mais le complexifient et l'enrichissent par la considération des notions communes plus abstraites du juste et de l'injuste : ces notions s'enracinent dans l'expérience sensorielle de plaisir et de douleur. C'est ce qui apparaît assez clairement quand Aristote traite de l'amitié ou *philia* qui repose sur un partage de l'expérience sensible et affective, dont il fait une condition essentielle de l'actualisation de ces potentialités spécifiquement humaines.

Le *Discours* de La Boétie s'appuie sur des considérations de ce genre lorsqu'il soutient que faute de « s'entre-connaître », les sujets perdent la liberté « de faire, de parler et quasi de penser », et deviennent « tous singuliers en leurs fantaisies » (DSV, 65-66). La formule signifie que la tyrannie ne porte pas seulement atteinte à la libre expression des pensées, mais aussi aux fonctions qui rendent possible une forme de communication et de partage centrée sur l'affect et l'imagination. L'incapacité de communiquer et de partager les expériences affectives empêche le sujet de les penser et de les réfléchir, et par là de *se* penser et de *se* réfléchir. Elle conduit à un isolement, non pas manifeste, mais effectif et sans doute radical, qu'Aristote compare ailleurs à l'existence grégaire des animaux qui se contentent de « paître dans le même pré ». C'est dans cette perspective que l'on peut appréhender la notion d'amitié politique.

2) Dans son *Éthique à Nicomaque*, Aristote insiste sur ces enjeux éthiques et psychiques de l'amitié et du lien social, lorsqu'il remarque que *les diverses amitiés semblent bien dériver des relations de l'individu avec lui-même*[1]. Les différents genres d'amitié expriment autant de manières de se rapporter à soi-même.

1. *Éthique à Nicomaque*, IX, 4, 1166a2-3 (trad. Tricot, Paris, Vrin, 1983, p. 442).

Ainsi les caractères qui définissent l'amitié comme la bienveillance, le souci mutuel, la compassion ou la capacité de partager les joies et les tristesses de son ami, sont des qualités que l'on rencontre dans la relation que l'« homme de bien » entretient avec lui-même :

> En effet, les opinions sont chez lui en complet accord entre elles, et il aspire aux mêmes choses avec son âme entière. Il se souhaite aussi à lui-même ce qui est bon en réalité et lui semble tel, et il le fait […]. Il souhaite encore que lui-même vive et soit conservé, et spécialement cette partie par laquelle il pense. L'existence est en effet un bien pour l'homme vertueux, et chaque homme souhaite à soi-même ce qui est bon. […] En outre l'homme vertueux souhaite de passer sa vie avec lui-même : il est tout aise de le faire. […] Avec cela, il sympathise par-dessus tout avec ses propres joies et ses propres peines, car toujours les mêmes choses sont pour lui pénibles ou agréables[1].

Dans ces lignes, la vertu éthique désigne d'abord une forme d'accord avec soi-même, source de plaisir. Sa marque propre est ainsi la capacité de pouvoir « être à soi » et « jouir de son être », comme l'écrit Montaigne. Elle repose, chez Aristote, sur la possibilité d'organiser et d'unifier les différentes tendances ou parties de l'âme (dont la pluralité peut être source de conflits, voire de séditions). Cette capacité d'intégration et d'appropriation rend l'âme du sage semblable à une « république bien ordonnée ».

Au contraire, écrit Aristote, à la différence des sages, les « méchants » sont incapables d'amitiés véritables, fondées sur la vertu. Ils « se fuient eux-mêmes » : « N'ayant rien en eux d'aimables, ils n'éprouvent aucun sentiment d'affection pour eux-mêmes. Par suite, de tels hommes demeurent *étrangers à leurs propres joies et à leurs propres peines*, car leur âme est déchirée par les factions »[2]. Par la *sédition* qu'il introduit dans l'âme, le vice moral désorganise

1. *Éthique à Nicomaque*, IX, 4, 1166a12-29.

2. *Ibid.*, 1166b17-19 (Tricot, p. 446). Dans la traduction latine : « Et seipsos fugiunt […] : cumque nihil in se amabile habeant, amice erga seipsos nullo modo afficiuntur. Neque igitur collaetantur, neque condolent huiusmodi homines secum. Seditione enim anima eorum agitatur » (*Aristotelis opera cum Averrois commentariis*, Venise, 1562, III, f. 132M).

la faculté de sentir et de juger. Il fait obstacle au travail intégrateur du narcissisme, source de « tempérance ». Parce qu'il empêche le partage des affects de plaisir et de douleur, il est également source de désocialisation et d'isolement. La caractérisation morale de la méchanceté est clairement rapportée à ses conditions psychologiques : le « méchant » est d'abord celui qui est incapable d'entrer en rapport avec lui-même et de vivre une émotion.

3) La formule qui fait de l'ami un « autre soi-même » peut s'entendre dans un autre sens, à la lumière de la conception antique de la *réflexivité*. L'idée est que le sujet ne peut se voir, se sentir ou s'appréhender lui-même, directement. Le sentiment de soi a besoin de la médiation d'un autre, d'un miroir ou d'un double[1], c'est-à-dire d'un *alter ego*, égal ou semblable, sans être identique[2]. C'est par autrui que le sujet peut non seulement se connaître, se percevoir et se sentir (c'est-à-dire prendre conscience de lui-même), mais également prendre plaisir au sentiment même d'exister et de vivre : un plaisir qui doit être partagé pour être véritablement vécu. Cette forme de communication en double constitue un besoin fondamental (un « besoin du moi ») dont Aristote fait état dans sa définition de l'homme comme animal sociable et politique.

On trouve la chose exprimée un peu plus loin, au même livre IX de l'*Ethique à Nicomaque*, dans un passage où Aristote demande « si l'homme heureux a besoin d'amis »[3]. Pour répondre, il produit un assez long raisonnement au cours duquel il reprend cette

1. Sur cette conception de la réflexivité, et ses conséquences à la fois théoriques et pratiques, voir les travaux de F. Frontisi-Ducroux, notamment : *Du Masque au visage. Aspects de l'identité en Grèce ancienne*, Paris, Flammarion, 1995 ; ainsi que : *Dans l'œil du miroir*, Paris, Odile Jacob, 1997.

2. Comme on peut s'en douter, la conception d'Aristote s'enracine dans une tradition plus ancienne, dans laquelle l'*allos ego* (« autre soi-même ») est investi d'un sens religieux particulier, associé à la notion de *therapôn*, double ou substitut rituel. C'est le cas de Patrocle dans l'*Iliade*, *therapôn* d'Achille, pour autant qu'il combat à ses côtés. Voir G. Nagy, *Le Meilleur des Achéens. La fabrique du héros dans la poésie grecque archaïque* (1978), trad. Paris, Seuil, 1994, p. 338-339, ainsi que *The Ancient Greek Hero in 24 hours*, The Belknap Press, Cambridge Mass.-Londres, 2013, chap. 6.

3. Aristote, *Éthique à Nicomaque*, IX, 9, 1170a25-b14.

définition de la conscience ou « sentiment de soi ». Se sentir exister ou se percevoir comme vivant[1] est en soi source d'un plaisir qui fait partie intégrante de la définition du bonheur : « car la vie est bonne par nature, et percevoir que l'on possède en soi-même ce qui est bon est une chose agréable ». S'il est vrai que « l'homme vertueux est envers son ami comme il est envers lui-même (son ami étant un *autre lui-même*) », de même que nous avons du plaisir à nous sentir exister, de même l'homme vertueux doit trouver désirable, « au même degré, ou à peu de choses près, [de sentir] l'existence de son ami ». Si l'existence est une composante du bonheur; si elle est bien source de plaisir à condition d'être perçue ou sentie, il s'ensuit que l'homme vertueux aura besoin d'amis :

> Il a besoin, par conséquent, de participer à la conscience [ou au « sentiment »] qu'a son ami de sa propre existence, ce qui ne saurait se réaliser qu'en vivant avec lui, et en mettant en commun discussions et pensées : car c'est en ce sens-là que l'on doit parler de vie en société quand il s'agit d'hommes, et il n'en est pas pour eux comme pour les bestiaux où elle consiste seulement à paître dans le même pré[2].

Il distingue donc ici la vie sociale spécifiquement humaine de l'existence seulement grégaire de certains animaux.

Dans le cas des « méchants », selon Aristote, le vice moral peut être source d'isolement et de désocialisation. Il est à l'origine de troubles à la fois identitaires et narcissiques associés au fait que, déchirés en « factions », ils deviennent *étrangers* à eux-mêmes, « à leurs propres joies et à leurs propres peines », faute de pouvoir les partager avec un semblable. Ce qui caractérise les méchants,

1. Le verbe grec *aisthanesthai* a ce double sens : il peut être rendu par « sentir » ou « percevoir », aussi bien que par « être conscient ».

2. Parmi les animaux dont le mode de vie peut être défini comme social, il faut compter les abeilles et les fourmis dont l'activité coopérative poursuit un but commun. Dans ce cas, la question est de savoir si cette coopération suffit à en faire des animaux politiques. La formule d'Aristote qui utilise le comparatif est ambiguë : « l'homme est un animal politique, *plus que* n'importe quelle abeille et que n'importe quel animal grégaire » (*Politique*, I, 2, 1253a8).

d'un point de vue moral, c'est d'abord leur incapacité à régler leur conduite conformément au critère du juste et de l'injuste. Mais ce défaut, relatif au jugement moral, s'enracine dans une altération plus profonde de la faculté de sentir, c'est-à-dire de la capacité de *se* sentir et d'entrer en relation avec soi-même.

La relation à autrui est solidaire de la relation à soi. Le lieu commun qui fait de l'ami un « autre soi-même », un *alter ego*, est à prendre dans un sens fort. Le rapport à autrui, l'empathie ou le partage d'affect (*synaisthesis*) sur lesquels repose l'amitié, dépendent de la capacité à entrer en relation avec soi-même et de la forme d'amitié que le sujet entretient avec lui-même. Ils dépendent donc d'une disposition éthique qui n'est pas donnée, puisqu'elle sert à caractériser la sagesse et la perfection morale. Cette idée n'est pas propre à Aristote; il s'agit d'un lieu commun de la pensée antique qui définit d'abord l'ami comme un double ou un miroir. Elle conduit à mettre en avant une autre idée fondamentale : que la réflexivité suppose la relation à autrui, à un ami dont la présence et le regard sont nécessaires au sentiment que le sujet peut avoir de sa propre existence. L'originalité d'Aristote, on le verra à propos de la honte, est de mettre en avant l'*ambiguïté* de cette fonction réfléchissante de l'amitié.

Dans le monde de la tyrannie que décrit La Boétie, cette capacité de sentir est compromise. Les sujets, faute de cette reconnaissance mutuelle, deviennent « tous singuliers » et incapables de cette forme d'affectivité et de réflexivité qui leur permettrait de penser et de communiquer. Ils sont réduits au statut de ces méchants dont parle Aristote, étrangers à eux-mêmes. Le discours moral de La Boétie ne consiste cependant pas à rapporter la tyrannie aux dispositions éthiques morales des sujets, mais à montrer, à l'inverse, que la tyrannie et la destruction active des liens sociaux reposant sur la reconnaissance et l'amitié politique, isolent activement les individus et les rendent, comme les méchants, *étrangers* à eux-mêmes, « à leurs propres joies et à leurs propres peines ».

AVARICE, CRUAUTÉ ET DÉPOSSESSION

Le *Discours* de La Boétie est solidaire des catégories politiques de l'Antiquité. Tout particulièrement de la notion de communauté politique définie en référence au « bien commun » ou « chose publique » (*res publica*), à laquelle est subordonnée la forme du gouvernement ou l'autorité politique. C'est la définition générique de la *politéia* ou « république » que l'on trouve notamment chez Aristote, par opposition à la « tyrannie » qui désigne d'abord une « perversion » du lien social, dans laquelle l'autorité n'est plus exercée en vue du « bien commun », mais en vue de l'intérêt particulier d'un individu ou d'un groupe. Dans le *Discours*, la distinction est mobilisée sous deux points de vue différents, mais complémentaires. Pour La Boétie, la tyrannie ne constitue pas une simple usurpation du pouvoir politique ; elle menace l'existence même de la communauté et l'horizon du bien commun. Elle est indissociablement abordée sous l'angle de la forme de réflexivité, de reconnaissance et d'amitié qu'organise ce bien commun. C'est à cette dimension, appelée par la problématique de la *philia* ou amitié, que renvoie la dialectique du *propre* et du *commun* que l'on rencontre dans le *Discours*. La thèse de La Boétie qui entremêle ces deux aspects, peut être résumée en une formule : *si tout est à un, rien n'est commun, donc rien n'est propre*, de sorte que les sujets se trouvent dépossédés non seulement de leurs biens, mais aussi de leur corps, de leur vie et même de leur être. En désorganisant la communauté politique, la tyrannie porte atteinte également aux capacités subjectives des sujets, à leur capacité à « s'entre-connaître », mais également à leurs facultés de penser et de sentir, aussi bien que de désirer. C'est sous cet aspect que le *Discours* mobilise des enjeux narcissiques et identitaires au cœur de la problématique de la souffrance sociale.

1) La particularité du *Discours de la servitude volontaire* tient au fait que la question politique n'y est pas posée à partir de la comparaison traditionnelle des différentes formes de gouvernement. Il ne s'agit à aucun moment d'opposer la « tyrannie » à

une meilleure organisation politique. D'emblée, la question est écartée : « Si ne veux-je pas pour cette heure débattre cette question tant pourmenée [débattue], si les autres façons de république sont meilleures que la monarchie » (DSV, 32). La Boétie suggère en passant que l'on ne saurait peut-être parler de « république » (au sens générique de la *politéia*) là où « tout est à un » : « encore voudrais-je savoir, avant que de mettre en doute quel rang la monarchie doit avoir entre les républiques, si elle en y doit avoir aucun : pour ce qu'il est malaisé de croire qu'il y ait rien de public en ce gouvernement où tout est à un » (DSV, 32-33). Mais il déplace immédiatement la question : l'interrogation porte désormais sur la définition de la « république », c'est-à-dire de la « communauté », sur sa nature même, plutôt que sur ses formes possibles. C'est sur ce terrain théorique plus général que se situe l'ensemble du *Discours*.

La Boétie met pour cela en avant une définition générique de la tyrannie. S'il se dispense de comparer les régimes politiques, ce n'est pas tant parce qu'il critique, en aristocrate, la distinction entre la monarchie et la tyrannie, mais parce qu'il interroge plus spécifiquement la distinction aristotélicienne entre constitutions « politiques » et constitutions « despotiques », et remet ainsi à plus tard la question, plus spécifique, de savoir si la monarchie est encore une « république ». La « tyrannie » ne désigne donc plus seulement une déviation ou une perversion particulière de la monarchie, mais la désorganisation du politique en général : il y a tyrannie, selon les définitions d'Aristote ou de Cicéron, lorsque le pouvoir a été confisqué au profit d'un individu ou d'un groupe particulier, au détriment de l'intérêt ou du bien commun de la cité tout entière[1].

1. *Cf.* Cicéron, *De la République*, III, 31 : « Qui donc appellerait "chose du peuple", c'est-à-dire république, un État où tous subiraient l'oppression cruelle d'un seul, où il n'y aurait aucun lien de droit, aucun accord, aucune volonté de vie commune, où manquerait donc ce qui fait un peuple ? » (trad. Ch. Appuhn, Paris, Garnier-Flammarion, 1965, p. 92). Le même critère vaut pour les autres formes traditionnelles de gouvernement (aristocratie, démocratie) qui, si elles ne sont pas réglées par « une loi établie par le consentement commun », ne sauraient être définies comme des « républiques ».

La Boétie pose bien une alternative entre « république » et « tyrannie », mais il va plus loin. Il ne soutient pas seulement que l'intérêt commun ou général est lésé ; il ajoute que la confiscation du « bien commun » a pour effet la dissolution de la communauté politique elle-même et, avec elle, la destruction du critère de justice. La communauté n'est pas, pour La Boétie, première : elle est une réalité à construire, à conserver, également susceptible de se désorganiser, de périr et de se dissoudre. C'est ce qu'il dit expressément lorsqu'il remarque que si « tout est à un », il n'y a plus « rien de public » : ce ne sont pas seulement les intérêts de la communauté qui sont floués, c'est la communauté elle-même qui se trouve menacée. Si rien n'est commun, il n'y a plus d'intérêt commun, parce qu'il n'y a plus de communauté politique susceptible de faire prévaloir ses droits ; et il n'y a plus, par conséquent, de justice ni de « bien commun » à opposer au tyran[1]. La solitude du tyran sera l'envers de cette dissolution de la communauté.

On comprend ainsi que la question du « rang » de la monarchie parmi les autres formes de gouvernement soit seconde : elle suppose la pérennité de la communauté qui fait précisément problème dans le *Discours*. La critique ne saurait donc se situer sur un plan seulement juridique qui interroge la légitimité du pouvoir politique du point

1. À notre époque, les mouvements sociaux réputés “populistes” se réclament souvent de ce « bien commun » sur lequel repose le sens de la communauté. Il va de soi que ce « bien commun » est étroitement solidaire des « communs » au sens économique (par exemple des « services publics ») : ce sont ces communs, du fait des conflits qu'ils occasionnent, qui sont à l'origine des notions (communes) du juste et de l'injuste. On peut ici distinguer l'*opposition* entre le *public* et le *privé*, de la *complémentarité* entre le *propre* et le *commun*, relevée par La Boétie (à la suite notamment de Cicéron), lorsqu'il soutient que l'existence de communs est la condition de toute appropriation réelle, effective et dotée de sens. On peut formuler la chose autrement en disant que c'est à condition de s'inscrire dans une tradition que l'on peut être original. À l'opposé, l'expérience montre que la propriété exclusive et absolue conduit à la destruction non seulement du lien social, mais également des biens eux-mêmes (gaspillage des ressources). La chose est encore vraie sur le plan politique et économique, comme au niveau psychologique : comme l'écrit La Boétie, faute de « s'entre-connaître », tous deviennent « singuliers en leurs fantaisies ». D'emblée disqualifiée, leur créativité fait d'eux « des originaux ».

de vue d'un corps social constitué. C'est ici l'existence même de la communauté qui est remise en question avec la tyrannie : non pas la forme de l'autorité politique, mais son substrat, la « chose publique », tel qu'il est organisé par la référence à un « bien commun » et à un horizon qui détermine et oriente la liaison ou la coopération des parties constitutives du « corps social », tout autant qu'elle permet le débat relatif au juste et à l'injuste.

Le modèle sur lequel repose le propos, dans son abstraction, est clairement biologique, puisqu'il définit le politique du point de vue d'une finalité organisatrice. Mais il est plus précisément médical, dans la mesure où il invite à porter l'attention sur les vicissitudes de ces liens et d'une organisation soumise, comme les autres êtres naturels, à la génération et à la corruption, aux conflits et aux transformations, mais également sujette aux séditions et à la désorganisation, c'est-à-dire aux maladies et à la mort.

Cet horizon du bien commun ne détermine pas seulement la forme de la communauté et des liens politiques et sociaux, il organise encore le rapport à soi, c'est-à-dire la forme de reconnaissance et donc de réflexivité qui doit émerger de l'appartenance au groupe. Pour le dire autrement, *le commun détermine le propre*, où le « propre » regarde les biens matériels, mais aussi, indissociablement, le corps propre, la personne et la vie elle-même. Cette idée s'enracine dans la conception antique de la *philia*. Elle signifie que la destruction du bien commun constitue une atteinte à la fois identitaire et narcissique, en ce qu'elle désorganise la puissance d'appropriation des sujets, la capacité comme l'écrit La Boétie, d'*être à soi* ou de *s'appartenir* à soi-même. Cette perspective est notamment appelée par la manière dont le *Discours* oppose la « fraternelle affection » à l'avarice, ou plus exactement au couple « avarice et cruauté », qui caractérise les liens tyranniques.

2) Pour éclaircir cette idée, on peut lire la fin du *Discours*, où sont évoqués les soutiens ou les complices de la tyrannie. La domination du tyran ne repose pas sur la force, mais sur la transformation de l'amitié en avarice qui résulte de la dissolution du « bien commun ».

Dans ses grandes lignes, l'argumentation du *Discours* est la suivante :

a) Un seul est impuissant à imposer sa domination sur la multitude. La Boétie vise ici le mythe ou l'illusion de la toute-puissance du pouvoir.

b) La réalité de la puissance d'un seul (ou d'un groupe particulier) repose sur une « corruption » de la multitude. La domination se transforme, en s'intériorisant, en « servitude volontaire », lorsque « nature défaut aux hommes » (DSV, 42) au point qu'ils finissent par prendre la servitude pour leur « naturel ». La Boétie développe ce paradoxe : « La nature de l'homme est bien d'être franc et de le vouloir être ; mais aussi sa nature est telle qu'il tient le pli que la nourriture lui donne » (DSV, 63). Reste à élucider les modalités de cette « intériorisation » du rapport de domination.

c) Ce pouvoir repose également sur le soutien de « complices » : d'où l'évocation de la « chaîne d'or » de la tyrannie. Le réseau de complicité s'étend finalement jusqu'à la base de l'édifice de la tyrannie :

> Ce ne sont pas les bandes de gens à cheval, ce ne sont pas les compagnies des gens à pieds, ce ne sont pas les armes qui défendent le tyran : on ne le croira pas au premier coup, mais certes il est vrai : ce sont toujours quatre ou cinq qui maintiennent le tyran [...]. Ces six ont six cents qui profitent sous eux, et font de leur six cents ce que les six font au tyran. Ces six cents tiennent sous eux six mille qu'ils ont élevés en état, auxquels ils font donner ou le gouvernement des provinces, ou le maniement des deniers, *afin qu'ils tiennent la main à leur avarice et cruauté*, et qu'ils l'exécutent quand il sera temps [...]. Grande est la suite qui vient après cela, et qui voudrait s'amuser à dévider ce filet, il verra que non pas les six mille, mais les cent mille, mais les millions par cette corde tiennent au tyran, s'aidant d'icelle par les faveurs et sous-faveurs, les gains ou regains qu'on a avec les tyrans, qu'il se trouve en fin quasi autant de gens auxquels la tyrannie semble être profitable, comme de ceux à qui la liberté serait agréable (DSV, 85-87).

La Boétie met ainsi en évidence les fondements « occultes » ou cachés du pouvoir tyrannique. Le pouvoir sur lequel repose la tyrannie ne tient pas à la seule puissance du tyran, à sa force de coercition, mais à la nature même des liens propres à la tyrannie, « avarice et cruauté ». C'est en ce sens que « le tyran asservit les sujets les uns par le moyen des autres » (DSV, 88) : ces liens enchaînent au tyran en détruisant la concorde et la solidarité. Ils désorganisent le rapport à soi et à autrui, et reconfigurent l'espace des échanges.

La fin du *Discours* est expressément consacrée à l'avarice dont La Boétie ne fait pas la cause de la soumission au tyran, mais l'effet induit par la dégradation des liens sociaux fondés sur l'amitié et la solidarité. Il faut ici entendre l'avarice et son double, la cruauté, dans un sens large, comme des dispositions éthiques qui trouvent leur racine dans les conditions sociales d'existence et dans l'altération du rapport à soi et à autrui : dans la désorganisation identitaire qui résulte de l'isolement et de la désocialisation induite par la tyrannie. Pour La Boétie, l'avarice doit s'entendre à la lumière de cette situation d'anomie, comme l'effet de la confiscation du bien commun, dans un monde où « tout est à un ». On peut s'en persuader en relevant l'extension que le *Discours* donne à la notion de « propriété » qui ne regarde pas seulement les richesses ou les ressources matérielles, mais aussi bien le corps propre et l'intégrité de la personne.

Ainsi ce passage consacré à réfuter l'explication morale qui rapporte la servitude volontaire à la cupidité et au désir de richesses. Loin d'être originel, ce désir procède de la dépossession des sujets qui se soumettent, corps et âme, au tyran :

> Mais ils veulent servir pour avoir des biens : comme s'ils pouvaient rien gagner qui fût à eux, puisqu'ils ne peuvent pas dire de soi qu'ils soient à eux-mêmes ; et comme si aucun pouvait avoir rien de propre sous un tyran. Ils veulent faire que les biens soient à eux, et ne se souviennent pas que ce sont eux qui lui donnent la force de les ôter à tous, et ne laisser rien qu'on puisse dire être à personne. Ils voient que rien ne rend les hommes sujets à sa cruauté

> que les biens ; qu'il n'y a aucun crime envers lui digne de mort que le dequoi [la possession de ressources et de biens] ; qu'il n'aime que les richesses, et ne défait que les riches, – et ils se viennent présenter comme devant un boucher, pour s'y offrir ainsi pleins et refaits, et lui en faire envie (DSV, 90-91).

Le passage articule, du point de vue de la notion de propriété, trois thèses qui sont au cœur du *Discours* :

a) La Boétie avait commencé par relever ce paradoxe : dans la tyrannie, « tout est à un », rien n'est commun. C'est la définition de la tyrannie au sens générique, par opposition à la « république » ou *politéia* : « il est malaisé de croire qu'il y ait rien de public en ce gouvernement où tout est à un » (DSV, 33).

b) Si rien n'est commun, rien n'est « propre ». À tel point que nul ne s'appartient lui-même : la domination extérieure se transforme en une aliénation plus radicale qui affecte non plus seulement les biens extérieurs, mais la personne même.

c) Le tyran soumet les sujets au moyen des « richesses » ou des « biens ». Son apparence de libéralité désorganise le rapport à soi : l'avarice asservit donc les sujets en les dépossédant d'eux-mêmes.

Ce qui est premier, ce n'est donc pas l'avarice (ou la cupidité), mais le fait que, si « tout est à un », rien n'est commun (a) et que, finalement, rien n'est *propre*, de sorte que les sujets *ne peuvent pas dire de soi qu'ils soient à eux-mêmes* (b). La conséquence en est que l'avarice devient le seul rapport possible aux biens (c) : aux choses extérieures aussi bien qu'à soi-même. Autrement dit, la tyrannie, où « tout est à un », abolit bien toute forme possible d'appropriation. L'avarice résulte bien de cette l'aliénation, évoquée au chapitre précédent, qui, en pervertissant les liens sociaux, s'étend à la personne propre, c'est-à-dire au rapport à soi, aussi bien qu'au corps propre, et entretient ainsi la soumission au tyran, dispensateur de tous biens[1]. Prise dans ce sens plus large, la thèse regarde l'*impasse*

1. On peut rappeler ici la généalogie de l'Avarice chez Giordano Bruno, qui en fait un double de l'Éros platonicien, fils de *Poros* (abondance) et de *Penia* (pauvreté) : fille de Pauvreté, détestant sa mère « qu'elle cherche à fuir le plus possible », elle est passionnément amoureuse de Richesse, à laquelle elle est attachée, tout en subissant

dans laquelle se trouvent les sujets qui « ne peuvent pas dire de soi qu'ils soient *à eux-mêmes* ». Sous un tyran, les sujets deviennent ainsi « étrangers à leurs propres joies et à leurs propres peines » (Aristote), « tenant d'autrui son aise, sa liberté, son corps et sa vie » (DSV, 90).

À côté de la définition convenue de l'avarice comme désir immodéré de richesses, cupidité ou appât du gain, La Boétie insiste clairement sur la fragilité narcissique dont témoigne le vice moral. Ce déplacement n'est pas propre au *Discours* ; il est typique de la pensée éthique et philosophique de l'époque qui interroge communément la relation à l'objet sous l'angle des dispositions du sujet et du rapport à soi et à autrui. Il se comprend notamment à la lumière de la définition de la vertu morale qui place au premier plan la notion de *tempérance*, c'est-à-dire la capacité d'intégration et d'appropriation. Une conception que l'on trouve chez Aristote aussi bien que chez Plutarque, mais également chez Platon, dans le célèbre passage de l'*Alcibiade* : « Se connaître soi-même, c'est ce que nous sommes convenus d'appeler tempérance ? » (133c). Où se connaître, c'est voir, réfléchir et reconnaître ces choses qui nous sont propres en tant que propres.

L'Amitié et la « fraternelle affection »

Ces liens de soumission, fondés sur l'avarice, sont opposés par La Boétie aux liens de dépendance constitutifs de la communauté politique, qui reposent sur la « fraternelle affection », c'est-à-dire sur la *philia* ou l'amitié. Dans ce qui va suivre, je voudrais montrer comment la communauté politique ou la « chose publique » est organisée par cette « fraternelle affection ». Loin de précéder l'amitié, la communauté proprement dite est une réalité construite ; elle résulte de la mise en commun et du partage. C'est la thèse classique du primat de la libéralité sur la justice.

« les rigueurs de sa mère qui la tourmente ». Au final, elle est un puits sans fond, détruisant tout, incapable de rien contenir ni conserver.

1) La Boétie évoque en quelques pages la définition de la définition classique de l'amitié comme fondement de la vie sociale et de la communauté politique. Il introduit son développement en remarquant la fragilité des théories politiques du gouvernement sur la seule considération du droit naturel fondé sur la raison et sur la seule considération des règles de justice. Il en admet la valeur d'un point de vue philosophique, mais il en remarque les limites :

> De la raison, si elle naît avec nous ou non, qui est une question débattue à fond par les académiques et touchée par toute l'école des philosophes, pour cette heure je ne penserai point faillir en disant cela, qu'il y a en notre âme quelque naturelle semence de raison, laquelle, entretenue par bon conseil et coutume, fleurit en vertu, et au contraire souvent ne pouvant durer contre les vices survenus, étouffée, s'avorte (DSV, 45-46).

La raison ne guide jamais seule les actions humaines : elle est elle-même subordonnée à l'apprentissage et à l'accoutumance. La Boétie ne remet pas en question la valeur des principes normatifs de la raison et du droit naturel. Il relève seulement que ces règles supposent la préexistence d'une communauté politique qu'elles viennent organiser et qui, en elle-même, ne relève pas de la raison, mais dépend des relations affectives qui unissent les individus : de l'amitié ou de la « fraternelle affection ».

Ces liens effectifs dépendent non de la raison, mais de la *nature*, d'un état de dépendance naturelle à l'origine de la solidarité et de la communauté humaine :

> La nature, la ministre de Dieu, la gouvernante des hommes, nous a tous faits de même forme, et, comme il semble, à même moule, afin de nous entre-connaître tous pour compagnons ou plutôt comme frères. Et si, faisant les partages des présents qu'elle nous faisait, elle a fait quelque avantage de son bien, soit au corps ou en l'esprit, aux uns plus qu'aux autres, si n'a-elle pourtant [elle n'a pourtant pas] entendu nous mettre en ce monde comme dans un champs clos, et n'a pas envoyé ici-bas les plus forts ni les plus avisés comme des brigands armés dans une forêt pour y gourmander les plus faibles, mais plutôt faut-il croire que faisant ainsi les parts aux

> uns plus grandes, aux autres plus petites, elle voulait faire place à la fraternelle affection, afin qu'elle eût où s'employer, ayant les uns une puissance de donner aide, les autres besoin d'en recevoir (DSV, 46-47).

La conclusion est la suivante : « il ne faut pas faire doute que nous ne soyons tous naturellement libres, puisque nous sommes tous compagnons ; et ne peut tomber en l'entendement de personne que nature ait mis aucun en servitude, nous ayant tous mis en compagnie » (DSV, 47).

La communauté ne repose pas immédiatement sur l'identité et l'égalité de tous les hommes, c'est-à-dire sur leur commune appartenance à une nature générique, en tant qu'êtres doués de raison, mais au contraire sur les différences et les inégalités qui diversifient cette nature commune, et sur les relations asymétriques qu'elles impliquent. Ces inégalités ne sont pourtant à l'origine d'aucun rapport de sujétion ou de subordination : l'inégale distribution des « avantages » naturels est présentée par La Boétie comme un état de fait contingent, qui n'a de sens qu'au regard des échanges, des liens affectifs et de la forme de solidarité qu'ils rendent possibles. La fraternité entre les hommes n'est pas menacée, mais garantie, au contraire, par le fait que les uns ont « puissance de donner », les autres « besoin de recevoir » : la communauté ne repose donc pas sur une égalité donnée préalablement, mais doit être produite par la *mise en commun* ou le partage de ces « parts » que la nature a faites « aux uns plus grandes, aux autres plus petites »[1].

1. Cette obligation de donner et de recevoir n'est pas de l'ordre du contrat. Il obéit plutôt à la logique du don et du contre-don. Ce modèle de solidarité n'a pas (encore) disparu : il est au principe de notre système de retraite par répartition. Ainsi cette remarque d'Alain Supiot : « La question de la nature juridique du droit à la retraite est un casse-tête pour le juriste armé des seuls concepts du droit contemporain, car elle résiste à nos distinctions du contractuel et du délictuel, et de l'individuel et du collectif. Elle s'éclaire si l'on accepte d'y voir une réappropriation par le droit social des formes de lien de droit plus vieilles que ces distinctions. Pas plus que le potlatch, ce lien ne peut être dit contractuel ; mais, comme le potlatch, il fonde une solidarité d'obligations patrimoniale, une solidarité entre les groupes » (et les classes d'âge) (A. Supiot, *Homo juridicus. Essai sur la fonction anthropologique du droit*, Paris, Seuil, 2005, p. 150).

2) Le passage reprend un lieu commun de la littérature morale sur la *fraternité* et l'amitié entre frères. Le propre des relations entre frères est le plus souvent d'avoir à surmonter une inégalité qui menace le lien du sang. On lit ainsi chez Plutarque (« De l'amitié fraternelle ») :

> Aussi toute inégalité est bien dangereuse de mettre dissension et querelle entre frères, et est toutefois impossible qu'ils soient en toutes choses égaux ni pareils, d'autant que ou la nature dès la naissance, ou depuis la fortune leur départent [attribuent] inégalement leurs grâces et faveurs, d'où procèdent les envies et jalousies entre eux, maladies et pestes mortelles, non seulement aux familles et maisons, mais aussi ès [dans les] villes et cités : il s'en faut donner de garde [s'en garder], et promptement y remédier, quand elles commencent à s'y engendrer[1].

La *relation entre frères* (qui relève du domaine domestique ou « économique » au sens grec) sert ici de modèle pour penser le problème de l'égalité politique. Le remède contre les dissensions et l'envie réside dans le partage des avantages sources d'inégalité :

> On pourrait conseiller à celui qui aurait avantage sur ses frères qu'il leur communiquât tout ce qu'il aurait par-dessus eux, en les honorant par son crédit et réputation, et les avançant par le moyen de ses amitiés : et si d'aventure il est plus éloquent qu'eux, leur offrant sa peine et suffisance, comme étant à eux autant comme à lui-même, et puis n'en montrant aucune enflure d'arrogance ni de mépris envers eux, ains [mais] plutôt en s'abaissant et soumettant, rendre sa présence et son avantage non sujet à l'envie, et égaler autant comme il lui est possible l'inégalité de la fortune par modérée opinion de soi-même[2].

Plus loin, Plutarque présente l'inégalité comme un principe essentiel de solidarité : « car entre les doigts de la main, celui qui ne tient pas la plume en écrivant, et qui ne touche pas les cordes

1. Plutarque, *Œuvres morales*, « De l'amitié fraternelle », 484C-D ; trad. Amyot, 85C. Je citerai partout les *Moralia* dans la traduction d'Amyot (texte de 1572), dont je donne la référence précédée de celle l'édition grecque d'Henri Estienne (usuelle).

2. *Ibid.*, 484D ; Amyot, 85D-E.

de l'instrument en jouant, pour ce qu'il n'est pas propre ni dispos à ce faire, n'en vaut pas pis pour cela, ains [mais] ils se meuvent tous ensemble, et s'entre-aident les uns envers les autres en quelque sorte, *comme ayant expressément pour cette cause été faits inégaux à l'entour du plus grand et du plus fort, pour être plus aptes à prendre et à retenir* »[1]. L'inégalité sert ici, comme dans le *Discours*, à organiser la solidarité fraternelle, les relations de coopération et d'entraide au fondement de la communauté familiale aussi bien que politique.

Le modèle de la « fraternelle affection » est évidemment très ambigu : on sait que les fratries sont particulièrement sujettes à ces « maladies et pestes mortelles ».

La Boétie et Cicéron : justice et libéralité

Pour La Boétie, l'essentiel est d'articuler, et non d'opposer, l'amitié à l'ensemble des devoirs sociaux. C'est la raison pour laquelle l'amitié et la fraternité sont les effets de la libéralité ou de la bienfaisance par laquelle les plus avantagés viennent en aide à ceux qui en ont besoin. C'est chez Cicéron, dans le *Lælius* (*De amicitia*), que l'on peut trouver les formulations les plus claires de cette idée d'une amitié correctrice des inégalités. Ici encore, le propos moral doit être appréhendé du point de vue de l'idéal de culture et du travail d'organisation des mouvements passionnels.

Cicéron écrit ainsi : « Il est essentiel en amitié de se mettre au niveau d'un inférieur (*sed maximum est in amicitia parem esse inferiori*) »[2]. Les différences et la relative inégalité impose au supérieur un devoir de partage qui doit restaurer la parité entre amis : « Ceux donc qui, dans le cercle de leurs amis et de leurs relations, possèdent quelque supériorité, doivent se rendre égaux à ceux qui sont inférieurs (*exaequare se cum inferioribus debent*) »[3]. L'inégalité entraîne, comme dans le *Discours* de La Boétie, un

1. *Ibid.*, 485F-486A ; Amyot, 86C.
2. Cicéron, *De amicitia*, 69.
3. *Ibid.*, 71.

devoir de donner. Ainsi, pareillement, l'inférieur a le devoir de ne jalouser ni envier ceux qui, d'une façon ou d'une autre, les surpassent : « et de la même façon, ceux qui sont inférieurs ne doivent pas s'affliger de se voir surpassés par leurs proches en talent, fortune ou dignité »[1]. Ce qui revient à dire qu'au devoir de donner doit correspondre un devoir d'accepter et de recevoir. Loin de transformer l'inégalité en rapport de sujétion ou d'interdire la fraternité, l'échange doit au contraire tendre à réduire la disparité. C'est ce que Cicéron exprime par cette formule : « Par conséquent, ceux qui sont supérieurs doivent se soumettre dans la relation d'amitié, et relever d'une certaine façon ceux qui leur sont inférieurs (*Quam ob rem, ut ii, qui superiores sunt, submittere se debent in amicitia, sic quodam modo inferiores extollere*) »[2]. On trouve ici décrite une forme de « condescendance » qui vise à résorber les inégalités pour mettre les amis à parité[3]. Ce qui chez Cicéron n'est peut-être qu'un conseil pratique, vient définir, dans le *Discours*, la « fraternelle affection » : non plus comme une relation entre égaux, mais comme un mouvement d'égalisation. Il s'agit ici de faire de l'asymétrie qui pourrait être source de relations antagonistes de rivalité, un principe de complémentarité et de solidarité.

À la lecture du *Laelius*, il apparaît clair que Cicéron n'isole pas les amitiés parfaites, exceptionnelles et exclusives, du reste des relations humaines, même s'il en souligne assez la singularité. Cette

1. Cicéron, *De amicitia*, 71.

2. *Ibid.*, 72.

3. Le terme de « condescendance » doit être ici entendu en un sens neutre. C'est l'attitude de bienveillance que doit avoir le supérieur (par exemple l'adulte, l'aîné ou le savant) qui se met au niveau ou à la portée de l'inférieur ou du plus faible (de l'enfant ou de l'ignorant). On a affaire à un monde dans lequel la supériorité de statut par exemple est source, non de droits, mais de devoirs. De manière plus large, la difficulté est de savoir comment instruire et émanciper sans endoctriner ou abrutir. Voir la méthode paradoxale (socratique dans l'esprit) de Joseph Jacotot exposée par J. Rancière (*Le Maître ignorant. Cinq leçons sur l'émancipation intellectuelle*, Paris, Fayard, 1987). L'une des difficultés de la pratique psychanalytique tient au fait que la dissymétrie du cadre s'y trouve au service d'une « méthode d'égalité » analogue qui se heurte régulièrement aux résistances des patients aussi bien qu'à celles de l'analyste.

amitié parfaite, « conforme à la nature », sert de modèle au lien qui doit unir les hommes les uns aux autres[1]. Entre ces amitiés et la simple concorde, il existe une continuité de nature. C'est à cette philanthropie cicéronienne que La Boétie se réfère dans le passage cité sur la « fraternelle affection ».

L'idée est au cœur des pages du *De officiis* que Cicéron consacre à la justice et à la bienfaisance. Pour Cicéron, l'honnête qui a trait au maintien du lien social, se divise en deux termes : 1) « la justice, où brille le plus haut éclat de la vertu » ; et 2) « la bienfaisance (*beneficentia*) que l'on peut aussi appeler ou bien bonté (*benignitatem*) ou bien générosité (*liberalitatem*) ». La définition traditionnelle de la justice repose sur le respect de la répartition du propre et du commun : « le premier office de la justice veut que l'on ne nuise à personne, si ce n'est provoqué par l'injustice ; puis, que l'on se serve des biens communs comme de biens communs, et des biens personnels comme de biens propres (*deinde ut communibus pro communibus utatur, privatis ut suis*) »[2]. Ce partage doit être relativisé car, remarque Cicéron, « il n'existe aucun bien personnel par nature (*sunt autem privata nulla natura*) »[3]. À l'origine, il n'y a donc que des biens communs. La violation de la propriété privée ne constitue pas la violation d'un droit de nature, mais seulement celle du « droit de la société humaine (*ius humanae societatis*) ». Et ce droit reste subordonné au « principe naturel du lien social » : c'est-à-dire à cette communauté de tous les hommes qui doit prendre modèle sur la communauté des amis. En raison du caractère originellement collectif ou commun des richesses, la frontière entre le propre et le commun ne saurait être tranchée de manière absolue. Cela signifie aussi qu'il y a un « bon usage » des biens privés : cet usage reste nécessairement subordonné aux devoirs naturels les plus

1. « La puissance de l'amitié apparaît parfaitement si l'on voit bien qu'en elle, le lien tissé par la nature même dans la masse infinie des êtres humains se resserre et se réduit (*ita contracta res est et adducta in angustum*) au point que l'affection n'y réunit jamais que deux personnes, ou guère plus » (*De amicitia*, 20).

2. Cicéron, *De officiis*, I, VII, 20.

3. *Ibid.*, I, VII, 21.

fondamentaux[1]. Cicéron est donc amené à revenir sur la première définition de la justice qui reposait sur la distribution du propre et du commun, pour soutenir, en fin de compte, qu'il n'y a pas de justice sans bienfaisance. Il invoque alors deux autorités pour appuyer cette idée d'une subordination de la justice à la bienfaisance : 1) Platon (*Lettre* IX, 358a) : « nous ne sommes pas nés seulement pour nous ; une part de notre existence est revendiquée par la patrie, une part par nos amis », et évidemment 2) les stoïciens pour qui « les produits de la terre sont tous créés à l'usage des hommes et les hommes ont été engendrés pour les hommes, afin qu'eux-mêmes puissent se rendre service les uns aux autres ». Cicéron conclut donc : « en cela nous devons suivre la nature comme guide, mettre en commun les intérêts de tous par l'échange de bons offices, en donnant et recevant (*dando occipiendo*), et tantôt par nos compétences, tantôt par notre travail, tantôt par nos ressources (*tum artibus, tum opera, tum facultatibus*), resserrer le lien social des hommes entre eux (*devincere hominum inter homines societatem*) »[2]. Cicéron propose alors une seconde définition de la justice comme confiance ou *fides*, « c'est-à-dire la fidélité et la sincérité dans les paroles et les engagements pris »[3]. Cette foi fonde la sécurité que l'on peut regarder comme un besoin fondamental du vivant.

L'analyse de la bienfaisance et de la libéralité prolonge donc, et surtout complète, l'analyse de la justice. Mieux que le partage du propre et du commun, ce sont ces prestations libérales qui caractérisent désormais la communauté humaine. C'est à ce niveau de l'analyse que la notion de bienfaisance finit par supplanter la définition de la justice, non pour l'annuler, mais pour en manifester les limites. La justice est nécessaire, mais insuffisante à garantir le

1. L'idée d'un « bon usage » interdit de regarder la propriété comme fondement d'un droit de « jouissance exclusive », comme c'est souvent le cas dans le droit moderne, permettant par exemple la destruction d'un bien (par exemple d'une forêt, par son exploitation jusqu'à épuisement des ressources).

2. *De officiis*, I, VII, 22.

3. *Ibid.*, I, VII, 23.

lien social. Elle suppose une communauté, dont elle est incapable, à elle seule, de rendre compte.

Dans ce contexte, l'amitié apparaît ici, sous la forme de la bienfaisance, comme le lien politique le plus fondamental. Il n'est pas question pour Cicéron, dans le *De officiis*, d'opposer la perfection du lien d'amitié aux devoirs de citoyens (selon un lieu commun repris dans le *De amicitia*), mais, au contraire, de montrer que la communauté des amis et les prestations libérales (« réciproques et agréables » à la fois) définissent la nature même du lien social :

> Mais de toutes les sociétés, aucune n'est plus noble (*prestantior*), aucune n'est plus solide, que celle des gens de bien qui se ressemblent moralement (*viri boni moribus similes*), et sont liés d'amitié (*familaritate coniucti*). [...] Il en résulte ce que veut Pythagore dans l'amitié : que plusieurs ne fassent qu'un seul homme. Elle est grande aussi cette communauté qu'accomplissent les bienfaits tour à tour donnés et reçus, et tant que ces bienfaits sont à la fois réciproques et agréables, ceux qui les échangent sont liés de relations solides[1].

On est très proche du passage du *Discours*, où La Boétie fait de l'amitié et des bienfaits réciproques le fondement du lien social.

Ces analyses de Cicéron, que reprend La Boétie, définissent assez bien une conception éthique fondée sur la coopération et la reconnaissance, dans laquelle individuation et socialisation vont de pair. À l'inverse, la désocialisation qui caractérise la tyrannie, doit être regardée comme une source de dédifférenciation et de perte identitaire. Les choses seraient claires si l'on pouvait s'en tenir à cette opposition.

1. *Ibid.*, I, XVII, 55-56.

CHAPITRE IV

AMBIGUÏTÉS DE L'AMITIÉ : RECONNAISSANCE ET POTENTIALITÉ TYRANNIQUE

La belle image de la solidarité et de l'amitié fraternelle que l'on trouve dans le *Discours*, sert d'abord à souligner, par contraste, la monstruosité des liens tyranniques fondés sur l'avarice et la cruauté. Mais on peut la regarder autrement, comme une image ambiguë qu'on ne saurait opposer sans reste au tableau de la tyrannie. Je voudrais suggérer que le lieu commun qui fait de l'amitié le fondement de la communauté politique est lui-même équivoque, tout comme l'idéal d'unité qu'il met en avant. Et qu'il est couramment mobilisé, au même titre que les jeux et les spectacles que mentionne La Boétie, comme un « appât de la servitude » : un « outil de la tyrannie » et un instrument de séduction.

CONCEPT CRITIQUE ET PENSÉE CLINIQUE

Il est sans doute nécessaire d'identifier les cadres intellectuels, idéologiques et philosophiques que mobilise La Boétie. Le *Discours* ne propose pourtant aucune théorie philosophique du pouvoir politique : son intérêt tient principalement au fait qu'en abordant la question de la domination du point de vue de la « servitude volontaire », La Boétie interroge non des concepts, mais des *processus*. En l'occurrence, la transformation en son contraire du lien de solidarité qui repose sur la dépendance mutuelle. Pour penser un tel renversement, il est nécessaire d'aller au-delà de l'opposition convenue, générique, entre amitié et tyrannie, et de montrer comment les processus à l'origine de la soumission au tyran ne sont pas si différents de ceux qui organisent la solidarité et la « fraternelle affection ». Sous cet aspect, la notion d'amitié apparaît finalement très ambiguë, tout comme la reconnaissance sur laquelle elle s'appuie.

1) Il est sans doute nécessaire de distinguer les liens de dépendance et de solidarité, la coopération et l'entraide, des liens tyranniques de soumission et de domination. Sous cet aspect la théorie la reconnaissance proposée par Axel Honneth peut apparaître aussi comme héritière de la définition antique de l'amitié. S'appuyant sur Mead, Honneth soutient que « la reproduction de la vie sociale s'accomplit sous l'impératif d'une reconnaissance réciproque, parce que les sujets ne peuvent parvenir à une relation pratique avec eux-mêmes que s'ils apprennent à se comprendre à partir de la perspective normative de leurs partenaires d'interaction, qui leur adressent un certain nombre d'exigences sociales »[1]. Il rappelle ainsi que la socialisation est bien la condition première de l'individuation et de la subjectivation. Autrement dit, que « le sage a besoin d'amis » : du miroir d'un *alter ego* ou d'un autre soi-même, en relation avec lequel il peut à la fois se construire, se penser et même se sentir ou se percevoir. La clinique des interactions précoces est là encore pour le rappeler. Cette reconnaissance nécessaire prend, au cours de la vie, des formes différentes qui viennent en complexifier les effets :

> Le lien entre l'expérience de reconnaissance et l'attitude du sujet envers lui-même résulte de l'expérience de la reconnaissance et de l'identité personnelle : les individus ne se constituent en personnes que lorsqu'ils apprennent à s'envisager eux-mêmes, à partir d'un "autrui" approbateur et encourageant, comme des êtres dotés de qualités et de capacités positives. L'étendue de telles qualités, et donc le degré de relation positive à soi-même, s'accroît avec chaque nouvelle reconnaissance que l'individu peut s'appliquer à lui-même en tant que sujet. L'expérience de l'amour donne ainsi accès à la

1. A. Honneth, *La Lutte pour la reconnaissance* (1992), Paris, Cerf, 2010, p. 113.

confiance en soi ; l'expérience de la reconnaissance juridique, au respect de soi ; et l'expérience de la solidarité, à l'estime de soi[1].

L'expérience de reconnaissance organise la réflexivité du sujet ; ses enjeux sont inséparablement identitaires et narcissiques. La lutte pour la reconnaissance est à la fois politique et morale. Elle a pour objet les secteurs de la vie dans lesquelles le mépris ou le déni de reconnaissance fait naître le sentiment d'injustice. L'intérêt de la thèse tient au fait qu'elle permet d'embrasser sous un aspect très général un ensemble apparemment très disparate de conflits et de revendications dont il met en avant le « cadre moral ». À sa manière, Honneth se fait ici l'écho de la thèse cicéronienne du primat de la libéralité (ou de l'amitié) sur la justice.

On ne saurait en rester là. D'abord parce que les expériences de reconnaissance auxquelles Honneth fait allusion, reposent sur un « autrui approbateur et encourageant » par lequel le sujet peut entretenir une « relation positive à soi-même ». Il va sans dire que de telles qualités sont finalement assez rares dans la vie ordinaire (dans les familles comme à l'école ou au travail). L'expérience montrerait que ces situations sont au contraire tout à fait exceptionnelles. On peut également relever que les formes que prennent ces expériences de reconnaissance sont en général ambiguës : s'il arrive qu'elles parviennent à organiser la confiance en soi, le respect de soi ou l'estime de soi, la « relation positive à soi-même » qu'elles fondent n'est *jamais sans reste* : une ombre les accompagne toujours. C'est à cette part irréductible de doute que l'on peut aussi s'intéresser.

Il va de soi qu'une théorie de la justice doit prendre en compte ces enjeux identitaires propres à la théorie de la reconnaissance. Mais on peut aussi poser la question autrement : s'il est vrai que les mouvements politiques sont généralement portés par un genre déterminé revendication morale, on doit également se demander, à l'inverse, à quelles conditions ces expériences morales peuvent donner forme à un sentiment d'injustice susceptible de déboucher

1. *Ibid.*, p. 208. L'analyse d'Axel Honneth s'appuie ici expressément sur une conception de l'identité inspirée de la psychologie sociale de Mead.

sur un engagement politique. Et, bien entendu, se demander pourquoi cela n'arrive que si rarement, alors que les motifs de mécontentement et de frustration ne manquent jamais. La problématique de la souffrance sociale invite ainsi à réfléchir aux enjeux spécifiques associés à la transformation de la « misère » subjective en « malheur commun », communicable et partageable, ou encore, pour le dire autrement, à la manière dont le sentiment de honte peut être transformé en indignation morale, et cette indignation donner lieu à une révolte constructive. On s'en doute, ces enjeux sont complexes. L'intérêt du *Discours* de La Boétie est précisément d'interroger, à sa manière, les processus qui font obstacle à cette série de transformations.

2) Par sa méthode, le travail d'Axel Honneth doit être entendu relativement à la vocation critique de la philosophie. C'est à ce titre que la « théorie de la reconnaissance » rencontre la problématique de la *philia* antique et de cette « fraternelle affection », garante et soutien de la reconnaissance mutuelle. De fait, l'amitié, dans les textes de l'Antiquité comme dans le *Discours* de La Boétie, est bien un concept critique : elle ne vise pas à faire dériver le social d'interactions réputées présociales, mais à juger l'organisation sociale à l'aune des formes de solidarité et d'amitié qu'elle rend possibles, et à interroger ainsi la manière dont le social prend en charge des attentes morales associées au besoin de reconnaissance. La « liberté » dont parle La Boétie doit être entendue du point de vue de ces potentialités réflexives qui définissent d'abord la « communauté ». C'est encore en ce sens que l'on peut interpréter l'adage, cité par Aristote, selon lequel la tâche du législateur est de favoriser les amitiés qui organisent la cité.

Le concept critique d'amitié est d'abord mobilisé, dans le *Discours*, pour être opposé aux liens tyranniques (« avarice et cruauté ») qui remettent en question l'existence même de la communauté politique. La Boétie ne se contente pas de remarquer que, dans la vie, on rencontre fort peu de personnes « approbatrices et encourageantes », c'est-à-dire de véritables amis ; il interroge une situation particulière (néanmoins fréquente) dans laquelle ces attentes normatives sur lesquelles reposent les revendications morales, sont mises hors-circuit ou « dénaturées »[1]. Dans lesquelles, par conséquent, le « cadre moral » est trop dégradé pour permettre que s'organise le sentiment d'injustice. La question ainsi posée regarde les conditions de possibilité de l'expérience morale. On y reviendra en abordant la question de la « mémoire de la liberté ».

3) Les revendications morales qui organisent la théorie de la reconnaissance d'Axel Honneth sont essentiellement de type identitaire. Elles supposent un cadre moral et social constitué, autrement dit une « communauté » susceptible de donner forme aux attentes morales et aux revendications de justice. C'est le sens que l'on peut aussi donner à la thèse de Cicéron relativement au primat de la libéralité sur la justice. Le renversement de l'amitié en « avarice et cruauté » que met en scène le *Discours* ne constitue pas seulement une atteinte à ce besoin de reconnaissance, mais vient désorganiser ce cadre moral lui-même, et la forme d'égalité sur laquelle reposent les revendications des sujets. On peut entendre ainsi la thèse du *Discours : si rien n'est commun, rien n'est propre*, en prenant cette propriété au sens large qu'elle a sous la plume de La Boétie. Si « tout est à un », cela signifie que les sujets « ne peuvent pas dire de soi qu'ils soient à eux-mêmes », chacun « tenant d'autrui son aise, sa liberté, son corps et sa vie » (DSV, 90). La formule ne renvoie pas à l'état de dépendance de l'individu à l'égard du groupe ou de la communauté ; elle définit plutôt un état de soumission dans lequel ces soutiens font défaut, au point de disqualifier toute revendication identitaire.

La Boétie touche ainsi la spécificité d'une *souffrance sociale* irréductible au sentiment d'injustice. Le problème n'est pas que

1. Ainsi Emmanuel Renaud : « L'idée qu'une société ne peut être viable que si elle satisfait de telles attentes nous semble sous-estimer le fait que les formes sociales dans lesquelles elles s'expriment peuvent faire dévier ces attentes d'une infinité de manières, voire les dénaturer totalement, de sorte qu'elles n'exercent aucune contrainte morale directe » (*L'Expérience de l'injustice. Reconnaissance et clinique de l'injustice*, Paris, La Découverte, 2004, p. 199). Il mentionne en note le *Discours* de La Boétie.

les attentes morales soient déçues, mais que soit mise en échec cette réflexivité qui les rend possibles, faute de laquelle les sujets deviennent « étrangers à leurs propres joies et à leurs propres peines » (Aristote). Le *Discours* met en avant de nombreuses situations manifestement injustes, mais d'abord pour s'étonner qu'elles ne parviennent à susciter aucune forme d'indignation morale. Au point que les sujets en finissent, pour la plupart, par ne plus même sentir « le poids du joug » qui les asservit et deviennent incapables de le « secouer » pour s'en libérer. La « tyrannie » dont il est question dans le *Discours* n'est pas assimilable à une forme de gouvernement ou à un rapport de pouvoir dont il s'agirait de dénoncer le caractère injuste et finalement illégitime. La tyrannie mise en scène, celle qui se fait « en tout pays, par tous les hommes, tous les jours » (DSV, 39), correspond plutôt à une relation de *domination* dont le propre est d'échapper à l'observation et à la conscience, et de se dissimuler dans des dispositifs de pouvoir qui la masquent. D'où les efforts de La Boétie pour en manifester les effets, et montrer comment on rencontre partout, jusque dans la relation à soi-même, l'emprise énigmatique du tyran, et comment cette emprise finit par réorganiser la réalité sociale dans son ensemble. D'où aussi le renversement caractéristique des théories de la domination qui ne sauraient faire l'économie de la notion de « servitude volontaire » : « tout se passe comme si les acteurs subissaient la domination qui s'exerce sur eux non seulement à leur insu, mais parfois même en contribuant à son exercice »[1]. C'est de ce point de vue que la servitude est dite volontaire : dans la mesure où elle repose, non sur la contrainte physique, mais sur des processus largement inconscients par lesquels le sujet est pris au piège d'un système auquel il participe activement, à son corps défendant.

1. L. Boltanski, *De la critique, Précis de sociologie de l'émancipation*, *op. cit.*, p. 17. Boltanski fait allusion à l'approche sociologique de Bourdieu chez qui la notion de domination est associée à celle d'une « violence symbolique » s'exerçant sur les sujets de manière inconsciente.

4) La belle évocation du monde organisé par la *philia*, l'entraide et la coopération, au service de la communauté politique et de la forme d'égalité qu'elle engendre, s'oppose, dans le *Discours*, à l'isolement entretenu par la tyrannie et à la dissolution du commun qui affecte radicalement le rapport à soi. La Boétie, en humaniste, se fait ici l'écho de principes éthiques et moraux tirés par exemple de Cicéron. Il fait ressortir, par contraste, la monstruosité d'une situation qui substitue à l'amitié politique, des liens tyranniques fondés, non plus sur la fraternelle affection et la reconnaissance mutuelle, mais sur l'avarice et la cruauté, la rivalité et la concurrence, le mépris de l'autre et l'exploitation cynique de ses faiblesses. Le *Discours* va, semble-t-il, plus loin : son propos n'est pas seulement *critique*, il est aussi *clinique* en ce qu'il interroge aussi bien les processus qui ont donné lieu à la *transformation en son contraire* de l'amitié politique et à son *dévoiement*. À aucun moment, il ne propose de remettre en question les coordonnées éthiques et anthropologiques qui organisent la théorie antique de la *philia*, en soutenant par exemple que « l'homme est un loup pour l'homme », ou que le sujet humain serait mû par des intérêts essentiellement égoïstes. S'il finit par l'être, c'est dans des conditions particulières, identifiées par La Boétie comme pathologiques, c'est-à-dire au terme de processus suffisamment puissants pour « dénaturer » l'homme au point qu'il finisse par « consentir à son mal », et même à le « pourchasser » (DSV, 40).

LES AMBIGUÏTÉS DE L'AMITIÉ

Que l'amitié puisse se transformer en lien tyrannique et se retourner en « avarice et cruauté » est une thèse forte du *Discours*. La possibilité d'un tel renversement est au cœur de la pensée éthique de l'Antiquité. On peut pour cela revenir à la traditionnelle question de la distinction entre le flatteur et l'ami véritable, mais également aux apories qui traversent la réflexion politique autour de la *philia*, chez Aristote notamment qui discute l'idéal d'unité que viendrait servir l'amitié.

1) On relèvera d'abord que, dans le *Discours*, la tyrannie ne s'appuie pas sur des processus différents de ceux qui organisent les liens de solidarité à l'origine du « bien commun ». Elle repose pareillement sur une forme de coopération de chacun. Si « tout est à un », c'est d'abord que l'effet de cette coopération est confisqué par le tyran. Le scandale de la « servitude volontaire » tient au fait que le tyran ne tient son pouvoir que de l'engagement actif des sujets et de la puissance qu'ils lui donnent. En d'autres termes, la tyrannie s'appuie tout entière sur cette capacité d'entraide à l'origine de la société humaine. Mais cette coopération est ici dévoyée et retournée contre les sujets :

> Celui qui vous maîtrise tant n'a que deux yeux, n'a que deux mains, n'a qu'un corps, et n'a autre chose que ce qu'à le moindre homme du grand et infini nombre de vos villes, sinon que l'avantage que vous lui faites de vous détruire. D'où a-il pris tant d'yeux dont il vous épie, si vous ne les lui baillez? comment a-il tant de mains pour vous frapper, s'il ne les prend de vous? (DSV, 43)

On peut évoquer ici une remarque de Marx relative aux effets de la division du travail. Le contexte est sans doute différent, mais l'idée est analogue. Marx relève que la coopération permet « la transformation d'un grand nombre de procès de travail individuels, disséminés et indépendants les uns des autres, en un procès de travail social combiné »[1]. Cette socialisation de l'activité de production est par elle-même porteuse de potentialités émancipatrices, dans la mesure où « dans cette action conjuguée et planifiée avec d'autres, le travailleur se défait de ses limites individuelles et développe les capacités propres à son espèce »[2]. L'individu, grâce au groupe, peut développer ainsi des potentialités non pas en tant que particulières, mais en tant que spécifiquement humaines, et se les approprier. De manière semblable, la « fraternelle amitié » est entretenue par une forme de division du travail rendue possible par le partage inégal

1. K. Marx, *Le Capital*, trad. cit., p. 372. Sur le thème, voir F. Fischbach, *Le Sens du social. Les puissances de la coopération*, Montréal, Lux Éditeur, 2015, chap. 5.
2. *Ibid.*, p. 371.

des « avantages » ou des dons naturels. Pourtant, cette puissance de coopération peut aussi être captée et confisquée, prendre la forme d'une puissance étrangère et autonome, et l'effet socialisateur se renverser en son contraire. Ce paradoxe est au cœur de la notion d'aliénation à l'époque de l'*Idéologie allemande* :

> Les forces productrices se présentent comme complètement indépendantes et détachées des individus, comme un monde à part, à côté des individus, ce qui a sa raison d'être dans le fait que les individus, dont elles sont les forces, existent en tant qu'individus éparpillés et en opposition les uns avec les autres, tandis que ces forces ne sont d'autre part des forces réelles que dans le commerce et l'interdépendance de ces individus[1].

La puissance socialisatrice de la coopération, fondée sur l'échange et l'interdépendance, ainsi détournée, devient source d'isolement et finit par mettre les individus en situation de concurrence et en opposition les uns avec les autres. La Boétie met en avant un processus analogue, lorsqu'il montre comment, « sous un tyran », l'amitié est transformée en « avarice et cruauté ». Il montre pareillement comment ce renversement suppose que la réalité sociale ou le « bien commun » qui procède pourtant des sujets et de leur activité, puisse se présenter à eux « comme un monde à part », indépendant et détaché, rendu méconnaissable et mettant au défi les individus de s'y reconnaître. Le tyran, dont le *Discours* s'attache à montrer l'inconsistance et la vulnérabilité, est le produit monstrueux de ce double processus de dissémination et d'autonomisation du pouvoir.

2) Cette potentialité de l'amitié n'a pas échappé aux Anciens. Elle n'est pas nouvelle et n'a rien de spécifiquement moderne. En témoignerait la critique d'Aristote qui vise les effets destructeurs de l'idéal d'unité qui associe les risques, inséparables et complémentaires, de dissémination et de dédifférenciation. Portant (comme souvent) la contradiction au cœur des conceptions

1. K. Marx, *L'Idéologie allemande*, trad. fr. G. Badia (dir.), Paris, Les éditions sociales, 1976, p. 70.

éthiques de son temps, Aristote vise l'idéal aristocratique et sectaire (pythagoricien) d'une communauté des sages et des justes, affranchie des lois communes. Un sentiment d'exception fondé sur l'excellence auto-proclamée des membres du groupe, qui n'est finalement pas si éloignée de la mentalité de gang qui rassemble les complices de la tyrannie.

Au début du livre VIII de l'*Éthique à Nicomaque*, Aristote se fait l'écho de la thèse du primat de l'amitié sur la justice, qu'il présente, avec circonspection, comme relevant de l'opinion commune :

> L'amitié semble aussi constituer le lien des cités, et les législateurs paraissent y attacher un plus grand prix qu'à la justice même : en effet, la concorde qui paraît bien être un sentiment voisin de l'amitié, est ce que recherchent avant tout les législateurs, alors que l'esprit de faction, qui est son ennemie, est ce qu'ils pourchassent avec le plus d'énergie. Et quand les hommes sont amis, il n'y a plus besoin de justice, tandis que s'ils se contentent d'être justes, ils ont en outre besoin de l'amitié, et la plus haute expression de la justice est, dans l'opinion générale, de la nature de l'amitié[1].

L'argument ainsi évoqué est un lieu commun : si l'amitié est le lien politique par excellence, au fondement de la communauté, elle réalise naturellement et spontanément une « concorde » et un idéal qui rend inutile le recours aux lois. La nécessité des règles du droit procède au contraire du défaut d'amitié, de « l'esprit de faction », de la discorde et des conflits. On peut rapporter à cette conception l'évocation de la « fraternelle affection » dans le *Discours* : instituée par la nature afin de « serrer et étreindre si fort le nœud de notre alliance et société », l'amitié entre frères constitue une forme de « compagnie » ou même de « communion » affranchie des lois et de toute forme de réglementation et d'autorité.

Dans le passage d'Aristote, le recours aux réglementations du droit est conçu ici comme un moyen artificiel de suppléer « l'esprit de faction » qui menace la cohésion de la communauté. L'espèce d'unité réalisée par la justice n'est jamais qu'une forme dégradée de

1. Aristote, *Éthique à Nicomaque*, VIII, 1, 1155a23-28 ; Tricot, p. 383.

cette amitié parfaite : elle n'en est qu'un artefact ou une imitation[1], destinée à contenir la multitude réputée tout à la fois servile et séditieuse. Le mépris aristocratique des règles ordinaires et des conventions sociales qui habite cet idéal d'amitié, se retrouve chez le « magnanime », « incapable de vivre selon la loi d'autrui, sinon celle d'un ami, car c'est là un esclavage », dont Aristote propose un portrait ambigu et ironique[2].

Dans la *Politique*, Aristote revient sur ce lieu commun qui place la vertu au-dessus des lois, et l'amitié au-dessus de la justice commune. Une thèse qu'il rapporte à Platon et au discours d'Aristophane dans le *Banquet* :

> Nous estimons en effet que l'amitié est le plus grand des biens pour les cités (car c'est par elle que les risques de discorde sont réduits au minimum), et Socrate loue par-dessus tout l'unité de l'État, unité qui paraît bien être, comme il le déclare lui-même, une création de l'amitié, et qui est comparable à celle que, dans les discours sur l'amour, nous voyons Aristophane décrire, quand il dit que les amants, dans l'excès de tendresse, désirent se fondre ensemble, et de deux qu'ils étaient, devenir l'un et l'autre un seul être[3].

L'amitié politique (*philia*) est bien, pour Platon, une modalité particulière ou spécifique du lien d'amour (*eros*), qui rassemble et unit, mais qui risque tout aussi bien, selon Aristote, de confondre et de dissoudre toute différence. On y reviendra au chapitre suivant.

1. L'idée selon laquelle la loi serait un artéfact destiné à imiter les effets de l'amitié, est au cœur du projet de la *République* de Platon aussi bien que de la vision du démiurge cosmique dans le *Timée*. Elle organise également les utopies du XVIe siècle, de Thomas More à Campanella. La pensée politique de Platon est évidemment plus complexe, notamment lorsqu'elle met, dans les *Lois*, la conflictualité au cœur de la vie de la cité.

2. On retrouve régulièrement cette forme analogue de négativisme dans la liberté avec laquelle les dominants interprètent habituellement les règles du droit : « Appartenir à la classe dominante, c'est d'abord être convaincu que l'on peut transgresser la lettre de la règle, sans en trahir l'esprit. Mais ce genre de croyance ne vient à l'idée que de ceux qui pensent pouvoir incarner la règle, pour la bonne raison qu'ils la font » (L. Boltanski, *De la critique. Précis de sociologie de l'émancipation*, *op. cit.*, p. 218-219).

3. Aristote, *Politique*, II, 4, 1262b7-13 ; trad. J. Tricot, Paris, Vrin, 1987, p. 94.

La thèse est évidemment problématique, comme le souligne Aristote qui, à travers le discours d'Aristophane, vise la *République* et la thèse de Socrate selon laquelle « l'unité la plus parfaite possible est, pour toute cité, le plus grand des biens ». Cet idéal d'unité se heurte au risque d'indifférenciation et de confusion qui menace l'organisation politique. Aristote objecte ainsi :

> Le processus d'unification se poursuivant avec plus de rigueur, il n'y aura plus de cité : car la cité est par nature une pluralité, et son unification étant par trop poussée, de cité, elle deviendra famille, et de famille, individu [...]. Par conséquent, en supposant même qu'on soit en mesure d'opérer cette unification, on doit se garder de le faire, car ce serait conduire la cité à sa ruine.

La cité est en effet composée d'une pluralité d'individus qui doivent être « spécifiquement distincts »[1]. La recherche d'unité trouve sa limite dans la nécessaire différenciation des parties constitutives de la cité. Il en va de l'organisation sociale comme de la composition du corps biologique, de la famille, mais aussi de l'âme, dont l'unité reste celle d'une pluralité « bien ordonnée », c'est-à-dire différenciée. C'est le sens que l'on donne au principe de « tempérance » qui rapporte la « vertu morale » à l'exigence d'intégration des parties ou tendances de la *psychè*.

On connaît la réponse d'Aristote. Elle consiste à distinguer plusieurs formes d'amitié et à fonder l'idée de justice sur la notion de proportionnalité, nécessaire pour organiser l'égalité : si « l'amitié est une égalité »[2], cette égalité arithmétique n'est réalisée que dans le cas des amitiés parfaites entre « gens de bien ». Dans les autres cas, elle doit être entendue proportionnellement, relativement à la « valeur », au « mérite » et, comme l'écrit La Boétie, à ces « parts » que la nature a faites « aux uns plus grandes, aux autres plus petites », afin de faire place à la solidarité et à la coopération. Évoquant l'affection du père pour son fils, du maître pour l'élève, du mari pour son épouse ou, en général, « d'une

1. Aristote, *Politique*, II, 4, 1261a15-24; Tricot, p. 85.
2. *Éthique à Nicomaque*, VII, 7, *passim*.

personne exerçant une autorité quelconque envers un inférieur », Aristote note que « ces diverses amitiés diffèrent aussi entre elles » : « chacune de ces personnes a une vertu et une fonction différente, et différentes sont aussi les raisons qui les font aimer : il en résulte une différence dans les attachements et les amitiés »[1]. Pour associer sans confondre, il faut que les termes soient préalablement différenciés, distingués et séparés. La question est évidemment de savoir si cette proportionnalité n'invalide pas la prétention de l'amitié à servir de fondement à la communauté ; elle tient au statut que l'on accordera à ces différences et à ces inégalités.

L'inégalité sur laquelle repose le principe d'autorité mis en avant par Aristote, peut être entendue comme une légitimation de la subordination et de la servitude, à l'opposé de nos idéaux démocratiques. Elle a apparemment cette fonction, notamment chez La Boétie dont le « républicanisme » est profondément aristocratique. L'inégalité et les rapports d'autorité peuvent cependant être entendus aussi du point de vue de l'organisation qui donne forme aux rapports sociaux et met en avant la coopération et la solidarité des parties. Elle commande sans doute une forme de soumission de l'inférieur au supérieur, mais elle regarde d'abord la « division du travail social » et la nécessaire dépendance entre les individus. À cet égard, la « tyrannie » des Anciens, celle dont parle La Boétie, est irréductible au simple « abus d'autorité » : elle revient plutôt à subvertir ces rapports, comme Caligula qui, par dérision[2], aurait envisagé de nommer sénateur son cheval favori. Transformer des salariés en « collaborateurs » participe pareillement d'une forme de déni du rapport juridique de subordination qui les lie à leurs employeurs en leur garantissant des droits : on en attend désormais une « soumission librement consentie » (*compliance whithout pressure*) sans contrepartie.

1. *Ibid.*, VIII, 8, 1158b18-19 ; Tricot, p. 401.

2. Sur les échos récents de cette stratégie politique de discrédit, voir Ch. Salmon, *La Tyrannie des bouffons. Sur le pouvoir grotesque*, Paris, Les Liens qui libèrent, 2020.

3) Aristote met en avant l'ambiguïté de la notion d'amitié et de l'idéal d'unité. Sans contester l'idée que la *philia* soit effectivement « le lien des cités », autrement dit le fondement de la vie politique, il récuse l'assimilation de la justice et de la loi à de simples moyens : contre la thèse (réputée) platonicienne qui s'apparente à une forme de réductionnisme, il défend une conception *architectonique*, c'est-à-dire le caractère irréductible de la justice et des lois, dont la fonction organisatrice et médiatrice se situe à un autre niveau que l'amitié. À côté de la *philia* nécessaire à l'unité de la cité, la justice et les règles du droit ont à prendre en charge les conflits et les dissensions qui procèdent nécessairement des conditions sociales d'existence. Il s'agit par ce moyen de donner *droit de cité* à ces formes de désaccord qui procèdent des différences, afin de prévenir « l'esprit de faction » et d'éviter qu'une querelle de voisinage ne se transforme en guerre de religion[1]. La règle de droit ne fonde pas la communauté ; elle organise la coopération. C'est sur cette distinction que repose la notion de proportionnalité. On comprend dès lors comment Aristote peut distinguer la dépendance naturelle, source de l'amitié, de la communauté spécifiquement politique qui suppose la capacité rationnelle de débattre et d'argumenter au sujet du bien et du mal, du juste et de l'injuste.

Cette conception architectonique n'est pas spécifique à la vie politique. On la rencontre encore dans la conception éthique de la vertu comme *tempérance* qui revient également à accorder « droit de cité » aux mouvements ou tendances de l'âme, aussi bien qu'à en modérer les revendications et à les contenir entre de « justes bornes ». Aristote met par là en avant une forme d'unité différente qui repose, non sur l'uniformité et la soumission sans reste des parties au tout, mais sur la notion d'*intégration* (différente de l'assimilation) : l'idée selon laquelle les parties peuvent former un tout qui les rassemble tout en préservant leurs différences.

1. À l'opposé de la pratique (devenue courante) qui vise à transformer un conflit banal en sédition, voire en affrontement « civilisationnel ».

C'est à cette conception de l'intégration que renvoyait la conception de l'amitié évoquée au début de ce chapitre. L'amitié repose sur la similitude, mais également sur la reconnaissance de l'altérité : l'*alter ego* est un soi *autre*. Cette reconnaissance suppose une forme de justice, c'est-à-dire la capacité de « rendre à chacun son dû ». La nécessité d'une telle médiation explique la différence entre l'amitié réputée parfaite qui ne se rencontre qu'entre « gens de bien », et sa forme dégradée que l'on rencontre entre les « méchants ». Elle rend compte également de la dimension réflexive de l'amitié qui repose sur cette similitude permettant au sujet de se reconnaître en l'autre, en tant que différent de lui. L'autre doit être semblable sans être identique.

L'inégalité naturelle, dans le passage du *Discours* consacré à la « fraternelle affection », renvoie expressément à la nécessité d'une telle forme de reconnaissance : la nature « nous a tous figurés à même patron, afin que chacun se pût mirer et quasi reconnaître l'un dans l'autre ». Mais, si elle a entendu par le don de la parole « serre et étreindre si fort le nœud de notre alliance et société », la nature, poursuit La Boétie, « ne voulait pas tant nous faire tous unis que tous uns » (DSV, 47). À l'idéal d'unité qui commande la soumission au groupe, La Boétie oppose ici la problématique de l'intégrité personnelle. L'idéal d'unité, mis en avant dans le *Banquet* par Aristophane, au nom duquel « les amants, dans l'excès de tendresse, désirent se fondre ensemble, et de deux qu'ils étaient, devenir l'un et l'autre un seul être », court le risque d'abolir l'altérité nécessaire à cette forme de réflexivité qui permet au sujet de « participer à la conscience [ou au sentiment] qu'a son propre ami de sa propre existence ».

4) Ces enjeux d'ordre narcissique et identitaire qui organisent la problématique éthique et politique de l'amitié, sont au cœur de la tension mise en avant par Aristote. Je propose d'entendre la réponse *architectonique* au cœur de la théorie de la justice, de la tempérance aussi bien que de la réflexivité, comme une manière de penser la nécessaire distinction entre *processus primaires et secondaires*, tant

au niveau de l'organisation psychique qu'au niveau des groupes. C'est à ce double registre de fonctionnement que renvoie l'idée d'intégration : l'idée selon laquelle l'unité d'un être composé repose sur la possibilité de rassembler sans confondre, de rendre manifeste les ressemblances ou des similitudes tout en préservant les différences. La fonction de la justice, c'est-à-dire la capacité à tolérer et à prendre en charge le débat, le litige ou le conflit, sera alors de tempérer l'idéal d'unité porté par l'amitié.

On peut entendre ainsi la manière dont La Boétie oppose les liens tyranniques aux liens d'amitié fondés sur le partage ou la mise en commun du « propre » : le « bien commun » est l'effet, non d'une abolition des différences, mais de la reconnaissance mutuelle. La « fraternelle affection » définit d'abord une forme d'échange et de coopération ou, si l'on veut, de division du travail, mais, sur le modèle de l'amitié antique, elle tire sa puissance socialisatrice de la réflexivité que rend possible cette coopération. Faute de cette reconnaissance, la réalité produite par le concours de tous ne saurait prendre la forme d'un bien véritablement « commun » ; elle se présentera au contraire « comme un monde à part, à côté des individus », ou encore comme une « puissance étrangère » asservissant les individus. La « servitude volontaire » suppose une désorganisation de ce genre : ce qui caractérise la tyrannie, c'est d'abord qu'en procédant à la confiscation du « commun », elle prive les sujets de tout bien propre, au point qu'ils « ne peuvent pas dire de soi qu'ils soient à eux-mêmes ». Cette dépossession équivaut à une perte identitaire qui réduit le sujet à cette individualité abstraite dont on fait parfois la marque de fabrique du droit naturel moderne. De fait, le « sujet moderne » pourrait bien être regardé, selon l'expression de Marx, comme *une abstraction réelle*, une abstraction devenue réalité. Ce dont parviennent encore à s'étonner de nombreux auteurs du XVIe siècle, à l'époque de l'essor du capitalisme marchand, confrontés à la puissance de dissolution de ce qu'ils appellent l'*avarice*.

La question de la solidarité

Le *Discours* explore ces ambiguïtés de la notion antique de *philia*, remède aussi bien que poison. Cette conception de l'amitié, loin réduire le fait social à sa dimension morale ou affective, invite au contraire à regarder comme solidaires et inséparables les enjeux de la socialisation et ceux de la subjectivation et de l'individuation. Sous cet aspect, elle rencontre la conception moderne de la solidarité que Durkheim rapporte à la division sociale du travail :

> Mais si la division du travail produit la solidarité, ce n'est pas seulement parce qu'elle fait de chaque individu un échangiste comme disent les économistes ; c'est qu'elle crée entre les hommes tout un système de droits et de devoirs qui les lie les uns aux autres d'une manière durable. De même que les similitudes sociales donnent naissance à un droit et à une morale qui les protège, la division du travail donne naissance à des règles qui assurent le concours pacifique et régulier des fonctions divisées[1].

Lorsqu'il poursuit en remarquant que la division du travail « ne met pas en présence des individus, mais des fonctions sociales » dont l'organisation relève du droit, Durkheim met en avant une conception de la « solidarité organique » assez proche de la position architectonique défendue par Aristote. Il ne faut pas s'en étonner : la philosophie sociale de Durkheim (comme celle de Marx) s'inscrit expressément dans la tradition aristotélicienne de l'*humanisme civil*.

L'autre spécificité de la conception antique de l'amitié est évidemment d'insister sur la forme de reconnaissance appelée par ce partage des rôles ou des fonctions. Cette reconnaissance renvoie

1. É. Durkheim, *De la division du travail social* (1893), Paris, P.U.F., 1930, p. 403. Voir, sur le contexte historique de la thèse de Durkheim, C. Didry, *Naissance de la convention collective. Débats juridiques et luttes sociales en France au début du XXe siècle*, Paris, EHESS éditions, 2002 et, du même, *L'Institution du travail. Droit et salariat dans l'histoire*, Paris, La Dispute, 2016. Pour l'usage qu'il fait de la pensée de Durkheim dans le contexte d'une philosophie sociale, voir F. Fischbach : *Le Sens du social. Les puissances de la coopération*, *op. cit.*, et *Qu'est-ce qu'un gouvernement socialiste. Ce qui est vivant et ce qui est mort dans le socialisme*, Montréal, Lux, 2017.

à la problématique identitaire du « moi social », de la place du sujet dans le monde social ou encore de son « personnage ». On peut, ici encore, se rapporter à Durkheim :

> La société n'est pas, comme on l'a cru souvent, un événement étranger à la morale ou qui n'a sur elle que des répercussions secondaires ; c'en est, au contraire, la condition nécessaire. Elle n'est pas une simple juxtaposition d'individus qui apportent, en y entrant, une moralité intrinsèque ; mais l'homme n'est un être moral que parce qu'il vit en société, puisque la moralité consiste à être solidaire d'un groupe et varie comme cette solidarité[1].

La réalité sociale de la division du travail organise et donne forme à la conscience morale et au sentiment de soi : « C'est que, par elle [la division du travail], l'individu prend conscience de son état de dépendance vis-à-vis de la société ; c'est d'elle que viennent les forces qui le retiennent et le contiennent »[2]. Ce qui signifie, ajoute Durkheim, que « la solidarité sociale [...] devient du même coup la base de l'ordre moral ». C'est la thèse centrale de l'humanisme civil.

L'amitié ou *philia* engage ainsi une autre dimension, tout aussi importante, qui ne regarde pas seulement le rapport du sujet au monde social, ni même la relation à autrui, mais organise aussi bien le rapport à soi. C'est l'idée d'Aristote selon laquelle l'ami est un « autre soi-même », un miroir et un double au moyen duquel le sujet peut prendre conscience de lui-même, avoir le sentiment de sa propre existence. Les textes antiques sur l'amitié s'appuient sur cette conception de la réflexivité « en double » qui ne regarde pas seulement la personne morale ou le moi social, mais la capacité de sentir : la capacité d'entrer en relation, comme l'écrit Aristote, avec « ses propres joies et ses propres peines » ou encore de supporter de « passer sa vie avec soi-même » (et quelquefois d'y prendre plaisir). Cela, on y parvient rarement seul. Cette forme de réflexivité ne renvoie plus seulement à la problématique identitaire des limites

1. É. Durkheim, *De la division du travail social*, *op. cit.*, p. 394.
2. *Ibid.*, p. 396.

du moi, mais à celle du narcissisme, entendu comme la capacité d'investir et de s'approprier le bien « propre » en tant que tel, de reconnaître la réalité sociale comme son propre monde et d'en faire ainsi un « bien commun ».

J'ai tâché d'expliciter précédemment quelques enjeux de la distinction entre cette problématique du narcissisme et les enjeux spécifiquement identitaires. La tension entre ces deux horizons apparaît centrale pour appréhender la manière dont se pose, à l'époque de La Boétie, la question de la subjectivation aussi bien que celle de la socialisation. On en trouve dans les *Essais* de Montaigne une formulation particulièrement éclairante qui témoigne assez de sa centralité :

> C'est une absolue perfection, et comme divine, de savoir jouir loyalement de son être. Nous cherchons d'autres conditions, pour n'entendre l'usage des nôtres, et sortons hors de nous, pour ne savoir quel y fait (III, 23, 1115B).

« Jouir de soi même », c'est pour Aristote le propre de la sagesse et de la vertu. C'est même un genre d'activité qui ne convient, absolument parlant, qu'à Dieu seul. Au contraire, la quête identitaire par laquelle « nous cherchons d'autres conditions », peut témoigner d'une incapacité de « sympathiser avec ses propres joies et ses propres peines », une forme de désinvestissement, de lassitude ou d'incurie relative au « bien propre » correspondant à l'*acédie* des Anciens, un vice voisin de l'avarice[1]. J'ai tâché de montrer que cette problématique *narcissique* était au cœur de la conception de l'amitié dont hérite La Boétie, et qu'elle organisait l'opposition entre les liens spécifiquement politiques et les liens tyranniques.

Cette dimension fondamentale n'est évidemment pas étrangère à la philosophique sociale et aux enjeux de reconnaissance qu'elle met en avant. Elle trouve son expression peut-être la plus significative dans la notion d'*aliénation* qui se rapporte à l'incapacité du sujet de se reconnaître dans ses propres productions, de s'y réfléchir

1. Sur cette acédie, voir T. Dagron, *Pensée et cliniques de l'identité. Descartes, Cervantès, Montaigne*, Paris, Vrin, 2019, chap. VII, p. 251-287.

et de les regarder comme siennes. L'idée selon laquelle la réalité sociale peut apparaître « comme un monde à part, à côté des individus », repose, chez Marx, sur cette forme de dépossession par laquelle le travailleur ne cède pas seulement le produit de son travail, mais sa force de travail elle-même, sa propre activité qui finit par devenir « indépendante de lui ». L'idée que met en avant La Boétie, dans un contexte très différent, est pareillement que les conditions sociales d'existence sont susceptibles de dévoyer ou de compromettre cette forme de réflexivité qui permet au sujet de se reconnaître dans ses propres productions. Le *Discours* prend pour objet l'effet de sidération produit par la tyrannie et l'expérience de dépersonnalisation associée au fait de devenir étranger à son propre monde aussi bien qu'à ses propres affects. Il interroge par là un genre d'aliénation qui conduit les individus à récuser leurs « propres sentiments et passions » (Hume) : le fait que, sous un tyran, faute de « s'entre-connaître », les sujets se trouvent privés de la capacité « de faire, de parler et quasi de penser », jusqu'à devenir « tous singuliers en leurs fantaisies » (DSV, 65-66).

S'il est vrai, comme le souligne Durkheim, que les forces sociales qui organisent la solidarité et les liens civils et politiques, donnent forme à la conscience que l'individu peut avoir de « son état de dépendance vis-à-vis de la société », on peut rapporter à ces mêmes forces les processus d'exclusion et de désocialisation, responsables de ces expériences de dépersonnalisation et d'aliénation. La conscience et la réflexivité (le sentiment de soi) dépendent des formes de reconnaissance qui les rendent possibles. C'est là un thème fondamental de la littérature antique relative à l'amitié, au juste choix des amis et à la nécessité de distinguer entre l'ami véritable et le flatteur. C'est aussi le sens que l'on peut donner à la pluralité des genres d'amitié chez Aristote qui distingue les liens fondés sur l'agréable ou le plaisir, sur l'utile ou l'intérêt, des amitiés parfaites fondées sur l'honnête et la vertu. Ces genres d'amitié (et finalement de rapport à soi) relèvent de registres éthiques différents, c'est-à-dire de modalités différentes du fonctionnement psychique. C'est en ce sens fort que l'on peut interpréter l'analogie convenue, depuis Platon, entre l'organisation de la cité et la forme de l'âme ou le caractère éthique de l'individu. Elle ne signifie pas que la réalité psychique soit le simple reflet de la réalité sociale, mais qu'elle s'organise au moyen des formes de réflexivité induites ou rendues possibles par l'environnement et la réalité sociale.

On peut comprendre encore ainsi la critique par Aristote de l'idéal d'unité et de la conception qui lui est sous-jacente, selon laquelle la règle de justice ne serait qu'un succédané ou un artéfact, visant à réaliser, par des moyens artificiels et nécessairement imparfaits, l'amitié et la concorde nécessaires à la cité. Un tel idéal qui revient à regarder tout conflit et tout désaccord comme une menace pour l'intégrité de la cité, procède d'une forme de déni de la spécificité de la réalité sociale, et des différences sur lesquelles reposent la coopération et la solidarité. Du point de vue éthique, la forme de réflexivité induite par cette forme d'unité sans médiation appelle une conscience amputée de la dimension de la justice et de la forme de jeu réglementé qu'elle organise, une conscience réduite à sa solitude « narcissique », source d'angoisse et réservoir de violence et de cruauté.

Cet idéal d'unité sans différence est au cœur du tableau de la tyrannie proposé dans le *Discours* : il est réalisé, non par la règle de justice, mais au moyen des « faveurs » arbitrairement distribuées aux complices et favoris du tyran. Dans la description de La Boétie, l'unité, évidemment illusoire et factice, repose sur l'abolition ou plutôt sur la confiscation de l'horizon du « bien commun » qui organise la coopération et la solidarité. À la reconnaissance de l'état de dépendance de l'individu à l'égard de la société, sur laquelle repose la socialisation et la réflexivité, se substitue une forme *subjuguée* de réflexivité par laquelle les sujets, écrit La Boétie, « enchantés et charmés du nom seul d'un » (DSV, 31), entretiennent eux-mêmes le rêve d'unité que fait miroiter le tyran[1].

1. Ces ambiguïtés sont au cœur de la manière dont Montaigne traite du thème de l'amitié dans ses *Essais*. Mon idée est que la défiance (présentée comme excessive) à l'égard des « accointances ordinaires », renvoie expressément à la nostalgie de l'amitié réputée parfaite qui a lié Montaigne à La Boétie, et au pouvoir de séduction d'un tel idéal. L'amitié parfaite n'est jamais très éloignée de la « folie à deux ».

CHAPITRE V

AMOUR, MORT DE L'ÂME ET POTENTIALITÉ TYRANNIQUE

> Et le Prince son cher Amant,
> De cent plaisirs l'âme comblée,
> Succombait sous le poids de son ravissement.
> (Ch. Perrault, *Peau d'Âne*).

J'ai voulu mettre en avant, dans le chapitre précédent, l'ambiguïté à laquelle confronte le thème de l'amitié politique. Ce qui caractérise la tyrannie dans le *Discours*, c'est la manière dont elle se dissimule sous le masque de l'amitié. Son attrait et sa puissance de séduction tiennent d'abord au mirage d'unité et de confusion qu'elle fait miroiter : une unité sans différence qui vient abolir la règle de justice et qui compromet l'organisation même de la cité. Sans nier que l'amitié soit « le plus grand des biens pour les cités », Aristote relève que l'unification se heurte à une contradiction dès lors qu'elle remet en cause la pluralité constitutive de la vie politique, autrement dit la reconnaissance de l'altérité et la forme d'organisation spécifiquement politique qui repose sur la loi. Cette conception architectonique est au cœur de la définition de l'homme comme « animal politique » : la spécificité humaine ne tient ni à l'usage de moyens d'expression ni à la vie commune, mais au fait que les échanges humains soient conditionnés par une forme de langage et de communication reposant sur les notions communes du juste et de l'injuste. Un langage qui médiatise ou secondarise le partage d'affect relatif au plaisir et à la douleur, à l'utile et au nuisible. Lorsqu'il évoque, à la suite de Cicéron, la « fraternelle affection », La Boétie n'est pas très éloigné de cette conception : il montre seulement comment l'amitié, fondée sur la dépendance réciproque et l'entraide, est elle-même à l'origine d'une reconnaissance mutuelle et d'une forme de justice inséparable de la libéralité : « ayant les uns puissance de donner aide, les autres besoin d'en recevoir » (DSV, 46). L'accès à la dimension spécifiquement politique est inséparable de la forme de réflexivité et de réciprocité qu'organise l'amitié ou la « fraternelle affection ». On en trouve la confirmation avec la figure négative du tyran : « le tyran n'est jamais aimé, ni n'aime » (DSV, 95). Avec aussi cet argument fondamental du point de vue politique : « Or quand bien cela n'empêcherait point, encore semble-t-il malaisé de trouver en un tyran un'amour assurée[1], parce qu'étant au-dessus de tous, et n'ayant point de compagnon, il est déjà *au-delà des bornes de l'amitié*, qui a son vrai gibier en l'équalité » (DSV, 96). On reviendra sur la démesure et le statut d'exception qui caractérise la personne du tyran et le situe en dehors des échanges nécessairement conflictuels propres à la réalité sociale.

Dans ce chapitre, je voudrais revenir sur les liens tyranniques que La Boétie oppose à la véritable amitié. Pour cela, je partirai du constat que l'expression de « servitude volontaire » est directement empruntée au discours de Pausanias dans le *Banquet*, dans le contexte d'un débat sur l'amour et la sujétion amoureuse. La notion de « servitude volontaire » est sans doute mobilisée dans le *Discours* dans un contexte nouveau et différent, du moins en apparence. Pourtant si le lien érotique dont traite Platon est différent de l'amitié politique, il apporte néanmoins un éclairage essentiel sur les ambiguïtés de la *philia* et sur sa potentialité tyrannique. Pour le montrer, je proposerai de rapporter le texte de La Boétie à la riche clinique de l'amour, et à la manière particulière dont Ficin, dans son commentaire du *Banquet*, propose de réfléchir le lien amoureux, avec son potentiel d'aliénation et ses enjeux de vie et de mort, à la lumière de processus qui relèvent clairement de la problématique du narcissisme. Il s'agira ainsi de revenir sur cette forme de réflexivité appelée par la figure de l'ami comme *alter ego* ou *autre soi-même* :

1. *Amour*, au féminin dans la langue classique.

une réflexivité non pas solipsiste, mais *en double*, dont cette clinique inspirée du *Banquet* permet d'approfondir les potentialités aussi bien que les impasses.

LA « SERVITUDE VOLONTAIRE » DANS LE *BANQUET*

L'expression de « servitude volontaire », dans sa forme grecque (*ethelodouleia*), se trouve chez Platon, dans le *Banquet*, dans un passage où Pausanias, l'un des protagonistes du dialogue, tente de définir à quelles conditions Éros peut être dit « beau et digne d'éloge » et dans quels cas, au contraire, il sera honteux et condamnable[1]. Le rapprochement avec le *Discours* de La Boétie ne va pas de soi. D'abord parce que Pausanias utilise l'expression de « servitude volontaire » en bonne part, pour désigner une relation érotique accomplie et parfaite, belle et digne d'éloge. Parce qu'aussi le discours de Pausanias se présente comme une apologie de la pratique athénienne de la pédérastie et que la *philia*, dans ce contexte, prend un sens tout particulier. Malgré ces différences, le passage du *Banquet* apporte un éclairage essentiel sur les ambiguïtés de la notion d'amitié, en rapportant les sentiments sociaux au destin des pulsions érotiques, et permet de penser le renversement en leur contraire des liens de solidarité et de « fraternelle affection ».

1) Avant d'entrer dans le détail du discours, on peut relever que les propos de Pausanias doivent être compris du point de vue de la pédérastie athénienne[2], c'est-à-dire d'un lien amoureux

1. Le *Banquet* est constitué d'une série de discours. Dans ce qui va suivre, je m'intéresserai principalement à celui de Pausanias, laissant en suspens sa place et son statut dans l'économie d'ensemble de l'œuvre. J'évite intentionnellement d'attribuer à Platon les propos du personnage qu'il met en scène. Sur le lien entre la « servitude volontaire » de La Boétie et la notion d'*ethelodouleia* dans le *Banquet*, voir F. Rigolot, « Friendship and Voluntary Servitude : Plato, Ficino, and Montaigne », *Texas Studies in Litterature and Language* 47, 4, 2005, p. 326-344.

2. Sur le thème, voir (entre autres) K. J. Dover, *Homosexualité grecque* (1978), Grenoble, Pensée sauvage, 1982, F. Buffière, *Éros adolescent : la pédérastie dans la Grèce antique*, Paris, Les Belles Lettres, 1980, et B. Sergent, *L'homosexualité dans la mythologie grecque*, Paris, Payot, 1984.

fondamentalement asymétrique et complémentaire qui met en scène un agent et un patient du lien érotique : un homme adulte ou seulement plus âgé, l'amant ou *éraste*, et un jeune homme, l'aimé ou *éromène*. En tant qu'objet du désir érotique et sexuel de son amant, l'éromène n'est pas lui-même animé directement par l'amour : l'affect qui le qualifie dans la relation est la *philia*, tendresse ou amitié. L'argumentation de Pausanias repose sur cette asymétrie qui caractérise la pédérastie. Il s'agit mettre en avant la dimension socialisatrice et éducatrice d'une relation sexuelle spécifique, censée favoriser l'émergence d'un « courant tendre » à l'origine des valeurs civiles : l'amour de la sagesse et de la justice. Cette forme de sublimation ou de désexualisation qui définit la *philia* s'appuie expressément, selon Pausanias, sur le rôle sexuellement passif de l'éromène ou de l'aimé[1].

2) On trouve, sous la plume de Freud, une série d'observations assez proches, lorsqu'il évoque couramment « l'aptitude particulière de la pulsion sexuelle à la sublimation culturelle » des homosexuels[2]. Les raisons qu'il invoque sont variables et ce n'est pas le lieu ici d'examiner ces choses en détail. On peut résumer cela en rappelant que cette aptitude tient au caractère narcissique du choix d'objet homosexuel, c'est-à-dire au fait qu'il s'appuie au départ sur le « courant tendre » de la libido et sur la sexualisation des pulsions du moi (autoconservation) : lorsque la satisfaction de ces motions érotiques est empêchée, ces pulsions, inhibées quant au but (« désexualisées »), sont susceptibles d'être transformées (par « sublimation »). Elles peuvent ainsi être mises à disposition de la socialisation et de la créativité (de l'amour de la sagesse et des valeurs civiques portées par la *philia*)[3]. Qu'elles soient resexualisées ou non (sous la forme d'une homosexualité avérée),

1. À cet égard, l'originalité de Socrate (dans le *Banquet* notamment) sera d'inverser ces rôles, et d'éraste se transformer en éromène.

2. « La morale sexuelle “culturelle” [ou : civilisée] et la nervosité moderne », 1908, GW, VII153; OC, VIII, p. 205. Dans les textes évoqués ici, Freud traite expressément de l'homosexualité masculine.

3. S. Freud, « Du rabaissement généralisé de la vie amoureuse », 1912, GW, VIII, 82; OC, XI, p. 132-133.

ces tendances homosexuelles sont à l'origine des « pulsions sociales ». Elles « constituent ainsi la contribution de l'érotisme à l'amitié, la camaraderie, à l'esprit de corps et à l'amour des humains en général »[1]. Freud ajoute, pensant à Léonard :

> Quelle est à vrai dire l'ampleur de ces contributions de source érotique, avec inhibition du but sexuel, on le devinerait à peine à partir des relations sociales normales des humains. Mais il s'inscrit dans le même contexte que ce sont justement les homosexuels manifestes, et parmi eux ceux qui répugnent à l'exercice de la sexualité, qui se distinguent en participant d'une façon particulièrement intense aux intérêts généraux de l'humanité procédant d'une sublimation de l'érotisme.

On trouve une remarque similaire dans les *Minutes* des réunions de la société viennoise de psychanalyse, en 1910 :

> Les meilleurs maîtres sont les vrais homosexuels qui ont réellement cette attitude d'aimable bienveillance envers leurs élèves. Mais si un maître à l'homosexualité réprimée est confronté avec cette exigence, il devient sadique envers ses élèves ; ces maîtres haïssent et persécutent les enfants parce qu'ils ont des "exigences sexuelles", irritant par là la sexualité des maîtres. Tout comme les homosexuels sont les meilleurs maîtres, les homosexuels refoulés sont les pires et les plus sévères[2].

La différence entre ces deux genres de maîtres tient au fait que la haine et la cruauté procèdent d'une défense contre des tendances homosexuelles réprimées et contre la resexualisation des sentiments sociaux. C'est sur ces observations, corroborées par de nombreux exemples, que Freud propose de comprendre l'entrée dans la paranoïa (généralement due à la déception auprès de la femme ou à une expérience d'échec dans les relations sociales) comme un effet de la régression qui « ramène le sentiment social jusqu'à la racine

1. S. Freud, « Remarques psychanalytiques sur un cas de paranoïa », 1911, GW, VIII, 297 ; OC, X, 284.

2. Minutes du 20-04-1910 ; *Les premiers psychanalystes. Minutes de la société psychanalytique de Vienne*, II, Paris, Gallimard, 1978, p. 482.

qu'il prend dans le souhait érotique grossièrement sensuel »[1] : « les paranoïaques cherchent à se défendre d'une telle sexualisation de leurs investissements pulsionnels sociaux »[2].

Cette genèse des pulsions sociales et de l'amitié à partir de la composante érotique homosexuelle n'est pas très éloignée des processus décrits par Pausanias dans le *Banquet.* Elle présente également l'intérêt de mettre en avant le destin de ces tendances homosexuelles, dès que se trouve fragilisé l'équilibre pulsionnel sur lequel reposent les sentiments sociaux, et en particulier le « courant tendre », l'amitié ou « fraternelle affection ». La dégradation de la *philia* en « avarice et cruauté » serait l'un de ces destins possibles. L'observation de Freud, fondée sur l'expérience clinique et l'investigation psychanalytique, s'inscrit également dans une tradition, celle de la théorie platonicienne de la pulsion érotique. Elle rencontre les lieux communs relayés par La Boétie dans son tableau très érotisé des liens tyranniques.

Ces questions relatives au destin pulsionnel, le discours de Pausanias les aborde expressément. Sa description de l'institution de la pédérastie propose une genèse des sentiments sociaux, de l'amitié et des valeurs éthiques. Plutôt que d'opposer le courant tendre au courant sensuel, Pausanias propose de montrer comment le travail de sublimation et d'élaboration de la pulsion à l'origine des liens civiques de solidarité, repose sur l'entrelacement ou le tissage de ces courants, et non sur la seule répression de la composante sexuelle. Pour cela, il s'appuie sur la dissymétrie qui organise la relation pédérastique : la *philia* de l'éromène est fille du désir de l'éraste. Encore faut-il que la rencontre se fasse dans des conditions favorables. D'où l'insistance de Pausanias sur les règles qui doivent organiser l'initiation homosexuelle du jeune citoyen.

Au-delà d'institution de la pédérastie sur laquelle s'appuie ici Pausanias, non sans humour, cette généalogie des sentiments sociaux apparaît fondamentale, notamment lorsqu'il s'agit d'interroger, comme le fait La Boétie, les processus qui conduisent à la

1. S. Freud, « Remarques psychanalytiques... », GW, VIII, 296; OC, X, p. 282.
2. *Ibid.*, GW, VIII, 298; OC, X, p. 284.

désorganisation de l'amitié ou de la « fraternelle affection », et à sa transformation en son contraire. Il suffit, pour s'en convaincre, suivre de plus près le discours de Pausanias qui explore les enjeux, les vertus aussi bien que les écueils de la relation érotique entre l'amant et l'aimé, demandant « s'il est honteux de céder aux avances d'un amant ».

3) Le discours de Pausanias se présente comme un plaidoyer en faveur de l'institution pédérastique. Il propose d'expliciter les règles et les usages qui doivent, à ses yeux, témoigner de son excellence, telle qu'elle se pratique à Athènes : comment, dans certaines conditions, ce lien érotique est véritablement « beau et digne d'éloge ». Il s'agit de montrer ainsi que la honte et le déshonneur auxquels s'expose l'éromène qui cède aux avances d'un amant, procèdent du non-respect de certaines règles de conduite, et ne concernent pas l'institution pédérastique elle-même, mais seulement ses formes dévoyées ou vulgaires. C'est dans ce contexte que Pausanias introduit son examen en opposant deux Aphrodite, l'une céleste, l'autre terrestre et vulgaire, et en associant à chacune un Éros différent. L'intention du discours est n'est donc pas de faire l'éloge d'un amour désexualisé, mais de montrer que la pédérastie, telle qu'elle est pratiquée à Athènes, participe de l'Éros idéal et céleste, et qu'il est beau et digne d'éloge, dans ces conditions, de céder aux avances sexuelles de l'éraste.

Pausanias commence par remarquer que les usages sont différents selon les lieux. La pédérastie est acceptée par exemple en Élide, chez les Béotiens ainsi qu'à Spartes, mais non pas dans certains lieux où il est « honteux de céder aux avances d'un amant »[1] : c'est le cas notamment « en Ionie, et en bien d'autres endroits qui sont sous la domination des Barbares » (sous la domination perse). Pausanias en donne l'explication politique :

> Chez les Barbares en effet, leur régime de tyrannie veut que ce soit une vilaine chose, aussi bien du reste que d'aimer le savoir et d'aimer les exercices physiques : c'est, je pense, qu'il est de l'intérêt des maîtres de ne pas laisser naître de hautes pensées

1. *Banquet*, 182a.

> chez leurs sujets, et pas davantage des amitiés et des liaisons vigoureuses; ce que l'amour (*eros*) justement, plus que tout au monde, produit d'ordinaire. Et c'est une leçon dont, en ce pays même, les tyrans ont fait l'expérience, puisque, chez Aristogiton l'amour (*eros; amor*) et, chez Harmodios, l'affermissement de la tendresse (*amicitia confirmata*) furent ce qui détruisit le pouvoir. Ainsi, là où l'on a institué que c'est une vilaine chose d'accorder à un amant ses faveurs, le fondement en est la bassesse morale de ceux qui ont institué la règle : appétit de domination chez les maîtres, lâcheté chez les sujets (*principum quidem avaritia, subditorumque ignavia*). Là où au contraire, c'est une belle chose, admise d'une manière absolue, ceux qui ont institué la règle, l'ont fait parce que leur âme était sans ressort[1].

On retrouve, clairement affirmée, l'asymétrie de la relation entre l'amant et l'aimé, et la distinction entre un « courant sensuel », érotique, et un « courant tendre », qui qualifie le sentiment d'amitié ou la *philia* que l'éromène porte à l'éraste. C'est sur l'association ou le tissage de ces composantes que reposent les « liaisons vigoureuses », capables de défier le pouvoir tyrannique. Ce sont d'abord les tyrans qui, pour servir leurs intérêts, ont décrété honteuses ces relations amoureuses, en elles-mêmes vertueuses. L'idée est présente chez La Boétie qui mentionne les exemples d'Aristogiton et d'Harmodios parmi défenseurs de la liberté civile (DSV, 67). Il oppose, comme Pausanias, ces « liaisons vigoureuses » fondées sur l'amour et l'amitié, à « l'avidité du pouvoir des maîtres » et à la « lâcheté des sujets » (*avaritia* et *ignavia* dans la version latine de Ficin). Sans doute, le *Discours* efface la dimension sexuelle qui est au cœur de l'argumentation de Pausanias. En apparence du moins, puisque l'éloge de l'amitié s'oppose bien, chez La Boétie, à la manière dont le tyran s'entoure de courtisans et de « mignons », et se comporte finalement à la manière de l'éraste auquel il est honteux, selon Pausanias, de se soumettre.

1. *Banquet*, 182c-d. Je cite la traduction L. Robin, Paris, CUF, 1949; pour le latin, celle de Ficin, *Divini Platonis opera Marsilio Ficino interprete*, Lyon, 1562, f. 286b (désormais : *Platonis opera*).

4) Dans la suite de son discours, Pausanias mentionne la spécificité d'Athènes. S'il n'y est pas en soi honteux d'entretenir une relation amoureuse, l'éloge ou le blâme auxquels s'expose l'aimé dépendront de la valeur morale de l'amant et de sa conduite. Si l'amant, pour parvenir à ses fins, se comporte de manière indigne, la honte rejaillira sur l'aimé. Si, au contraire, l'amant témoigne, par ses actions, de sa valeur morale, l'aimé pourra lui céder sans encourir de blâme. Dans les deux cas, l'honneur et la honte sont transférés de l'amant à l'aimé.

Pausanias donne quelques exemples de conduites indignes qui exposeront l'aimé à la honte :

> Supposez-lui [à l'amant] en effet l'intention, soit de se faire donner de l'argent par quelqu'un, soit d'exercer une magistrature ou telle autre fonction, et qu'il accepte alors de faire ce que justement font les amants pour leurs amours : ces supplications, ces implorations dont ils emplissent leur requête, ces serments qu'ils prononcent, le seuil des portes pris pour couche, et *cet esclavage auquel ils consentent et dont aucun esclave de condition ne voudrait être l'esclave* (*et sedula quadam observantia serviat, et in omnibus obsequatur, quae servus aliquis agere nec vellet, nec etiam cogeretur*) ; eh bien ! pour l'empêcher de pratiquer une pareille conduite, il trouverait et des amis et des ennemis, ceux-ci lui reprocheront ses flatteries et sa servilité, ceux-là l'admonestant et rougissant de lui[1].

Il est donc indigne de se soumettre à un amant dont le comportement dépasse en servilité tout ce qu'on pourrait attendre d'un « esclave de condition ». Répondre à de tels désirs, c'est faire preuve de « lâcheté » et de faiblesse morale (*ignavia*)[2].

5) Pausanias poursuit en explicitant deux maximes éthiques qui règleraient, à Athènes, les conduites amoureuses. Selon la première, « il est vilain de se rendre trop vite » : l'éromène doit faire preuve de discernement et, pour cela, mettre à l'épreuve le désir et les

1. *Ibid.*, 183a-b.

2. Cette forme de lâcheté n'est pas sans rapport avec la « fausse honte » décrite par Plutarque, sur laquelle on reviendra plus loin : elle consiste à céder à l'intimidation.

intentions de l'amant. La seconde regarde les moyens mis en œuvre par l'amant : il est servile et déshonorant de céder à des avances sexuelles par amour des richesses, par ambition ou par intimidation :

> En second lieu, cette autre maxime qu'il est vilain de se rendre en cédant à l'argent ou à la puissance politique, soit que de mauvais traitements nous aient frappé d'épouvante et mis dans l'incapacité de résister, soit que cela ait, pour arriver à la fortune ou à des succès politiques, un avantage dont on ne fait point fi. C'est que rien de tout cela ne passe pour être solide ou constant, sans compter que de là ne naît pas non plus une *noble amitié* (*Nihil enim ex iis solidum firmumque esse videtur, praeter quod ab iis amicitia generosa oriri nequit*)[1].

Le discours de Pausanias est indissociablement éthique et politique. Le lien amoureux doit être compris comme un modèle organisateur des relations sociales : il a pour fin la « noble amitié » (*philia*). C'est le sens pédagogique que Pausanias donne à l'institution de la pédérastie. Cette pédagogie ne se fonde pas (seulement) sur des valeurs morales expressément enseignées, mais sur la nature même du lien entre l'éraste et l'éromène, c'est-à-dire sur la qualité même du *transfert* qui organise la relation. Cette dimension est évidemment fondamentale, puisque c'est à cette condition que la relation amoureuse, comme cherche à le démontrer Pausanias, peut se donner comme but non la seule satisfaction pulsionnelle, mais la perlaboration des pulsions. L'originalité du discours tient à cet horizon dynamique et économique.

6) À ces formes honteuses de soumission amoureuse, Pausanias oppose une manière honorable de céder aux avances de l'amant. Il parle alors d'une « servitude volontaire », vertueuse et digne d'éloge :

> Telle est en effet la règle chez nous : tout comme il n'y avait, dans le cas des amants, nulle flatterie de leur part à accepter d'être, en un inimaginable esclavage, les esclaves de leurs bien-aimés et là rien non plus qui fût sujet à blâme, de l'autre côté aussi, il reste un seul *esclavage volontaire* (*douleia ekousios ; voluntaria servitus*) qu'on

1. *Banquet*, 184a-b ; *Platonis opera*, f. 287a.

> ne blâme pas, et c'est celui qui a le mérite pour objet. Il est bien vrai en effet que cette maxime est instituée chez nous que, si l'on accepte d'être au service d'un autre avec l'idée que cet autre contribuera à notre amélioration, soit pour telle branche du savoir, soit dans toute autre partie de ce qui constitue le mérite, il n'y a pourtant dans cet *esclavage par consentement* (*ethelodouleia; voluntaria servitudo*) aucune laideur, et pas davantage de flatterie[1].

L'expression de « servitude volontaire » (traduisant le grec *ethelodouleia*), prise ici en bonne part, s'oppose à la forme de sujétion évoquée précédemment, à cet esclavage ou servitude « dont aucun esclave de condition ne voudrait être l'esclave ». On a donc non pas une, mais deux formes opposées de « servitude volontaire » : la première, honteuse, qualifie le flatteur aussi bien que celui qui cède à la flatterie; la seconde, qu'organise l'amour de la sagesse et de l'excellence éthique.

Pausanias conclut cette partie de son discours en relevant que l'asymétrie de la relation amoureuse doit conduire à renforcer le lien de solidarité :

> Chacun a sa règle propre : pour celui-là, envers le bien-aimé qui a eu pour lui des bontés, de se mettre à ses ordres en toute chose où il peut être juste de s'y mettre; pour celui-ci de faire, envers l'homme

1. *Ibid.*, 184b-c 184b-c; *Platonis opera*, f. 287a : « Etenim quemadmodum apud nos de mantibus lex illa relata est, quae dicitur, nullum voluntarium amatoris in amantum obsequium, adulatorium et infame tutandum : sic et alia quaedam secundum legem *voluntaria servitus* restat, quae infamiam nullam subit. Haec autem est quae circa virtutem versatur. Nam nostris legibus est institutum, siquis velit aliquem colere, putans per illum vel sapientia quadam, vel in alia quavis parte virtutis proficere, hanc rursus *voluntariam servitudinem* neque dedecori servienti fore, neque adulationem vocari debere ». Dans la traduction de Louis Le Roy : « Car tout ainsi que selon notre loi nul service fait volontairement par les amoureux à leurs aimés est réputé à flatterie et honte, aussi demeure-il une autre servitude volontaire, non sujette à aucune infamie : à savoir celle qui concerne la vertu. Car il est reçu par nos lois, que si quelqu'un veut hanter et honorer l'autre, espérant d'être rendu meilleur par lui en savoir, ou quelque autre partie de la vertu, telle *servitude volontaire* ne lui être réputée à déshonneur ou flatterie » (*Le Sympose de Platon, ou de l'amour et de beauté*, trad. fr. L. Le Roy, Paris, 1559, f. 21v). Ces traductions rendent *nomos* par loi (*lex*), suggérant un sens juridique fort. Sur la notion de « contrat originel de servitude », voir P. Vidal-Naquet, *Le chasseur noir. Formes de pensée et formes de société dans le monde grec*, Paris, La Découverte, 1983, p. 233.

> à qui il doit savoir et moralité, office de second sur toutes choses où il peut avoir sa part, justice à le seconder. Le premier étant ainsi capable d'une contribution dont l'objet est l'intelligence et toute sorte de mérite en particulier, le second ayant besoin de gagner dans le sens de l'éducation et généralement du savoir, c'est alors, quand se fondent en une ces deux maximes et uniquement sur ce point, qu'a toujours lieu la coïncidence (*tunc sane in unum his legibus concurrentibus dumtaxat evenit*)[1].

On reconnaît dans ces formules la définition de la « fraternelle affection », développée par La Boétie, sans doute à partir de Cicéron, d'une amitié reposant non sur l'égalité, mais au contraire sur une inégalité : « ayant les uns puissance de donner aide, les autres besoin d'en recevoir » (DSV, 46).

7) L'angle sous lequel Pausanias appréhende la *philia* reste assez éloigné de la problématique de La Boétie qui s'inspire plus directement de la tradition éthique portée par Aristote et Cicéron. Cet écart est cependant intéressant, en ce qu'il permet de problématiser les enjeux de l'amitié politique, en les rapportant au destin des pulsions érotiques.

Dans sa défense de l'institution pédérastique, Pausanias propose expressément de mettre en avant la contribution des pulsions sexuelles (homosexuelles) aux sentiments sociaux. Il interroge ainsi les conditions sous lesquelles ces pulsions peuvent être transformées et mises au service des valeurs éthiques et intellectuelles propres au modèle éducatif athénien. Lorsqu'il distingue deux Éros, l'un terrestre ou pandémien, l'autre céleste ou uranien, Pausanias a précisément en vue les conditions de ce double processus de refoulement et de sublimation. L'originalité du propos tient au fait que cette transformation n'est pas rapportée à la seule inhibition ou répression de la pulsion, mais qu'elle est appréhendée, non sans humour, depuis une situation à la fois sexualisée et ritualisée. Ainsi, le code de conduite qui doit organiser la relation érotique, dans le *Banquet*, définit un cadre social dont dépend le succès ou l'échec

1. *Banquet*, 184d-e.

de ces processus. Selon Pausanias, il suffit de circonscrire le désir sexuel à l'amant ou éraste, pour requalifier l'affection qui doit lier l'éromène : l'aimé, objet du désir érotique, devient, en vertu des règles d'usage explicitées par Pausanias, le sujet d'un désir lui-même désexualisé ayant pour objet la sagesse et la justice. Ce travail de domptage de la pulsion, de socialisation et de sublimation que doit favoriser la relation érotique, s'appuie explicitement sur la position sexuellement passive de l'éromène ou de l'aimé.

L'intérêt du discours de Pausanias tient au fait qu'il ne met pas seulement en évidence les conditions d'émergence de la *philia* ou de l'amitié politique. Il montre encore comment ces processus peuvent être mis en échec. Comment, dans certaines situations, la « fraternelle affection » peut aussi bien se transformer en son contraire, tout comme la belle « servitude volontaire » qui doit lier l'aimé à son amant. Sous cet aspect, on peut dire que les liens tyranniques tirent bien leur puissance des mêmes sources que celles qui organisent les liens d'amitié : ils témoignent de l'échec du travail de culture décrit par Pausanias, ou de son dévoiement.

8) L'amitié dont parlent Cicéron ou La Boétie, est très éloignée, en apparence, de la relation érotique décrite dans le *Banquet*. Même s'il évoque une pratique culturelle typique, le plaidoyer de Pausanias est ouvertement paradoxal et humoristique, comme le sera aussi le discours d'Aristophane un peu plus loin dans le dialogue : en prenant appui sur les critiques convenues de la pédérastie dont il fait état, il les renverse pour faire l'éloge d'une pratique qu'il présente comme spécifiquement athénienne[1]. C'est cette démarche habituelle du trait d'esprit, qui permet à Pausanias de mettre en évidence les motions sexuelles, souvent inhibées et refoulées, qui organisent l'amitié civile et la « fraternelle affection ». L'idée qu'il défend est que la pulsion sexuelle (Éros) est condition de la sublimation. Pour

1. Je ne confonds pas la pratique de la pédérastie dans l'Athènes des Vᵉ et IVᵉ siècles, culturellement typique et valorisée à l'époque classique, de la critique qui en sera faite plus tard, aux alentours du Iᵉʳ siècle avant notre ère (à l'époque de Cicéron, de Sénèque et de Lucien). Il me suffit de relever que l'éloge de Pausanias regarde une spécificité athénienne qu'il défend contre les condamnations dont elle fait l'objet hors d'Athènes.

le montrer, il procède négativement, observant que, dans les cités où la pédérastie est condamnée, l'inhibition de la sexualité fait obstacle à l'élaboration de la pulsion et à sa sublimation, – et à dessein chez les peuples qui vivent sous domination étrangère. Le raisonnement ne se contente donc pas de rapporter les vertus civiles et éthiques au désir sexuel, comme on pourrait le faire en soutenant par exemple que l'esprit de corps des militaires reposerait exclusivement sur des pulsions homosexuelles. Plutôt que d'interpréter, sans reste, les effets nécessairement divers de la sexualité à la seule lumière du refoulé, selon un procédé typique de la rhétorique du blâme (disqualification ou médisance bouffonne)[1], Pausanias insiste au contraire sur le nécessaire travail de transformation qui les a rendus possibles. Avec autant d'humour que de subtilité, Pausanias se saisit de ce réductionnisme convenu au nom duquel il rapporte les vertus éthiques à la puissance d'Éros, c'est-à-dire au désir sexuel, mais pour renverser le blâme en éloge et vanter la spécificité culturelle de la pédérastie athénienne.

9) On peut ici revenir sur l'ambiguïté de l'amitié dont j'ai tenté de faire état dans le précédent chapitre, et en interpréter les enjeux identitaires et narcissiques à la lumière de la problématique de la pulsion et de son refoulement mise en avant par Pausanias dans le *Banquet*. Ces perspectives apparemment assez différentes renvoient à une même réalité clinique. Et elles s'entremêlent évidemment dans la critique des liens tyranniques qui associent avarice et faiblesse morale. En témoignerait la manière dont, à l'opposé des formes vertueuses d'amitié, évidemment viriles et chastes, les formes réputées dégradées d'amitié sont régulièrement stigmatisées pour leur caractère sexualisé : ce qui disqualifie ces liens, c'est qu'ils manifestent l'échec des processus de refoulement et de sublimation sur lesquels reposerait l'amitié réputée véritable. Ainsi La Boétie, lorsqu'il traite des liens entre le tyran et ses sujets ou complices, ne manque pas d'en souligner l'ambiguïté sexuelle. Notamment

1. Sur ces ressorts du discours de blâme, voir le chapitre consacré à la médisance et aux bouffons dans mon *Pensée et cliniques de l'identité. Descartes, Cervantès, Montaigne*, Paris, Vrin, 2018.

lorsqu'il s'étonne que des peuples se soumettent aux ordres « non pas d'un Hercule ni d'un Samson, mais d'un seul hommeau, et le plus souvent le plus lâche et femelin [féminin] de la nation ; non pas accoutumé à la poudre des batailles, mais encore à peine au sable des tournois ; non pas qui puisse par force commander aux hommes, mais tout empêché [empressé] de servir vilement à la moindre femmelette » (DSV, 35-36).

On en trouverait confirmation dans les usages postérieurs à Platon du terme d'*ethelodouleia* (servitude volontaire), le plus souvent pris en mauvaise part dans la littérature consacrée à la flatterie. Ainsi chez Lucien, dans le *Nigrinos*, sous forme de paradoxe :

> Mais je tiens, pour moi, que les flatteurs sont beaucoup plus pernicieux que ceux qu'ils flattent, et qu'ils sont la cause, on peut le dire, de l'orgueil des riches. Quand ils admirent leur opulence superflue, qu'ils louent leur or, qu'ils remplissent dès le matin leurs atriums, qu'ils les abordent en les appelant maîtres, quels doivent être les sentiments de ces gens-là ? Mais si d'un commun accord ils renonçaient, ne fût-ce que pour peu de temps à cette servitude volontaire (*ethelodouleia*), ne crois-tu pas que ce serait les riches au contraire qui viendraient à la porte des pauvres les prier de ne pas laisser leur bonheur sans spectateurs et sans témoins, ni la beauté de leurs tables et la grandeur de leurs maisons inutiles et sans usage ? Car ils ne désirent pas tant être riches que d'être estimés heureux à cause de leurs richesses. Et la vérité, c'est qu'il ne sert à rien d'avoir une magnifique maison à celui qui l'habite, ni d'avoir de l'or et de l'ivoire, s'il n'y a personne pour les admirer. Le moyen de détruire et d'avilir leur puissance, c'est d'opposer à la richesse le rempart du dédain. Mais aujourd'hui, en les adorant, on leur fait perdre la tête[1].

Le lien entre riches et flatteurs est décrit avec ironie par Lucien comme une relation amoureuse, dans des termes assez proches de ceux de Pausanias dans le *Banquet*. À la servitude honteuse des pauvres, il oppose une forme analogue de servitude des riches dont le bonheur dépend du regard qu'on porte sur eux.

1. *Nigrinos*, VIII, 23 (trad. fr. E. Chambry, revue par A. Billault et E. Marquis, dans Lucien de Samosate, *Œuvres complètes*, Paris, Robert Laffont, 2015, p. 77).

Dans sa célèbre Lettre XLVII, consacrée à l'esclavage, Sénèque oppose la liberté d'esprit que l'on rencontre souvent chez les esclaves de condition, à la servitude dans laquelle s'engagent les hommes libres, soumis à leurs passions :

> L'un est esclave de la paillardise, l'autre de son avarice, l'un de son ambition, et tous le sont de la crainte. Je t'en nommerai un qui fut jadis Consul, et qui est à cette heure serviteur d'une vieille ridée. Je te montrerai des jeunes gentilshommes de fort noble maison qui sont esclaves de bateleurs et de joueur de farces. Il n'est point servitude plus vilaine que la volontaire (*nulla servitus turpior est quam voluntaria*)[1].

Le thème stoïcien de la servitude passionnelle[2] rencontre le discrédit porté sur une forme honteuse d'*ethelodouleia*, dénoncée par Pausanias.

Sénèque ne se limite pas à ce constat, il rapporte également le mépris des esclaves de condition à cette forme de servitude : « Pourquoi il n'y a point de raison que ces galants dédaigneux t'empêchent de te rendre plutôt gracieux et familier à l'endroit de tes serviteurs, que supérieur et plein de superbe : fais qu'ils t'aiment et honorent, non pas qu'ils te craignent »[3]. Sénèque oppose ici deux genres de relation : la soumission amoureuse à l'égard des « galants dédaigneux », source de d'insécurité et de tristesse, à la relation familière et plaisante que le maître doit adopter à l'égard de ses serviteurs et de ses inférieurs, pour en être non pas craint, mais respecté (et donc obéi). Il distingue ainsi, dans le contexte de la lettre, deux formes possibles de domination, mais suggère encore

1. *Lettres à Lucilius*, V, 47, 17 ; trad. fr. du Chalvet, dans Sénèque, *Œuvres*, Paris, 1618, f. 114v.

2. Ainsi encore dans la Lettre XXII : « Fouille ces gens-là, qui se plaignent des choses qu'ils ont désirées, et parlent de fuir celles sans lesquelles ils ne pourront vivre : tu verras qu'ils tiennent très volontiers compagnie à ce qu'ils disent incessamment leur être ennuyeux et désagréable. C'est la vérité, Lucilius mon ami, que la servitude retient peu de personnes, et que plusieurs retiennent la servitude (*paucos servitus, plures servitutem tenent*) » (trad. cit. f. 94v).

3. *Ibid.* : « Quare non est quod fastidiosi isti te deterreant quominus servis tuis hilarem te praestes et non superbe superiorem : colant potius te quam timeant ».

que la violence et la cruauté du supérieur à l'égard de ses inférieurs pourraient trouver leur origine, par une sorte de retournement, dans cette « servitude volontaire » par laquelle le maître s'est lui-même soumis à des « galants dédaigneux ».

La remarque, loin d'être isolée, est un lieu commun de la littérature sur la tyrannie, où le tyran est souvent lui-même présenté comme soumis non seulement à ses passions, mais également à un objet d'amour cruel et froid. Ainsi ce passage du *Discours* où La Boétie s'étonne de voir un peuple soumis au joug non pas d'un chef de guerre, mais d'un être réputé lâche et efféminé, lui-même soumis aux femmes ou aux « mignons ». Il n'est pas interdit de rapporter la remarque au contexte du règne des derniers Valois, à condition toutefois de garder à l'esprit que ce portrait est aussi un poncif de la littérature morale et politique que l'on retrouve sous diverses formes tant chez Sénèque que dans le discours de Pausanias.

Servitù voluntaria chez Equicola

Les effets de la diffusion des œuvres de Platon, depuis les traductions de Ficin à la fin du XVe siècle, dépassent le cercle relativement étroit des auteurs qui se réclament expressément du « platonisme ». Et, même chez ces derniers, la redécouverte des textes de Platon n'apporte pas seulement un ensemble de doctrines nouvelles, mais livre plus largement un horizon souvent inédit, à la fois culturel et intellectuel, à partir duquel appréhender l'héritage des Anciens. Sous cet aspect, le discours de Pausanias dans le *Banquet* apportait un éclairage rétrospectif sur les ambiguïtés de la notion d'amitié ou de *philia*, dont il permet de problématiser et de complexifier les présupposés et les conditions. À la manière dont la levée partielle du refoulement, dans la pratique analytique, vient souvent reconfigurer un récit de vie autrefois figé, relancer l'activité associative et confronter le patient à des enjeux nouveaux, jusque-là inédits. À la lecture des commentaires du *Banquet* et des nombreux traités d'amour de l'époque de la Renaissance, on s'aperçoit que ce ne sont pas directement les règles relatives à la morale sexuelle qui ont retenu les interprètes, mais plutôt, à travers la question du choix d'objet, les enjeux narcissiques et identitaires du lien amoureux. Ces questions étaient au cœur de la critique d'Aristote. On les retrouvera dans la défiance de Montaigne à l'égard des « ordinaires accointances » au regard de l'idéal d'une amitié parfaite. C'est sous cet angle que La Boétie mobilise le thème de la « servitude volontaire ».

Avant d'en venir au commentaire de Ficin sur le discours de Pausanias, je voudrais mentionner d'abord, à titre d'exemple, la manière dont la notion d'*ethelodouleia* ou de « servitude volontaire » est mobilisée dans l'un des nombreux traités d'amour de l'Italie de la première moitié du XVIe siècle : le *Libro de la natura de amore* de Mario Equicola (1525). S'il n'a pas lu la traduction française de Chappuys parue en 1584, La Boétie a pu avoir connaissance de l'original italien, plusieurs fois réédité. Conformément au texte du *Banquet*, Equicola prend en bonne part la notion de *servitù voluntaria.*

Le livre V du traité *De la natura d'amore*, est consacré à l'art et aux moyens « de s'attirer la bienveillance » (*Arte et modi di consiliarse benivolentia*), autrement dit à l'art de se faire aimer. M. Equicola énumère et définit les vertus civiles et morales de l'homme de cour, à commencer par l'*humanitas* opposée à l'arrogance et au mépris qui font naître « haine et malveillance ». Cette humanité « est un très ferme et assuré fondement d'amour et de bienveillance »[1]. Elle ne consiste pas dans « la doctrines et les lettres dignes d'hommes libres », mais plutôt dans « cette facilité d'aimables mœurs (*facilità di custumi*), laquelle ne se trouve en aucun autre animal que l'homme »[2]. Pour Platon, elle est au principe de trois types d'action : « L'humanité, selon Platon, s'exerce et pratique en trois manières, à saluer volontiers, prêtant la main et secourant ceux-là qui ont besoin de nous, et à faire joyeusement

1. M. Equicola, *Libro de natura de amore*, Venise, 1525 ; trad. *Les six livres de Mario Equicola sur la nature d'Amour, tant humain que divin, et toutes les différences d'iceluy*, trad. fr. G. Chappuys, Paris, 1584, f. 246v.

2. *Ibid.*, f. 247r.

festins et banquets entre compagnons »[1]. On l'a vu, cette entraide fonde la société naturelle décrite dans le *Discours*.

L'ensemble des vertus qui définissent l'humanité, et les « bonnes manières » ou « bonnes mœurs » qu'elles impliquent, culmine, pour ainsi dire, avec ce conseil :

> Ainsi mon jeune amant duit en cette manière [i. e. instruit de ces principes de civilité et de courtoisie], s'efforce d'être songneux [soucieux] et diligent de plaire à la dame aimée, de sorte qu'il s'établisse soi-même en une *servitude volontaire* (*servitù voluntaria*), et que son service prévienne le désir de celle qu'il sert. Qu'il prévoie ses pensées : car il n'y a chose qui serve plus en amour, que les services qui sont faits de bonne heure, et devant qu'ils soient requis, si nous mettons en exécution ce que nous pouvons penser qui lui doive être agréable. Réputons à faveur et grâce d'être employés d'elle, faisons de bon cœur et d'un visage joyeux tout ce qu'elle nous enchargera de faire. [...] Finalement aimons; car amour est un très bon précepteur et maître pour nous faire diligents et nous faire aimer[2].

Dans le contexte du traité d'Equicola, la « servitude volontaire » désigne une expression d'amour qui permet de s'attirer bienveillance et faveurs : elle est un moyen de plaire. Le précepte revient à soutenir que pour se faire aimer, le meilleur moyen est de jouer l'amour, mais on ne le joue jamais mieux que si l'on aime. C'est le sens du conseil de Martial qui suit aussitôt : *O Marco, se voi essere amato, ama* (« Marcus, aime, si tu veux être aimé »)[3]. Nul besoin d'artifices magiques et de philtres pour se faire aimer : l'amour lui-même est le plus efficace de tous les sortilèges : « si vous aimez, vous serez adorés de qui vous voulez être aimé »[4]. Il n'échappera à personne

1. *Ibid.*

2. *Ibid.*, f. 259v-260r.

3. Martial, *Épigrammes*, VI, 11 : *Marce, ut ameris, ama*. Voir également Sénèque, *Epist.* I, 9 : *Hecaton ait, "ego tibi monstrabo amatorium medicamento, sine herba, sine ullius venifica carmine. Si vis amari, ama"* (« Hecaton dit : je t'apprendrai une recette d'amour sans breuvage, sans herbe, sans enchantement d'aucune sorcière : aime si tu veux être aimé ») (trad. fr. du Chalvet, dans Sénèque, *Œuvres*, *op. cit.*, f. 80r).

4. M. Equicola, *Libro de natura de amore*, *op. cit.*, f. 263r.

que les choses ne se passent pas toujours ainsi. Equicola reprend la même idée un peu plus loin, mais en parlant cette fois d'une « libre servitude ». Il commente : « faire service aux femmes est liberté, et non pas servitude ni sujétion : quiconque ne sait aimer, ne peut servir »[1].

Cette forme de « servitude volontaire » désigne l'état de l'amant qui se donne ou s'aliène à l'objet de son amour, et cherche, par son empressement ou sa diligence, à se faire aimer en retour. Ce sont les bienfaits mutuels que l'on trouve aussi dans le *Discours* de La Boétie, à l'origine de la « fraternelle affection ». Pourtant la situation de « servitude volontaire » dont parle Equicola, demeure ouverte : son destin dépend de la *réponse de l'objet*, autrement dit de la forme de reconnaissance et de réflexivité qui suivra le don d'amour.

De ce point de vue, c'est le tableau de l'amour contrarié qui peut retenir l'attention. Equicola évoque ainsi l'état de l'amoureux éconduit qui ne reçoit, pour réponse, qu'indifférence ou mépris :

> Or Amour, tu me tiens au feu comme tu veux, je sais bien que tu veux que je suive un vif soleil qui me défait. Je ne me soucierais pas de mourir en la mer, seulement pour mettre fin au cœur tourmenté, mais pour une mienne et plus grand'peine, amour me tient avec quelque petite espérance, et ne sais d'où : à raison de quoi je brûle, je deviens glacé, je crains en tous temps, je deviens pâle et puis rouge : je pleure, et le pleurer m'est tant doux et agréable que je nourris et pais le cœur de larmes; et mille fois le jour, je meurs et renais. L'amer m'est fait doux : le doux amer, et j'apprends comme le cœur peut vivre sans âme. Je me plains en moi-même de fortune et d'amour, et privé de mon bien, je fuis la liberté, et une pensée me tient qui me fait néanmoins vouloir ce que je ne veux pas : voilà mon état auquel, *mort, je vis encore*[2].

Ce tableau des effets de l'amour contrarié trouverait de nombreux équivalents dans la littérature et la poésie de l'époque. Il renvoie, comme on le verra, au commentaire de Ficin et au motif

1. M. Equicola, *Libro de natura de amore*, *op. cit.*, f. 265v.
2. *Ibid.*, f. 297v-298r.

de la « mort de l'âme » qui impose à l'amant de vivre une existence spectrale et le voue aux ténèbres et à l'errance. À nouveau, Equicola insiste sur le thème de la volonté, une volonté anxieuse, soutenue par un espoir sans cesse démenti. Au-delà du contexte propre au traité d'amour, on peut encore reconnaître ici le portrait traditionnel du courtisan ou du flatteur, mais également la condition des proches du tyran dans le *Discours*.

Cette « mort » ne qualifie pas seulement de manière poétique (ou métaphorique) la tristesse et le désarroi de l'amant : elle est d'abord caractérisée par des signes cliniques qui attestent de la désorganisation du composé psychosomatique. C'est d'abord l'alternance rapide d'états contraires qui désoriente le sujet et bouleverse le sentiment de continuité et d'identité. Equicola décrit ensuite l'altération de la capacité de sentir et de la faculté de discriminer le plaisir de la douleur, le bon du mauvais, le doux de l'amer. Incapable de se sentir et de juger, l'amant finit par abdiquer sa liberté : « je fuis la liberté, et une pensée me tient qui me fait néanmoins *vouloir ce que je ne veux pas* ». Ce nouvel état, celui d'une volonté hors de ses gonds et privée d'espoir, conduit cette fois au plus près de l'objet du *Discours* de La Boétie : il est évidemment le pendant malheureux de la « servitude volontaire » évoqué plus haut par Equicola. Et il appelle un étonnement comparable : « Celui n'est pas sage ni bien avisé lequel persévère en amour, sans être réciproquement aimé : celui s'abuse qui aime plus autrui que soi-même : celui est fol amoureux, qui ne se peut pas distraire d'aimer et qui fuit son propre profit et suit son propre dommage »[1].

Dans son *Discours*, La Boétie interroge une forme analogue de désorganisation identitaire et narcissique. S'il se situe au plan politique, son propos paraît bien prendre modèle sur ces désordres de l'amour. Il mobilise pour cela non seulement les habituelles séductions sur lesquelles repose la domination tyrannique, mais également les tensions propres au concept d'amitié ou de *philia*.

1. *Ibid.*, f. 290v-291r.

La « mort de l'âme » chez Ficin

Ce développement du *Libro de la natura de amore* de Mario Equicola est librement inspiré du célèbre commentaire du *Banquet* de Ficin (1469), et du passage qu'il consacre au discours de Pausanias. Dans ce commentaire assez libre, Ficin n'aborde pas, expressément du moins, la question des règles qui doivent organiser l'amour digne d'éloge. Il traite plus directement du paradoxe selon lequel « pour être aimé, il faut aimer » (*ut ameris ama; si vis amari, ama*). Pourquoi l'amour de l'amant « oblige nécessairement » l'objet d'amour à aimer en retour ? Pourquoi encore l'amour, qui ne connaît pas de loi, est lui-même à l'origine de règles et d'obligations ? L'enjeu est de dériver la règle éthique de la force, non des armes, mais de l'affect et du désir; de la violence non de Mars, mais d'Éros ou de Cupidon. Ficin met l'accent sur l'effet d'emprise que l'amant exerce sur son objet d'amour. En abordant sous cet angle le thème de l'*ethelodouleia* ou « servitude volontaire », Ficin laisse de côté la problématique attendue de la liberté ou de la volonté. Plus exactement : il radicalise la tension entre liberté et servitude en rapportant la problématique de l'aliénation à des enjeux de vie et de mort psychique. Il commente, pour le dire autrement, la problématique du choix d'objet au cœur du discours de Pausanias du point de vue des enjeux narcissiques qui la sous-tendent. Ficin apporte du même coup un éclairage particulier sur le *Discours* de La Boétie qui confronte le lecteur aux paradoxes qui organisent les logiques de survie.

L'amour, pris dans le sens générique qu'il a chez Platon notamment, joue le rôle d'un principe de subjectivation et de réflexivité. C'est l'idée que l'on trouve chez Aristote notamment, selon laquelle c'est par l'intermédiaire de l'ami que le sage peut non seulement se connaître lui-même, mais entrer en contact avec lui-même et sentir « ses propres joies et ses propres peines ». Le rapport à soi, médiatisé par l'objet d'amour, est pensé à partir du lien qui se noue entre deux narcissismes. Mais l'amour est aussi, par là même, source d'aliénation, du fait même qu'il suppose la médiation de l'objet aimé. Pour Ficin, la « servitude volontaire » a d'abord ce sens dans le *Banquet* : c'est à condition de se donner à l'autre et de se perdre ou de « mourir » en lui que le sujet peut, s'il est aimé en retour, être « restitué ». Ce motif central rend compte des enjeux narcissiques et identitaires associés à l'honneur et à la honte dans le discours de Pausanias. Faute de cette « restitution », l'amant est voué à un sort que Ficin assimile à une « mort de l'âme » (*mors animae*), une mort psychique qui correspond assez bien à notre « agonie ». L'intérêt du thème tient bien évidemment aux stratégies qui auront à être mises en œuvre par le sujet condamné à survivre à sa propre mort, à la manière des âmes damnées de la théologie de l'époque. C'est à ce riche arrière-plan que je propose de rapporter la situation décrite par La Boétie.

a) *L'obligation d'aimer*

Ces questions sont au cœur d'un bref passage de Ficin sur « l'obligation d'aimer en retour » qui clôt le chapitre fondamental consacré à l'amour simple et réciproque. Dans ce texte assez paradoxal, Ficin insiste moins sur la dépendance ou la soumission de l'amant, que sur l'emprise qu'il exerce sur son objet d'amour :

> On a montré par les raisons qui précèdent, que l'aimé est tenu d'aimer en retour celui qui l'aime. Qu'il y soit non seulement tenu, mais contraint, se prouve de la manière suivante. C'est la ressemblance qui engendre l'amour. La ressemblance est une nature qui est la même en plusieurs. Si je te suis semblable, tu m'es aussi semblable nécessairement. Par suite, cette ressemblance qui me contraint à t'aimer, te contraint également à m'aimer. En outre, l'amoureux s'arrache à lui-même pour se donner à l'aimé. Donc l'aimé en prend soin comme d'une chose à lui, car chacun tient pour très précieux ce qui lui appartient. S'ajoute que l'amant sculpte en son âme la figure de l'aimé. L'âme de l'amant devient ainsi le miroir où se reflète l'image de l'aimé. C'est pourquoi, lorsque l'aimé se reconnaît dans l'amant, il est forcé de l'aimer[1].

1. *Commentarium in Convivium Platonis. De amore*, II, 8 ; éd. trad. P. Laurens, Paris, Les Belles Lettres, 2002, p. 47-49 ; *El libro dell'Amore*, éd. S. Niccoli, Florence, Olschki, 1987, p. 42-43.

Le raisonnement est particulièrement dense. Je propose de le reprendre pas-à-pas :

1) « On a montré par ce qui précède que l'aimé doit aimer en retour l'amant ». La relation amoureuse est essentiellement asymétrique. Le désir est aliénation, mais il doit être suivi d'une « restitution ». L'amant, écrit Ficin, « désire se transférer en la personne aimée » (*in amati personam quisque tansferre cupiat; l'amante desidera transferirsi nella personna amata*)[1]. On dit alors qu'il meurt à soi et aspire à vivre en son objet ou en l'aimé, auquel appartient de le « ressusciter » en le « restituant » à lui-même. Cette « restitution » est un « devoir » de l'aimé.

Dans ces quelques lignes, Ficin décrit l'état amoureux dans des termes qui sont assez proches de ceux qu'utilise Freud par exemple dans sa *Psychologie des masses*, lorsqu'il écrit que le moi s'abandonne à l'objet ou encore que l'objet consomme le moi propre. Ici le « transfert » prend le sens d'un processus projectif qui aliène et soumet le moi à son objet d'amour. La force du texte de Ficin tient au fait que cet assujettissement du moi produit un effet sur l'objet et lui impose, par identification, une *obligation* qui n'est pas seulement un devoir moral relevant du critère de justice, mais prend la forme d'une *contrainte* qui lie en retour l'objet au moi. Ficin a en vue des processus qu'il rapporte à la magie et décrit, assez précisément, un mécanisme d'*identification projective* reconnaissable, dans l'expérience clinique, par l'effet d'emprise qu'il produit.

2) « Que non seulement il le doive, mais qu'il y soit obligé, on le démontre de la manière suivante ». Le devoir d'aimer en retour est fondé sur trois raisons qui en démontrent la nécessité. Le raisonnement mobilise la notion d'*oikeiosis* du *Lysis* de Platon (le *propre* ou l'*apparenté*), rendue ici par *similitudo* (similitude, ressemblance). Il repose, en d'autres termes, sur l'ambiguïté d'une notion qui implique à la fois de l'identité et de l'altérité : le semblable (comme double, image ou copie), parce qu'il n'est pas identique, « participe du même et de l'autre ».

1. *Commentarium in Convivium Platonis. De amore*, II, 6, p. 39; *El libro dell'Amore*, *op. cit.*, p. 35.

3) « C'est la similitude qui engendre l'amour. La similitude est une qualité commune à plusieurs sujets. Si moi, je suis semblable à toi, tu seras, toi, nécessairement semblable à moi. Cette ressemblance t'oblige ainsi à m'aimer également ». La similitude qui fait naître l'amour de l'amant doit fonder en retour l'amour de l'aimé. Le lien d'amour est rapporté aux propriétés ou qualités propres de chacun. L'amour de soi fonde la relation amoureuse : je t'aime toi, par une certaine qualité que j'aime en moi et que je vois que tu possèdes (peut-être éminemment). On sait qu'il y a des ressemblances fausses, illusoires ou dissonantes, aussi bien que des qualités déniées, rejetées et expulsées. Encore faut-il que l'aimé aime en lui-même cette qualité par laquelle l'amant l'aime et prétend lui ressembler. Ou que qu'il accepte de se reconnaître dans cette image de lui-même réfléchie par l'amant. Derrière cette série de questions, ce qui est interrogé, ce sont les effets d'emprise et le vacillement identitaire qui en résulte chez le destinataire.

4) « En outre, l'amant s'arrache à lui-même pour se donner à l'aimé. L'aimé prend donc soin de lui comme d'une chose propre, car chacun tient pour précieux ce qui lui appartient en propre ». Le devoir d'aimer en retour était fondé sur un devoir de « restitution ». La nécessité de cet amour repose maintenant sur le don lui-même : si je me donne à toi, je t'appartiens; si je t'appartiens, tu dois m'aimer comme une partie de toi-même. La restitution dépend donc finalement de la capacité de recevoir l'amour de l'amant. L'aimé doit aimer l'amour de l'amant comme son bien propre et en prendre soin. Cette réception ne va évidemment pas de soi. Ici encore la capacité d'aimer en retour est suspendue à la capacité de s'aimer soi-même. L'argument décrit surtout un processus par lequel le moi qui s'abandonne à l'objet, peut aussi subjuguer l'objet par l'amour qu'il lui porte. Ficin interprète ainsi la violence et la tyrannie de la puissance du désir amoureux, depuis son versant narcissique, comme une forme assez particulière de « lutte pour la reconnaissance ».

5) « S'ajoute à cela que l'amant sculpte en son esprit une image de l'aimé. Son esprit devient ainsi le miroir où brille l'image de l'aimé. C'est ainsi que l'aimé est obligé d'aimer en retour celui qui l'aime ». Aimer en retour, c'est aimer, en l'autre, l'image de soi que

lui renvoie, en miroir, l'amour de l'amant. Il y a évidemment des images trop brillantes dont le mirage a des attraits mensongers et qui, à la manière du chant des sirènes, préludent au meurtre d'âme.

Le texte de Ficin illustre assez bien la « puissance de Cupidon ». Il appartient au registre de la magie qui explore des liens affectifs et des effets d'emprise irréductibles à « la force de Mars », c'est-à-dire à la contrainte physique. Cette description du lien amoureux qui fournira sa matière à une vaste littérature consacrée à l'amour, a évidemment quelque chose d'un peu déroutant et la tentation est grande de regarder ces pages comme des variations poétiques sur la « fureur amoureuse ». Ficin fait pourtant mieux que cela. Il montre en peu de mots comment le rapport à soi et à autrui est conditionné par des mécanismes psychiques qui relèvent de la relation d'objet narcissique : la puissance de Cupidon repose sur des processus qui renvoient à cette modalité primitive de connaissance et de communication qu'est l'identification projective.

J'ai voulu insister sur l'ambiguïté du lien amoureux décrit dans ces lignes : d'abord 1) en suggérant que les processus qui président à la constitution du sujet, sont les mêmes que ceux qui seront source de désorganisation, mais aussi 2) en montrant comment, malgré l'asymétrie du lien d'amour, l'amant qui se soumet à l'objet, exerce sur lui une emprise potentiellement désorganisatrice. En insistant sur cet effet d'emprise, Ficin met en avant la potentialité tyrannique et aliénante des « liens du Cupidon », sur leur dimension impitoyable et destructrice, aussi bien que leur fonction intégratrice. L'étrangeté de ce tableau tient à la logique narcissique qui s'y déploie.

b) *La « mort de l'âme »*

Après avoir soutenu que « l'amour est une mort volontaire », parce que la pensée de l'amant, « oublieuse de soi, tourne continuellement autour de l'aimé », Ficin distingue deux espèces d'amour : l'amour « simple » et l'amour « réciproque » :

> Amour simple, quand l'aimé n'aime pas l'amant. Dans ce cas, l'amant est complètement mort : car il ne vit ni en lui-même [...], ni dans l'aimé, puisque celui-ci le rejette. Où vit-il donc ? Est-ce

> dans l'air, l'eau, le feu, la terre ou dans le corps d'un animal? Impossible car l'âme humaine ne peut vivre dans un autre corps qu'un corps humain. Mais peut-être vivra-t-il dans un autre corps d'homme qu'il n'aime pas? Impossible aussi : car s'il ne vit pas en celui dans lequel il désire si ardemment vivre, comment pourra-t-il vivre dans un autre? Il ne vit donc nulle part, celui qui en aime un autre sans être payé de retour. C'est pourquoi l'amant qui n'est pas aimé est complètement mort. Et il ne revivra jamais, à moins que l'indignation ne le ressuscite. Au contraire, quand l'aimé répond à l'amour, l'amant vit au moins en lui. Et là se produit quelque chose d'admirable[1].

Incapable de vivre en soi ou dans celui qu'il aime, l'amant rejeté consumera son existence dans l'errance, assumant des formes de vie dégradées, fantomatiques et inhumaines. On reconnaît, dans cette mort, la figure de l'acédie ou du « dégoût relatif au bien intérieur », laissé à l'abandon et désinvesti. Ficin introduit alors un élément nouveau en rapportant ce désinvestissement à l'effet du lien amoureux, c'est-à-dire à une potentialité portée par les processus projectifs et identificatoires décrits précédemment. L'errance et l'isolement apparaissent bien comme le résultat d'une perte narcissique, qui ne regarde pas directement le transfert de l'amant, mais d'abord la réponse de l'aimé qui le rejette ou l'expulse hors de lui : dans le cas de l'amour non partagé, faute d'être aimé en retour, le moi se trouve frappé d'indignité : il est rendu à lui-même, mais sous une forme transformée, laide et repoussante. La « mort de l'âme » correspond ici à la dégradation, à la disqualification, voire à la destruction du « bien intérieur ».

Au contraire, si l'amour est réciproque et si « deux êtres s'entourent d'une mutuelle affection (*mutua benevolentia*) », alors « chacun se donne à l'autre pour recevoir l'autre à son tour ». Il ne s'agit pas d'un échange simple, mais d'un dédoublement par lequel chacun vit deux fois. « Une seule mort et une double résurrection » :

1. *Commentaire sur le* Banquet, *op. cit.*, p. 44. *El libro dell'amore*, éd. cit., p. 40-41.

> Si après m'être perdu, je me retrouve en toi, je me possède par toi ; mais si je me possède par toi, je te possède avant et plus que moi-même, et je suis plus proche de toi que de moi, puisque *je n'adhère à moi-même que par ton intermédiaire* (*quippe cum mihi non aliter quam per te medium inherescam*) C'est en cela précisément que la puissance de Cupidon diffère de la violence de Mars. Car la conquête et l'amour s'opposent en ce que le conquérant s'empare des autres par lui-même, tandis que l'amoureux *prend possession de lui-même grâce à un autre* (*per alium se complectitur*)[1].

On reconnaît la description traditionnelle du lien l'amitié, où c'est le plaisir associé au sentiment de l'existence de l'autre qui permet au sujet d'entrer en contact avec soi-même et de faire l'expérience de « ses propres joies et ses propres peines » (Aristote)[2].

Si la « fraternelle affection » du *Discours* peut être rapprochée de cette réciprocité amoureuse, on peut faire l'hypothèse que la « servitude volontaire » pourra être mise en relation avec la situation de l'amour non partagé. La Boétie insiste sur le pouvoir de séduction exercé par le tyran qui subjugue et sidère. Il insiste sur le fait que ce « charme » a bien l'apparence d'un lien amoureux, relevant plutôt de la « puissance de Cupidon » que de la « force de Mars », mais il montre également que le lien tyrannique repose sur une forme dévoyée d'amour, à la fois cruelle et cynique : « le tyran n'est jamais aimé, ni n'aime » (DSV, 95). À cet égard, la « servitude volontaire » de La Boétie est très différente de celle d'Equicola qui a en vue, comme le Pausanias du *Banquet*, les échanges qui caractérisent la « fraternelle affection ». Dans le *Discours*, la servitude volontaire regarde plutôt le « fol amour » de celui qui est rejeté par son objet : les sujets consentent ainsi à une forme d'esclavage « dont aucun esclave de condition ne voudrait être l'esclave ». Cette situation sera à entendre du point de vue de la logique de survie d'un amant

1. *Commentaire sur le* Banquet, *op. cit.*, p. 44.

2. On conçoit par ailleurs du même coup l'étrangeté du *cogito* cartésien, réputé solipsiste, par laquelle le sujet prétend entrer en contact avec soi-même faisant l'économie de la relation à autrui. J'ai tâché ailleurs de montrer que cette solitude n'était qu'apparente et que Descartes présentait lui même la découverte de cette « première vérité » comme paradoxale.

condamné à cette forme dégradée d'existence consistant, écrit La Boétie à propos des bêtes en captivité, à *languir* plutôt qu'à *vivre* (DSV, 49).

Pour autant, de la thématique de la mort de l'âme à l'univers des liens tyranniques, le rapport n'est évidemment ni direct ni immédiat.

c) *Cruauté et justice impitoyable*

Le lien d'amour prépare les conditions de l'amour réciproque, de cette réflexivité partagée, en double, par laquelle l'amant « prend possession de lui-même grâce à un autre (*per alium se complectitur*) ». Les choses sont bien entendu plus complexes. La relation d'amour est dynamique. En se perdant lui-même, il s'aliène à un autre auquel il appartient de prendre en charge les parties de soi dont il s'est dépossédé. Charge à l'aimé d'accueillir en soi cette similitude ou ressemblance, de la transformer et de la restituer à l'amant. Toute la « puissance de Cupidon » tient au fait que l'aimé n'est pas seulement tenu (moralement) d'aimer en retour celui qui l'aime, il y est bel et bien « contraint » (*non solum vero debere, sed cogi*), puisqu'il est lui-même appelé à se reconnaître dans l'image façonnée par l'amant, et à s'identifier à elle. Cette contrainte définit une forme de nécessité qui résulte de la logique narcissique de la relation amoureuse. On a bien ici une forme de « lutte pour la reconnaissance » qui mobilise des enjeux de survie psychique. La « puissance de Cupidon » tient tout entière à cet effet d'emprise, à la fois projectif et identificatoire, que l'amant exerce sur son objet d'amour, une violence en soi irréductible à la « force de Mars »[1].

Ficin présente ainsi la « mutuelle affection » (*mutua benivolentiae*) comme une victoire de l'amant sur l'aimé qu'il parvient, par son emprise, à subjuguer et à soumettre. Il insiste sur la dimension

1. Lorsque Ficin, à la suite de Platon, met en avant la « violence d'Éros », le lieu commun évoque sans doute la puissance de la pulsion qui ne connaît pas de loi (l'intempérance de l'amour). Mais il insiste sur cette potentialité tyrannique de l'amour et du désir amoureux, et sur la forme de justice impitoyable qu'elle déploie.

d'hostilité et de haine qui entre dans la relation d'amour, au nom d'une forme de justice impitoyable et finalement destructrice :

> S'exerce ainsi dans l'amour réciproque une vengeance (*vindicta*) des plus justes. L'homicide est punissable de mort. Or qui niera que l'être aimé soit homicide, puisqu'il sépare l'âme de l'amant ? Et qui niera qu'il meure à son tour de la même façon, puisque de la même façon il aime son amant[1] ?

L'objet idéalisé, parfaitement bon et désirable, est d'emblée persécuteur. La justice dont il est question commande la restitution : que l'amant soit rendu à lui-même et restauré dans son intégrité. Mais au-delà d'une simple restitution, l'amour prend, en outre, la valeur d'un châtiment, au nom du préjudice causé par la mort et la perte de soi :

> Une telle restitution est absolument équitable, puisque l'un rend à l'autre l'âme qu'il a reçue. Chacun des deux en aimant livre la sienne et, aimant en retour, avec la sienne rend l'âme d'autrui. C'est pourquoi, en stricte justice, quiconque est aimé doit aimer en retour. Et qui n'aime pas celui qui l'aime, on le tiendra pour coupable de meurtre. Il sera même tenu pour voleur, homicide et sacrilège. Le corps possède la fortune (*pecunia*) et l'âme le corps : qui donc s'empare de l'âme, laquelle possède et le corps et la fortune, s'empare et de l'âme et du corps et de la fortune. Il s'ensuit que comme voleur, homicide et sacrilège il s'expose à une triple mort et que, tel le pire des criminels et des profanateurs, il puisse être tué impunément par le premier venu, à moins que spontanément, il ne se soumette à la loi en aimant celui qui l'aime[2].

La lutte pour la reconnaissance donne lieu ici à une forme archaïque de justice dans laquelle on peut reconnaître cette forme d'esclavage, évoquée par Pausanias, « dont aucun esclave de condition ne voudrait être l'esclave ». S'appuyant sur Platon, Ficin met en lumière la violence des enjeux narcissiques qui sous-tendent la problématique identitaire de la *philia*, fragilisent et menacent

1. M. Ficin, *Commentaire sur le* Banquet, *op. cit.*, II, 8, p. 46.
2. *Ibid.*.

de l'intérieur la notion de « mutuelle affection » et l'ordre éthique qu'elle sert couramment à fonder. La justice qui est ici invoquée, n'est pas celle qui doit permettre d'organiser la communauté humaine. C'est la justice impitoyable, mise en scène dans la tragédie, est celle des Érinyes, assoiffées de sang, qui réclament le châtiment du héros. Cet arrière-plan, présent chez Platon aussi bien que chez Aristote, permet de comprendre la substitution, dans le *Discours*, de l'avarice et de la cruauté à la « fraternelle affection », et des liens tyranniques aux liens politiques proprement dits. Mais également la forme de justice que fait régner ce tyran qui « n'est jamais aimé, ni n'aime » (DSV, 95).

La reconnaissance n'est pas seulement revendiquée, elle est *extorquée* par l'amant. C'est dans cet écart que l'on mesure la différence entre les problématiques identitaires et narcissiques. Et cet écart impose de prendre en considération la part de violence qui entre finalement dans la relation à autrui, aussi « approbateur et encourageant » soit-il. Le paradoxe mis en avant par Ficin dans ces pages, est que, précisément, plus cet autre se montre « approbateur et encourageant », plus il s'exposera aux représailles de l'amant. Ce mouvement, typique du fonctionnement narcissique, est assez bien exprimé par Winnicott : si le rôle de la mère « suffisamment bonne » consiste assurément (comme le rappelle Honneth) à seconder la construction identitaire de l'enfant et à lui procurer cette confiance en soi nécessaire à l'existence, elle devra d'abord se montrer capable de contenir la violence et la destructivité à laquelle elle s'expose nécessairement, et de survivre à la « violence d'Éros ».

Lien tyrannique et identification projective

L'idée selon laquelle l'amant « désire se transférer en la personne aimée » est typique du platonisme qui ne dissocie pas, mais au contraire entremêle la problématique de la connaissance à celle de la pulsion et du désir. La reconnaissance de l'altérité qui doit rendre possible l'affection mutuelle, n'est possible qu'au terme d'un processus de différenciation et de séparation. C'est à condition qu'autrui soit appréhendé comme distinct de soi qu'il pourra seconder les capacités réflexives du sujet. La problématique antique de l'amitié ou *philia* renvoie expressément à ces enjeux. Elle rencontre l'ambiguïté irréductible de la fonction réfléchissante de l'ami, cet « autre soi-même » qui doit être semblable sans être identique.

Le commentaire de Ficin s'attache à mettre la série des difficultés soulevées par le discours de Pausanias, lui-même très problématique. Il explicite également des processus psychologiques fondamentaux qui étaient au cœur des développements du *Banquet*, et en particulier de la notion étrange d'*ethelodouleai* ou « servitude volontaire ». Il propose surtout d'interpréter dynamiquement l'opposition entre une forme d'esclavage « dont aucun esclave de condition ne voudrait être l'esclave » et la louable servitude qui lie les amants. Une opposition qui a trait à la distinction entre dépendance et soumission. L'idée centrale est que la reconnaissance mutuelle est hantée par des enjeux de vie et de mort, et qu'elle repose sur la neutralisation et la transformation de la part de destructivité qui entre nécessairement dans la relation à autrui. Pour que l'amitié puisse jouer son rôle organisateur, il est nécessaire que soit contenue et tempérée la « violence d'Éros » et sa justice impitoyable.

La prise en considération, au-delà de la problématique identitaire, des enjeux narcissiques associés à l'idée de reconnaissance et de bienveillance mutuelle, rencontre la solution architectonique mise en avant par Aristote qui n'est pas si éloignée de la leçon platonicienne du *Banquet.* Elle renvoie, chez les deux auteurs, à un motif central du drame tragique : la nécessité de distinguer deux formes de justice antagonistes, de neutraliser et contenir la violence archaïque des Érinyes en faveur d'une forme nouvelle de justice, fondée non sur la crainte et l'effroi, mais sur la persuasion raisonnée. Ces questions sont au cœur du *Commentaire* de Ficin. Elles sont également présentes dans le *Discours* de La Boétie, qui interroge la transformation inverse de la « fraternelle affection » en « avarice et cruauté ».

Dans son *Commentaire*, Ficin fait état de processus psychologiques un peu particuliers, dans lesquels les frontières du sujet sont constamment remises en jeu et plusieurs fois remodelées. Sa définition de l'amour comme désir de « se transférer » dans l'objet aimé, peut être rapportée à la théorie platonicienne de l'âme et de la connaissance. D'un point de vue clinique et psychologique, cette phénoménologie du lien amoureux mobilise des mécanismes à la fois identificatoires et projectifs qui caractérisent le fonctionnement narcissique.

C'est sur ces mécanismes que je souhaite revenir maintenant, pour autant qu'ils paraissent essentiels pour comprendre l'effet d'emprise au fondement de la « servitude volontaire » : la manière dont est finalement *extorqué* le consentement des sujets conduits à s'engager activement (ou « volontairement »), quoiqu'à leur corps défendant (inconsciemment), dans des relations de soumission, au point de « révoquer leurs propres sentiments et passions » et de se rendre comme « étrangers à leurs propres plaisirs et à leurs propres peines ». Pour cela, on peut proposer un rapide aperçu de la manière dont s'est construite et complexifiée la notion psychanalytique d'identification projective.

1) Dans *Psychologie des masses et analyse du moi* (1921), Freud propose un examen de la psychologie collective visant à rendre compte de ce qui apparaît comme un désir d'obéissance. Il se livre notamment à une rapide analyse du livre célèbre de Gustave Le Bon, *La psychologie des foules*, paru en 1895, où il trouve une description qui explique l'état de l'individu dans la masse comme un phénomène hypnotique, en invoquant la puissance de la suggestion qui conduit à une aliénation de la personnalité consciente et de la volonté propre. Dans un passage paraphrasé par Freud[1], Le Bon rassemble ainsi les « caractéristiques générales des foules » : « Donc, évanouissement de la personnalité consciente, prédominance de la personnalité inconsciente, orientation par voie

1. S. Freud, *Psychologie des masses et analyse du moi*, OC, XVI, p. 12 ; GW, XIII, 81.

de suggestion et de contagion des sentiments et des idées dans le même sens, tendance à transformer immédiatement en acte les idées suggérées, tels sont les principaux caractères de l'individu en foule. Il n'est plus lui-même, mais un automate que sa volonté est devenue impuissante à guider »[1]. L'hypnose sert ainsi à expliquer par la perte du discernement et de la volonté, la soumission à l'autorité de la foule qui « veut être dominée et craindre son maître », la « fascination », le « charme magnétique », le « prestige » attaché à la personne du meneur et à ses paroles. Comme le relève Freud, Le Bon n'attribue pas un rôle déterminant à la personne du chef ou du meneur qui rencontre une tendance naturelle du troupeau humain : « À son avis, dès que les êtres humains sont réunis en certain nombre, qu'il s'agisse d'un troupeau d'animaux ou d'une foule d'hommes, ils se placent instinctivement sous l'autorité d'un chef suprême. La masse est un troupeau docile qui ne saurait jamais vivre sans maître. Elle a une telle soif d'obéir qu'elle se subordonne instinctivement à quiconque se désigne comme son maître »[2]. Le meneur acquiert son ascendant sur la foule en « prenant la place » de l'idéal du moi. Les groupes qui servent ici de modèle à Freud sont l'Armée et l'Église, autrement dit des formes sociales artificielles et déjà « hautement organisées ».

On retrouve, dans le *Discours*, quelques-unes de ces caractéristiques avancées par Le Bon, notamment lorsque La Boétie désigne la force qui soumet les peuples comme une fascination, un charme ou un enchantement : le vocabulaire de la magie renvoie alors aux pouvoirs de la suggestion sur les esprits, c'est-à-dire à la dissolution des processus secondaires fondés sur la médiation du langage et de la raison (sur lesquels reposent les notions du juste et de l'injuste)[3].

1. G. Le Bon, *La Psychologie des foules*, 1895, réédition, Paris, P.U.F., 1963, 2009, p. 14.

2. S. Freud, *Psychologie des masses et analyse du moi*, OC XVI, p. 18 ; GW, 86.

3. Pourtant, lorsqu'il évoque une semblable « soif d'obéir », La Boétie concède, sans plus s'étendre, que « tous les peuples s'allèchent vitement à la servitude par la moindre plume qu'on leur passe, comme on dit devant la bouche : c'est chose merveilleuse qu'ils se laissent aller ainsi tôt, mais seulement qu'on les chatouille »

2) Guidé par Le Bon, Freud propose d'élucider le phénomène de la suggestion hypnotique. Pour expliciter le sens du lien qui unit les individus de la masse au meneur, il propose un développement original sur le thème de l'identification et sur le rapport entre l'état amoureux et l'hypnose (section VIII). On peut s'arrêter brièvement sur ce passage qui a donné lieu à des développements fondamentaux.

Freud définit l'état amoureux (ou la surestimation de l'objet d'amour) comme une illusion provoquée par le refoulement des pulsions sexuelles. Le jugement, faussé par l'idéalisation, résulte du processus d'identification de l'objet au moi ou à l'idéal du moi : « nous reconnaissons que l'objet est traité comme le moi propre, que donc dans l'état amoureux une bonne mesure de libido narcissique déborde sur l'objet ». Dans bien des cas, « l'objet sert à remplacer un idéal du moi propre, non atteint. On l'aime à cause des perfections auxquelles on a aspiré pour le moi propre et qu'on voudrait maintenant se procurer par ce détour pour la satisfaction de son narcissisme »[1]. La faute de jugement qui attribue à l'objet des propriétés qu'il n'a pas, repose sur un processus par lequel le moi abandonne à l'objet une part de libido narcissique dont Freud observe ainsi les effets : « le moi devient de plus en plus dénué de revendication, de plus en plus modeste, l'objet de plus en plus grandiose, de plus en plus précieux, si bien que le sacrifice de soi en devient la conséquence naturelle. L'objet a pour ainsi dire consommé le moi ». Il en résulte que « les fonctions imparties à l'idéal du moi font totalement défaillance », et en particulier le sens critique : « tout ce que fait et exige l'objet est juste et irréprochable »[2].

(DSV, 73). L'interrogation du *Discours* porte sur le petit nombre des « mieux nés » dont on attendrait qu'ils aient conservé « l'entendement net et l'esprit clairvoyant » (DSV, 64). Notons également qu'à la suite d'Aristote, La Boétie regarde l'existence grégaire (qui consiste seulement à « paître dans le même pré »), non comme l'expression d'un sentiment social fort, mais plutôt comme l'effet de la dissolution et de la destruction du lien social de solidarité qui doit caractériser l'existence spécifiquement « politique », dans laquelle, on l'a vu précédemment, le partage d'affect suppose la médiation du langage (l'usage de *signes*).

1. *Ibid.*, OC, XVI, p. 50-51 ; GW, 124.

2. *Ibid.*, OC, XVI, p. 51 ; GW 124-125.

Freud tente plus loin de distinguer la sujétion amoureuse de l'identification au meneur. La différence entre les deux processus tiendrait au fait que dans l'identification, « le moi s'est enrichi des propriétés de l'objet », « il s'est [...] "introjecté" celui-ci », tandis que dans la sujétion amoureuse, « il s'est appauvri, il s'est abandonné à l'objet, a mis celui-ci à la place de sa partie constitutive la plus importante »[1]. Ces différences sont aussitôt relativisées : on aurait affaire, dans les deux cas à un même processus d'identification, mais il opère à des niveaux différents de la personnalité psychique. Dans les foules organisées, l'objet prendrait plutôt la place du moi, tandis que dans l'état amoureux, il assumerait les fonctions de l'idéal du moi.

Le texte de Freud n'est pas très clair. D'abord parce qu'il tente, en s'appuyant sur Le Bon, de rassembler des conceptions auparavant dispersées. Parce qu'aussi la *Psychologie des masses* butte ici sur la nécessité de donner un tour nouveau à la théorie des instances psychiques, à laquelle il donnera une forme plus consistante dans *Le moi et le ça.* Malgré ces limites, on peut proposer quelques remarques du point de vue qui nous intéresse ici.

À la différence de Le Bon qui traite de la foule comme d'un phénomène plutôt uniforme, Freud distingue ici deux formes différentes de sujétion au groupe : le cas des foules ou des masses « hautement organisées », telles que l'Église ou l'Armée, et le cas du lien amoureux. Dans les deux cas, on rencontre un semblable phénomène de confusion identitaire, mais dont les effets sont clairement différenciés.

Observation : Rappelons que Freud indique expressément qu'il ne prend en considération qu'une forme possible, parmi d'autres, de solidarité ou de fonctionnement groupal. Dans les cas examinés (l'Armée, l'Église et toute organisation fondée sur une autorité charismatique), cette formation repose sur deux processus complémentaires : sur la place du meneur (ou de l'idée) posée en

1. S. Freud, *Psychologie des masses et analyse du moi*, OC, XVI, p. 51-52; GW, 125.

« idéal du moi » et l'identification des membres du groupe les uns aux autres. Le cas de la tyrannie dont parle La Boétie peut être envisagé comme une variation (ou une corruption) de ce modèle : c'est le cas où, loin de souder entre eux les membres du groupe, le meneur empêche au contraire la reconnaissance réciproque ou l'amitié (suivant le principe « diviser pour mieux régner »). La situation devient alors comparable à celle d'une armée dans laquelle les soldats cesseraient de se faire confiance les uns aux autres, et dans laquelle la défiance finirait par être le principal ressort du commandement. On imagine, en temps de guerre, les effets d'une telle configuration. Le paradoxe est que ce mode de fonctionnement soit si fréquent.

On a vu l'enjeu de cette différence dans la tradition politique, notamment chez Aristote qui insiste sur la nécessité de distinguer le lien fondé sur la seule amitié, de la forme spécifiquement politique de solidarité, qui repose sur l'organisation préalable des rapports sociaux et donc sur la définition de la justice. Le texte de Freud se fait l'écho de cette conception architectonique lorsqu'il distingue, à son tour, l'identification au meneur de la sujétion amoureuse qui soumet le moi à un autre qui finit par tenir lieu d'idéal du moi. La limite du texte de Le Bon tient au fait qu'il assimile sans reste ces configurations pourtant différentes. Freud se saisit de ces différences pour distinguer non plus des registres de fonctionnement (processus primaires et processus secondaires), mais des niveaux différents de la personnalité psychiques qui seront au cœur de sa seconde topique. La distinction qu'il propose entre le moi et l'idéal du moi, irait encore dans ce sens : comparée à la soumission à des groupes organisés, capables de jouer le rôle de soutiens du moi, la relation amoureuse, aux prises avec la honte de n'être que soi, induit une forme de régression et de désorganisation dont Ficin a fort bien exploré les enjeux. La différence que Freud propose d'établir entre deux types de fonctionnement groupal, entre les foules organisées et le lien amoureux, peut bien être entendue à la lumière de la définition traditionnelle de la tyrannie, présente notamment chez La Boétie.

Dans cette hypothèse, ce serait la dissolution du groupe organisé, personnifié par la figure de l'autorité du meneur (un bon chef), qui conduirait à la « servitude volontaire » dont parle La Boétie.

On a vu comment, selon Ficin, l'amant se dépossède de parties de lui-même, qu'il « transfère » à son objet. On a vu les enjeux narcissiques et identitaires de ce type de transfert, à la fois projectif et identificatoire. Si ces mouvements peuvent être comparés à ceux que Freud met en évidence au début de sa *Psychologie des masses et analyse du moi*, Ficin avait poursuivi son analyse en évoquant les destins possibles de ce transfert en fonction de la réponse de l'objet, sommé de prendre en charge ces parties projetées ou transférées de la personnalité : il peut les accueillir en lui-même avant les restituer sous forme transformée, ou encore les rejeter ou les évacuer. Il poursuivait en mettant en évidence la potentialité tyrannique de la relation amoureuse et la forme de justice impitoyable propre à la « puissance d'Éros » : la réponse de l'aimé, l'obligation d'aimer en retour, n'est jamais seulement l'objet du consentement bienveillant d'un « autrui approbateur et encourageant » ; elle est aussi induite ou extorquée par l'amant qui tient son objet pour coupable « de vol, d'homicide et de sacrilège ». Ces effets et la logique paradoxale du narcissisme qu'ils mobilisent, on peut les rapprocher des mécanismes typiques de l'identification projective mise en évidence par Melanie Klein qui met en avant la part de persécution qui entre nécessairement dans toute relation d'amour[1].

3) Dans son analyse du processus d'idéalisation, Melanie Klein met l'accent sur une dimension différente. Elle distingue et sépare nettement deux moments du processus : le moment de la projection du moment de l'introjection. Pour elle, l'idéalisation repose d'abord sur la projection par laquelle le moi qui s'appauvrit, expulse et

1. On le sait bien, la « bienveillance » dont on fait parfois un principe de conduite, outre le fait qu'elle sert régulièrement de masque à une violence sociale bien réelle, éveille souvent chez ceux qui sont contraints d'en bénéficier une défiance parfaitement légitime et un sentiment de persécution que seul peut contenir le cadre réglementé du droit. De ce point de vue, le besoin le plus fondamental de l'individu humain n'est peut-être pas tant le besoin d'amour, pourtant essentiel, que le *besoin de sécurité*.

projette dans l'autre des aspects de lui-même : c'est en ce sens que l'objet prend la place du moi ou d'une partie du moi (identification), pour autant qu'il aura à prendre en charge les parties clivées du sujet. L'introjection ou de réintégration de ces parties clivées et projetées du moi, s'effectue dans un second temps, et correspond à une forme de désillusion. C'est le sens que Melanie Klein donnera, à partir de 1946, à l'« identification projective » qui permet de s'affranchir d'une conception solipsiste du narcissisme : le processus psychique ne rend pas seulement compte d'une illusion qui altère le sens de la réalité, mais permet de penser un certain type d'interaction ou de communication, source d'aliénation et de confusion identitaire.

Dans son article de 1946, l'identification projective est d'abord définie comme une réponse du nourrisson aux angoisses de persécution (paranoïdes). Il s'agit d'un processus de défense qui repose sur le clivage de l'objet et du moi, par lequel le sujet expulse (projette) hors du moi, les éléments "mauvais" (persécuteurs), qui pourront être mis à distance et placés dans l'objet. La projection correspond ici à une identification de l'objet aux parties haïes (mauvaises) du moi : elle s'associe alors à un fantasme de toute-puissance par lequel le sujet entretient l'illusion pouvoir contrôler du dehors ces éléments hostiles et persécuteurs. À l'inverse, l'idéalisation sera comprise comme la « projection de sentiments "bons" et de parties "bonnes" du sujet » dans l'objet (la mère). Le passage reprend alors, tout en l'infléchissant, l'analyse de Freud sur l'état amoureux :

> Cependant, si ce processus se produit avec excès, ces parties "bonnes" du moi sont senties comme perdues, et la mère devient de cette façon l'idéal du moi ; ce processus, lui aussi, aboutit à un affaiblissement et à un appauvrissement du moi. Ces processus s'étendent bientôt à d'autres personnes et peuvent aboutir à une extrême dépendance à l'égard de ces représentants extérieurs des parties "bonnes" du sujet. Il peut en résulter aussi une peur d'avoir perdu la capacité d'aimer, parce que le sujet sent qu'il aime son objet surtout à titre de substitut de lui-même[1].

1. M. Klein, « Notes sur quelques mécanismes schizoïdes » (1946), dans M. Klein, S. Isaacs, P. Heimann, J. Riviere, *Développements de la psychanalyse*, Paris, P.U.F., 1966, p. 283.

Dans le cas de l'idéalisation, l'identification projective vise encore au contrôle de l'objet, afin d'éviter la séparation et de sauvegarder les parties "bonnes" en les protégeant des "mauvaises". De manière générale, les processus de clivage et de projection sont donc au principe d'un fantasme omnipotent par lequel « le moi prend possession d'un objet extérieur par projection, et en fait une extension de la personne. L'objet devient en quelque mesure un représentant du moi »[1].

L'important est ici que le processus projectif n'altère pas seulement la représentation (sous la forme d'une illusion cognitive) : il atteint l'objet *en personne*, dans son extériorité, qui devient le *dépositaire* ou le « représentant extérieur » de ces aspects clivés du moi. En cela, on doit considérer l'identification projective comme une modalité d'interaction et de communication dans laquelle la projection induit une réponse de l'objet : elle est agissante et produit un effet. C'est cet aspect qui en fait un instrument essentiel pour penser le lien d'emprise. La difficulté de la notion d'identification projective tient sans doute à cette dimension d'emprise qui en fait une modalité paradoxale de communication fondée non sur les processus secondarisés du langage abstrait, mais sur des processus primaires, affectifs, qui relèvent de fonctionnements que Melanie Klein rapporte à la position dite schizo-paranoïde. Les effets d'un tel mode de communication sont le plus souvent énigmatiques et inconscients.

4) On retrouve chez La Boétie des éléments que l'on peut rapprocher des processus de l'identification projective. L'idée même de servitude volontaire implique que les sujets se dessaisissent d'une partie d'eux-mêmes et de leur capacité d'agir pour leur propre compte :

> D'où a-il pris tant d'yeux dont il vous épie, si vous ne les lui baillez ? comment a-il tant de mains pour vous frapper, s'il ne les prend de vous ? les pieds dont il foule vos cités, d'où les a-il, s'ils ne sont

1. M. Klein, « Quelques conclusions théoriques au sujet de la vie émotionnelle des bébés » (1952), dans M. Klein *et al.*, *Développements de la psychanalyse*, *op. cit.*, p. 195.

> des vôtres ? comment a-il aucun pouvoir sur vous, que par vous ? comment vous oserait-il courir sus, s'il n'avait intelligence avec vous ? que vous pourrait-il faire, si vous n'étiez receleurs du larron qui vous pille, complices du meurtrier qui vous tue, et traîtres à vous-mêmes ? vous semez vos fruits, afin qu'il en fasse le dégât ; vous meublez et remplissez vos maisons, afin de fournir à ses pilleries ; vous nourrissez vos filles, afin qu'il ait de quoi soûler sa luxure ; vous nourrissez vos enfants, afin que pour le mieux qu'il leur saurait faire, il les mène en ses guerres, qu'il les conduise à la boucherie, qu'il les fasse les ministres de ses convoitises, et les exécuteurs de ses vengeances ; vous rompez à la peine vos personnes, afin qu'il se puisse mignarder en ses délices, et se vautrer dans les sales et vilains plaisirs ; vous vous affaiblissez, afin de le rendre plus fort et roide à vous tenir plus courte la bride (DSV, 43-44)[1].

Les sujets ne se dessaisissent pas seulement de leurs biens et de leur volonté propre ; ils se dépossèdent également de leur corps et de leur être lui-même pour en transférer la puissance d'agir au tyran dont ils augmentent le pouvoir. Cette forme d'aliénation repose bien sur un mécanisme projectif qui transfère au tyran des attributs de la personne propre, et le transforme ainsi en un « représentant du moi ». La projection qui prive les sujets d'une partie de leur moi, s'accompagne alors d'un processus d'identification qui fait du tyran une instance capable d'exercer sa puissance de l'intérieur : mes yeux, mes bras, mon corps, deviennent ses yeux, ses bras, son corps… etc.

Tel est le fait ou le constat qui sert de point de départ au *Discours* : le tyran n'exerce jamais son pouvoir qu'au moyen de qualités, facultés et propriétés qu'il reçoit de ses sujets. Si la tyrannie est activement entretenue par les sujets eux-mêmes, c'est que le tyran, lorsqu'il domine non par la force ou la contrainte extérieure, mais du dedans, prend aussi bien possession du corps et de la volonté de ses sujets. La situation décrite prend directement modèle sur la clinique de l'amour inspirée du *Banquet* : l'effet d'emprise relève

1. Le rapprochement entre ce passage du *Discours* et la clinique de l'identification projective a été proposé par A. Ferrant : « Emprise et lien tyrannique », *Connexions*, 95, 2011-1, p. 15-27, en particulier, p. 23-24.

de processus finalement assez ordinaires qui relèvent de la magie telle qu'on l'entend à l'époque de la Renaissance.

5) La Boétie, apparemment, s'en tient à ce reversement qui impute aux sujets la responsabilité de la servitude. Cette lecture, à laquelle on s'arrête parfois, reste néanmoins insuffisante, tant du point de vue de la réalité sociale des rapports de domination que du point de vue des processus psychiques. Au regard également du texte lui-même qui propose d'interroger ces processus et de lever cet état de confusion qui fait obstacle aux capacités réflexives des sujets.

Pour aller plus loin, on peut revenir au commentaire de Ficin et au sens fort qu'il donne à l'obligation d'aimer en retour. Une obligation qui ne relève pas seulement du devoir moral, mais d'une nécessité propre à la relation d'amour : le propre de la « puissance d'Éros » tient à la contrainte et à l'effet d'emprise que l'amant exerce sur son objet. Sous cet aspect, on peut concevoir la servitude volontaire, non comme la manifestation directe et unilatérale d'un désir (même inconscient) de soumission, mais, au contraire, comme une réponse *induite* ou *extorquée* par le tyran. La forme d'asservissement décrite par La Boétie suppose un partenariat inconscient entre le tyran et sa victime[1].

De fait, le *Discours* est consacré, pour une bonne part, à interroger le *flou identitaire* qui domine le tableau de la tyrannie, et à tenter d'en déchirer le voile en personnifiant la figure du tyran, en lui donnant corps pour en neutraliser la puissance. Le procédé est appelé par la vocation critique du *Discours* qui ne saurait se limiter à dénoncer les effets d'aliénation d'un système de domination : pour en émanciper les sujets, et les affranchir de cette emprise, il

1. Selon une expression d'Alain Ferrant, art. cit. : « la servitude n'est donc pas un état, mais un processus qui se déploie dans la réciprocité. La Boétie le souligne : l'être humain n'est pas naturellement soumis, il se soumet activement. Il n'est pas pris dans un état d'asservissement, il entre lui-même dans un processus d'asservissement qui a besoin de se renforcer constamment. Le processus d'asservissement suppose ainsi un partenariat inconscient entre le tyran et le tyrannisé ». Il rapproche cette idée de la notion de « contrat narcissique » (Piera Aulagnier).

lui faut encore rendre sensible et perceptible la puissance anonyme et abstraite. C'est le sens de cet adage qui illustre la dynamique du transfert sur laquelle s'appuie le traitement psychanalytique : « Nul ne peut être abattu en effigie ou *in absentia* ».

On touche ici à ce qui fait la spécificité de la notion d'identification projective, pour autant qu'elle correspond à des situations de confusion identitaire, dans lesquelles les frontières entre le moi et le non-moi sont incertaines et indéterminées. Cette ambiguïté est soulignée par Bion lorsqu'il interprète l'identification projective comme un moyen de communication, autrement dit comme une forme de relation ou d'interaction qui induit un vacillement identitaire proche de la dépersonnalisation :

> L'analyste sent que le patient cherche à le manipuler pour lui faire jouer un rôle, plus ou moins facile à reconnaître, dans ses fantasmes ; du moins, il le sentirait s'il ne se produisait pas chez lui ce que, d'après mes souvenirs, je pourrais appeler une perte momentanée de perspicacité, c'est-à-dire le sentiment d'éprouver des sentiments violents et, en même temps, la conviction que ceux-ci sont parfaitement justifiés par la situation objective et ne nécessitent aucune explication causale en profondeur[1].

La série des réactions contre-transférentielles auxquelles il fait allusion, est analogue aux effets d'emprise décrits par le *Discours*.

À la même époque, León Grinberg avait proposé de rendre compte de ces effets en parlant de « contre-identification projective ». Il prolongeait ainsi les études de Heinrich Racker sur le contre-transfert, en insistant sur la spécificité du mode de communication propre à l'identification projective. Il écrit :

> Qu'arrive-t-il alors ? L'analyste réagit à ces identifications comme s'il avait accueilli et assimilé réellement et concrètement les aspects qui ont été projetés. C'est comme s'il avait cessé d'être lui-même et s'était inéluctablement transformé en ce que le patient voulait inconsciemment qu'il soit. Cet état particulier, je propose de l'appeler "contre-identification projective", pour autant qu'il

1. W. Bion, *Recherches sur les petits groupes* (1961), Paris, P.U.F., 1965, p. 101.

> s'agit d'une réponse spécifique aux identifications projectives du patient, réponse qui n'est pas perçue consciemment par l'analyste, qui est ainsi "conduit" passivement à assumer le rôle que le patient activement, bien qu'inconsciemment, lui a imposé. Lorsque cela arrive – bien que cela puisse ne se produire que pour un court moment, parfois dangereusement prolongé – l'analyste aura recours à toutes sortes de rationalisations pour justifier son attitude ou son trouble[1].

L'analyste assume donc et remplit (activement, mais inconsciemment et « à son corps défendant ») le rôle ou la fonction imposée par le patient qui, menaçant par exemple de se suicider, le contraint de prendre en charge une angoisse de culpabilité inélaborable[2].

Ce genre de confusion identitaire n'a évidemment rien d'exceptionnel. Elle est au cœur des manifestations de la souffrance sociale et de la « logique paradoxale » de la domination et de ses effets sur les sujets. Ainsi la forme de dépersonnalisation et de régression typique des troubles de l'identité (honte, maladresse, rougissement) qui, selon Bourdieu, vient régulièrement mettre en échec le sujet et confirmer le jugement dominant[3]. Autant de symptômes qui relèvent d'une « violence symbolique » induite. Ces troubles ont pour effet de mettre hors-jeu le sens critique et la réflexivité, mais ils président également au démantèlement de la capacité de penser et de désirer, rendant ainsi les sujets comme « étrangers à leurs propres peines et à leurs propres plaisirs ».

Ces processus ne sont pas inconnus de l'univers culturel de La Boétie. En témoigneraient suffisamment les remarques de Ficin,

1. L. Grinberg, *The Goals of Psychoanalysis. Identification, Identity and Supervision*, Londres, Karnac, 1990, p. 84. Le recueil reprend des articles publiés par Grinberg dans les années 1950.

2. *Ibid.*, p. 88-89. Même exemple chez H. Racker, *Études sur la technique psychanalytique*, « Les significations et les utilisations du contre-transfert » (1953), Meyzieu, Cesura, 2010, p. 177-178.

3. Voir *supra*, chapitre I, p. 44, le passage cité de P. Bourdieu, *Méditations pascaliennes*, (1997), Paris, Seuil, 2003, p. 244-245. Avec Freud, on pourrait rapprocher le comportement émotionnel du dominé de la pseudo-débilité de l'amoureux.

aussi bien que la riche littérature de l'époque consacrée aux phénomènes d'emprise. Malgré leur étrangeté, ces manifestations qui reposent sur une forme de confusion identitaire et mettent à mal le partage entre le moi et le non-moi, sont assez ordinaires et n'ont pas manqué d'être régulièrement relevées, notamment dans les traités consacrés à l'amour. J'ai tenté dans ce chapitre de montrer qu'elles sont au cœur de l'argumentation de Pausanias et de la notion ambiguë d'*ethelodouleia* (« servitude volontaire ») : une forme d'assujettissement digne d'éloge si elle est mise au service de la transformation de la pulsion érotique, mais au contraire source de honte si elle lui fait obstacle. J'ai insisté sur la pertinence clinique du commentaire de Ficin et de son exposé des enjeux du « transfert » amoureux. Mon intention a été de prolonger par là le chapitre précédent consacré aux ambiguïtés de l'amitié et de la « fraternelle affection » : présentée par La Boétie comme le fondement de la solidarité propre à l'existence politique, elle peut aussi bien être dévoyée et renversée en son contraire, comme un instrument de tyrannie. C'était l'avertissement qu'Aristote opposait à l'idéal d'une société des amis et à la thèse du primat de l'amitié sur la justice. Ces détours ne m'ont pas seulement servi à explorer l'arrière-plan théorique ou doctrinal du *Discours*, ils m'ont paru surtout nécessaires pour appréhender dans sa complexité la réalité clinique de la servitude volontaire.

Il n'est sans doute pas inutile ici de récapituler brièvement le raisonnement mené jusqu'ici :

a) L'idée combattue dans le *Discours* est que le tyran impose sa domination activement et par la force à des sujets qui la subirait passivement. Sans doute, La Boétie le concède dans certains cas, notamment lorsqu'il fait état d'une puissance militaire et policière en charge de réprimer les soulèvements populaires. Pourtant, la réalité de ces violences qui font évidemment partie des instruments ordinaires d'exercice du pouvoir, ne saurait suffire à rendre compte, à elle seule, de la soumission du plus grand nombre.

b) La Boétie s'emploie à montrer l'inconsistance de cette conception du pouvoir. Sa thèse est que, si le tyran asservit le peuple, c'est qu'il peut s'appuyer sur le consentement des sujets, et même sur leur complicité active (« volontaire »). Le *Discours* démontre que la passivité apparente du peuple repose sur le comportement actif des sujets qui loin de fuir le mal, contribue à l'entretenir : « c'est le peuple qui s'asservit, qui se coupe la gorge, qui, ayant le choix d'être serf ou d'être libre, quitte sa franchise : qui consent à son mal ou plutôt le pourchasse » (DSV, 39-40). J'ai suggéré (on y reviendra) que le registre de la volonté renvoie moins à la conception moderne du libre-arbitre qu'à la définition ancienne de l'action effectuée non sous la contrainte, mais « de plein gré » : de même que le héros tragique est appelé à se reconnaître comme l'agent des événements qu'il paraît subir, de même le peuple doit, selon La Boétie, appréhender la tyrannie non pas comme un état de chose qui s'imposerait à lui du dehors, mais comme une réalité qu'il contribue, à tout instant, à faire exister, quoique d'une manière qui n'est (le plus souvent) ni délibérée ni consciente. La force du *Discours* tient à ce renversement et à la manière dont La Boétie invoque, au-delà de la passivité manifeste des sujets, un niveau inconscient de responsabilité. La démarche est évidemment dérangeante, puisqu'elle revient finalement à imputer à la victime la responsabilité de la violence subie.

Une fois établi le fait ou la réalité de cette « servitude volontaire », il faut en rendre raison. C'est sur ce point que le *Discours* paraît soulever plus de questions qu'il n'en résout. À cet égard, l'intérêt du texte tient d'abord à la série des possibilités qu'il écarte. Ainsi la fameuse « soif d'obéir », couramment invoquée, notamment par Le Bon, équivalente du désir de soumission ou de servitude. On peut ainsi regarder le passage relatif à la « fraternelle affection » et à l'amitié comme une manière d'invoquer l'état de dépendance naturelle de l'être humain et le désir naturel d'entrer dans des relations de solidarité, mais ce désir ne saurait expliquer, à lui seul, la servitude volontaire. On doit, pour entendre le raisonnement, distinguer ce rapport de dépendance, constitutif de l'amitié, de la soumission qui caractérise les liens tyranniques. Bien qu'irréductibles, ces liens sont cependant étroitement apparentés. C'est sur cette proximité que j'ai insisté en faisant état de l'ambiguïté de la *philia*, mise en avant aussi bien, comme on l'a vu, par Aristote que par Platon. Dans la littérature morale de l'Antiquité, cette ambiguïté donne lieu aux nombreuses difficultés qu'implique la nécessité de distinguer entre le flatteur et l'ami véritable. On en trouve un écho dans le *Discours* lorsque La Boétie défend l'idée selon laquel la tyrannie abolit jusqu'à la possibilité même de l'amitié : il rappelle ainsi « le tyran n'est jamais aimé, ni n'aime » (DSV, 95), mais surtout relève que la tyrannie isole, désocialise et fait obstacle à la reconnaissance mutuelle, nécessaire aux « amitiés honnêtes ».

Plutôt que d'invoquer une « soif d'obéir » originelle, un désir (inconscient) de servitude, La Boétie insiste tout au contraire sur le caractère naturel et premier du « désir de franchise » ou de liberté. Il s'inscrit ainsi dans une tradition philosophique bien établie, sur laquelle on reviendra. En imputant la servitude volontaire non pas à la nature humaine, mais au contraire à une altération de cette nature, La Boétie pose le problème de manière différente : il invite à concevoir la soumission au tyran comme l'effet d'un processus ou d'une histoire. Le propos du *Discours* est dynamique : rendre compte de la servitude volontaire signifie s'interroger sur les forces qui, de fait, font obstacle au désir naturel de liberté. D'où la question relative au « malencontre » auquel rapporter l'état présent d'aliénation : « quel malencontre a été cela qui a pu tant dénaturer l'homme, seul né, de vrai, pour vivre franchement, et lui faire perdre la souvenance de son premier être, et le désir de le reprendre ? » (DSV, 50). Un événement originel dont l'hypothèse sera finalement écartée, au profit d'une analyse des processus psychiques et sociaux responsables de cette altération de la nature. Ces considérations seront l'objet des prochains chapitres sur la mémoire et l'accoutumance.

De toute évidence, La Boétie ne se limite pas à imputer au peuple la responsabilité (même inconsciente) de la domination subie. En inscrivant le *Discours* dans le contexte de la clinique de l'amour et en tâchant d'approfondir un peu la réflexion sur les ambiguïtés de l'amitié, il est apparu qu'il était nécessaire de complexifier la notion de servitude volontaire. D'où ce troisième moment qui découle de la manière dont La Boétie propose finalement de penser dynamiquement le processus tyrannique :

c) L'activité inconsciente par laquelle les individus deviennent eux-mêmes acteurs de leur propre assujettissement, est elle-même induite et extorquée. Elle doit être entendue comme un effet de l'emprise ou de la séduction activement entretenue par le tyran lui-même. Un effet que l'on peut rapprocher de l'obligation ou de la contrainte exercée sur l'objet d'amour à laquelle Ficin rapporte la potentialité tyrannique associée à la violence d'Éros. L'amour n'est pas toujours une mauvaise chose, mais sa magie est aussi telle qu'il peut transformer notre monde en enfer. Il en va pareillement de l'amitié ou de la « fraternelle affection », capable de se dégrader en « avarice et cruauté ». C'était la leçon de Pausanias et de sa subtile conception de la pulsion et de ses destins. Ces effets d'emprise, j'ai proposé de montrer qu'ils pouvaient être éclairés par la réflexion psychanalytique, notamment pour rendre compte des situations de confusion identitaire qui caractérisent la clinique de la souffrance sociale. Cette confusion, marque de fabrique des mécanismes d'identification projective, est au centre de la description du *Discours*. Comme je l'ai relevé en introduction, elle fait évidemment problème et contribue au malaise que suscite inévitablement la lecture du texte de La Boétie.

CHAPITRE VI

MÉMOIRE DE LA LIBERTÉ : INDIVIDUATION ET APPROPRIATION

La servitude volontaire repose sur un paradoxe, celui d'un sujet qui paraît adopter des comportements contraires à ses intérêts vitaux. La notion de « volonté » pose évidemment un problème. On doit garder à l'esprit que le *Discours* n'est pas un traité philosophique qui partirait de l'examen des facultés humaines de connaître et de désirer ; il trouve son point de départ dans le constat que ces coordonnées qui entrent traditionnellement dans la définition de la « nature humaine », sont régulièrement prises en défaut. La Boétie n'interroge pas non plus la notion théologique du « libre-arbitre ». Il fait seulement appel à une notion assez convenue de la « nature » en soutenant que l'homme est « né [...] pour vivre franchement », tout comme les bêtes d'ailleurs, qui « sentent le mal de la sujétion et courent après leur liberté » (DSV, 50). Il s'étonne donc que les sujets puissent s'engager *activement* au service de la domination qu'ils subissent et dont ils ont à souffrir. La question est alors de savoir devant quelles forces ils abdiquent ainsi leur désir naturel de « franchise », si ce n'est pas sous la contrainte extérieure, et quels mécanismes sont capables de rendre le sujet à ce point « étranger à ses propres joies et à ses propres peines », qu'en quittant la liberté et en prenant le joug, il « consent à son mal ou plutôt le pourchasse » (DSV, 40).

La notion de « nature » dans l'argumentation du *Discours* a d'abord le sens d'un principe biologique de régulation. Il n'est pas ordonné à la dignité particulière de l'être humain, non plus qu'à sa destination morale en tant qu'être doué de raison, mais d'abord à sa qualité d'être sensible, doté de la faculté d'éprouver des affects de plaisir et de douleur. À ce titre, l'argument fondé sur la nature revient à invoquer un principe normatif propre au vivant en général. Il n'est pas nouveau, puisqu'il trouve son origine dans la conception stoïcienne du propre et des processus qui relèvent de l'appropriation ou *oikeiôsis*, c'est-à-dire de la fonction d'autoconservation. Le plaisir et la douleur sont, dans ce contexte biologique, les pierres de touche du jugement qui doit déterminer si une chose est « conforme à la nature ». Si la « servitude volontaire » fait problème, c'est qu'elle vient prendre en défaut cette fonction d'autoconservation : au lieu de fuir la douleur, les sujets paraissent au contraire la rechercher activement. C'est en ce sens que leur comportement peut être qualifié de « contre-nature », et non parce qu'il transgresserait des valeurs relevant d'une forme supérieure de moralité. Le désir naturel de liberté n'est pas autre chose que l'expression de cette fonction d'autoconservation supposée régler la conduite des êtres vivants. À cet égard, on peut dire que l'argumentation du *Discours* repose sur un naturalisme et un matérialisme qu'il partage avec ses sources stoïciennes.

Cette conception de la nature peut être rapprochée du « principe de plaisir » que Freud regarde comme un principe fondamental du fonctionnement psychique. Ce principe permet d'appréhender, en général, les processus psychiques comme l'expression, le prolongement ou l'extension de la tendance biologique à la stabilité ou à l'autoconservation, autrement dit comme autant de mécanismes de défense destinés à éviter le déplaisir. À un niveau psychologique, le principe de plaisir organise les processus à l'origine de la constitution du narcissisme, et en particulier la fonction du jugement d'attribution en charge de discriminer le bon (source de plaisir) du mauvais (cause de douleur ou de souffrance). Ce jugement qui ne tient aucun compte de la réalité, détermine la manière dont le moi prend en charge les quantités d'excitation auxquelles il est nécessairement exposé : il inclut dans son organisation celles qui sont source de plaisir, et rejette ou projette au-dehors celles lui occasionnent de la douleur[1]. C'est sous l'angle de ce mécanisme de défense caractéristique du narcissisme que l'on peut interpréter les notions stoïciennes de propre et d'appropriation : leur enjeu est pareillement de rendre raison de l'instauration de limites qui définissent l'intégrité à la fois psychique et somatique de l'individu.

La servitude volontaire confronte bien à une altération de cette fonction du jugement d'attribution, c'est-à-dire à une désorganisation de la faculté de sentir, relative au plaisir et à la douleur. Cette altération qui affecte le sentiment de soi, La Boétie la rapporte expressément à la coutume et aux effets de l'accoutumance : « ainsi la première raison de la servitude volontaire, c'est la coutume » (DSV, 63). C'est, dans le *Discours*, l'unique occurrence de l'expression « servitude volontaire ». Dans ce qui va suivre, je proposerai de mettre en rapport ce jugement d'attribution avec la fonction d'intégration et d'appropriation couramment assignée à la *mémoire* à l'époque de La Boétie. On verra, en évoquant rapidement la doctrine du « sens interne » de la tradition péripatéticienne, comment la mémoire ainsi conçue ne se limite pas à conserver les traces mnésiques : son rôle est principalement de les organiser et à les mettre à disposition du jugement pratique. Je voudrais également revenir sur la manière dont le *Discours* distingue cette mémoire, gardienne du désir de franchise, de la coutume et de l'accoutumance qui, au contraire, dépossède les individus de leur « naturel », d'abord en les insensibilisant aux effets de la servitude. Pour autant, s'il est vrai que la servitude volontaire qui s'appuie sur cette forme d'insensibilisation, elle ne s'y réduit pas. Il y a une différence entre supporter ou même consentir au mal et le pourchasser : entre la simple accoutumance et la relation addictive à la tyrannie que décrit La Boétie.

1. Freud rapporte couramment le narcissisme à cette forme de jugement organise le « moi-plaisir originel » qui « veut [...] s'introjecter tout le bon, jeter au loin tout le mauvais », de sorte que « le mauvais, l'étranger au moi, ce qui se trouve à l'extérieur est pour lui tout d'abord identique » (« La négation », OC, XVII, p. 169; GW, XIV, 14).

On peut rapprocher le discours relatif aux effets de la coutume de la problématique du narcissisme dont la tâche n'est pas seulement de protéger le sujet contre l'expérience du déplaisir, mais de permettre de l'intégrer et de se l'approprier. Ce que les Anciens rapportent à la coutume et aux processus d'accoutumance peut être compris, avec Freud, du point de vue d'une « contrainte à la synthèse » par laquelle le moi tente de « supprimer le caractère étranger » de ce qui lui procure de la souffrance, afin de « le lier à lui-même d'une manière ou d'une autre » et de l'« intégrer à son organisation »[1]. Ce travail d'appropriation ou de métabolisation permet d'inclure les expériences source de déplaisir et, par ce moyen, de renforcer le moi. Il contraint le moi à s'adapter et à se modifier ou encore à se déformer jusqu'à constituer, pour le dire à la manière des Anciens, une « seconde nature », précipité d'apprentissages, d'expériences et d'habitudes. Cette « contrainte à la synthèse » passe par l'insensibilisation à la douleur. C'est sur elle que repose la tolérance au déplaisir et à la frustration. Elle peut également entrer en contradiction avec les fonctions vitales et psychiques ordinaires pour, dans certaines situations, se retourner contre le sujet lui-même. C'est à cette potentialité que La Boétie rapporte la servitude volontaire[2]. Il relève par là l'une des impasses auxquels conduit régulièrement l'injonction paradoxale à l'adaptation.

LE PROPRE ET L'APPROPRIATION (*OIKEIÔSIS*)

La notion de *naturel* et de *propre* dans le *Discours* doit être rapportée d'abord à la problématique stoïcienne de l'*appropriation* (*oikeiôsis*) définie d'abord comme la tendance innée du vivant à désirer ce qui est conforme à sa nature propre. Elle relève d'un instinct de conservation. C'est cette disposition innée qui

1. S. Freud, *Inhibition, symptôme et angoisse*, OC, XVII, p. 216; GW, XIV, 125-126.

2. Une bonne partie des paradoxes du *Discours* tient au fait que la servitude volontaire échappe largement au registre des processus relevant du « principe de plaisir ».

commande notamment, aux yeux de La Boétie, l'amitié ou « fraternelle affection », aussi bien que le désir de liberté ou de franchise. La servitude volontaire vient prendre en défaut cette tendance fondamentale. C'est la raison pour laquelle elle apparaît, aux yeux de La Boétie, comme contre-nature et relève du registre du monstrueux et de la perversion. Elle impose à la réflexion de prendre en considération des processus qui échappent au « principe de plaisir ».

Cette appropriation est regardée par les stoïciens comme un effet de la providence d'une nature qui harmonise désirs et besoins. Le terme grec *oikeion* (« propre » ou « apparenté », « domestique » ou « familier ») et son dérivé *oikeiôsis* (« appropriation ») renvoient, dans la philosophie antique, à une variété intéressante de significations. On a vu comment la notion était rendue chez Ficin par le latin *similitudo* (« ressemblance »). On en trouve une définition chez Plutarque dans le contexte de sa polémique contre les stoïciens chez qui la notion est essentielle. On peut citer le passage dans son ensemble (dans lequel Amyot rend la notion d'*oikeiôsis* par « appropriation », et l'adjectif *oikeion*, par le doublet « affecté et approprié ») :

> Qui plus est, encore dit-il [Chrysippe], qu'il n'y a rien qui soit *propre* ni convenable au fol [à l'homme sans valeur]. Par quoi, selon cela par conséquent, il n'y a rien qui soit *aliène ni étrange* du sage et de l'homme de bien. [Il soutient] en tous ses livres, tant naturels que moraux, que dès notre naissance nous sommes *affectés et appropriés* à nous-mêmes, à nos parties et à tout ce qui est né et issu de nous. Et au premier livre *De la justice*, il dit que les bêtes sauvages mêmes sont *affectées et appropriées* à leurs petits autant que leurs besoins et leur nécessité le requiert, excepté les poissons, car leurs petits se nourrissent d'eux-mêmes [par eux-mêmes] : mais il n'y a point de sentiment là où il n'y a rien de sensible, ni d'appropriation là où il n'y a rien de propre, parce que *l'appropriation semble être le sentiment et embrassement* [la sensation et l'appréhension] *de ce qui est propre*[1].

1. Plutarque, « Des communes conceptions contre les Stoïques », 1038B-C ; Amyot, 563H-565A.

Plutarque fait référence à la définition de Chrysippe qui rapporte l'*oikeiôsis* à l'idée d'autoconservation :

> L'impulsion première que possède l'être vivant vise, disent-ils [les stoïciens] à se conserver soi-même, du fait que dès l'origine l'appropriation <à soi-même> : comme le dit Chrysippe [...] : "quand il dit que pour tout être vivant, l'objet premier qui lui est propre est sa propre constitution et la conscience (*syneidesis*) qu'il a de celle-ci. Il ne serait pas vraisemblable, en effet, que <la nature> ait rendu l'être étranger <à soi-même>, ni qu'après l'avoir fait, il ne l'ait rendu ni étranger ni approprié <à soi-même>. Reste donc à dire qu'en le constituant, elle l'a approprié à lui-même, c'est ainsi en effet qu'il repousse ce qui lui est nuisible et poursuit ce qui lui est propre". Ce que certains disent : que l'impulsion première chez les êtres vivants se porte vers le plaisir, <les stoïciens> montrent que c'est faux. Ils disent en effet que le plaisir, s'il existe vraiment, est un résultat accessoire, quand la nature elle-même et en elle-même, après avoir cherché ce qui est en harmonie avec sa constitution, s'en saisit [...][1].

La question est bien celle du jugement d'attribution que les stoïciens rapportent à un instinct ou tendance (*hormè*) à l'autoconservation, relative d'abord à l'utile et au convenable[2]. C'est une même tendance qui se manifeste sans discontinuité dans la manière dont les animaux et même les végétaux subviennent spontanément à leurs besoins, et qui porte les êtres humains à la vertu et à la sagesse, réputée convenable à leur nature commune spécifique.

On trouve chez Cicéron une définition analogue de cette tendance à l'autoconservation :

> Ceux, dit-il [Caton], dont je suis la doctrine, prétendent que, dès que l'animal est né (car c'est là qu'il faut commencer), il est

1. Diogène Laërce, *Vies et doctrines*, VII, 85-86.

2. Et non du plaisir directement, qui n'est qu'un effet « accessoire ». La réserve (dirigée contre l'épicurisme) est importante, puisqu'elle revient à ordonner l'instinct à la « nature » et aux besoins du vivant, et non au sentiment. D'où la question de l'ajustement (toujours problématique) de l'utile et du plaisir.

> spontanément approprié à lui-même (*ipsum sibi consiliari*), qu'il est porté à se conserver (*commendari ad se conservandum*) et à prendre soin (*diligenda*) de sa propre constitution, ainsi que tout ce qui est propre à conserver cette constitution ; qu'au contraire, il répugne (*alienari*) à l'anéantissement et à tout ce qui pourrait entraîner son anéantissement[1].

C'est ainsi que « les petits, avant d'avoir été touchés par le plaisir et la douleur, désirent (*appetant*) les choses qui leurs sont salutaires et ont en horreur celles qui leur sont nuisibles » : ils ne désireraient rien « s'ils n'avaient le sentiment de ce qui leur est propre et s'ils n'avaient soin d'eux-mêmes (*nisi sensum haberent sui eoque se diligerent*) ».

Pareillement, Montaigne fait de cette tendance ou disposition innée une *loi naturelle*, qu'il associe à l'amour des parents pour leur progéniture :

> S'il y a quelque loi naturelle, c'est-à-dire quelque instinct qui se voie universellement et perpétuellement empreinte aux bêtes et en nous (ce qui n'est pas sans controverse), je puis dire, à mon avis, qu'après le soin que chaque animal a de sa conservation et de fuir ce qui nuit, l'affection que l'engendrement porte à son engeance tient le second lieu en ce rang[2].

Les deux dispositions, la tendance à se conserver et l'affection des parents pour les enfants, sont traditionnellement associées et comprises sous la notion d'amour de soi. Le thème de la fraternelle affection et de l'amitié politique repose sur un même principe harmonisateur par lequel la nature *approprie*, *apparente* ou encore (selon les traductions convenues) *recommande* les uns aux autres les membres d'une même communauté. L'appropriation consiste ainsi dans une providence qui rend compte de « l'accommodation (*conciliatio*) aux choses qui sont conformes à la nature (*secundum naturam*) »[3].

1. Cicéron, *De finibus*, III, v, 16.
2. Montaigne, *Essais*, II, 8, « De l'affection des pères aux enfants », 386A.
3. Cicéron, *De finibus*, III, vi, 21.

On retrouve constamment chez La Boétie cette référence à l'idée d'une finalité par laquelle la *nature* a mis cet instinct d'autoconservation au fondement des liens sociaux de solidarité, à travers notamment l'inférence que *si rien n'est propre, rien n'est commun*. La thèse stoïcienne sert, dans le *Discours*, à souligner l'étrangeté et le caractère monstrueux (« contre-nature ») de la servitude volontaire dans laquelle le sujet se trouve « dépouillé de son naturel », dépossédé de lui-même et comme exilé hors de soi. L'interrogation de La Boétie concerne ainsi la possibilité d'une détérioration radicale et « contre-nature » de cette disposition à l'autoconservation. Elle porte sur une désorganisation intérieure analogue à celle du fou pour lequel « il n'y a rien qui soit *propre* ni convenable ». Reste à rendre compte de cette forme d'aliénation.

L'Inquiétant, le refoulement et l'élaboration secondaire

Le terme d'*oikeiôsis* dérivé d'*oikos* (maison) et d'*oikeion* (le familier)[1], renvoie directement à la problématique du narcissisme, c'est-à-dire à la capacité d'investir le moi ou encore (suivant l'expression des anciens théologiens) de prendre soin du « bien intérieur » (quel qu'il soit)[2]. Les difficultés auxquelles se confronte La Boétie ne sont pas sans rapport avec celles que Freud rencontre à propos de l'inquiétante étrangeté (*Unheimlichkeit*), c'est-à-dire de l'*ambivalence* ou de l'*ambiguïté* attachée à ce qui est familier ou domestique (*heimlich*). C'est dans un sens très proche de la notion stoïcienne d'*oikeiôsis* que Freud définit en effet le narcissisme en 1914 comme un concept susceptible de réduire le dualisme entre les pulsions sexuelles et les pulsions du moi : « Le narcissisme, en ce

1. D'où le terme d'« économie » qui définit originellement la gestion des affaires « domestiques ».

2. La négligence de ce « bien intérieur » définit l'acédie (voir T. Dagron, *Pensée et cliniques de l'identité*, *op. cit.*, chap. 7). On verra à propos de la honte comment Augustin propose de problématiser la notion de soi (ou du *propre*) en distinguant l'image et la ressemblance de Dieu en nous, de la trace ou marque du péché originel.

sens, ne serait pas une perversion, mais le complément libidinal à l'égoïsme de la pulsion d'autoconservation dont une portion est, à juste titre, attribuée à tout être vivant »[1]. Cette première définition se heurte, comme on le sait, à une double difficulté que l'article tente de résoudre : 1) à la forme auto-érotique prise par la libido dans les premiers stades du développement ; 2) au fait qu'« il n'existe pas dès le début, dans l'individu, une unité comparable au moi ». D'où cette nécessité : « il faut donc que quelque chose, une nouvelle action psychique, vienne s'ajouter à l'auto-érotisme pour donner forme au narcissisme »[2].

Sans entrer dans le détail des analyses de Freud, on peut noter ces questions sont examinées dans l'essai sur « L'inquiétante étrangeté » (1919), peu de temps avant les thèses fondamentales développées dans *Au-delà du principe de plaisir*, où l'introduction de la pulsion de mort vient directement remettre en question l'harmonieuse économie de l'*oikeiôsis*. Freud part d'une étude sémantique qui montre comment les termes qui expriment l'intime, le familier et le domestique, ou encore la qualité de ce qui est tranquille, protecteur et rassurant, peuvent également revêtir les qualités contraires et apparaître inquiétant, étrange et même terrifiant.

Une forme de solution est donnée avec l'idée selon laquelle le familier est aussi ce qui peut être tenu caché et secret (*geheim*). Freud trouve dans le dictionnaire de D. Sanders (1860) cette définition de Schelling : « on qualifie de *unheimlich* tout ce qui devrait rester [...] dans le secret, dans le monde du caché, et qui est venu au jour (*alles, was im Geheimnis, im Verborgenen [...] bleiben sollte und hervorgetreten ist*) »[3]. Ce sens est explicité par une autre citation de Schelling : « Voiler le divin, l'entourer d'une certaine *Unheimlichkeit* ». La définition est extraite des leçons sur la *Philosophie de la mythologie*, où elle vient expliquer l'idée d'un *unheimliches Prinzip* à l'origine des religions à mystère et de la

1. S. Freud, « Pour introduire le narcissisme », OC, XII, p. 128 ; GW, X, 138-139.
2. *Ibid.*, OC, XII, p. 221 ; GW, X, 142.
3. S. Freud, « L'inquiétant », OC, XV, p. 157 ; GW, XII, 235.

poésie homérique. Le contexte est susceptible d'éclairer les enjeux du texte de Freud, bien qu'il puisse en paraître un peu éloigné :

> Le monde des divinités homériques renferme un mystère qu'il tait ; il est édifié sur un mystère, au-dessus d'un abîme (*über einem Abgrund*) que pour ainsi dire il recouvre (*zudeckt*) comme <d'un parterre> de fleurs. La pluralité homérique des dieux est une unité en elle-même transformée en pluralité. La Grèce a eu un Homère pour cette seule raison qu'elle avait des Mystères, c'est-à-dire parce qu'elle est parvenue à être victorieuse de ce principe du passé qui régnait encore dans les systèmes orientaux et demeurait extérieur, et à le repousser dans l'intérieur (*ins Innere zurückzusetzen*), c'est-à-dire dans le secret, dans le mystère (dont il était originellement sorti). Le ciel pur qui flotte au-dessus des poèmes homériques, a pu d'abord s'étendre sur la Grèce après que la sombre violence, source d'obscurité, de ce principe inquiétant (*jenes unheimlichen Prinzips*) (car on appelle inquiétant (*unheimlich*) tout ce qui devrait rester dans le secret, dans le monde du caché, dans le latent, et qui en a été sorti – *alles, was im Geheimnis, im Verborgenen, in der Latenz bleiben sollte und hervorgetreten ist*) – cet éther qui sert de voute céleste au monde d'Homère, n'a pu d'abord s'étendre qu'après que la violence de ce principe inquiétant qui dominait les religions antérieures, a été précipitée dans le mystère (*in dem Mysterium niedergeschlagen war*). C'est alors seulement que l'époque homérique put songer à forger (*ausbilden*) les histoires purement poétiques des dieux, quand le principe proprement religieux a été mis en sûreté à l'intérieur (*im Innern geborgen war*) et que l'esprit a été laissé pleinement libre de s'exprimer au-dehors[1].

Le texte décrit un processus que Freud rapporte au *refoulement*, mais aussi à la sublimation. Sans entrer dans un commentaire détaillé, on peut faire quelques observations :

1) Ce qui est caché et sert de matière au mystère, c'est le caractère informe et obscur de l'abîme de l'unité du principe divin qui, en tant que tel, menace les formes associées à l'activité de l'esprit.

1. F. W. Schelling, *Philosophie der Mythologie*, *Sämtliche Werke*, Stuttgart, 1857, XII, p. 649 (ma traduction).

Dans un autre texte de la même époque, Schelling compare ainsi les « systèmes orientaux » à des éléments de rêve désorganisés. Il y est question de l'initiation aux Mystères sacrés qui devaient rappeler aux candidats « les états antérieurs qui, au sein de la conscience hellénique en tant que telle, avaient été dépassés » : « ils devaient rappeler en quelque sorte ce rêve trouble et pénible où s'était traînée l'humanité orientale antérieure, cet état oscillant douloureusement entre conscience et absence de conscience, au sein duquel de sauvages représentations, des apparitions désordonnées, des figures sans forme et surgissant comme d'un passé chaotique traversaient la conscience en la plongeant dans l'angoisse »[1]. Plus loin, il est fait mention des « fantômes sans formes [...] effroyables, inquiétants et dépourvus de toute félicité », opposés aux « visions pures, claires, et bienheureuses » célébrées dans les orgies[2]. Schelling interprète ainsi les Mystères comme une *lutte* contre l'effroi religieux dont les initiés sortaient finalement vainqueurs.

2) La victoire qui permet d'évincer les visions informes et monstrueuses de « ce rêve trouble et pénible », consiste à intérioriser cet état qui caractérise la religiosité ancienne : non pas à rejeter au-dehors ce principe abyssal, mais au contraire à l'enfouir au-dedans, à le repousser dans cette obscurité dont il provenait. C'est cette forme de refoulement que mettent en scène les Mystères qui célèbrent ainsi la victoire de l'esprit et de la conscience, c'est-à-dire des dieux homériques, sur les puissances archaïques, infernales et telluriques. Pour Schelling, les Mystères ne dissimulent pas une vérité cachée ou allégorique, mais au contraire signifient et représentent un processus d'enfouissement qui permet le déploiement de la puissance imaginative et l'édification d'un monde nouveau, au-dessus de l'abîme enseveli des anciennes divinités, comme on recouvre d'un parterre de fleurs les vestiges d'un monde déchu.

1. F. W. Schelling, *Philosophie de la Révélation*, II, leçon 20 ; trad. fr. J.-Fr. Courtine et J.-Fr. Marquet (dir.), Paris, P.U.F., 1991, p. 304.
2. *Ibid.*, p. 316.

3) Le modèle du rêve est au cœur de la théorie de Schelling. Il regarde d'abord les créations de la mythologique comme « quelque chose d'incompréhensible pour la conscience », ou encore comme « la conséquence imprévue et non voulue d'un mouvement qu'elle ne peut pas reprendre », c'est-à-dire se réapproprier[1]. La mythologie « s'engendre dans la conscience sans sa participation, et même contre sa volonté », comme « quelque chose d'indépendant de toute invention, et même opposé à toute invention » : elle « naît d'un processus nécessaire (du point de vue de la conscience), dont l'origine se perd dans le supra-historique et se cache en lui ». Frappée « d'une sorte de *stupor* (*stupefacta quasi et attonita*) », l'humanité est « saisie par un pouvoir étranger, posée hors de soi, c'est-à-dire hors de son pouvoir »[2]. Ces expressions empruntées pour la plupart à la littérature antique relative à l'effroi religieux, qualifient bien l'étrangeté de ces processus d'abord appréhendés par l'impact désorganisateur qu'ils ont sur la vie psychique. Les passages cités montrent assez le caractère sidérant des productions oniriques au principe de la mythologie.

4) On comprend comment la définition de l'*Unheimlichkeit* rend problématique le travail de réappropriation des « fantômes sans forme » d'une réalité psychique hors du temps. Dans *Totem et tabou*, Freud avait mentionné le mécanisme de projection à l'origine de la vision mythologique du monde, par lequel « des perceptions internes de processus de sentiment et de pensée [étaient] projetées vers l'extérieur, utilisées pour la mise en forme du monde extérieur »[3]. L'ambiguïté de la notion d'*Unheimlichkeit* permet de rendre compte du fait que cette fonction de mise en forme de la projection soit régulièrement prise en défaut : c'est en général sous la forme d'un « rêve trouble et pénible » que se manifeste et fait retour le contenu caché ou latent. Freud avait avancé que la réappropriation des formes

1. F. W. Schelling, *Introduction à la philosophie de la mythologie*, leçon 8, trad. fr. J.-Fr. Courtine et J.-Fr. Marquet (dir.), Paris, Gallimard, 1998, p. 192.
2. *Ibid.*, p. 193.
3. S. Freud, *Totem et tabou*, OC, XI, p. 271-272.

projetées reposait sur la traduction des contenus mentaux dans un nouveau médium (le « langage de pensée abstraite ») susceptible de transformer la matière psychique et de l'interpréter. Dans l'essai de 1919, Freud reprend ses analyses antérieures, écrivant, à propos du double, que l'on a affaire à un « retour à telle ou telle phase du développement du sentiment du moi, d'une régression à des époques où le moi ne s'était pas encore rigoureusement délimité par rapport au monde extérieur et à l'autre »[1]. La signification de cette régression change pourtant de sens dans le cas des processus qui résistent au travail de symbolisation et mettent en échec l'effort de réappropriation. C'est ce que souligne Freud lorsqu'il montre que le double impose ici de « reconnaître la domination d'une contrainte de répétition émanant des motions pulsionnelles », contrainte « assez forte pour se placer au-dessus du principe de plaisir »[2]. L'inquiétant n'est pas le processus onirique en lui-même, mais le fait qu'on ait affaire à des visions fantomatiques, source d'effroi, capables de désorganiser les limites du moi, aussi bien que de menacer la forme du monde : à des matériaux qui n'auraient jamais dû sortir du secret dont ils ont été tirés.

5) La compulsion de répétition qui met en échec le travail de symbolisation et d'appropriation implique de repenser le processus d'élaboration secondaire. Dans l'*Interprétation du rêve*, l'élaboration secondaire qui vise à donner au rêve la forme d'une « expérience vécue compréhensible », se limitait à donner forme aux éléments dispersés du rêve : elle signe la victoire du moi et de ses capacités synthétiques sur les productions incohérentes et potentiellement désorganisantes du rêve, même si Freud pouvait ironiser sur la part d'illusion ou de mauvaise foi attachée à cette mise en forme. Ce qu'appelle ici la définition de Schelling, c'est une conception dynamique un peu différente de ce travail d'élaboration et d'organisation qui ne consiste plus seulement à masquer les incohérences du rêve, mais à en refouler l'origine, à l'enfouir

1. S. Freud, « L'inquiétant », OC, XV, p. 170 ; GW, XIII, 249.
2. *Ibid.*, OC, XV, p. 172 ; GW, XIII, 251.

à l'intérieur pour que puisse se déployer le ciel serein des dieux homériques.

Chez Freud, l'inquiétant peut prendre deux formes distinctes :

a) Dans le cas de « l'inquiétant lié à la toute-puissance des pensées, au prompt accomplissement de souhait, aux formes secrètes et nuisibles, au retour des morts », le sentiment d'étrangeté est compris à partir du jugement de réalité associé à ces modes de fonctionnement, c'est-à-dire au fait que les convictions animistes n'ont pas été à proprement parler liquidées : « aujourd'hui nous n'y croyons plus, nous avons surmonté ces modes de pensée, mais nous ne nous sentons pas tout à fait sûrs de ces nouvelles convictions : les anciennes continuent de vivre en nous, à l'affût d'une confirmation »[1]. Ce sont ces convictions du passé qui, quoique *surmontées*, continuent de hanter notre fonctionnement mental, comme si « l'homme de la culture » n'avait jamais véritablement renoncé à ses conceptions animistes.

b) L'autre forme de l'inquiétant « émane des complexes infantiles refoulés, du complexe de castration, de la fantaisie du ventre maternel, etc. ». Elle ne concerne plus la « réalité matérielle » ni la croyance (associée à l'épreuve de réalité), mais la « réalité psychique » du « contenu de représentation ». C'est ici cette réalité psychique elle-même, et non la persistance de convictions animistes, qui confère à ces représentations objectivement fausses et contingentes, une forme de nécessité et de vérité subjective[2]. Comme le remarque Freud, cette réalité psychique renforce l'adhésion aux convictions archaïques qui prennent ainsi la valeur de modes de défense primitifs susceptibles d'être mobilisés lorsque le refoulement est mis en échec.

1. S. Freud, « L'inquiétant », OC, XV, p. 183 ; GW, XIII, 262.

2. « Or nous avons vu que les représentations se produisant en lui ont, pour l'humanité qui en est saisie, une nécessité subjective, et pareillement aussi une vérité subjective. Cela n'empêcherait nullement, comme vous le voyez bien, que ces mêmes représentations, considérées objectivement, fussent contingentes et fausses » (F. W. Schelling, *Introduction à la philosophie de la mythologie*, leçon 8, trad. cit., p. 204). Cette *vérité* d'un genre un peu particulier relève de ce que les scolastiques et Descartes appelaient la « réalité formelle » des idées, la réalité de pensées ou d'objets mentaux irréductible à leur contenu intentionnel.

6) On peut comprendre ainsi la manière dont Freud revient sur la question de la fiction littéraire qu'il interprète comme une forme de *négation* permettant une admission du refoulé, sans levée véritable du refoulement : « car le royaume de la fantaisie présuppose bien, pour sa validité, que son contenu soit dispensé de l'examen de réalité » : « Le résultat, d'allure paradoxale, est que, dans la création littéraire, beaucoup de choses ne sont pas inquiétantes, qui seraient inquiétantes si elles se passaient dans la vie, et que dans la création littéraire il existe, pour atteindre des effets inquiétants, beaucoup de possibilités qui sont absentes de la vie »[1]. Le fait que des choses inquiétantes dans la vie puissent être représentées sans provoquer de sentiment d'inquiétude, constitue bien une forme de négation qui vient ici se surajouter à la négation qui définit le caractère d'*Unheimlichkeit* : la fiction permet ainsi une négation de la négation.

Le processus d'appropriation qui consiste à rendre familier les complexes refoulés ou encore à intégrer les productions fantomatiques de la vie psychique, suppose leur retraduction dans le médium d'un langage abstrait, mais il signifie également que ce *travail de transformation*, de symbolisation ou d'élaboration est aussi au service du refoulement et de l'enfouissement de ces représentations ou de ces rêves pénibles et troublés. Cette nécessité tient, dans l'essai de 1919, à la tension entre la contrainte de répétition et le principe de plaisir.

On peut ainsi rapprocher l'analyse de Freud de l'interprétation qu'avait proposé Schelling des Mystères, avec la mise en scène d'une lutte contre les « fantômes informes [et] effroyables » des anciennes religions, et leur transformation en « visions pures, claires, et bienheureuses ». Freud fait d'ailleurs directement allusion à cette métamorphose en évoquant « le monde serein des dieux d'Homère » :

> Le poète s'est peut-être aussi créé un monde qui, moins fantastique que celui des contes, se distingue pourtant du monde réel en

1. S. Freud, « L'inquiétant », OC, XV, p. 185 ; GW, XIII, 264.

> accueillant des êtres spirituels supérieurs, démons ou esprits des défunts. Tout inquiétant qui pourrait s'attacher à ces figures disparaît alors, aussi loin que s'étendent les présuppositions de cette réalité poétique. Les âmes de l'Enfer de Dante ou les apparitions d'esprits dans Hamlet, Macbeth, Jules César de Shakespeare peuvent être lugubres et effroyables au possible, mais elles sont au fond aussi peu inquiétantes que, par exemple, le monde serein des dieux d'Homère[1].

7) Ces considérations apportent évidemment un éclairage particulier sur le travail de pensée nécessaire à l'organisation et l'élaboration des pensées et notamment des représentations oniriques. Elles permettent d'apporter encore une lumière particulière sur l'*ambiguïté* associée aux états d'indifférenciation ou de non-discrimination dans lesquels le moi cesse d'être « rigoureusement délimité par rapport au monde extérieur et à l'autre »[2].

Ils viennent surtout problématiser le thème stoïcien de l'appropriation (*oikeiôsis*) qui repose sur le sentiment de familiarité à l'origine de l'instinct d'autoconservation. Les analyses de Schelling regardent la transformation que les mystères grecs font subir à la pensée mythologique. À ce titre, elles rencontrent des questions soulevées aussi bien par Platon que par Aristote, et que le rationalisme stoïcien tranche d'une manière radicale. C'est dans cette direction que l'on pourrait interpréter certains des arguments polémiques de Plutarque. Le *Discours* de La Boétie qui interroge les limites de la notion stoïcienne d'appropriation, soulève lui aussi

1. S. Freud, « L'inquiétant », OC, XV, p. 185-186; GW, XIII, 265.

2. Sur la notion d'ambiguïté, voir J. Bleger, *Symbiose et ambiguïté*, *op. cit.*, et en particulier le chapitre IX (« Ambiguïté et syncrétisme dans "L'inquiétante étrangeté" de Freud »), p. 357-369. Bleger ne mentionne pas l'analyse de Schelling (sinon ce qu'en rapporte Freud après Sanders), mais il cite cette phrase de Nietzsche qui en résume la teneur : « L'art grec nous a enseigné qu'il n'est point de surfaces véritablement belles sans de terribles profondeurs » (fragment de 1871). On lit pareillement dans la préface du *Gai savoir* : « Ah! Ces Grecs comme ils savaient vivre. Cela demande la résolution de rester bravement à la surface, de s'en tenir à la draperie, à l'épiderme, d'adorer l'apparence et de croire à la forme, aux sons, aux mots, à tout l'Olympe de l'apparence. Les Grecs étaient superficiels… par profondeur ».

ces questions relatives aux effets d'ambiguïté et d'étrangeté, tant du point de vue des processus de pensée que du point de vue politique de la formation de masses. On peut comprendre ainsi la thèse selon laquelle « la première raison de la servitude volontaire, c'est la coutume » (DSV, 63). Une coutume qu'il oppose à la mémoire de la liberté, source d'intégration et surtout d'individuation[1]. C'est sur elle que repose la capacité d'investissement de ce « bien intérieur » (ou du « propre ») qui fait défaut dans l'acédie.

Dans son essai sur la coutume, Montaigne introduit son propos par une fable traditionnelle qui illustre assez bien cette problématique de l'appropriation :

> Celui me semble avoir très bien conçu la force de la coutume, qui premier forgea ce conte, qu'une femme de village, ayant appris de caresser et porter entre ses bras un veau dès l'heure de sa naissance, et continuant toujours à ce faire, gagna cela par l'accoutumance que tout grand bœuf qu'il était, elle le portait encore[2].

La fable est parlante. Elle vient montrer comment la coutume peut altérer et transformer la nature ou le *naturel*. À la manière de Plutarque, Montaigne rapporte le « propre », ici manifestement contre-nature, non à une connaissance innée de soi, mais à un processus d'appropriation dont il montre les effets potentiellement aliénants. Il poursuit d'ailleurs en dénonçant ces effets insidieux de l'accoutumance qui établit en nous son autorité de manière insensible et cachée :

1. J'entends ici l'*individuation* comme un processus de différenciation, au sens où Bleger parle de discrimination, par opposition au syncrétisme et à l'ambiguïté.

2. Montaigne, *Essais*, I, 23, « De la coutume et de ne changer aisément une loi reçue », 108-109A. La fable est assez commune. Érasme, dans ses *Adages* (150), mentionne le proverbe, « né dans un lupanar, à ce qu'il semble » : « Qui l'a porté veau, le portera taureau » (*Taurum tollet, qui vitulum sustulerit*). Il cite Pétrone, *Satiricon*, 25, 3-6. À côté du contenu sexuel, il indique l'histoire de Milon de Crotone (rapportée par Quintilien, *Instit. orat.*, I, 9, 5) qui « s'était habitué à porter un veau sur quelques stades et qui porta le même animal quand il fut devenu adulte ». Dans ce cas, l'adage « conviendra à ceux qui s'accoutument peu à peu même aux choses les plus difficiles ».

> Car c'est à la vérité une violente et traîtresse maîtresse d'école, que la coutume. Elle établit en nous, peu à peu, à la dérobée, le pied de son autorité : mais par ce doux et humble commencement l'ayant rassis et planté avec l'aide de temps, elle nous découvre tantôt un furieux et tyrannique visage, contre lequel nous n'avons plus la liberté de hausser seulement les yeux. Nous lui voyons forcer, tous les coups, les règles de la nature. [C] *Usus efficacissimus rerum omnium magister* ["L'usage est le plus puissant maître en toutes choses"][1].

Un peu plus loin, Montaigne la dépeint comme une autorité anonyme et sans visage, qui empêche l'usage réflexif de la mémoire : « Mais le principal effet de sa puissance, c'est de nous *saisir et empiéter* de telle sorte, qu'à peine soit-il en nous de ravoir de la prise et de rentrer en nous pour discourir et raisonner de ses ordonnances »[2]. Il est significatif que, dans la fable, le tyran soit un veau et que l'aliénation repose sur une sollicitude maternelle. En insistant sur l'effet d'emprise et d'intrusion, Montaigne rapporte expressément la problématique de l'aliénation à celle des limites du moi et des phénomènes d'ambiguïté.

Le procédé que dénoncent La Boétie et Montaigne, s'apparente à celui de poètes dont les productions, comme l'écrit Freud, « font les yeux doux au merveilleux ». Ainsi Hoffman, à la différence d'Homère, « nous livre […], pour ainsi dire par traîtrise, à notre superstition tenue pour surmontée : il nous trompe en nous promettant une réalité effective commune, et en allant malgré tout au-delà d'elle. Nous réagissons à ses fictions de la même manière que nous aurions réagi à des expériences vécues par nous ; quand nous nous apercevons de la tromperie, il est trop tard, le poète a atteint ce qu'il disait […] »[3]. Le tyran ne procède pas autrement.

1. Montaigne, *Essais*, I, 23, 109AC. La citation est tirée de Pline (*Hist. nat.* XXVI, 6).

2. *Ibid.*, I, 23, 115.

3. S. Freud, « l'inquiétant », OC, XV, p. 186 ; GW, XIII, 265-266.

MÉMOIRE ET ACCOUTUMANCE : LA THÉORIE DES « SENS INTERNES »

a) *Les sens internes*

Pour mieux comprendre la manière dont La Boétie mobilise la notion de mémoire, on peut également rappeler les grandes lignes de la psychologie du « sens interne » qui constitue le cadre de référence pour les textes de l'époque de la Renaissance. L'exposé du *De anima* d'Avicenne permettra de clarifier les processus d'enregistrement mnésique et de distinguer les enjeux de la distinction entre mémoire et coutume. À la terminologie près, la conception d'Avicenne recoupe largement la tradition rhétorique de la mémoire. Les allusions du *Discours* sont suffisamment génériques pour que l'on puisse se dispenser de s'encombrer des traditionnels raffinements que l'on rencontre dans les livres de philosophie.

La spécificité de ce modèle tient d'abord 1) à la distinction entre deux types de représentations, les « formes sensibles » qui constituent une première organisation des données sensorielles issues des cinq sens, et les « intentions » (*intentiones*) qui sont appréhendées par la « puissance estimative » dont la fonction s'apparente au jugement d'attribution. Cette distinction correspond à peu près à la différence que l'on trouve dans la rhétorique latine entre *res* et *verba*, où la *chose* renvoie, non à une réalité extérieure et sensible, mais à une représentation mentale (mnésique) signifiée par le *mot*. La seconde spécificité du modèle tient 2) à la distinction entre la faculté qui appréhende les réalités mentales, et la faculté qui les conserve : la différence entre formes et intentions conduit ainsi à définir quatre facultés du « sens interne ». À cela s'ajoute, pour chaque type de représentation mentale, une faculté capable de les composer. La terminologie d'abord fixée par les traductions latines de l'arabe, connaît des variations, surtout à l'époque de la Renaissance, mais la logique fonctionnelle de ce modèle topique reste plus ou moins le même :

Le « sens interne », souvent appelé *phantasia* en un sens générique, se divise en quatre de facultés principales[1] :

1) La *phantasia* (en un sens cette fois spécifique) ou « sens commun » est la faculté de « recevoir par soi-même toutes les formes imprimées par les cinq sens », et de les transformer. Dans cette typologie, les formes sensibles (*formae*) sont à distinguer des « intentions » (*intentiones*) qui en sont abstraites et par le moyen desquelles elles sont « connues » ou jugées.

2) Cette faculté est distinguée par Avicenne de l'*imaginatio* qui a pour tâche de retenir et de conserver les formes du sens commun. Cette première faculté d'enregistrement n'est pas encore à proprement parler une « mémoire » pour autant que le souvenir repose un autre ordre de réalités psychiques que ces formes sensibles : les « intentions », objets des facultés estimatives et cogitatives).

3) La « puissance imaginative » (distincte de l'*imaginatio*) compose ces formes sensibles ; elle est dite « cogitative » chez l'homme.

4) Vient ensuite la « puissance estimative ». Elle « appréhende les intentions non senties qui sont dans les sensibles singuliers, comme la puissance qui est dans la brebis qui juge que ce loup doit être fui, et que cet agneau doit être secouru ». C'est une puissance appréhensive et opérative. Elle appréhende, distingue ou connaît non les « formes sensibles », mais leurs « intentions » (*intentiones*). Le terme renvoie à un éventail très large et souvent problématique : l'intention permet non seulement la récognition, mais aussi une connaissance particulière de l'utile et du nuisible, de la bonté et de la malice, au principe des affects (crainte du loup), du désir (ou répulsion) et de la réponse motrice (fuite). Dans tous ces exemples, l'intention est présentée comme le moyen terme d'un jugement pratique. Cette faculté estimative est gardienne de l'autoconservation.

1. Voir Avicenne, *Liber de anima*, éd. S. Van Riet, Louvain, 1968-1972, par exemple I, 5 (vol. 1, p. 79-102).

5) La mémoire (*vis memorialis et reminiscibilis*) est la « puissance qui retient ce que la puissance estimative appréhende des intentions non sensibles des singuliers sensibles ». La mémoire n'est pas définie à partir de la rétention en général (distinguée de l'appréhension), mais comme une fonction spécifique associée aux intentions de l'estimative. L'important est ici qu'elle ne conserve pas les données sensorielles brutes, les traces sensorielles organisées par le sens commun (les « sensibles singuliers »), mais leurs intentions. La mémoire est présente chez les animaux, mais la réminiscence qui consiste à provoquer volontairement le souvenir d'une chose oubliée, apparaît comme spécifiquement humaine.

6) La raison ou faculté discursive qui compose ces intentions regarde les processus mentaux qui relèvent des facultés supérieures (intellectuelles) de l'âme.

b) *Le jugement imaginatif et le propre*

Ces « intentions » non-sensibles sont au principe d'un jugement (*iudicum imaginabile*) relatif aux formes sensorielles. Ce jugement à l'origine d'un affect (crainte) et d'une réponse motrice (fuite) relève du jugement d'attribution relatif au bon et au mauvais, et constitue une forme primaire de connaissance qui peut tirer son origine de la nature ou de l'apprentissage et de la réflexion. Dans le premier cas, Avicenne parle de « précautions naturelles », par lesquelles « l'estimative appréhende les intentions qui sont mélangées aux formes sensibles et relatives à ce qu'elle doit poursuivre ou éviter. De là vient que toutes les brebis ont peur du loup, même si elles n'en ont jamais vu et n'en ont jamais subi aucun mal ». De là vient aussi qu'elles se portent au secours de l'agneau. Il donne ces autres exemples significatifs :

> Ainsi la disposition de l'enfant qui, aussitôt né, se met au sein, et celle de l'enfant qui, lorsqu'il est soulevé et veut redescendre, cherche aussitôt à agripper quelqu'un ou à se protéger par quelque moyen. Pareillement, lorsque l'œil incommodé par une poussière, se referme aussitôt, avant même de comprendre (*intelligat*) ce qui

arrive et ce qu'il doit faire, comme si cela se produisait par la nature de son âme, et non par choix <volontaire>[1].

Ces « précautions naturelles » pourraient être interprétées à la lumière de la notion stoïcienne d'appropriation qui vise à rendre raison du caractère finalisé de ces comportements biologiquement adéquats. Dans le raisonnement d'Avicenne, ce qu'il faut expliquer, ce n'est pas le caractère finalisé d'un processus mécanique, mais au contraire l'apparence mécanique d'un comportement qui relève en réalité d'opérations complexes de l'esprit ou de l'âme. La théorie du jugement pratique relatif à l'estimative permet de problématiser des opérations que l'on a pris l'habitude de regarder comme automatiques ou instinctives : elle vient les décomposer et montrer comment elles se fondent en effet sur une activité de symbolisation et constituent déjà un premier « genre de connaissance ». La finalité témoigne ainsi que la réponse motrice, même immédiate, relève d'une opération qui suppose un jugement, et par conséquent une forme de délibération. Freud ne procède pas autrement lorsqu'il rapporte le narcissisme au jugement d'attribution[2].

1. Avicenne, *Liber de anima*, IV, 3 ; éd. S. Van Riet, Louvain, 1968-1972, vol. 2, p. 38. Le « jugement » ne repose donc pas sur une réflexion ou une délibération ni, *a fortiori*, sur un raisonnement conscient. Chez Avicenne, la qualité de la conscience (aperception) n'entre pas (de manière constitutive du moins) dans la définition des différents processus cognitifs, même dans le cas des opérations supérieures de l'âme.

2. Sur la notion d'instinct, on peut se rapporter aux discussions critiques et théoriques de K. Lorenz recueillies dans *Trois Essais sur le comportement animal et humain*, trad. Paris, Seuil, 1970. Dans le premier texte (« Sur la formation du concept d'instinct », 1937), Lorenz écrit : « Alors que ni les phénomènes de régulation, ni les excitations déclenchant l'abaissement du seuil, ne nous ont permis de délimiter les concepts d'acte instinctif et de réflexe, il apparaît que l'aspiration de l'animal à la fonction finalisée, aboutissement du comportement d'appétence, peut servir de définition à l'acte instinctif » (p. 65). Cette définition de l'acte instinctif comme « aboutissement réflexe désiré » (*angestrebter Reflexablauf*) présente l'avantage de prendre en considération « que ce sont justement les phénomènes accompagnateurs subjectifs de l'acte instinctif qui représentent la finalité directe du comportement d'appétence » (p. 66). Il a en vue l'*oikeiôsis* des stoïciens, l'ajustement du besoin et du désir, du plaisir et de la nécessité, qui permet d'interpréter ces processus « sous le primat du principe de plaisir ».

L'apprentissage repose sur la mémoire qui conserve les intentions associées à des expériences vécues : c'est ainsi que les chiens craignent les pierres et le fouet, ou que la vue d'un livre nous rappelle le maître qui nous l'a commenté, mais aussi les affects qu'il a mobilisés en nous et, par ces différents moyens, les notions qui y sont contenues. L'apprentissage vient ainsi constituer une « seconde nature » : il est à l'origine de jugements ou d'associations analogues entre une image et une intention, sur le modèle des « précautions naturelles ».

Le naturalisme de l'appropriation (*oikeiôsis*) qui définit l'harmonie entre la constitution de l'individu et ses tendances ou dispositions instinctives, sert donc de modèle pour l'explication des comportements acquis : l'apprentissage est compris comme une adaptation à des normes nouvelles, différentes de celles qui règlent la simple autoconservation du vivant. Cette adaptation (par dressage ou conditionnement) peut être comprise comme l'acquisition de modèles ou de schémas comportementaux, c'est-à-dire de schèmes pratiques ou d'automatismes qui finissent par avoir une force de contrainte analogue à celle des "instincts" naturels. La théorie des « sens internes », explique ces modifications comme une altération du « jugement imaginatif » fondé sur les intentions de la mémoire. Cette « seconde nature » peut être comprise comme une spécification, voire un perfectionnement, des dispositions naturelles innées, mais elle peut aussi entrer en conflit ou même en contradiction avec ces dispositions. C'est cette distinction et ses limites qu'interroge La Boétie dans son *Discours* : « Disons ainsi qu'à l'homme toutes choses sont comme naturelles, à quoi il se nourrit et accoutume ; mais seulement lui est naïf [originel], à quoi sa nature simple et non altérée l'appelle » (DSV, 63).

c) *Servitude et accoutumance*

Dans le *Discours*, La Boétie rapporte expressément la soumission à la tyrannie à cette altération du jugement d'attribution.

La Boétie expose la chose de deux manières différentes, mais finalement équivalentes :

1) D'abord sous la forme d'un syllogisme dont la conclusion fait de la coutume « la première raison de la servitude volontaire » :

> La nature de l'homme est bien d'être franc et de le vouloir être; mais aussi sa nature est telle que naturellement il tient le pli que la nourriture [éducation] lui donne. Disons donc ainsi, qu'à l'homme toutes choses lui sont comme naturelles, à quoi il se nourrit et accoutume; mais cela seulement lui est naïf [inné], à quoi sa simple nature non altérée l'appelle; ainsi la première raison de la servitude volontaire, c'est la coutume (DSV, 63).

La *nature* et le *naturel* renvoient à un arrière-plan que l'on peut l'interpréter du point de vue du jugement d'attribution et de la norme du bon et du mauvais. La Boétie rapporte la « servitude volontaire » à l'éducation (« nourriture ») qui transforme cette nature. Dans cette unique occurrence de l'expression de « servitude volontaire », la notion de *volonté* ne renvoie donc pas au « libre arbitre », mais plutôt au jugement pratique de cette faculté du sens interne qu'Avicenne appelle *estimative*, associée à la mémoire.

Au début du *Discours*, La Boétie avait clairement mis à l'écart le débat philosophique relatif à la définition abstraite de la liberté. Il tire argument du thème stoïcien de l'appropriation, c'est-à-dire du désir naturel d'autoconservation qui implique que l'individu lutte contre ce qui pourrait entraîner sa destruction :

> Mais à la vérité, c'est bien pour néant de débattre si la liberté est naturelle, puisqu'on ne peut tenir aucun en servitude sans lui faire tort, et qu'il n'y a rien de si contraire au monde à la nature, étant toute raisonnable, que l'injure. Reste donc la liberté être naturelle, et par même moyen [par un raisonnement fondé sur les mêmes prémisses] à mon avis que nous ne sommes pas nés seulement en possession de notre franchise, mais aussi avec affection de la défendre (DSV, 47-48).

La liberté (ou le « désir de franchise », commun aux hommes et aux bêtes) est présentée comme constitutive de la *nature* de l'individu *vivant*, et par conséquent directement associée à l'instinct d'autoconservation. C'est cette identité du vivant que compromet la soumission à la tyrannie.

2) La même idée est formulée autrement plus loin, dans le passage consacré aux spectacles, où altération de la nature est comparée au processus normal d'apprentissage. La Boétie rapporte alors explicitement l'accoutumance au jugement imaginatif ou jugement d'attribution : la coutume fausse le jugement fondé sur les intentions de l'estimative, en associant la servitude à des expériences et des représentations de plaisir. Cette première explication rend compte de manière assez traditionnelle de l'adhésion du peuple à l'oppression tyrannique :

> Ainsi les peuples assottis, trouvant beaux ces passe-temps, amusés d'un vilain plaisir qui leur passait sous les yeux, s'accoutumaient à servir aussi niaisement, mais plus mal que les petits enfants qui, pour voir les luisantes images des livres enluminés [illustrés], apprennent à lire (DSV, 73).

L'exemple de l'apprentissage de la lecture repose (dans les termes de la rhétorique classique) sur l'association de deux *signes* (la forme visuelle du mot écrit et l'image) à une même représentation mentale (l'intention ou la chose, *res*). À la différence de l'exemple des chiens qui apprennent à craindre le fouet, La Boétie insiste sur le plaisir qui accompagne et seconde cet apprentissage, permettant de masquer l'effort et le déplaisir associés à l'apprentissage. C'est le sens de la comparaison : de même que les enfants apprennent sans effort à lire grâce aux images, de même les peuples s'accoutument à associer leur situation de servitude aux plaisirs (théâtres, jeux, farces, gladiateurs… etc.) comme à autant de « drogueries », d'« allèchements » ou d'« appâts ». Ces « outils de la tyrannie » consistent à dissimuler la douleur et à la rendre insensible, comme un condiment déguise l'amertume d'un mets, pour représenter la servitude, au regard du jugement imaginatif, comme un état désirable, et non pour ce qu'elle est, un mal contre-nature[1].

1. Cette technique est encore décrite par Descartes lorsqu'il fait état du danger que représentent les erreurs ou les préjugés pour l'intégrité du sujet : « Comme, par exemple, le goût agréable de quelque viande en laquelle on aura mêlé du poison, peut m'inviter à prendre ce poison, et ainsi à me tromper » (*Méditations métaphysiques*, Méditation VI, AT, VII, 83, 29-30 ; IX, 66). Le désir de vérité est indissociable du soupçon et de la défiance auxquels invite La Boétie.

Ces deux passages rapportent la servitude volontaire au processus *normal* d'apprentissage, d'adaptation et d'accoutumance, autrement dit à une altération ou à une modification limitée de la *nature* et du jugement d'attribution. Ce modèle de base est invoqué par La Boétie pour rendre compte de la servitude du peuple qui a fini par regarder comme normale ou naturelle la soumission et l'injustice subie : « C'est, cela, que les hommes naissant sous le joug, et puis nourris et élevés dans le servage, sans regarder plus avant, se contentent de vivre comme ils sont nés ; et ne pensant plus avoir autre bien ni autre droit que ce qu'ils ont trouvé, ils prennent pour leur *naturel* l'état de leur naissance » (DSV, 55).

Pourtant La Boétie montre assez rapidement les limites de cette explication « sous le primat du principe de plaisir ». Il souligne, pour le dire autrement, le caractère paradoxal des logiques de survie, irréductibles aux seules exigences d'autoconservation.

d) *La problématique de la coutume*

Ce modèle de base est cependant remis en question dans le *Discours*. L'accoutumance à la servitude ne constitue pas une altération seulement relative, comme dans le cas des apprentissages associés à l'éducation et à la socialisation : elle est interprétée comme une véritable « dénaturation » ou une perversion contre-nature, qui ne se limite pas à une simple modification du jugement, mais vient désorganiser les facultés de penser et de désirer. C'est le sens de l'évocation du *malencontre* (DSV, 50), par laquelle La Boétie suggère une origine traumatique de la servitude volontaire, source de désorganisation des liens sociaux aussi bien que du rapport à soi.

Le discours sur la coutume est ambigu :

1) Il rend compte d'abord des processus d'apprentissage et de socialisation, par lesquels les individus acquièrent des manières d'agir, de penser et d'être, que l'on peut regarder comme l'actualisation de virtualités ou de dispositions qui viennent *spécifier* la forme générique de l'humanité (la *nature commune*). Pensée à partir de la *memoria*, cette acquisition d'une culture peut être rapportée

au travail d'adaptation et d'intégration, par lequel le sujet devient capable de vivre une expérience et de l'interpréter, autrement dit de la rendre partageable et communicable. C'est en ce sens, comme on le verra, que l'on peut parler, avec Cicéron, d'une « accoutumance à la raison », proprement humanisatrice. Cette forme de coutume est source de différenciation ; elle est tout à la fois socialisatrice et principe d'individuation, fondement ou gardienne du sentiment d'identité et de continuité. Ainsi comprise, la coutume a d'abord une fonction d'*insensibilisation* qui vise à réduire l'impact désorganisant de la douleur et de situations potentiellement traumatiques. Les textes antiques insistent sur cette dimension défensive qui vise à maîtriser l'expérience de déplaisir.

2) Lorsqu'il fait de la coutume « la première raison de la servitude volontaire », La Boétie met en avant une modalité paradoxale de cette accoutumance. Poussée à l'extrême, cette insensibilisation finit par faire obstacle à l'activité de symbolisation et d'appropriation propre à la mémoire : elle devient principe d'aliénation. La coutume ici « corrompt la nature ». Elle n'est plus conçue comme une spécification de la forme générique de l'humanité, mais comme une altération vers des formes de vie dégradées et déshumanisées :

> Cela, est-ce vivre heureusement ? cela s'appelle-t-il vivre ? est-il au monde rien de moins supportable que cela, je ne dis pas à un homme de cœur, je ne dis pas à un bien né, mais seulement à un qui ait du sens commun ou, sans plus, la face d'homme ? quelle condition est plus misérable que de vivre ainsi, qu'on n'ait rien à soi, tenant d'autrui son aise, sa liberté, son corps et sa vie ? (DSV, 90)[1].

On a vu que cette dépossession était au cœur de la perversion des liens sociaux. L'autre face de cette aliénation, c'est l'accoutumance et l'insensibilisation par laquelle le sujet se trouve dépossédé de son corps et de sa vie, – jusqu'à *être dépouillé des qualités du vivant*.

On a vu comment dans cet univers où « tout est à un », les sujets se trouvent privés de leur bien propre, ainsi que du soutien

1. Parlant des bêtes en captivité, La Boétie écrit que cet état « leur est *plus languir que vivre* » (DSV, 49).

garanti par les objets sociaux (le *commun*). On peut maintenant comprendre que cette dépossession s'accompagne d'une aliénation plus radicale qui touche au corps propre et au rapport à soi. La « servitude volontaire » relève alors d'une désorganisation qui menace la capacité même d'appropriation des sujets, les rendant ainsi « étrangers à leurs propres joies et à leurs propres peines ». Dans la logique de survie décrite par le *Discours*, le sujet se retire de lui-même et se clive en se coupant de ses affects et d'abord du déplaisir associé à la servitude. C'est à cette forme de clivage et d'auto-exclusion que renvoyait le thème de la « mort de l'âme ».

À l'opposé de la familiarité qui relève du travail intégrateur de socialisation et de culture permettant de trouver, comme le dit Plutarque (ou Amyot), « domicile en ses mœurs », la « servitude volontaire » renvoie au sentiment d'étrangeté qui marque les limites de l'appropriation. On peut comprendre le thème de la coutume à la lumière de la problématique du narcissisme, – et de rendre ainsi raison de l'ambiguïté de cette forme de mémoire font la fonction est de seconder la capacité de métabolisation de l'expérience subjective, mais qui peut également faire obstacle au travail de symbolisation.

MÉMOIRE DE LA LIBERTÉ

Le passage consacré au petit nombre des « mieux nés » est l'un des rares où La Boétie explicite le sens qu'il donne à la volonté et au désir de liberté. Le rôle de la mémoire est ici central.

Les « mieux nés »[1] sont ceux qui, malgré la situation commune, ont conservé une représentation de la liberté :

> Toujours s'en trouve-il quelques-uns mieux nés que les autres qui sentent le poids du joug et ne se peuvent tenir de le secouer, qui ne s'apprivoisent jamais à la sujétion, et qui toujours, comme Ulysse

1. La Boétie se réfère à la notion commune de noblesse, une notion équivoque, mais toujours associée au thème de la mémoire et au temps de l'histoire : à une noblesse de sang qui entretient la mémoire historique de la lignée, à la noblesse érudite typiquement humaniste, associée à la mémoire historique et livresque dont La Boétie parle plus loin, aussi bien qu'à la noblesse intellectuelle des médiévaux (Dante), capable de s'élever par l'esprit au-dessus du vulgaire.

> qui, par mer et par terre, cherchait toujours de voir la fumée de sa case, ne se peuvent tenir d'aviser à leurs naturels privilèges, et de se souvenir de leurs prédécesseurs, et de leur premier être (DSV, 64).

La représentation de la liberté est d'abord négative : elle a son point de départ dans la douleur associée à la servitude. Loin d'être une idée abstraite, cette représentation naît d'abord d'un sentiment de déplaisir, ensuite élaboré par la réflexion et la mémoire qui conduira à la conception du « droit de nature » ou des « privilèges naturels ». On peut rapprocher cet extrait de la page où La Boétie mentionne le désir de liberté des bêtes qui résistent au dressage et à la domestication : *Même les bœufs sous le poids du joug geignent* (DSV, 49). Ici encore, le désir naturel de franchise trouve sa source dans l'affect de déplaisir et relève (comme chez les stoïciens) de l'appropriation et de l'instinct d'autoconservation.

La Boétie explicite ensuite le travail d'élaboration par lequel le sentiment de déplaisir lié à la servitude donne naissance à une représentation ou intention suscitant le désir de liberté. C'est d'abord leur rapport au temps qui distingue les « mieux nés » des esprits vulgaires réputés incapables de s'extraire du moment présent :

> Ce sont volontiers ceux-là qui, ayant l'entendement net, et l'esprit clairvoyant, ne se contentent pas, comme le gros populas, de regarder ce qui est devant leurs pieds, s'ils n'avisent et derrière et devant, et ne remémorent encore les choses passées pour juger de celles du temps à venir, et pour mesurer les présentes (DSV, 64-65).

L'usage de la mémoire ne vise pas la simple reproduction des images du passé, mais organise le jugement et l'abstraction. La Boétie insiste sur l'association nécessaire, typiquement humaniste, de la nature et de l'éducation ou de la culture : « ce sont ceux-là qui, ayant la tête, d'eux-mêmes, bien faite, l'ont encore polie par l'étude et le savoir » (DSV, 64). Cette éducation s'oppose à l'accoutumance et au dressage qui, au contraire, « apprivoisent à la sujétion ».

Ceux dont l'entendement est resté « net » et « clairvoyant », sont ainsi capables d'imaginer et de sentir en eux-mêmes cette liberté exclue de ce monde, et de tirer plaisir de cette évocation :

> Ceux-là, quand la liberté serait entièrement perdue et toute hors du monde, l'imaginent et la sentent en leur esprit, et encore la savourent; et la servitude ne leur est de goût, pour tant bien qu'on l'accoutre (DSV, 65).

Le passage dans son ensemble est à entendre à partir de la théorie des facultés du sens interne. La liberté, exclue du monde, est cependant conservée comme le vestige ou la trace en chacun d'une nature originelle, parmi les "intentions" (*intentiones*) de la mémoire. L'intention ou la notion de liberté n'est pas un concept abstrait; il s'agit d'une réalité psychique ou mentale qui doit trouver, dans l'imagination, des "formes" (*formae*) susceptibles de la rendre sensible et de la figurer. Ces images sont sources de plaisir : ainsi représentée, la liberté sera d'emblée désirable. En tant qu'elle est à compter au nombre de ces « idées latentes » (*tacitae cogitationes*), cachées dans les profondeurs de la mémoire[1], cette liberté est une notion qui, pour être *conçue*, suppose le déplaisir associé à la servitude. Par ce moyen, elle pourra être à l'origine d'une représentation et d'une imagination permettant de juger du présent. La mémoire de la liberté, et d'une liberté qui n'a pas besoin d'avoir été vécue autrement qu'en imagination, sert ainsi de pierre de touche ou de mesure au jugement pratique.

Méditation et mémoire sont ici mises en relation avec le *rêve*. Le processus onirique est assimilable à un souvenir, c'est-à-dire à un jugement qui interprète et comprend les choses présentes au moyen de l'intention des absentes. Il ne sépare pas le sujet de la réalité, mais l'y reconduit, par l'intermédiaire d'un jugement qui permet de donner à l'actuel la forme d'une « expérience vécue compréhensible ». C'est sur ce point que le thème stoïcien du « propre » peut être rapporté à la problématique de l'appropriation et de l'intégration subjective. La fonction de la mémoire est de donner forme à l'informe et de transformer ces éléments proto-hallucinatoires et fantomatiques en « visions pures et claires » (Schelling) : c'est sur elle que repose « le

1. Quintilien, *Inst. orat.* XI, 2, 18.

monde serein des dieux d'Homère ». La servitude volontaire est la conséquence d'une sidération de ces capacités d'élaboration.

Chez les esprits grossiers dont parle La Boétie, fait défaut cette faculté ou ce pouvoir de représentation et d'imagination qui doit permettre d'appréhender les notions communes enfouies dans les profondeurs de l'âme. Cette incapacité résulte d'abord de l'insensibilisation. L'accoutumance qui fait obstacle au sentiment de douleur ou de déplaisir, empêche l'exercice de la puissance estimative (le jugement d'attribution relatif au bon et au mauvais). Aveuglée par l'habitude, elle devient incapable de sentir le mal et, par conséquent, de le fuir.

Le *Discours* expose très clairement les traditionnels moyens par lesquels les tyrans abêtissent leurs sujets. Il évoque Cyrus qui, pour soumettre les Lydiens, « établit des bordels, des tavernes et jeux publics, et fit publier une ordonnance, que les habitants eussent à en faire état » (DSV, 72). Il poursuit avec les exemples convenus de l'histoire romaine. Ces « outils de la tyrannie », destinés à « efféminer leurs gens » ou à « endormir leurs sujets sous le joug », visent à entretenir partout l'ignorance, mais plus précisément à faire obstacle à cette activité de pensée qui repose sur la sensibilité. Du point de vue subjectif, l'abêtissement interdit la transformation de l'affect en une « expérience vécue compréhensible », dotée de signification, qui relève de l'imagination et de la mémoire, c'est-à-dire du jugement d'attribution gardien du narcissisme. Du point de vue social, il devient source d'isolement et de désaffiliation en faisant obstacle à la reconnaissance mutuelle et au partage d'affect sur lesquels repose l'amitié. C'est sous ce double aspect que La Boétie propose de penser les techniques de *disqualification* à l'origine de la formation de masse.

La notion d'*affiliation* peut être regardée comme un sens possible de l'*oikeiôsis* stoïcienne qui regarde le rapport à soi ou au propre, aussi bien que les relations d'amitié à l'origine de la communauté politique. L'oubli ou l'amnésie comme instrument de domination, vise au démantèlement des capacités de résistance du sujet. Ce sont les techniques de *désaffiliation* que l'on rencontre dans l'embrigadement sectaire qui vise à désorganiser les défenses du sujet en le privant de ses repères culturels[1]. Elles passent le plus souvent par des violences corporelles produisant des états de dépersonnalisation ayant pour but d'altérer le rapport au corps propre (jeûne, veille forcée, usages de stupéfiants, initiations). La torture physique vise pareillement, par la douleur, à provoquer l'effondrement des défenses identitaires[2]. La Boétie montre comment les bordels, les tavernes et les spectacles produisent les mêmes effets par d'autres moyens. C'est aussi, sous une forme plus insidieuse, le mot d'ordre du management contemporain qui vise à « produire l'amnésie », c'est-à-dire l'effacement ou la mise hors-jeu de la qualification et de l'expérience acquise (toujours-déjà « dépassées »), au nom de la compétence et du « potentiel humain », c'est-à-dire d'une capacité purement individuelle d'adaptation : l'idéal d'autonomie invoqué contre les « rigidités » et les « conservatismes », conduit à la promotion d'un mode de vie désocialisé et désaffilié. D'où cette attaque en règle d'un cadre dirigeant de la SNCF : « Le problème, chez nous, c'est que n'importe quel cheminot est sûr qu'il sait mieux que ses responsables ce qu'est son métier, et comment il doit travailler ! »[3], – où l'on peut voir comment le démantèlement des valeurs professionnelles et de la coopération, au nom de la technique, vient régulièrement légitimer l'incompétence des "responsables". La disqualification du travail n'est jamais très éloignée de celle des valeurs sociales et morales. Le *Discours* de La Boétie invite à interroger les processus à l'origine de cette « banalisation de l'injustice sociale »[4]. On peut citer ces propos, déjà anciens, d'un ouvrier spécialisé :

1. Voir O. Roy, *La Sainte ignorance. Le temps de la religion sans culture*, Paris, Seuil, 2008.

2. Voir F. Sironi, *Bourreaux et victimes. Psychologie de la torture*, *op. cit.*

3. Cité par D. Linhart, *La Comédie du travail humain. De la déshumanisation taylorienne à la sur-humanisation managériale*, Toulouse, Érès, 2015, p. 38.

4. Ch. Dejours, *Souffrance en France. La banalisation de l'injustice sociale*, Paris, Seuil, 1998. Sur l'accélération comme instrument d'amnésie et d'aliénation, voir H. Rosa, *Accélération : une critique sociale du temps*, Paris, La Découverte, 2010.

> Le problème, c'est qu'on n'est pas seul à faire marcher la machine. On est au moins trois ou quatre : l'ingénieur, le programmateur, le type qui a fabriqué l'appareil et l'opérateur. [...] Et le fait est qu'il est excessivement difficile de communiquer avec les autres personnes impliquées dans le processus. Ils ne veulent pas en entendre parler. C'est eux qui ont suivi une formation, eux seuls qui ont les diplômes. Ils n'ont aucune envie de s'entendre dire par vous ce qui ne va pas. C'est forcément de votre faute. Pour rien au monde ils n'admettront qu'ils ont commis une erreur. [...] Quand je trouve le moyen d'améliorer une opération, je me garde bien de le dire à qui que ce soit si je peux le faire sans que personne ne s'en aperçoive. Au demeurant, jamais personne ne me demande mon avis[1].

L'ACCOUTUMANCE À LA RAISON ET LE TRAVAIL DE CULTURE

Si La Boétie présente la coutume comme « la première raison de la servitude volontaire » (DSV, 63), son propos est loin d'être unilatéral. Sans doute, l'accoutumance et l'habitude sont l'occasion de dénoncer le démantèlement des facultés de penser et de sentir sur lequel repose la « servitude volontaire ». Pourtant, la coutume et l'accoutumance sont aussi présentés comme les principaux ressorts de la pédagogie et du travail de culture : la mémoire de la liberté repose en grande partie sur une accoutumance à la raison qui est le résultat de l'étude et du savoir. À la différence de l'opposition convenue entre la coutume et la raison, que l'on rencontrera au siècle suivant, La Boétie se fait l'écho de la conception humaniste de l'éducation fondée sur la *memoria* classique ainsi que sur les exercices et pratiques mnémoniques[2].

1. Propos cités par H. Shaiken, *Le Travail à l'envers : automation et main-d'œuvre à l'âge des ordinateurs*, Paris, Flammarion, 1986 et repris par R. Sennett, *Le Travail sans qualités. Les conséquences de la flexibilité*, Paris, Albin Michel, 2000, p. 162.

2. Sur le sujet de la mémoire et les pratiques mnémoniques dans la tradition rhétorique, voir M. Carruthers, *Le Livre de la mémoire. La mémoire dans la culture médiévale* (1990), Paris, Macula, 2002, ainsi que *Machina memorialis. Méditation, rhétorique et fabrication des images au Moyen Âge (400-1200)* (1998), Paris, Gallimard, 2002.

Autrement dit, la mémoire s'éduque et se cultive, comme elle peut se corrompre et se dégrader. Sa fonction est de permettre l'appropriation du « bien intérieur », c'est-à-dire des dispositions et des virtualités qui constituent le *naturel*. C'est le thème classique de l'actualisation des « semences de vertu » ou de raison.

a) *Cicéron et les « semences de vertu »*

Dans le passage du *Discours* sur l'état naturel, La Boétie insiste sur le rôle de l'étude et de la civilité, nécessaires au développement des facultés de l'esprit et de la raison, propre à l'humanité. Il écarte d'abord la question philosophique de la nature de la raison, comme il écarte celle de la liberté :

> De la raison, si elle naît avec nous ou non, qui est une question débattue à fond par les académiques, et touchée par toutes les écoles des philosophes, pour cette heure je ne penserai point faillir en disant cela, qu'il y a en notre âme quelque *naturelle semence de raison*, laquelle entretenue par bon conseil et coutume fleurit en vertu, et au contraire souvent ne pouvant durer contre les vices survenus, étouffée, s'avorte (DSV, 45).

L'idée de ces « naturelles semences de raison » est un lieu commun de la théorie humaniste de l'éducation et de la culture. Elle vient encore du stoïcisme et de la tradition rhétorique. Dans ce contexte, la « raison » est définie comme la faculté permettant de discerner le bien du mal au moyen des « notions communes ». Elle n'est pas donnée, comme une faculté prête à l'exercice ; c'est une puissance qui doit être cultivée, développée par l'exercice, pour être transformée en habitude ou en manière d'être (*habitus*). La métaphore agricole, appelée par l'idée de semences, signifie que le rôle de l'éducation est d'entretenir des facultés, puissances ou virtualités préexistantes, mais incomplètes, de leur permettre de parvenir à maturité ou perfection et de manifester ainsi leurs potentialités. Comme l'agriculture, l'éducation seconde la nature et coopère avec elle. La disposition naturelle nécessite donc d'être parachevée par l'art humain ou le travail de culture.

On trouve chez Cicéron une conception analogue du travail de culture qui se rattache évidemment à la conception stoïcienne de l'appropriation : l'idéal de sagesse et de maîtrise s'inscrit dans la continuité de l'instinct d'autoconservation. Dans les *Tusculanes* notamment, Cicéron parle de « semence de vertu » (*semina virtutum*), en un sens voisin des « semences de raison » de La Boétie. Il insiste pareillement sur la faiblesse, la vulnérabilité et l'imperfection des facultés humaines : la nature ne nous a pas « engendrés tels que nous la puissions bien contempler et connaître », mais surtout pour juger du bien et du mal et faire un « bon usage » de la raison ; elle n'a pas permis que, « adhérant seulement à sa bonne conduite, nous puissions passer le cours de notre vie [...] [sans] besoin de chercher autre raison ou doctrine (*quisquam rationem ac doctrinam*) », comme si « elle seule était suffisante pour nous bien guider en ce monde »[1]. Le rôle de la doctrine (ou de l'éducation) est de suppléer à cette faiblesse de l'âme ou de l'esprit : sans introduire aucune idée nouvelle dans l'âme et en s'appuyant sur les notions communes, l'éducation doit permettre aux « semences de vertu » de se développer à partir d'elles-mêmes, conformément à la nature :

> Tout au contraire, elle nous a seulement donné quelques petites étincelles <de sa bonté> (*parvulos dedit igniculos*), lesquelles sont incontinent [rapidement] éteintes par nos mauvaises mœurs et opinions dépravées ; de sorte que jamais la lumière de la bonté de nature n'apparaîtrait en nous. Car pour certain nous avons en notre esprit quelque semence de vertu (*Sunt enim in ingeniis nostris semina innata virtutum*), et si elle pouvait croître et venir à perfection, nature même nous conduirait à une vie fort heureuse.
> Mais incontinent [aussitôt] que nous venons à naître et entrer en ce monde, soudainement nous nous adonnons à toute dépravation d'esprit et à vicieuses et perverses opinions, tant qu'il semble qu'avec le lait de la nourrice (*cum lacte nutricis*), nous succions toute erreur et malice. Et après, quand nous devenons un peu plus grands, et que nos parents nous baillent aux précepteurs pour être

1. Cicéron, *Tusculanes*, III, 1, 2 ; trad. fr. d'Ét. Dolet, *Les Questions Tusculanes de Marc Tulle Ciceron*, s. l., 1544, f. 95r.

> par eux endoctrinés, lors nous sommes imbus de tant d'erreurs que la vérité est contrainte de laisser le lieu à vanité, et la bonté naturelle céder aux opinions en nous confirmées[1].

Cicéron insiste ici sur la fragilité de ces étincelles ou semences de vertu face à la puissance des préjugés inculqués dès la première enfance. La Boétie ne dit pas autre chose : la tâche de l'éducation est de cultiver le jugement et de rendre l'âme capable de résister à la corruption morale, toujours secondée par les opinions fausses.

L'éducation et l'usage permettent donc de développer et cultiver les « semences de vertu », conformes à la raison et inscrites dans la nature[2]. L'apprentissage vise à renforcer et seconder la nature par un usage répété des facultés de l'âme : il s'agit d'accoutumer l'esprit à suivre la raison, et de résister aux vices. C'est ainsi que l'on peut entendre la formule de La Boétie selon laquelle la semence de raison « entretenue par bon conseil et *coutume*, fleurit en vertu ». Cette coutume, fondée sur la bonne éducation, correspond à l'acquisition progressive de la vertu intellectuelle ou morale. Comme l'illustre le passage consacré aux « mieux nés », elle est bien solidaire du travail de mémoire qui consiste à entretenir ces semences, afin de résister aux « appâts de la servitude », de rester sensible à la douleur ou à la souffrance liée à la servitude, et par conséquent d'entretenir la mémoire et le désir de liberté : il s'agit d'apprendre à aimer la vertu comme une disposition propre, et à haïr le vice qui détourne et dépossède le sujet de son « bien intérieur ».

1. *Les Questions Tusculanes de Marc Tulle Ciceron*, f. 95r-v.

2. « Une bonne terre, faute d'être bien cultivée devient en friche ; et de tant plus qu'elle est grasse et forte de soi-même, de tant plus se gâte-elle par négligence d'être bien labourée : au contraire, vous en verrez une autre dure, âpre et pierreuse plus qu'il ne serait besoin, qui néanmoins, pour être bien cultivée, porte incontinent de beaux et bons fruits » (Plutarque, « Comment il faut nourrir les enfants », 2D ; Amyot, 2A). À l'inverse, on lit chez Sade ce précepte d'une éducation à rebours : « Le plus grand service qu'on peut rendre à une jeune personne, répondis-je à ce discours, serait donc d'éteindre en elle toutes les semences de vertu que la nature ou l'éducation y auraient forcément fait naître » (*La Nouvelle Justine, suivie de l'Histoire de Juliette*, *Œuvres*, t. 6, 1797, p. 196).

C'est à cette capacité que fait obstacle la « servitude volontaire » qui constitue un dévoiement « contre-nature » de cette impulsion en direction de l'utile et du propre. La désorganisation du jugement ne relève pas de la simple erreur relative au propre, ni de la seule confusion entre l'utile et l'agréable. Son origine est encore différente.

b) *Coutume, discipline et « douce persuasion » : Plutarque*

Cette idée d'une nécessaire accoutumance à la vertu est également présente chez Plutarque : « il est certain que les mœurs et conditions sont qualités qui s'impriment par long trait de temps : et qui dira que les vertus morales s'acquièrent aussi par accoutumance, à mon avis, ne se fourvoiera pas »[1]. La thèse, directement reprise par La Boétie, sert chez Plutarque à illustrer la notion platonicienne de tempérance, qui définit la sagesse comme une harmonisation des différentes parties de l'âme, autrement dit par sa capacité d'intégration psychique. L'accoutumance et le temps de l'apprentissage correspondent ainsi au travail d'appropriation nécessaire à l'unification de ces parties de l'âme.

La question est développée dans le cadre d'une polémique contre le stoïcisme et d'abord contre ce paradoxe : si la vertu est un absolu, la sagesse devrait s'acquérir dans l'instant. Plutarque oppose aux stoïciens le caractère progressif de l'apprentissage de la vertu qui repose sur un exercice répété par lequel « la raison en prend une accoutumance qui est de grande force et efficace »[2]. La raison ici ne vise pas seulement, comme chez les stoïciens, à la maîtrise des affects, mais à une harmonisation et une transformation qui regarde également la partie irrationnelle de l'âme. La sagesse ne consiste pas

1. Plutarque, « Comment il faut nourrir les enfants », 2F ; Amyot, 2B. Idée analogue chez Montaigne, à propos des pratiques ascétiques : « l'âpreté des règles est incontinent [aussitôt] aplanie par l'accoutumance ; et les appétits charnels, rebutés et endormis par leur refus : car rien ne les entretient que l'usage et l'exercice » (I, 38, 245).

2. Plutarque, « Comment on pourra apercevoir si l'on profite de la vertu », 76D ; Amyot, 113H.

seulement à renforcer les puissances supérieures ; elle repose sur un travail d'intégration qui tend à unifier les parties de l'âme et à rendre « la partie irraisonnable *unie et incorporée* avec la raisonnable »[1]. C'est l'enjeu de la notion platonicienne de *tempérance* opposée par Plutarque à la *continence* stoïcienne : la tempérance assure une obéissance et une discipline fondée non sur la violence, mais sur la « douce persuasion » (*Timée*)[2].

Le gouvernement et les préceptes de la raison doivent devenir des dispositions habituelles de l'esprit, susceptibles de se manifester même dans les opérations réputées échapper au contrôle et à la vigilance de la volonté. C'est le cas, par exemple, des *rêves* qui témoignent des progrès de l'âme :

> Or voyez encore plus quelle était la règle de Zénon, car il voulait que chacun prît garde à ses songes pour connaître s'il profitait ou non, si l'on prenait point plaisir en songeant à quelque chose de déshonnête, ou s'il était point avis qu'on les endurât, ou que l'on fît rien qui fût vilain ou qui fût injuste, voulant que l'on vît, comme en un calme du tout tranquille, sans aucune agitation, au fond clair et net, la partie imaginative et passive de l'âme totalement aplanie et régie par la raison ; ce que Platon auparavant [*Rép.* 571b-752a], à mon avis, ayant entendu, nous a représenté et figuré ce que fait la partie imaginative et sensitive en une âme de nature tyrannique, la nuit en dormant, comme elle s'efforce quelquefois d'avoir compagnie charnelle avec sa propre mère, et comme lui prend des appétits de manger des choses étranges, et comme lors elle se laisse aller à toutes les sensualités et concupiscences de choses que la loi de honte ou par crainte empêche et réprime le jour[3].

1. Plutarque, « De la vertu morale », 446C ; Amyot, 34E.

2. Ainsi : « Ayant la raison assoupi les excessifs, furieux et forcenés mouvements des cupidités et passions, et celles dont la nature a nécessairement besoin, les ayant rendues tellement souples et obéissantes, amies et secondantes toutes les intentions et toutes les volontés de la raison, que ni elles ne courent devant, ni ne demeurent derrière, ni ne font désordre quelconque par aucune désobéissance, "comme un poulain suit la jument qu'il tète" » (*Ibid.*, 446D ; Amyot, 34E-F).

3. Plutarque, « Comment on pourra apercevoir si l'on profite de la vertu », 82F-83A ; Amyot, 117F-G.

Les rêves révèlent les dispositions morales de l'âme, en levant l'inhibition (refoulement) de l'état de veille (honte et crainte). Ils témoignent de la manière dont les préceptes de la raison ont été intériorisés et intégrés par la partie irrationnelle de l'âme. Dans la conception platonicienne de Plutarque, la sagesse ne vise pas la répression des désirs (continence), mais la réduction de la conflictualité interne et l'harmonisation des parties de l'âme (tempérance). Plutarque poursuit, avec une image qui reprend la comparaison de l'attelage utilisée par Platon (*Phèdre*) pour décrire le rapport de la partie rationnelle (cocher) aux parties irrationnelles de l'âme (chevaux) :

> Tout ainsi donc comme les bêtes de selle ou de voiture qui sont bien apprises, encore que celui qui les commande leur lâche la bride, ne se détournent point pour cela, ni ne sortent point de leur chemin, ains [mais] tirent toujours avant comme elles ont *accoutumé* ordonnément, sans se détracter ni laisser leur train ordinaire : aussi ceux à qui la partie sensuelle de l'âme est rendue si obéissante, si privée et si bien disciplinée par la raison, que *non pas en songe même, ni en maladie*, elle ne laisse ses appétits se déborder jusqu'à commettre des choses qui soient reprises par les lois, elle retient et conserve en soi-même sa *bonne discipline et accoutumance*, laquelle donne force et si grande efficace à la diligence de prendre garde à soi : car si *elle a accoutumé par exercitations* [entraînements] de résister aux passions et tentations, de tenir le corps et les parties d'icelui sous bride en sa sujétion, tellement qu'elle engarde les yeux de jeter des larmes par pitié, le cœur de tressaillir de peur, les parties naturelles de se mouvoir et donner fâcherie auprès de belles personnes, comment ne serait-il plus vraisemblable que *l'accoutumance et l'exercitation* prenant à dompter cette sensuelle partie de l'âme ne la polisse, unisse et réforme, réprimant et contenant ses imaginations et ses mouvements *jusques aux songes mêmes* ?[1]

On reconnaîtra ici l'intention de Montaigne qui se proposait de « ranger [sa] fantaisie à rêver même par quelque ordre et projet »[2].

1. *Ibid.*, 83A-C ; Amyot, 117G-H.
2. Montaigne, *Essais*, II, 18, « Du démentir », 665C.

Dans ce chapitre, je suis parti de la notion stoïcienne d'*oikeiôsis* ou d'appropriation qui rend compte de l'harmonie des besoins et des désirs sur laquelle repose l'instinct d'autoconservation. La difficulté de l'idée de servitude volontaire tient au fait qu'elle paraît prendre en défaut cette providence naturelle. Pour expliquer cette altération du jugement d'attribution, j'ai évoqué la théorie péripatéticienne des sens internes qui assigne à la mémoire un rôle organisateur et intégrateur. La soumission à la tyrannie repose sur un oubli des notions communes à l'origine du « désir de franchise ». L'abêtissement conduit à un démantèlement de la capacité de penser qui interdit au plus grand nombre de concevoir ces notions communes de justice et de liberté : rendant les sujets insensibles à la douleur et à la souffrance associées à la tyrannie, elle les prive de la possibilité d'imaginer, de sentir en eux-mêmes une liberté exclue du monde, et de tirer plaisir à son évocation. Cette *capacité de rêver*, La Boétie écrit qu'elle est encore présente chez le petit nombre des « mieux nés ». On se gardera cependant d'opposer trop vite cet usage de la mémoire à la coutume, « première raison de la servitude volontaire » : la mémoire humaniste s'appuie sur une nécessaire accoutumance à la vertu, sur un travail d'intégration qui doit permettre l'actualisation d'une potentialité naturelle et son appropriation. On verra au chapitre suivant en quel sens cette potentialité peut aussi être dévoyée par l'accoutumance.

CHAPITRE VII

ACCOUTUMANCE, MÉTABOLISATION ET DÉNATURATION

> Je n'ai vu monstre et miracle au monde plus exprès que moi-même. On s'apprivoise à toute étrangeté par l'usage et le temps ; mais plus je me hante et me connais, plus ma difformité m'étonne, moins je m'entends en moi[1].

La réflexion sur la coutume vient interroger l'idée d'une « nature commune », d'une norme qui règle et limite les processus d'appropriation décrits par les stoïciens. À cette notion de nature, les auteurs de l'Âge classique opposent couramment la diversité des conditions ou formes de vie, celle des usages ou des pratiques qui peuvent être regardées comme autant d'expressions, de spécifications ou de virtualités d'une nature générique. C'est le sens du relativisme anthropologique qui interroge la notion commune d'humanité à la lumière de la diversité des coutumes ou genres de vie. La Boétie relève expressément cette tension :

> La nature de l'homme est bien d'être franc et de le vouloir être ; mais aussi sa nature est telle que naturellement il tient le pli que la nourriture [éducation] lui donne. Disons ainsi qu'à l'homme toutes choses lui sont comme naturelles, à quoi il se nourrit et accoutume ; mais cela seulement lui est naïf [non acquis], à quoi sa nature simple et non altérée l'appelle (DSV, 63).

1. Montaigne, *Essais*, « Des boiteux », III, 11, 1029B.

Le propos est convenu. Il souligne la plasticité de la nature ou de l'essence commune : le fait que la norme qu'elle constitue est constamment remodelée par les interactions avec le milieu ou l'environnement, et en particulier par les habitudes et les apprentissages culturels auxquels revient, le plus souvent, la tâche de seconder l'adaptation aux conditions de vie.

Ce relativisme vient régulièrement buter sur la question des *limites* à assigner à cette plasticité. Jusqu'où peut avoir lieu cette diversification ou cette spécification, sans entrer en contradiction avec la « nature commune » ? À quel moment l'altération du naturel vient-elle prendre en défaut la norme générique sur laquelle les stoïciens font reposer le processus d'appropriation, gardien de l'autoconservation ? Au-delà de la tension convenue entre la nature et la coutume, La Boétie avance la possibilité d'une corruption qui dépouillerait les individus de leur humanité, ne leur en laissant que l'apparence extérieure, comme à ceux qui ont « sans plus, la face d'homme ». Il pousse la chose plus loin encore en évoquant une insensibilisation et une altération du jugement d'attribution qui finit par déposséder les sujets des qualités fondamentales du vivant. C'est l'idée stoïcienne selon laquelle « il n'y a rien qui soit propre ni convenable au fol »[1].

La coutume ne se limite pas à masquer une nature (une norme éthique et vitale) par ailleurs conservée : elle constitue une *seconde nature* capable d'altérer ou de modifier la nature commune et originelle. Montaigne l'illustre assez bien dans l'essai « De ménager sa volonté » qui pose la question en des termes susceptibles d'éclairer le *Discours* de La Boétie. Il relève les limites de la règle stoïcienne qui distingue les désirs naturels de ceux qui « viennent du dérèglement de notre fantaisie » :

> [B] Si ce que nature exactement et originellement nous demande pour la conservation de notre être est trop peu, [...] dispensons-nous de quelque chose plus autre : appelons encore nature l'usage

1. Plutarque, « Des communes conceptions contre les Stoïques », 1038B ; Amyot, 563H. Ces questions associées à la plasticité du vivant et à ses limites sont au cœur des réflexions de Canguilhem sur le normal et le pathologique.

> et condition de chacun de nous ; taxons-nous, traitons-nous à cette mesure, étendons nos appartenances et nos comptes jusque là. Car jusque là, il me semble bien que nous avons quelque excuse. L'accoutumance est une seconde nature, et non moins puissante. [C] Ce qui manque à ma coutume, je tiens qu'il me manque. [B] Et aimerais quasi également qu'on m'ôtât la vie, que si on me l'essimait [i.e. diminuait] et retranchait bien loin de l'état auquel je l'ai vécue si longtemps[1].

La distinction entre les désirs naturels et ceux qui viennent de l'opinion, trouve sa limite avec l'introduction de la coutume au sens large, c'est-à-dire de « l'usage et condition de chacun de nous », du fait, notamment, de l'inscription de l'individu dans le monde social. Au stoïcisme, et à la distinction entre ce qui relève de la nature et ce qui relève de la seule imagination, Montaigne oppose l'idée selon laquelle la coutume et les habitudes modifient la nature originelle, et que les revendications de cette « seconde nature » ne sauraient être ignorées ou négligées sans causer de la souffrance : l'usage et la condition ne sont pas des accidents extérieurs, seulement surajoutés à la nature première ; ils ne constituent pas des contenus indifférents, mais déterminent et altèrent le *naturel*, jusqu'à lui donner une forme nouvelle : « Par long usage, cette forme [donnée par la coutume] m'est *passée en substance, et fortune en nature* »[2]. La notion de « seconde nature » vient remettre en cause le partage les désirs naturels et les besoins qui relèvent de la culture ou de l'usage. La question ne porte plus tellement sur les préjugés ou les erreurs de l'imagination, dont le sage aurait à se défaire, mais sur cette forme *passée en substance*, c'est-à-dire sur les effets de ces altérations sur l'organisation identitaire et narcissique du sujet. Les *Essais* consacrent une large place au sentiment d'étrangeté ou de difformité (voire de monstruosité) qui en résulte[3].

1. Montaigne, *Essais*, « De ménager sa volonté », III, 10, 1010.

2. *Ibid.*, 1011B.

3. Dans le passage cité, Montaigne évoque alors un trait de caractère propre à l'âge, qui résiste à toute réforme morale : « Un si ancien usage me vendique et rappelle à soi. Je suis contraint d'être un peu hérétique par là, incapable de nouvelleté, même corrective » (p. 1010-1011). La même réflexion est au cœur de l'essai I, 23 : « De la coutume et de ne changer aisément de loi reçue ».

Cette tension rencontre la problématique du narcissisme, fondé d'abord sur les processus d'introjection et de projection en vertu desquels le moi veut « s'introjecter tout le bon, jeter loin de lui tout le mauvais. Le mauvais, l'étranger au moi, ce qui se trouve à l'extérieur est pour lui tout d'abord identique »[1]. Or ce travail de discrimination, à l'origine de « moi plaisir-purifié » se heurte aux contraintes de la réalité et à la nécessaire adaptation de l'individu à son environnement, autrement dit à la nécessité pour le sujet de prendre en charge l'expérience de déplaisir. C'est le sens que Freud donnera, dans le cadre de la seconde topique, à la contrainte à la synthèse par laquelle « le moi tente aussi de supprimer le caractère étranger du symptôme en utilisant les possibilités de le lier à lui-même d'une manière ou d'une autre et, par de tels liens, de l'incorporer à son organisation »[2]. Faute de pouvoir rejeter au-dehors la source de déplaisir, le moi est contraint de l'intégrer, de l'incorporer et de la métaboliser. Ou encore, comme l'écrit Montaigne, non de lutter contre le mal, mais de le seconder et de le *passer en substance*. Par ce travail d'intégration et d'appropriation, il s'agit plus seulement de supporter la souffrance, ni de la tolérer seulement comme un mal nécessaire, mais, comme l'écrit La Boétie, d'y consentir et parfois même de la pourchasser. On a affaire à un mécanisme de défense sans doute paradoxal, mais tout à fait ordinaire, couramment mobilisé par l'éducation et le dressage. C'est à ce type d'adaptation secondaire que Goffman fait allusion lorsqu'il observe qu'« il est des paroissiens trop empressés à vivre dans l'église et pour l'église, des maîtresses de maison qui tiennent leur intérieur trop propre, des officiers subalternes qui insistent pour couler avec leur navire »[3].

La tension entre un travail de discrimination et un travail d'intégration ou d'appropriation dont la dialectique organise le narcissisme, est au cœur de la problématique de la coutume et de l'accoutumance à l'âge classique.

1. S. Freud, « La négation », OC, XVII, p. 169; GW, XIV, 13.

2. S. Freud, *Inhibition, symptôme, angoisse*, OC, XVII, p. 216; GW, XIV, p. 125-126.

3. E. Goffman, *Asiles. Étude sur la condition sociale des malades mentaux*, Paris, Minuit, 1968, p. 249.

ENDURCISSEMENT ET INSENSIBILISATION

La coutume, première cause de la servitude volontaire, n'est pas, en elle-même, contraire à la raison : on a vu que l'éducation pouvait être regardée par les pédagogues humanistes inspirés de Cicéron et de Plutarque, comme une « accoutumance à la raison », et associée à un travail progressif d'appropriation et d'intégration de la partie irrationnelle de l'âme. L'éducation a cependant une autre visée possible (et sans doute nécessaire) : l'insensibilisation par laquelle on doit permettre l'enfant de se familiariser à la douleur, c'est-à-dire lui apprendre à faire face aux divers traumatismes qui ne manquent jamais de menacer l'intégrité de l'individu exposé aux maladies, à la perte, à la violence… etc. Cette accoutumance est évidemment essentielle à l'éducation de l'être humain. L'endurcissement est à cet égard un processus normal : il correspond à l'acquisition d'une « seconde nature », effet de la coutume et de la socialisation qui a pour fonction de suppléer à la faiblesse et à la vulnérabilité qui caractérisent la condition naturelle.

La Boétie évoque les effets de l'éducation comme travail d'insensibilisation. Mais il en dénonce également les effets, lorsque l'accoutumance transforme, déforme et altère la nature et le rapport à soi. Elle devient source d'aliénation et de corruption chez ceux qui finissent par ne plus sentir « le joug de la servitude », et perdent ainsi la mémoire de la liberté.

En insistant sur l'importance du sentiment ou de la sensibilité, La Boétie invoque une fonction essentielle de la douleur, gardienne de l'intégrité de la personne. Si le traumatisme constitue une effraction qui vient remettre en question les frontières entre le moi et le non-moi, la douleur qui l'accompagne peut être comprise comme un effort pour réinvestir et restaurer ces frontières, c'est-à-dire comme une défense visant à protéger l'intégrité de l'individu. La coutume, jusqu'à un certain point, préserve et protège, mais l'insensibilité qu'elle produit, poussée à l'extrême, peut remettre en question cette fonction de la douleur qui sert de pierre de touche au jugement d'attribution. En rapportant la « servitude volontaire » à la coutume, La Boétie met donc en avant l'ambiguïté de ce travail d'insensibilisation qu'il rend responsable de l'accoutumance à la servitude et de la perte du « désir de franchise ».

Dans son essai sur la coutume, Montaigne insiste sur le pouvoir d'insensibilisation de la coutume : « l'accoutumance hébète les sens »[1]. Il se fait l'écho d'une longue tradition que détaille Charron, lorsqu'il évoque une érosion de la douleur et de l'affect :

> Que l'accoutumance en ce [cela] puisse beaucoup, nous le voyons clairement en ce que les choses plus fâcheuses se rendent douces par l'accoutumance. Les forçats pleurent quand ils entrent en galère ; au bout de trois mois, ils y chantent. Ceux qui n'ont pas accoutumé la mer, pâlissent même en temps calme, quand on lève l'ancre ; et les matelots rient durant la tempête. La femme se désespère à la mort de son mari ; dedans l'an [après un an], elle en aime un autre. Le temps et l'accoutumance fait tout : ce qui nous offense est la nouveauté de ce qui arrive, *omnia novitate graviora sunt*[2].

L'idée est empruntée à une lettre de Sénèque, où elle sert à justifier les exercices spirituels destinés à endurcir l'âme contre les revers de fortune : « il faut prendre garde que rien n'advienne, qu'on n'y ait pensé. Et d'autant que tous maux sont plus fâcheux par la nouveauté (*omnia novitate graviora sunt*), ce pensement continuel t'apportera ce bien que tu ne feras point nouveau gendarme envers quelque mal que ce soit (*ut nulli sis malo tiro*) »[3]. On retrouve la même idée dans le traité *De la tranquillité de l'âme*, où Sénèque évoque encore l'exemple des forçats. Il en fournit l'explication suivante :

> Jamais nature ne fit meilleur pour nous que quand ayant vu à combien de misères nous étions nés, elle trouva l'accoutumance des maux pour adoucir nos calamités, nous rendant en peu de temps familières les choses les plus fâcheuses. Pas une ne pourrait durer

1. Montaigne, *Essais*, « De la coutume et de ne changer aisément une loi reçue », I, 23, 109.
2. P. Charron, *La Sagesse*, II, 7, Paris, 1614, p. 395.
3. Sénèque, *Epist.* CVII ; trad. du Chalvet, *Œuvres*, *op. cit.*, f. 222r.

> si la violence des adversités continuait d'avoir même force que du premier coup[1].

L'accoutumance à la douleur est destinée à permettre de faire face à la menace du traumatisme : les exercices physiques aussi bien que spirituels, et sans doute l'éducation en général, visent à préparer le sujet à une souffrance culturellement ou socialement prévisible. C'est le sens du conseil de Montaigne, que l'on trouve dans « De l'institution des enfants » (où le « travail » est à entendre au sens de souffrance, voire de torture) : « Or l'accoutumance à porter le travail est accoutumance à porter la douleur : *labor callum obducit dolori* ["le travail apporte une callosité à la douleur", Cicéron, *Tusc.* II, 15]. Il le faut rompre à la peine des exercices pour le dresser à la peine et âpreté à la douleur de la colique, du cautère et de la geôle et de la torture »[2].

Il s'agit de prévenir la violence désorganisatrice du choc qui met en péril le sentiment d'identité : l'accoutumance, qui repose sur la répétition, doit garantir et, au besoin, restaurer la continuité temporelle et subjective, afin de favoriser l'intégration et l'appropriation de ces expériences (de les « rendre familières »). La chose est admirablement exprimée par le philologue Friedrich Spanheim, dans un passage qui définit l'expérience d'effroi en la rapportant à l'état d'impréparation du sujet :

> Les afflictions qui viennent par degré sont supportables pour grandes qu'elles soient. Il semble que notre esprit s'y habitue et s'apprivoise peu à peu, pour perdre l'horreur de la calamité qui s'approche. Mais quand on est surpris tout à coup, et qu'on passe d'une extrémité à l'autre, sans milieu, le trouble que l'on sent au-dedans et le détrac [déroute] de toutes les facultés de nos âmes peuvent à peine être conçus[3].

1. Sénèque, *De la tranquillité de l'âme*, 10 ; trad. cit., f. 423r.

2. Montaigne, *Essais*, « De l'institution des enfants », I, 26, 154.

3. F. Spanheim, *Mémoires sur la vie et la mort de la Sérénissime Princesse Royale Juliane*, Leiden, 1645, p. 34. Le « détrac », du verbe *se destraquer* (se séparer, dans le cas d'un groupe, faire seul son chemin, ou quitter la route), renvoie à l'idée de désorganisation, aussi bien qu'à celle d'errance et d'isolement. Le terme pourrait être rendu par celui de *panique*.

L'accoutumance seconde le travail d'appropriation en permettant au sujet d'anticiper la douleur, mais aussi de l'intégrer dans une continuité temporelle. La surprise ou l'état d'impréparation qui définit le traumatisme, introduit au contraire une discontinuité, source de désorganisation identitaire.

Si la nature fournit des défenses contre les maux, la coutume ou l'accoutumance constitue alors une « seconde nature » qui a pour fonction, comme le remarque Sénèque, de suppléer la faiblesse naturelle de l'être humain, et de lui permettre de se prémunir contre les effets désorganisants de l'effraction traumatique, contre les diverses formes de douleur liées à la condition humaine et à la réalité sociale. Cette idée, que l'on trouve chez les auteurs anciens, rencontre cette remarque de Freud selon laquelle, le moi, pour se préserver, peut être conduit à sacrifier une partie de lui-même : « il sera possible au moi d'éviter la cassure de tel ou tel côté en se déformant lui-même, en consentant aux pertes quant à son caractère unitaire, éventuellement même en se fissurant ou en se divisant »[1].

LA PRÉMÉDITATION DES MAUX FUTURS : L'ÉROSION DE L'AFFECT

Cet apprivoisement par l'esprit renvoie à ce que les Anciens ont appelé la « préméditation des maux futurs » (*praemeditatio futurorum malorum*) censée adoucir leur venue. Cicéron, dans ses *Tusculanes*, rapporte la thèse aux Cyrénaïques : « C'est pourquoi j'emprunte ces armes que les cyrénaïques me donnent contre le hasard et les accidents ; grâce à elles, leur violence, quand ils arrivent sur nous, est brisée parce qu'on y a longuement pensé d'avance (*praemeditatione*), et en même temps, je juge que le mal dont il s'agit est dans l'opinion, et non dans la réalité, car si c'était réellement des maux, pourquoi les allégerait-on en les prévoyant (*cur fierent provisa leviora*) ? »[2].

1. S. Freud, « Névrose et psychose » (1924), OC, XVII, p. 7 ; GW, XIII, p. 391.

2. Cicéron, *Tusculanes*, III, xv, 31 ; trad. fr. V. Golschmidt, dans *Les Stoïciens*, « Bibliothèque de la Pléiade », Paris, Gallimard, 1962, p. 306. Voir également Sénèque, *De la tranquillité de l'âme*, XI, 6 : « Car regardant de bien loin tout ce qui

La pratique de la préméditation, selon Galien qui résume l'exposé de Posidonius[1], part du constat que l'intensité de la douleur diminue jusqu'à la faire disparaître. La médiation et l'anticipation des maux permettront donc de vivre par avance et de « vieillir » le jugement à l'origine du chagrin avant même que l'événement ne se produise :

> C'est pourquoi, dit-il, il faut habiter par avance dans cet état de choses, et se comporter avec des événements qui ne sont pas encore présents comme s'ils étaient présents. Le mot "habiter par avance" (*proendemien*) signifie pour Posidonius, en quelque sorte, façonner d'avance et modeler d'avance en soi-même l'événement qui va se produire, et créer peu à peu une accoutumance, comme à l'égard d'une chose déjà advenue[2].

La préméditation permet d'accoutumer l'esprit (le « façonner » et le « modeler »), afin que les situations sources de souffrance, lorsqu'elles deviennent présentes dans la réalité, aient déjà été traitées psychiquement et apparaissent, du point de vue du jugement, comme déjà advenues : qu'elles n'apparaissent plus comme récentes ou fraîches, mais déjà vieilles et anciennes[3].

se peut faire, comme s'il devait advenir, il amollira la violence de tous les maux, laquelle n'apporte rien de nouveau à ceux qui se sont préparés et qui l'attendaient venir, et ne sera fâcheuse qu'à ceux qui pensaient être assurés de tous les maux, et qui n'espéraient que choses heureuses » (trad. cit., f. 423v).

1. J. Pigeaud, *La Maladie de l'âme. Étude sur la relation de l'âme et du corps dans la tradition médico-philosophique antique*, Paris, Les Belles Lettres, 1981, p. 276-287.

2. Galien, *Hipp. et Plat. decret.*, VK 417-418 ; cité par J. Pigeaud, *La Maladie de l'âme*, *op. cit.*, p. 277. Idée analogue chez Proust : « L'habitude de penser empêche d'éprouver le réel, immunise contre lui, le fait paraître de la pensée encore » (*Albertine disparue*, dans *A la recherche du temps perdu*, IV, éd. sous la direction de J.-Y. Tadié, « Bibliothèque de la Pléiade », Paris, Gallimard, 1989, p. 182).

3. Voir G. Devereux, *De l'Angoisse à la méthode dans les sciences du comportement*, Paris, Aubier, 1980, p. 130-131 : « *Pré-expérience par procuration* : L'impact traumatique d'un événement potentiellement anxiogène décroît sensiblement si on y est préparé […]. Même certains névrosés savent bien qu'il est possible de diminuer l'intensité d'une crise d'angoisse en "l'anticipant", quoi que sous une forme un peu extrême ». La remarque est illustrée par cette observation : « Un jeune homme souffrant d'une phobie intense des ponts avoua : "Quand je sais que je

Le procédé qui s'appuie sur la temporalité spécifique de l'âme, repose sur l'idée d'une érosion progressive de l'affect. Il s'agit d'amener la partie affective de l'âme à vivre en imagination des situations sources de souffrance et, par là, de « fatiguer » l'affect, pour le rendre ensuite plus facilement maîtrisable par la raison :

> La partie affective de l'âme, dans le temps, est rassasiée de ses propres désirs; elle se fatigue sous l'effet des mouvements qui durent longtemps, si bien que, quand elle est tout à fait calmée par ces deux phénomènes, le raisonnement alors peut triompher d'elle, comme un cheval fougueux qui supporte difficilement le cavalier; mais par la suite, la course le fatigue; et quand, par-dessus le marché, il est *rassasié de ce qu'il désirait*, c'est au tour de celui qui tient les rênes d'être le maître[1].

Par la préméditation, il s'agit d'apprivoiser la souffrance, afin d'insensibiliser l'âme (ou de l'endurcir). Cette idée d'un domptage des passions est présente chez La Boétie, mais elle est poussée à l'extrême. Le *Discours* montre comment la solution de défense peut être pervertie : la fonction protectrice de l'insensibilisation ne regarde plus alors seulement la relation au monde extérieur, mais vient se retourner contre le sujet lui-même et conduire au démantèlement des facultés de penser et de désirer : l'adaptation à un monde déshumanisé est par elle-même déshumanisante[2].

vais traverser un pont, je déclenche en moi, par avance et *délibérément*, une crise d'angoisse parce que je sais que cela diminuera l'angoisse que j'éprouverai en traversant le pont. J'ai donc très peur de ne pas éprouver cette angoisse préalable. L'absence de cette angoisse anticipatoire me rend encore plus angoissé qu'à l'ordinaire lorsque je traverse un pont" ». La méthode, poussée à l'extrême, est évidemment paradoxale, comme le souligne P. Charron : « Est-ce pas grande envie d'être misérable, que de n'attendre pas le mal qu'il vienne, mais l'aller chercher, le provoquer à venir, comme ceux qui se tuent de la peur qu'ils ont de mourir [...]. Ces gens ici veulent être misérables avant le temps, et doublement misérables, par un réel sentiment de la misère, et par une longue préméditation d'icelle, qui est souvent cent fois pire que le mal même » (*De la Sagesse*, I, 6, Bordeaux, 1601, p. 43).

1. Galien, VK 475 ; cité par Pigeaud, p. 278.

2. Ces pratiques d'insensibilisation et d'érosion de l'affect sont explicitement conçues comme des stratégies de défense contre le traumatique, c'est-à-dire des moyens de faire face aux aléas de la fortune et aux malheurs de l'existence. Elles rencontrent notre clinique psychosociale des « situations extrêmes de la

MUTATION ET DÉNATURATION

Cette insensibilisation est au cœur des pratiques éducatives qui visent à préparer l'individu aux traumatismes socialement prévisibles. Elle peut être interrogée du point de vue de ses effets sur la personnalité ou le caractère. La question du naturel rejoint alors les problèmes liés à la socialisation et à l'adaptation de l'individu à son environnement. Dans le *Discours*, l'insensibilisation est abordée sous un angle un peu différent, comme le symptôme d'un mal qui altère et dénature. On peut s'attarder un peu ici sur la manière dont La Boétie propose de penser cette altération.

Le *Discours* traite de l'accoutumance au moyen d'une série de comparaisons agricoles :

> L'on ne peut pas nier que la nature n'ait en nous bonne part pour nous tirer là où elle veut, et nous faire bien ou mal nés ; mais si faut-il confesser qu'elle a en nous moins de pouvoir que la coutume, pour ce que le naturel, pour bon qu'il soit, se perd s'il n'est entretenu, et la nourriture nous fait toujours de sa façon, comment que ce soit, malgré la nature : les semences de bien que la nature met en nous sont si menues et glissantes, qu'elles ne peuvent endurer le moindre heurt de la nourriture contraire ; elles ne s'entretiennent pas si aisément comme elles s'abâtardissent, se fondent, et viennent à rien, ni plus ni moins que les arbres fruitiers, *qui ont bien tous quelque naturel à part*, lequel ils gardent si on les laisse venir, mais ils le laissent aussitôt pour *porter des fruits étrangers, et non les leurs*, selon qu'on les ente [greffe] ; les herbes ont chacune une propriété, leur naturel et singularité ; mais toutefois le gel, le temps, le terroir ou la main du jardinier y ajoutent ou diminuent beaucoup de leur vertu : la plante qu'on a vue en un endroit, on est ailleurs empêché de la reconnaître (DSV, 56).

subjectivité ». Voir J. Furtos, « Souffrir sans disparaître (pour définir la santé mentale au-delà de la psychiatrie), dans J. Furtos et Ch. Laval (éd.), *La Santé mentale en acte. De la clinique au politique*, *op. cit.*, p. 9-38. Dans le même volume, voir aussi, R. Roussillon « Les situations extrêmes et la clinique de la survivance psychique », p. 221-238. Voir également J. Furtos (éd.), *Les Cliniques de la précarité. Contexte social, psychopathologie et dispositifs*, Paris, Masson, 2008.

Le passage prend appui sur la notion de « semence de vertu » (de raison ou de bien). La coutume qui dénature, dissout ces principes. Les comparaisons agricoles viennent illustrer cette idée de transformation ou de mutation du naturel. On peut distinguer plusieurs modalités de cette altération de l'économie narcissique du sujet.

a) *La greffe.* La comparaison de la greffe illustre d'abord la manière dont le sujet, sous l'effet de l'éducation (« nourriture »), de l'usage et de la coutume, tout en conservant « quelque naturel à part », peut agir ou se comporter d'une manière non conforme à sa nature propre, et « porter des fruits étrangers ». Avec ce premier modèle de socialisation, la personnalité sociale se surajoute à la nature, sans la modifier : l'adaptation préserverait l'identité et l'intégrité de l'individu, mais au prix d'un clivage qui fera apparaître le comportement social comme étranger et extérieur au « vrai *self* ». La greffe permet à l'arbre de porter des « fruits étrangers », non pas propres. L'insensibilité prend la forme d'un conformisme de surface destiné à masquer et protéger l'identité de l'individu[1]. Le procédé relève de la pseudo-adaptation. On peut comprendre ainsi la thématique classique de la dissimulation et de la nécessaire solitude du sage, voué à se défendre ou se préserver de la réalité sociale des « cités perverties »[2]. Ce sera le sens de l'adage des

1. *Cf.* G. Devereux, « La renonciation à l'identité : défense contre l'anéantissement », *Revue française de psychanalyse* I, 1967, p. 101-140. Dans les premières lignes, G. Devereux résume ainsi son propos : « L'objet de cette étude est le fantasme que la possession d'une identité est une véritable outrecuidance qui, automatiquement, incite les autres à anéantir non seulement cette identité, mais l'existence même du présomptueux [...]. Les patients les plus gravement atteints cherchent à se protéger contre ce risque, en renonçant à toute véritable identité ; ceux qui sont moins atteints se constituent une fausse identité ».

2. Les problèmes liés à la solitude du sage, seul borgne au pays des aveugles, est un lieu commun de la philosophie. Ils ont été directement théorisés dans le monde arabe médiéval, avec le roman philosophique de Ibn Tufayl sur *Hayy ibn Yaqzân*, enfant né dans une île déserte qui s'élève au plus haut degré de la sagesse, dont la confrontation avec la société humaine se solde par un échec (trad. fr. *Le Philosophe autodidacte*, Paris, Fayard, Mille et une nuits, 1999). Le roman, traduit en latin en 1671 (sous le titre *Philosophus autodidacticus*), puis en anglais en 1708, a vraisemblablement inspiré le *Robinson* de Daniel Defoe.

libres penseurs du XVIIe siècle qui recommandent un conformisme de façade comme garant de la liberté intérieure : *intus ut libet, foris ut moris est* (« au-dedans [penser] ce qu'on veut, au-dehors [agir] conformément à l'usage »). La Boétie met en évidence le coût d'une telle stratégie qui conduit à la solitude et la désocialisation, lorsqu'il évoque le destin des « mieux nés », réduits à demeurer « singuliers en leurs fantaisies », dans un environnement social qui fait obstacle à la « conversation civile ».

Cette image de la greffe est évidemment ambiguë. Toute la question est de savoir jusqu'à quel point peut être conservé « quelque naturel à part ». La difficulté apparaît clairement si on la met en regard de la problématique du *soi factice* qui trouve son équivalent normal dans l'acquisition de l'aptitude au compromis et à l'adaptation dont relève la conduite sociale[1]. Le « vrai self » repose, pour Winnicott sur l'expérience d'omnipotence du nourrisson, c'est-à-dire sur l'illusion (permettant la suspension momentanée du jugement d'existence) à l'origine de la spontanéité. Le soi factice résulte de l'insuffisante adaptation de l'environnement primaire aux besoins du nourrisson : « La mère qui n'est pas suffisamment bonne n'est pas capable de rendre effective l'omnipotence du nourrisson et elle ne cesse donc de faire défaut au nourrisson au lieu de répondre à son geste. À la place, elle y substitue le sien propre qui n'aura de sens que par la soumission du nourrisson. Cette soumission de sa part est le tout premier stade du faux self et elle relève de l'inaptitude de la mère à ressentir les besoins du nourrisson »[2]. L'inadaptation de la mère est assimilée par Winnicott à une forme de séduction qui vient sidérer la spontanéité du nourrisson. Elle entraîne chez l'enfant une adaptation de complaisance et lui impose de se soumettre activement (volontairement) aux exigences d'un environnement avec lequel, par la suite, il entretiendra des relations artificielles et factices, serviles et dépourvues de créativité :

1. D. Winnicott, « Distorsion du moi en fonction du vrai et du "faux self" », (1960), dans *Processus de maturation chez l'enfant. Développement affectif et environnement*, Paris, Payot, 1970, p. 115-131.

2. *Ibid.*, p. 122.

> Lorsque la mère ne peut s'adapter suffisamment bien, il y a séduction du nourrisson qui en vient à se soumettre, et un faux self soumis réagit aux exigences de l'environnement que le nourrisson semble accepter. Par l'intermédiaire de ce faux self, il élabore un ensemble de relations artificielles et, au moyen d'introjections, en arrive même à faire semblant d'être réel, de telle sorte que l'enfant peut, en grandissant, ressembler exactement à la mère, à la nourrice, à la tante, au frère ou à quiconque occupe le premier plan à ce moment-là. [...] La soumission est alors la caractéristique principale et l'imitation une spécialité. Lorsque le degré de clivage dans la personne du nourrisson n'est pas trop grand, il se peut qu'il y ait presque une vie personnelle au travers de l'imitation et il se peut même que l'enfant en arrive à jouer un rôle particulier, celui du vrai self, *comme il le serait s'il avait existé*[1].

Dans le langage de l'époque de La Boétie, cette condition est celle du courtisan ou du flatteur. On a vu comment ce défaut d'investissement était en effet rapporté à « un espoir toujours déçu » (Winnicott), à l'origine de la « mort de l'âme » qui condamne le sujet à une existence erratique et fantomatique.

b) *Exil et transplantation.* Avec la comparaison de la greffe, l'identité d'emprunt ne menace pas encore cette nature propre, en théorie du moins. La comparaison agricole change de sens lorsque La Boétie évoque l'activité humaine capable de transformer « propriété, naturel et singularité » de la plante, au point de la rendre méconnaissable. La modification dont il est alors question, altère la « vertu des plantes », c'est-à-dire la « forme spécifique » du vivant et ses propriétés singulières. La pression du milieu ou de l'environnement, l'exigence d'adaptation ou de réadaptation n'affectent plus seulement à l'identité sociale et culturelle, mais produisent un changement qui modifie l'organisation intérieure ou la personnalité de l'individu (son *ingenium*).

1. D. Winnicott, « Distorsion du moi en fonction du vrai et du "faux self" », *op. cit.*, p. 123-124. La clinique des relations précoces illustre suffisamment ces dysfonctionnements dans le rapport entre le bébé et son environnement. Voir notamment S. Fraiberg, *Fantômes dans la chambre d'enfants. Évaluation et thérapie des perturbations de la santé mentale du nourrisson* (1989), Paris, P.U.F., 1999.

C'est ce genre d'altération que Montaigne met en avant dans le passage déjà cité de l'essai « De ménager sa volonté » : « Par long usage, cette forme [donnée par la coutume] m'est passée en substance, et fortune en nature »[1]. On retrouve ailleurs la même idée : « C'est à la coutume de donner forme à notre vie, telle qu'il lui plaît, elle peut tout en cela : c'est le breuvage de Circé qui diversifie notre nature comme bon lui semble »[2]. La coutume et l'usage transforment en diversifiant : la métamorphose affecte une réalité propre ou spécifique d'une « forme naïve », c'est-à-dire les déterminations innées liées à la complexion somatique, mais sans altérer complètement la nature commune ou l'essence générique qui définit l'humanité. La mutation reste ici contenue dans certaines limites. Montaigne parle de la diversité culturelle des « formes de vie ». Ces déterminations culturelles sont incorporées et intégrées au noyau individuel, psychosomatique, qui définit le *soi*, garant du sentiment d'existence, d'identité et de continuité.

On trouve encore une comparaison analogue chez le médecin L. Lemnius, dans ses *Occulta naturae miracula* (1559), au sujet des mutations observées chez les plantes transplantées. La question de l'identité personnelle se trouve alors reformulée, comme chez La Boétie, du point de vue des situations d'exil qui imposent un remodelage du sentiment d'identité :

> Tellement que pour ce que les terroirs sont différents, aussi il advient qu'à cause de l'air et de la nourriture, les herbes manifestement se changent et reçoivent autre qualité [...]. Par même manière les hommes, selon la qualité des viandes dont ils sont nourris, et selon la condition de l'air où ils demeurent, sont de diverses complexions et divers tempéraments de corps, de diverses mœurs et inclinations. De sorte qu'un Danois, par longue fréquentation et accoutumance

1. Montaigne, *Essais*, III, 10, 1010B.

2. *Ibid.*, II, 13, 1080B. La suite donne ces exemples : « Combien de nations, et à trois pas de nous, estiment ridicule la crainte du serain [tombée du jour] qui nous blesse si apparemment; et nos bateliers et nos paysans s'en moquent. Vous faites malades un Allemand de le coucher sur un matelas, comme un Italien sur la plume, et un Français sans rideaux et sans feu. L'estomac d'un Espagnol ne dure pas à notre façon de manger, ni le nôtre à boire à la Suisse ».

> de s'entre-hanter [se fréquenter], sera tout espagnolisé, un Allemand deviendra français ou italien[1].

Le naturel est modifié par le régime de vie, et diversifié selon les lieux. La coutume (l'usage et l'exercice) est susceptible de transformer la « forme spécifique » des individus.

On retrouve une idée analogue dans un traité politique, au sujet de la pratique coloniale :

> L'autre incommodité que réconcilient [rencontrent] ceux qui veulent appuyer l'établissement de leur fortune sur les colonies est que, par succession de temps, les hommes qui sont ainsi transportés de leur pays en un autre nouvellement conquis, s'accommodent au climat, aux humeurs, aux complexions et à la même intention de se conserver que peuvent avoir ceux entre lesquels ils ont allés habiter ; et y ayant porté leurs biens et engendré, ou mené des enfants, font à l'avenir plus d'estime du pays où la colonie est établie que de leur naturel d'où ils sont venus ; imitant en ceci les arbres qui étant plantés en un autre terroir, changent de goût et de nature : chose qui advient beaucoup plus facilement aux colonies quand elles se trouvent fort éloignées de leur première origine[2].

La situation d'exil, évoquée ici du point de vue de l'acculturation et de l'intégration d'une identité culturelle nouvelle, repose d'abord sur une expérience de déracinement, une rupture avec le milieu d'origine, source fréquente de désorientation et de dépersonnalisation. Elle suppose une expérience de perte des repères et une réorganisation de l'identité personnelle : au-delà de l'adaptation superficielle, on a affaire, dans le texte cité, à une identification au nouvel environnement social et culturel[3].

1. L. Lemnius, *Les occultes merveilles et secrets de la nature*, I, XVII, Paris, 1574, f. 98v.

2. Fabrizio Romanci, *Trésor politique*, Paris, 1608, II, 7, p. 521 ; *Thesoro politico*, II, Tortona, 1602, *Trattato delle varie opinioni*, cap. VII : « Circa l'uso delle forterezze, o introdutione de colonie, o mantenimento continuo di esserciti, per custodia delli stati », f. 34r-v.

3. Sur l'exil et les enjeux psychosociaux de la migration, parmi les nombreux travaux, on peut mentionner L. et R. Grinberg, *Psicoánalisis de la migración y del exilio*, Madrid, Alianza, 1984 ; trad. angl. *Psychoanalytic Perspectives on Migration and Exile*, Yale University Press, New Haven et Londres, 1989.

Lorsqu'il fait allusion au changement de terroir, La Boétie évoque d'abord l'expérience de déracinement qui constitue une atteinte au sentiment d'identité (« la plante qu'on a vue en un endroit, on est ailleurs empêché de la reconnaître »). Il insiste sur l'appauvrissement qu'elle exprime. La transplantation ou exil conduisent l'un comme l'autre à la perte des vertus spécifiques fondées sur « la propriété, la nature et singularité » : elles prennent alors le sens d'une dédifférenciation culturelle et identitaire[1]. C'est à la lumière de ce genre de désorganisation que La Boétie appréhende les effets dépersonnalisants de la tyrannie qui rend les sujets tous « singuliers en leurs fantaisies », mais également la vulnérabilité spécifique qui sert de toile de fond à la servitude volontaire et au rapport de soumission, pour autant que c'est bien sur cette expérience de désaffiliation et de précarisation sociale et psychique que s'appuie le tyran pour séduire et subjuguer ses victimes.

c) *Le registre du monstrueux*. La Boétie va plus loin, lorsqu'il évoque dans le *Discours* non plus un simple changement ou une altération relative, comme dans les phénomènes d'acculturation, mais un dévoiement plus radical de la nature et de l'humanité. Il introduit un registre nouveau, celui de la perversion ou, plus précisément, de la *monstruosité* : l'altération du naturel conduit à une réorganisation hors norme qui paraît cesser d'être pensable et interprétable du point de vue de la notion commune d'humanité. Au-delà de la problématique de l'exil, on a maintenant affaire à des situations extrêmes qui peuvent renvoyer à des techniques de désaffiliation relevant plutôt de l'embrigadement sectaire, voire de la torture[2].

La Boétie n'assimile explicitement qu'une fois seulement la servitude volontaire à une monstruosité, lorsqu'au début du *Discours* il écarte l'explication qui rapporte la soumission à la peur

1. Sur la question des liens entre l'identité personnelle et l'identité culturelle, voir G. Devereux, en particulier : *Ethnopsychanalyse complémentariste*, Paris, Flammarion, 1972.

2. Voir par exemple F. Sironi, *Bourreaux et victimes. Psychologie de la torture*, *op. cit.*

et au manque de courage (couardise ou lâcheté). La servitude dans laquelle sont tenus « cent pays, mille villes, un million d'hommes », ne saurait relever de la crainte et de la lâcheté humaine, pour autant qu'« il y a dans tous vices naturellement quelque borne, outre laquelle ils ne peuvent passer » (DSV, 36). La situation, par son étrangeté, défie à la fois la compréhension et les ressources du langage. La soumission à la tyrannie procède d'un vice énigmatique et sans nom, qui échappe aux catégories du discours moral : « Doncques quel monstre de vice est ceci, qui ne mérite pas encore le titre de couardise, qui ne trouve point de nom assez vilain, que la nature désavoue avoir fait, et la langue refuse de nommer ? » (DSV, 37). L'ensemble du *Discours* interroge de fait les ressorts d'une situation impensable qui paraît se dérober à la norme humaine.

Le lexique de la corruption et de la perversion renvoie au jugement moral relatif aux vices et aux vertus, mais prend plus directement modèle sur le discours médical relatif à la maladie. L'idée selon laquelle les vices ont « naturellement quelque borne », s'applique aux maux en général et particulièrement aux maladies qui, comme l'écrit également Montaigne, « ont leur vie et leurs bornes »[1]. Dans le *Discours*, cette conception de la pathologie est prise en défaut par le caractère « contre-nature » et hors norme de la servitude volontaire : la maladie n'y apparaît pas comme une altération ou un écart relatif seulement par rapport à une norme préexistante, mais se caractérise par son pouvoir de réorganisation et de reconfiguration. Elle constitue une transformation qui produit une norme nouvelle, *sui generis* ou irréductible, c'est-à-dire monstrueuse par son hétérogénéité. La monstruosité morale que constitue la servitude volontaire, doit être interprétée à partir de cette conception médicale : la perplexité que La Boétie cherche à susciter par son tableau de la tyrannie, tient au défi taxinomique que représente le monstre entendu comme *cas d'espèce d'un genre inconnu*.

1. Le texte des *Essais* se poursuit ainsi : « La constitution des maladies est formée au patron de la constitution des animaux. Elles ont leur fortune limitée dès la naissance, et leurs jours [durée déterminée] ; qui essaie de les abréger impérieusement par la force, au travers de leur course, il les allonge et les harcèle au lieu de les apaiser » (III, 13, p. 1088).

Dans le cas de la monstruosité, l'accoutumance produit une « seconde nature », mais contraire à la « forme naïve ». Le travail de spécification produit une réalité qui finit par échapper au genre commun : un être singulier, aux confins de la nature et isolé du reste des hommes. Le cas de Mithridate et de son assuétude aux poisons est couramment évoqué pour illustrer cette logique paradoxale de la coutume et de l'accoutumance.

MITHRIDATE : ASSUÉTUDE AUX POISONS ET LIEN ADDICTIF

a) *L'assuétude aux poisons*. La Boétie prend l'exemple plus paradoxal de Mithridate Eupator, roi du Pont et brillant psychopathe qui consommait du poison pour prévenir l'empoisonnement :

> Mais certes la coutume, qui a en toutes choses grand pouvoir sur nous, n'a en aucun endroit si grand'vertu qu'en ceci, de nous enseigner à servir, et, comme l'on dit de Mithridate qui se fit ordinaire à boire le poison, pour nous apprendre à avaler et ne trouver point amer le venin de la servitude (DSV, 55).

L'exemple célèbre a pu être emprunté d'Aulu-Gelle (entre autres témoignages) :

> On dit que les canards du Pont se nourrissent de poison. Læneus, affranchi de Pompée, écrit aussi que Mithridate, roi de ce pays, était très versé dans la science de la médecine et des remèdes qui arrêtent l'activité du venin. Il avait coutume, dit-il, d'y mêler du sang de ces oiseaux, qui est le spécifique le plus propre à faire digérer le poison, et à n'en ressentir aucun effet ; et ce prince, à force d'user de cette composition, était parvenu à se précautionner contre toutes les tentatives qu'on aurait pu faire contre sa vie ; bien plus, il lui arrivait souvent d'avaler le poison le plus violent précisément pour prouver l'efficace de son remède. Ce guerrier terrible, enfin vaincu, caché aux extrémités de ses États, et résolu de se donner la mort, eut recours en vain aux breuvages les plus redoutables ; il fut obligé de se percer de son épée[1].

1. Aulu-Gelle, *Nuits attiques*, XVII, 16 ; trad. Verteuil, Paris, 1776, p. 72-73.

L'insensibilisation par accoutumance est poussée à l'extrême, puisque le procédé conduit à ingérer le poison pour en neutraliser les effets destructeurs[1]. Il ne s'agit plus de modifier la nature par spécification, mais d'en transformer radicalement la complexion ou l'organisation. Pour que le poison devienne un aliment capable d'être assimilé par le corps (voire de le nourrir), il faut que le corps ait été altéré, au point de pouvoir l'accueillir comme un bien, contribuant au maintien de la vie. On a bien affaire à une défense paradoxale par incorporation de l'agent destructeur : une forme de métabolisation qui en permet l'appropriation et l'inclusion dans l'économie narcissique du sujet, mais au prix d'un sacrifice par lequel le moi abandonne une partie de lui-même et de son organisation.

L'auto-intoxication illustre traditionnellement la plasticité de l'organisme humain et sa capacité d'adaptation, d'assimilation et de métabolisation. On trouve ainsi chez Montaigne une mention de Mithridate, associée au cas d'une fille qui se nourrissait d'araignées : « J'en crois [...] ce roi qui, par son moyen, rangea son estomac à se nourrir de poison ; et la fille qu'Albert récite s'être accoutumée à vivre d'araignées »[2]. Il poursuit en mentionnant des peuples entiers se nourrissant de « sauterelles, fourmis, lézards, chauves-souris », et même de crapauds, réputés toxiques. Mieux encore : « Il en fut trouvé d'autres, auxquels nos chairs et nos viandes étaient mortelles et venimeuses ». On peut sans doute comprendre ces remarques comme un trait de relativisme et de scepticisme à l'égard de la médecine et de sa théorie des poisons ; mais on peut également les rapporter aux paradoxes relatifs à l'irréductible variété des genres de vie et à cette plasticité d'une nature capable de se déformer pour faire

1. La défiance que l'on rencontre parfois contre les vaccins, les remèdes en général et tout particulièrement les psychotropes, trouve souvent son origine dans les angoisses hypocondriaques. C'est aussi la « peur de changer » (d'altérer leur naturel) et de ne plus « se reconnaître » que l'on rencontre couramment chez certains patients en psychothérapie. Cette crainte relative à la part de suggestion qui entre nécessairement dans la pratique, témoignent d'une grande lucidité relativement à la fragilité de leur propre organisation défensive. On peut aussi lire le *Discours* de La Boétie dans cette perspective.

2. Montaigne, *Essais*, I, 23, 109A.

face aux traumatismes qui en menacent l'intégrité : l'accoutumance permet de faire « passer en substance » des formes contraires à la nature. Montaigne le remarque à propos de son accoutumance à la maladie et à la douleur qui lui fait sentir la santé comme un état source de déplaisir, désormais frappé d'étrangeté : « Si la santé même si sucrée vient à retrouver par boutades, c'est pour me donner regret plutôt que possession de soi; je n'ai plus où la retirer »[1]. L'accoutumance ne permet pas seulement l'endurcissement et l'insensibilisation à la douleur; elle altère la complexion au point de transformer le poison en aliment. Comme le souligne Montaigne, elle ne modifie pas seulement la constitution somatique, mais également le jugement d'attribution relatif au bon et au mauvais, au familier et à l'étrange, autrement dit l'identité de la personne, le *soi* somatopsychique aussi bien que social.

b) *L'intoxication volontaire*. L'invention géniale de Mithridate mérite d'être replacée dans la trajectoire de vie singulière. On dispose pour cela de quelques témoignages et récits vraisemblables. Après l'assassinat de son père, roi du Pont, lorsqu'il n'a que douze ans, le jeune Mithridate doit faire face à une série de tentatives de meurtre, menés contre lui par ses tuteurs, les assassins de son père, mais surtout par sa mère, Laodice, qui entendait conserver et perpétuer, avec le soutien des Romains, le pouvoir qu'elle détenait en tant que régente[2]. Vers l'âge de quatorze ans, il fuit la cour pour

1. *Ibid.*, III, 10, 1011C.

2. Th. Reinach (*Mithridate Eupator, roi de Pont*, Paris, 1890, p. 53) remarque que si la pratique du parricide est généralement condamnée dans l'Asie Mineure de l'époque, l'infanticide est par contre très répandu dans les familles royales de la région : il mentionne la reine Nysa de Cappadoce, veuve d'Ariarathe Philopator, qui a assassiné successivement ses cinq fils ainés pour prolonger sa régence, ainsi que la syrienne Cléopâtre, veuve du second Démétrius, qui a tué son premier fils d'un coup de flèche avant de contraindre son second fils de prendre un poison qu'elle lui avait préparé. Après avoir repris le pouvoir, Mithridate n'aurait pas fait exécuter sa mère (comme le prétend Appien), mais l'aurait enfermée dans un cachot, où elle mourut après quelques années. Sur la vie de Mithridate, voir aussi A. Mayor, *The Poison King. The Life and Legend of Mithridates, Rome's deadliest Ennemy*, Princeton University Press, 2010.

se réfugier dans les forêts, où il demeure pendant sept ans. Dans ce contexte particulier, l'intoxication volontaire fait partie des nombreuses techniques de survie conçues et mises en pratique par l'adolescent :

> Dans son enfance, Mithridate se vit en butte aux pièges de ses tuteurs, qui, le plaçant sur un cheval indompté, le forçaient à lancer des dards en courant; mais le jeune prince déjoua ces complots, maniant son coursier avec une adresse au-dessus de son âge. Ils eurent alors recours au poison : dans cette crainte, il but fréquemment des antidotes, et par de puissants remèdes, il se mit si bien à l'abri de leurs embûches, que, dans sa vieillesse même, il tenta vainement de s'empoisonner. Craignant ensuite qu'à défaut de poison, ses ennemis n'employassent le fer, il feignit une vive passion pour la chasse. Ainsi, pendant sept années, ni à la campagne, ni à la ville, il ne coucha sous l'abri d'un toit; mais, errant au fond des bois, il passait la nuit sur différents points des montagnes, sans que personne connût sa retraite. Là, il s'habituait tantôt à fuir, tantôt à poursuivre les bêtes sauvages, quelquefois même il éprouvait ses forces contre elles. Par ce genre de vie, il évita les embûches, et endurcit son corps à toutes les souffrances (*et corpus ad omnem virtutis patientiam duravit*)[1].

1. Justin, *Histoire universelle* (XXXVII, 2), trad. fr. J. Pierrot et E. Boittard, Paris, 1833, p. 332-333. La mort de Mithridate est ainsi relatée par Appien (*Mithridatiques*, XVI, 111) : « Comme aucun de ses messagers ne revenait, craignant d'être livré aux Romains, il remercia ses gardes du corps et les amis qui étaient restés fidèles et les envoya chez le nouveau roi, mais l'armée tua certains d'entre eux sans aucune raison pendant qu'ils approchaient. Mithridate sortit alors le poison qu'il portait toujours à côté de son épée et le mélangea. Alors deux de ses filles, qui étaient encore vierges, qui avaient grandi ensemble, Mithridatis et Nyssa, promises aux rois d'Égypte et de Chypre, lui demandèrent de leur laisser une partie du poison d'abord, insistèrent avec énergie et l'empêchèrent de le boire jusqu'au moment où elles en eurent et l'avalèrent. Le poison agit immédiatement sur elles, mais pas sur Mithridate bien qu'il marchât rapidement pour en accélérer les effets parce qu'il s'était accoutumé à d'autres drogues, les essayant sans arrêt comme moyen de protection contre les empoisonnements. On appelle toujours ces poisons les poisons de Mithridate. Voyant un certain Bituitos, chef galate, il lui dit : "J'ai souvent profité de ton bras droit contre mes ennemis. J'en profiterai encore plus si tu me tues et si tu me soustrais au danger d'être emmené dans un triomphe romain, moi qui fus un autocrate durant tant d'années, et le roi d'un si grand royaume, mais qui ne peux pas mourir maintenant

On a ici un exemple assez typique de maltraitance familiale, comme on en rencontre tant dans la clinique de la protection de l'enfance. Ce rapide tableau illustre aussi bien les différentes stratégies régulièrement mises en œuvre pour y faire face : endurcissement, marginalisation et toxicomanie. Dans le cas de Mithridate, l'apprentissage que s'impose l'adolescent s'apparente (de manière anachronique et culturellement dystonique) à l'éducation militaire des jeunes spartiates de l'époque classique. Cette brève évocation montre également comment l'accoutumance peut prendre des formes brutales et violentes. Comment aussi elle peut relever d'un comportement actif ou « volontaire ».

L'usage des poisons, dans ces récits biographiques, est à entendre dans la continuité des autres techniques mobilisées par le jeune Mithridate pendant sa retraite. Qu'il s'agisse de l'apprentissage de l'équitation, de la vie solitaire et sauvage ou de la chasse, ces pratiques sont à mettre en relation avec les menaces qui ont pesé sur l'adolescent. Elles visent en effet la maîtrise active de situations traumatiques auparavant subie passivement. À ce titre, elles relèvent d'un mécanisme de défense bien connu, l'identification à l'agresseur, dont relève la stratégie d'incorporation ou de métabolisation typique du narcissisme.

Chez S. Ferenczi, l'identification à l'agresseur est un mécanisme de défense qui organise l'expérience traumatique au moment même où elle a lieu. C'est « l'hypothèse que la personnalité encore faiblement développée réagit au brusque déplaisir, non par la défense, mais par l'identification anxieuse et l'introjection de celui qui la menace ou l'agresse »[1]. La stratégie est rapportée au débordement des capacités défensives du sujet sidéré, rendu incapable de réagir activement au traumatisme subi, ni même par aucun sentiment de

par le poison parce que, comme un imbécile, je me suis immunisé contre d'autres poisons. Bien que j'aie prévu de m'immuniser contre tous les poisons qu'on mélange dans la nourriture, je ne me suis pas immunisé contre ce poison domestique, toujours le plus dangereux pour les rois, à savoir la trahison de son armée, de ses enfants et de ses amis". Bituitus, pris de pitié, rendit au roi le service qu'il demandait ».

1. S. Ferenczi, « Confusion des langues entre les adultes et l'enfant. Le langage de la tendresse et de la passion » (1932), *Psychanalyse* 4, Paris, Payot, 1982, p. 131.

douleur ou de déplaisir. Ailleurs, il définit le choc traumatique comme « équivalent à l'anéantissement du sentiment de soi, de la capacité de résister, d'agir et de penser en vue de défendre le soi propre ». Le choc ou la commotion psychique signifie « l'écroulement, la perte de sa forme propre et l'acceptation facile et sans résistance d'une forme octroyée, *à la manière d'un sac de farine* »[1]. La défense de crise mise en place par la psyché prend la forme d'un clivage somato-psychique entre « un esprit qui sait tout mais ne sent rien, et un corps qui sent tout mais ne sait rien ». L'essentiel est ici que ce type de clivage conduit à une forme de vigilance par laquelle le sujet tente, comme s'il en était un simple témoin extérieur, d'anticiper les maux qui sont en train de lui advenir et, pour cela, d'explorer des intentions de l'agresseur : la victime est amenée à objectiver le mal et vivre la scène du dehors, comme si elle concernait une autre personne. La dépersonnalisation à laquelle conduit le clivage entraîne une forme d'abdication ou de renonciation à l'identité, au profit d'un objet extérieur auquel est attribué ou délégué le rôle de référence à la réalité : c'est de l'autre qu'on attend la clé permettant d'appréhender et de comprendre ce qui s'est effectivement passé, ce qu'on *aura été* dans ces circonstances.

Dans le cas des conduites à risque que s'impose Mithridate, on aurait plutôt affaire au destin possible de ces expériences d'anéantissement : à une forme de *contre-investissement narcissique* qui prend le relais des mesures d'urgence décrites par Ferenczi, tout à fait caractéristique de la *constellation des pratiques addictives*, dont la fonction serait de contenir, après coup, le déferlement d'excitation qui a désorganisé les ressources défensives du sujet qui entreprend de se ressaisir activement d'événements d'abord subis passivement. Le procédé a une dimension projective et exploratoire

1. S. Ferenczi, « Réflexions sur le traumatisme », *Psychanalyse* 4, *op. cit.*, p. 139. On peut noter ici que de nombreux apprentissages reposent sur cet abandon de la forme propre (notamment du propre centre de gravité). C'est le cas de la nage et de l'équitation. Avant de leur enseigner à guider le cheval, on apprend d'abord aux enfants à se tenir dessus « à la manière d'un sac de farine ». Pareillement, on leur apprend à se laisser flotter dans l'eau.

essentielle, puisqu'il s'agit bien souvent de reproduire, dans des conditions nouvelles, une situation qui avait d'abord sidéré les capacités cognitives et réflexives du sujet. Le propre de l'expérience traumatique tient en effet à son caractère énigmatique et au fait, comme le souligne Ferenczi, qu'elle mobilise d'abord une série d'actions réflexes qui échappent à la volonté aussi bien qu'à la compréhension, laissant régulièrement le sujet dans le doute sur ce qui s'est effectivement passé[1]. Sous cet aspect, les conduites à risque peuvent être souvent entendues comme autant de tentatives pour appréhender une situation que le sujet a d'abord été dans l'incapacité de vivre lui-même. Par cette exploration, il ne s'agit donc pas seulement de devenir actif là où l'on a été réduit à l'impuissance, mais également d'interroger et d'observer ce qui a eu lieu.

Le régime de vie que s'impose Mithridate a cette valeur exploratoire par laquelle il s'agit de reproduire, de manière pour ainsi dire expérimentale, intentionnellement et volontairement, des circonstances analogues à celles auxquelles il a été exposé. La chose est particulièrement claire avec la fréquentation des bêtes sauvages et la pratique dangereuse de la chasse. Elle illustre bien la forme de renversement par laquelle le sujet peut passer d'une position passive de victime ou de proie à une position active de prédateur ou d'agresseur. Pourtant, la spécificité de la chasse, telle que Mithridate la pratique, est surtout qu'elle permet d'expérimenter alternativement ces deux positions. Ce double mouvement est un aspect essentiel de l'identification à l'agresseur.

C'est dans cette perspective qu'Anna Freud propose d'interpréter l'identification à l'agresseur présentée comme un mécanisme

1. Montaigne, à propos d'un accident qui lui a fait perdre conscience, fait état de ce genre d'activité automatique : « (A) Ceux qui tombent élancent ainsi les bras au-devant de leur chute, par une naturelle impulsion qui fait que nos membres se prêtent des offices (B) et ont des agitations à part de notre discours ». Interrogeant le statut de cette activité psychique et physique indépendante de la volonté et de la conscience, il observe : « (A) Or ces passions qui ne nous touchent que par l'écorce, ne se peuvent dire nôtres. Pour les faire nôtre, il faut que l'homme y soit engagé tout entier; et les douleurs que le pied ou la main sentent pendant que nous dormons, ne sont pas à nous » (*Essais*, « De l'exercitation », II, 6, 376).

de défense essentiel au développement de l'enfant. Cette forme d'identification est, selon elle, un moyen d'introjecter l'objet d'angoisse « ce qui lui permet d'assimiler un événement angoissant récemment survenu » : « En jouant le rôle de l'agresseur, en lui empruntant ses attributs ou en imitant ses agressions, l'enfant se transforme en menaçant »[1]. Anna Freud cite alors un passage d'*Au-delà du principe de plaisir* dans lequel ce passage d'un rôle passif à un rôle actif devient un motif important du jeu d'enfant : « Si le docteur a regardé dans la gorge de l'enfant ou y a pratiqué une petite opération, cette effrayante expérience deviendra en toute certitude le contenu du prochain jeu ». La transformation ou la tentative de symbolisation, dans le jeu, de l'expérience angoissante en source de plaisir, repose sur le fait que l'enfant « passe de la passivité de l'expérience de la vie à l'activité du jeu » : « il inflige à un camarade le désagrément qui lui est arrivé à lui-même et se venge ainsi sur la personne de ce remplaçant »[2]. On peut appréhender ces formes de jeu, aussi bien que bon nombre de comportements violents et délictueux, comme des tentatives visant à symboliser des expériences traumatiques de ce genre.

La répétition prend cette dimension projective, comme c'est le cas dans le jeu ou le rêve, et permet au sujet de s'identifier à l'agresseur, et éventuellement de faire subir aux autres ce qu'il a lui-même subi, qu'il s'agisse de battre une peluche, de maltraiter de petits animaux ou d'infliger à autrui des souffrances analogues. C'est ce qu'observait expressément Plutarque au sujet des « meurtres et homicides que font faire les tyrans, en l'amertume et atrocité desquels on aperçoit leur pusillanimité et faiblesse, *et en ce qu'ils font souffrir aux autres ce qu'ils souffrent eux-mêmes* »[3]. Il s'agit d'abord d'explorer et d'objectiver la situation subie du point de vue des intentions de l'agresseur, mais aussi bien

1. A. Freud, *Le Moi et les mécanismes de défense* (1936), Paris, P.U.F., 1949.

2. S. Freud, *Au-delà du principe de plaisir*, OC, XV, p. 287 ; GW, XIII, p. 15. Je ne m'attarde pas ici sur la série des différences que l'on doit évidemment faire entre le jeu et le passage à l'acte violent.

3. Plutarque, « Comment il faut réfréner la colère », 457A ; Amyot, 58F.

d'expérimenter par le truchement d'autrui l'impact de la violence autrefois subie et d'appréhender ainsi les effets d'une expérience demeurée énigmatique[1]. L'identification, dans le jeu comme dans les comportements violents, a cette double fonction à la fois exploratoire et réflexive, permettant au moi d'être aussi bien sujet et objet de la situation traumatique. L'empoisonnement volontaire de Mithridate serait à entendre dans le prolongement de ces processus d'identification, par retournement sur la personne propre.

L'exemple de Mithridate, devenu un lieu commun de la littérature sur les effets de la coutume et de l'accoutumance, illustre parfaitement l'idée d'une adaptation secondaire permet de « supprimer le caractère étranger » de la menace qui pèse sur l'intégrité du moi, en l'incorporant à son organisation, afin d'en neutraliser les effets destructeurs. Cette défense par métabolisation qui permet un type particulier d'appropriation de l'expérience de désorganisation et de déplaisir, son inclusion dans l'économie narcissique du sujet, constitue évidemment une forme de sacrifice, puisque pour neutraliser le mal et ses effets destructeurs, le moi doit abandonner une partie de lui-même, altérer sa « nature » et renoncer à son identité. La stratégie est analogue à celle que Montaigne mobilisait pour faire face à la maladie : il s'agissait pareillement de surmonter le vécu d'étrangeté, les angoisses hypocondriaques et les effets de la fragmentation du soi, en rendant familière la douleur et en la faisant *passer en substance*, jusqu'à ressentir, lorsqu'elle se présente, la santé comme une gêne, non comme un objet de « possession ».

On peut insister sur les bénéfices psychiques et intellectuels de l'ingénieuse invention de Mithridate. On doit cependant constater que l'intoxication réputée volontaire n'est jamais que l'expression d'une *liberté sous contrainte*. Le cas de Mithridate est exemplaire ou typique de nombreuses situations que l'on rencontre couramment dans la clinique de la protection de l'enfance. Il illustre plus

1. Cette dimension est soulignée par C. Balier, *Psychanalyse des comportements violents*, Paris, P.U.F., 1988 et *Psychanalyse des comportements sexuels violents*, Paris, P.U.F., 1996.

généralement la tension qui existe entre dépendance et soumission. L'enfant, parce qu'il dépend des soins que lui apportent ses parents, refuse rarement les traitements qu'on lui inflige « pour son bien ». La situation dans laquelle s'est trouvée Mithridate correspondrait ainsi à un dilemme typique, qu'exprime assez bien ce rêve rapporté par Fairbairn dans une étude consacrée au « retour des mauvais objets » :

> Dans le rêve, [le patient] était à côté de sa mère avec un bol de chocolat au lait devant lui sur la table. Il avait une faim de loup ; et il savait que le chocolat contenait un poison mortel. Il pensait que, s'il avalait le chocolat, il allait mourir empoisonné et que s'il ne le consommait pas, il allait mourir de faim. Quel fut le dénouement ? Il prit son chocolat. Il incorpora les contenus du sein empoissonné parce que sa faim était trop grande[1].

L'ingestion du poison prend la valeur d'une incorporation forcée d'un objet malveillant auquel le sujet, ainsi possédé, finit par s'identifier : un poison qu'il finit par métaboliser. Le fantasme d'empoisonnement rencontre, dans le cas de Mithridate, une situation bien réelle, culturellement typique dans les familles royales du Pont. Le dilemme mis en scène dans le rêve est au cœur des interrogations de La Boétie. Inutile de préciser qu'il est monnaie courante dans les familles, aussi bien que dans le monde professionnel.

c) *L'accoutumance à l'erreur*. L'invention de Mithridate est sans doute fondée sur l'expérience et l'observation des canards de la Mer Noire, mais elle repose également sur l'autorité et peut être

1. W. R. D. Fairbairn, « Refoulement et retour des mauvais objets » (1943), in *Études psychanalytiques de la personnalité*, trad. Paris, Editions du monde interne, 1998, p. 70. L'idée sous-jacente est, comme l'explique Fairbairn, que « mieux vaut être un pêcheur dans un monde gouverné par Dieu, que de vivre dans un monde régi par le diable » (*ibid.*, p. 69). Ce dont témoigne encore assez bien John Perceval dans son autobiographie : « J'éprouvais comme un soulagement dans mon âme de pouvoir me dire qu'il y avait quelque justification à la conduite de mes parents à mon égard ; car ce que j'estimais intolérable, c'était le sentiment ou l'idée qu'on me traitait avec la plus parfaite injustice et sans qu'il y ait la moindre cause d'offense » (*Perceval le fou. Autobiographie d'un schizophrène*, éd. G. Bateson, Paris, Payot, 1976, cité dans l'introduction, p. 20). On a là l'une des clés de l'acrasie ou « faiblesse de volonté ».

mise en regard de l'analogie traditionnelle qui met en parallèle la « nourriture » et les habitudes alimentaires avec le régime de vie éthique, à l'origine de l'*êthos* ou du caractère. L'originalité de Mithridate serait peut-être d'avoir pris cette analogie *à la lettre*.

La comparaison est convenue. Elle est au cœur des développements relatifs à la force des opinions et des préjugés. Ainsi, par exemple, chez Giordano Bruno :

> Ne sais-tu pas que l'habitude de croire et le fait d'être nourri depuis l'enfance de certaines croyances ont assez de force pour empêcher l'intelligence des choses les plus manifestes? il n'en va pas autrement à ceux qui se sont accoutumés ingérer du poison : à la fin non seulement leur complexion n'en sent aucun dommage (*non ne sente oltraggio*), mais elle a si bien fait de ce poison son aliment naturel que, désormais, c'est l'antidote lui-même qui est devenu mortel[1].

Comme chez La Boétie, l'insensibilisation est le produit d'une accoutumance qui a transformé progressivement la complexion somatique de l'individu, jusqu'à en altérer la nature commune, et renverser les normes de l'utile et du nuisible, du bon et du mauvais : le poison devient aliment et le remède, poison. La même comparaison se retrouve dans les *Fureurs héroïques* : « à la longue ces poisons sont devenus pour eux des aliments pleins de douceur et appropriés à leur organisme, tandis qu'ils ont en abomination les nourritures qui, selon la nature commune, seraient vraiment bonnes et douces »[2].

Bruno ne mentionne pas directement Mithridate, mais fait plus directement allusion à une remarque d'Aristote ainsi commentée par Averroès qui ne vise pas d'abord les dispositions éthiques, mais plus directement les habitudes intellectuelles et les croyances :

1. G. Bruno, *Cena de le Ceneri* (1584), *Le Souper des Cendres*, éd. G. Acquilecchia, trad. fr. Y. Hersant, Paris, Les Belles Lettres, 1994, p. 69-71.

2. G. Bruno, *Des fureurs héroïques*, II, 4, trad. fr. P.-H. Michel, Paris, Les Belles Lettres, 1999, p. 454. Voir aussi *Camoeracensis acrotismus*, *Opera Latine Conscripta*, Naples, 1879-1891, I, 1, p. 58-59. La Boétie parle de « venimeuse douceur » (DSV, 76), pour évoquer des jeux et des festins par lesquels Néron « sucra la servitude ».

> Car la coutume, comme le dit Aristote au livre II de la *Métaphysique*, est une grande cause d'empêchement dans diverses choses manifestes par soi. De même, en effet qu'un homme accoutumé (*assuetus*) à certaines actions, même si elles lui sont nuisibles, les trouvera plus faciles, de même accoutumé à croire des discours faux depuis l'enfance, cette accoutumance (*consuetudo*) sera la cause pour laquelle il rejettera ce qui est vrai et manifeste ; il en va pareillement du poison qui deviendra un aliment pour ceux qui sont habitués à s'en nourrir[1].

La remarque est inspirée du constat d'Aristote selon lequel « l'accoutumance favorise la connaissance ». Les choses auxquelles on est habitué sont plus facilement connues (*consuetum notius est*) : « Nous aimons, en effet, qu'on se serve d'un langage familier, sinon les choses ne nous paraissent plus les mêmes ; le dépaysement nous les rend moins accessibles et plus étrangères »[2]. L'exposition du savoir doit être conforme ou accommodée aux opinions communes et aux connaissances préexistantes, c'est-à-dire à des dispositions intellectuelles antérieures, comparables aux dispositions éthiques. À l'inverse, l'étrangeté fait obstacle à l'assentiment. C'est le cas des croyances religieuses : « À quel point l'habitude est forte, ce que montrent les lois, où les fables et les enfantillages ont plus de puissance, en vertu de l'habitude, que la connaissance de la vérité au sujet de ces lois ».

Averroès reprend cette idée d'Aristote et montre comment l'assentiment théorique relatif au vrai dépend de l'assentiment pratique relatif au bon (source de plaisir) et au mauvais (source de déplaisir). La force des préjugés s'oppose à la connaissance et

1. Averroès, *In physicorum libros*, I, com. 60 : « Consuetudo enim, sicut dixit Aristoteles in 2. Metaphysicae, est maxima causa impediens a pluribus rebus manifestis per se. Quemadmodum enim, cum homo fuerit assuetus ad aliquas actiones, licet noceant illi, erunt faciles illi [...], similiter, cum fuerit assuetus credere sermones falsos a pueritia, erit illa consuetudo causa ad negandum verum manifestum, sicut quidam cum usitati sunt comedere venenum in tantum, quod erat eis cibus [...] ». Voir aussi la *Destructio destructionum*, éd. B. H. Zedler, Wisconsin, 1961, disp. 6, p. 292.

2. *Métaphysique*, α, 3, 955a1-5 ; trad. Tricot, Paris, Vrin, 1981, p. 117 ; *Aristotelis opera cum averrois commentariis*, Venise, 1562, VIII, f. 34G.

à l'appréhension d'une vérité qui entrerait en contradiction avec les croyances et les habitudes intellectuelles. Cette résistance qui impose l'accommodation du savoir aux dispositions préexistantes, est comparée à l'altération non seulement du goût, mais de l'appareil digestif et de la complexion, qui rejetteront comme nocifs, voire toxiques, des aliments pourtant sains, mais contraires aux habitudes alimentaires et à l'accoutumance, d'origine culturelle.

Ces obstacles à la connaissance dont parle Aristote sont des résistances, non pas intellectuelles et cognitives, mais narcissiques et affectives, qui protègent les sujets de la vexation ou de la blessure infligée par la vérité aux dispositions intellectuelles et morales acquises sur lesquels s'appuie le sentiment d'identité. Preuve en est que ces résistances ne portent pas sur un contenu déterminé, mais visent d'abord à protéger contre des opinions qui risquent de porter atteinte à l'intégrité narcissique et aux frontières du sujet. Freud le relève lorsqu'il observe que la psychanalyse se confronte souvent à un scepticisme d'un genre particulier grâce auquel beaucoup s'épargnent l'épreuve du doute au fondement de la démarche scientifique : « Il arrive cependant que ce scepticisme revête deux caractères insoupçonnés. Il s'oppose âprement à ce qui se présente de nouveau, tandis qu'il épargne respectueusement ce qui déjà est connu et cru, et il se contente de rejeter sans même avoir examiné »[1]. Aristote mettait en avant une idée analogue, lorsqu'il évoquait l'effet de dépaysement de la connaissance qui va à l'encontre du familier et du déjà-connu.

Aristote avait probablement en vue ici la pratique socratique qui consiste à interroger et remettre en question les valeurs sociales et les repères culturels de ses interlocuteurs, au risque de porter ainsi atteinte à leur intégrité narcissique et identitaire. La chose est claire dans les dialogues de Platon, où sont décrits les effets psychologiques induits par ce doute relatif aux idées reçues. Socrate est régulièrement décrit comme un magicien dont le discours déstabilise et désoriente son interlocuteur. C'est ainsi par exemple

1. S. Freud, « Les résistances à la psychanalyse » (1925), GW, XIV, 100 ; OC, XVII, p. 125-126.

que Ménon compare les effets du doute (ou de l'embarras) à la torpeur ou la stupeur produite par la décharge d'un poisson-torpille :

> Socrate, avant même d'être en relation avec toi, j'avais bien entendu dire que tu ne fais rien d'autre que douter toi-même et qu'amener les autres à douter et, à présent, telle est l'impression que tu me donnes : me voilà ensorcelé par toi, j'ai bu ton philtre magique, je suis, c'est bien simple, la proie de tes enchantements, si bien que je suis maintenant tout embarrassé de doutes ! À mon sens, supposé que l'on doive ici faire à la raillerie quelque place, tu es, de tout point, tant par ton extérieur qu'à d'autres égards, on ne peut plus semblable à cette large torpille marine qui, comme on sait, vous plonge dans la torpeur aussitôt qu'on s'en approche et qu'on y touche. C'est une impression analogue qu'à cette heure, je crois, tu as produite sur moi ! Une véritable torpeur envahit en effet mon âme aussi bien que ma bouche, je ne sais que te répondre[1].

L'effet de sidération, de désorientation, de torpeur ou d'engourdissement, propre au « charme magique », est la marque de fabrique de ce mode de communication qu'est l'*identification projective*. Socrate relève d'ailleurs avec humour que les doutes et la torpeur sont bien des projections qui ont leur source chez celui qui les induit : « ce sont essentiellement les doutes dont personnellement je suis plein, qui me mettent en état de faire naître des doutes aussi chez les autres ! »[2]. L'ignorance socratique n'a évidemment pas le sens d'un simple défaut de connaissance : elle relève d'enjeux identitaires au fondement de ce « naturel philosophe » dont témoignent partout les dialogues de Platon, avec un sens clinique d'une rare perspicacité.

d) *L'assuétude au purgatif.* Pour finir, on peut évoquer la manière un peu étrange dont la question est abordée par un médecin français, Laurent Joubert, qui demande si l'on peut se nourrir, non de poison, mais de purgatif (ou de « bouillon laxatif »). L'argument en faveur de la thèse est tiré des exemples de ceux qui se nourrissent de poison. Si les poisons, censés désorganiser le corps peuvent

1. Platon, *Ménon*, 80a-b.
2. *Ibid.*, 80c-d.

nourrir, il pourrait en être de même d'un purgatif moins nocif que la ciguë ou le napel :

> Comme il est écrit d'une vieille d'Athènes, nourrie dès son enfance à la ciguë, et de la jeune Indienne, envoyée au roi Alexandre le Grand, nourrie de napel. Combien plus aisément pourra se convertir en nourriture un médicament purgatif, lequel n'est tenu que moyen entre le venin et le corps humain, ainsi que Galien remontre au 5e [livre] *De la vertu des simples médicaments*[1] ?

Joubert répond par la négative : l'accoutumance atténue les effets des drogues, aussi bien que des poisons, mais pas, contrairement à ce qu'en dit Montaigne, au point de *nourrir* à proprement parler l'organisme, c'est-à-dire d'être « convertis en la substance de notre corps ». Il met ainsi une limite à la plasticité de la nature et au processus d'appropriation et de métabolisation :

> Il est aisé de répondre à telle objection ; c'est que la [*sic*] poison ne peut jamais être aliment, de sorte qu'elle soit convertie en la substance de notre corps. Mais que le corps se peut bien accoutumer à sa qualité, qui s'imprime peu à peu aux esprits, humeurs et parties solides. Ainsi se peut-on accoutumer au froid, à l'ardeur du soleil, à la mouillure, au vent, au travail, à tout désordre, y procédant petit à petit, de sorte qu'on n'en sera point offensé. Ainsi plusieurs sont tant accoutumés au malaise et à quelques maladies qu'ils n'en sentent rien, si l'objet ou sujet n'est excessif. Ainsi quelques-uns s'accoutument tellement aux clystères, médecines et autres drogueries, qu'à la fin ils n'en sont aucunement émus, ou fort peu, sinon qu'on les rende plus fortes. Car la qualité de longtemps accoutumée n'excite aucune passion, mouvement ou altération au corps. Mais que les choses ainsi qualifiées se convertissent en notre substance (qui est comme dire qu'elles nourrissent), il ne le faut pas croire.

On retrouve ici l'idée d'une insensibilisation aux toxiques (et aux remèdes) associée à une modification de la complexion

1. L. Joubert, *Des erreurs populaires touchant la médecine*, première et seconde parties, Paris, 1587, chap. 17, p. 81.

naturelle. Il met cependant des limites à ces altérations, au processus d'accoutumance et d'adaptation, c'est-à-dire à la créativité normative de la vie. Son opinion reste celle d'un médecin raisonnable, mais passe à côté d'une potentialité que Montaigne met en avant.

La Boétie, comme Joubert, insiste sur les limites de la plasticité de la nature et sur le caractère monstrueux et contre-nature de la servitude volontaire et du genre de vie qu'elle induit : « Cela s'appelle-il vivre ? » Au-delà de cette protestation morale, il invite à aller plus loin et à prendre en compte des situations dans lesquelles les logiques de survie, poussées à leur terme, peuvent devenir destructrices et mortelles. Les conduites à risque et les pratiques addictives témoignent suffisamment de la facilité avec laquelle l'individu humain prend goût à ces genres de vie qui touchent la mort de si près. Et peut tirer même quelquefois de ce voisinage un vertigineux plaisir, à la manière, par exemple, de ces officiers subalternes qui insistent pour couler avec leur navire.

CHAPITRE VIII

HONTE ET RÉFLEXIVITÉ : LE PROBLÈME DE LA VOLONTÉ

> — Non, tu n'es pas le fils de Jupiter et ta mère n'a pas été séduite par la forme trompeuse d'un taureau ; l'histoire de ta naissance n'est qu'une fiction mensongère ; celui qui t'engendra, ce fut un taureau véritable, un animal sauvage qui n'éprouvait point d'amour pour les génisses (Ovide, *Mét.* VIII, 122-125).
>
> — Celui-là, c'est moi, *Iste ego sum* (Ovide, *Mét.* III, 463).

La notion de volonté dans le *Discours* de La Boétie est régulièrement l'objet de contresens. Si la servitude ou la soumission peut être dite *volontaire*, ce n'est pas en tant qu'elle serait l'objet d'un acte conscient ou délibéré. La « volonté » dont il s'agit ici, se rapporte moins à l'idée moderne d'une autonomie du principe de décision (libre-arbitre), source de culpabilité, qu'à la conception ancienne, que l'on trouve notamment chez Aristote, de l'action effectuée « de plein gré », qui exprime ou manifeste les dispositions éthiques du sujet et renvoie donc à principe d'action en lui-même opaque et ambigu. La thèse du *Discours* qui rapporte la servitude volontaire à la coutume doit s'entendre en ce sens : elle témoigne non pas d'un choix réputé libre, mais plutôt d'une altération ou d'une corruption de la nature et du jugement d'attribution.

C'est de ce point de vue que je proposerai, dans ce chapitre, de m'intéresser à l'affect de honte et à la forme de réflexivité qu'il induit. Si les actions accomplies volontairement ou « de plein gré » expriment et manifestent des dispositions morales et éthiques, le sujet est appelé à se connaître à travers elles comme à travers le jugement d'autrui. Le modèle de cette conception de la volonté et de la réflexivité est celui du héros tragique qui finit par *se reconnaître* comme responsable du cours des événements qui l'ont conduit au déshonneur. Bien entendu, cette responsabilité est toujours ambiguë et incertaine, tout comme le partage qu'elle vient établir entre innocence et culpabilité. Cette ambiguïté se retrouve dans le *Discours* qui remet en question la frontière entre victimes et complices de la tyrannie. La Boétie s'attache à montrer que la souffrance qui résulte du système de domination n'est pas seulement l'effet d'une violence subie passivement, mais qu'elle est entretenue par le comportement des sujets qui y collaborent activement (volontairement), bien que de manière souvent non délibérée. Le lecteur est ainsi sommé d'interroger sa part de responsabilité et d'implication dans le fonctionnement tyrannique. Le procédé est en lui-même particulièrement violent et problématique.

Le *Discours* vise sans doute à provoquer l'indignation et à réveiller le désir de liberté étouffé par la servitude. Cette indignation paraît cependant seconde par rapport à un affect plus directement mobilisé par La Boétie chez son lecteur : le sentiment de honte. La honte et l'indignation sont évidemment solidaires, pour autant qu'on puisse regarder l'indignation, relative aux autres, comme le pendant du sentiment de honte, relatif à soi-même. Ainsi dans l'*Odyssée* (VI, 286), lorsque Nausicaa qui refuse d'être accompagnée en public par Ulysse, invoque la honte ou la pudeur (*aidôs*) à laquelle l'exposerait la situation, elle ajoute aussitôt, comme pour justifier le bien-fondé de son refus : « Et j'éprouverais de l'indignation (*nemesis*) à l'égard de toute autre jeune fille qui ferait cela ». L'indignation peut être définie comme une forme de colère porteuse du jugement social sanctionnant l'injustice et le manquement aux règles éthiques de la communauté. La honte est un sentiment éprouvé par l'individu exposé à ce jugement, lorsqu'il est lui-même pris en défaut au regard des règles de comportement prescrites par l'environnement social, et tout particulièrement relativement aux normes d'excellence et de maîtrise. Elle témoigne du travail de socialisation et d'intégration des valeurs morales. Sous cet aspect, la honte est inséparable de vertus telles que la pudeur, la modestie, le sentiment de l'honneur, le respect ou le sens des limites, qui ont trait généralement à *l'art de se positionner dans l'espace social*. C'est l'un des sens de l'*aidôs* grec, que l'on retrouve dans la *verecundia* latine[1]. Ce lexique renvoie à l'intériorisation des règles de conduite et de justice. On peut interpréter ainsi l'appel de La Boétie aux notions communes et en particulier au désir de franchise ou de liberté, menacé par la servitude volontaire : comme une injonction qui mobilise cette honte gardienne des vertus civiles, de l'identité sociale et de la dignité de la personne.

Cette première définition est évidemment fondamentale, mais elle demeure incomplète au regard d'une conception centrée sur l'affect. Si la honte, entendue comme vertu éthique ou comme art de se positionner dans le monde social, a bien une fonction socialisatrice, elle peut, à l'inverse, désocialiser : le déshonneur stigmatise et isole en frappant l'individu d'indignité. L'affect de honte prend alors la valeur d'un *signal* devant le risque d'exclusion et d'abandon : il fait revivre l'effroi devant la perte de protection et l'angoisse liée au sentiment d'impuissance. Dans un travail précurseur sur la question de l'attachement, Imré Hermann rapporte la honte à l'expérience précoce de perte du contact avec la mère, « objet du cramponnement », garante du sens de l'orientation spatiale, mais aussi psychique ou intérieure. Il propose de rapprocher

1. Pour l'étude sémantique des notions particulièrement riches de *modestie*, de *honte* ou de *pudeur* (*aidôs, aiskhunè ; pudor, verecundia*), voir, sur le lexique latin, J.-F. Thomas, *Déshonneur et honte en latin : étude sémantique*, Louvain, Peeters, 2007. Sur le lexique grec, voir D. Cairns, *Aidôs : the Psychology and Ethics of Honor ans Shame in Ancient Greek Litterature*, Oxford University Press, 1993 ; R. A. Kaster, *Emotion, Restrain and Community in Ancient Rome*, Oxford University Press, 2005. Ces deux auteurs proposent des études de psychologie historique fortement influencées par des positions cognitivistes : ils envisagent la honte et la pudeur d'un point de vue adaptatif comme relevant de l'*art de se positionner dans le monde social*.

l'affect de honte du *vertige* : « Le sentiment de honte n'est pas sans rapport avec l'évanouissement. Le honteux se sent abandonné par ses forces ; il s'effondre ; il sent le sol se dérober sous ses pieds ; il baisse la tête et les yeux, cherche à se retirer, à se cacher, à se soustraire à la vue d'autrui [...]. Se trouvent également inhibés les processus intellectuels et la volonté qui cherche à agir sur le monde extérieur. Quand on a honte, on voudrait dire : "je ne veux rien ; je ne peux rien" »[1]. On voudrait aussi se cacher et disparaître pour se soustraire au regard de l'autre. Cette désorientation et ce vertige permettent de rapprocher l'expérience de honte de l'expérience traumatique caractérisée par la défaillance de l'appareil d'emprise devant une situation qui déborde les capacités d'élaboration et d'appropriation psychiques[2]. La honte est en effet toujours liée à la perte de contrôle et au sentiment d'insuffisance qui l'accompagne. À ce titre, ce n'est pas seulement l'estime de soi qui est en question dans la honte ; ce sont également les frontières du moi confronté au regard de l'autre, en soi ou au-dehors.

Cette expérience affective est vraisemblablement première par rapport à la honte ou la pudeur entendue comme disposition morale. Cette honte vertueuse représente ainsi une forme d'aménagement secondaire visant à se protéger contre le risque traumatique. C'est, on le verra, la position singulière d'Aristote qui refuse de compter l'*aidôs* au nombre des vertus éthiques et la définit plutôt comme un affect (*pathos*). Si la honte est associée à l'angoisse de perte de protection, on peut comprendre qu'elle n'ait pas seulement une valeur socialisatrice et puisse connaître un destin différent. Il se peut

1. I. Hermann, *L'Instinct filial*, Paris, Denoël, 1972, p. 39-40 (texte original de 1943). Pour une approche psychanalytique de la honte, voir L. Wurmser, *The Mask of Shame*, Baltimore, John Hopkins UP, 1981. On peut également mentionner C. Janin, « Pour une théorie psychanalytique de la honte (honte originaire, honte des origines, origines de la honte) », *Revue française de psychanalyse* 67, 2004-5, p. 1657-1742, mais surtout A. Cicone et A. Ferrant, *Honte, culpabilité et traumatisme*, Paris, Dunod, 2009 et, des mêmes, « Indices de honte et dispositif thérapeutique », *Dialogue* 190, 2010-4, p. 41-53.

2. Voir A. Ferrant, *Pulsion et liens d'emprise*, Paris, Dunod, 2001, et « Honte et emprise », *Revue française de psychanalyse* 67, 2004-5, p. 1781-1787.

en effet que le rôle protecteur ne soit pas assuré par un ordre social, source de *reconnaissance*, mais par une relation de soumission dans laquelle le sujet vient confier sa survie à un objet tyrannique avec lequel il entretient un lien addictif et désocialisant[1]. Ce destin renvoie à la notion de « fausse honte » chez Plutarque.

La problématique de la honte est au centre du *Discours* et de sa clinique du lien social. Elle met bien à l'épreuve le rapport du sujet avec ses « objets sociaux », avec les soutiens sur lesquels repose son intégration dans le monde social. Si l'on va plus loin et si l'on accepte de rapporter, avec Aristote, le sentiment de pudeur à la crainte du déshonneur, on est en mesure d'appréhender les enjeux identitaires et narcissiques liés à la perte de ces appuis sociaux qui viennent réactiver des angoisses associées aux expériences précoces de dépendance et d'attachement. Dans la honte, comme dans le délire mélancolique d'indignité, on aurait bien affaire à « l'ombre de l'objet [...] tombée sur le moi », autrement dit à la trace des aléas de la rencontre avec l'objet.

L'intérêt et la difficulté du *Discours* tiennent au fait que La Boétie invite à interroger la conception philosophique de la volonté à partir ces enjeux cliniques relatifs à l'affect de honte. À interroger, en d'autres termes, le libre arbitre et l'idéal d'autonomie ou de maîtrise de soi, à la lumière des expériences communes d'empiètement et de stigmatisation qui remettent en question les sentiments d'identité et d'intégrité du sujet.

La rhétorique de la honte dans le Discours

On peut commencer par évoquer trois manières dont La Boétie sollicite la honte :

1) Dans son sens le plus direct, le sentiment de honte est explicitement invoqué dans le cadre d'un discours moral traditionnel : le tableau des vices des tyrans doit provoquer la honte de ceux qui

1. Voir D. Meltzer, *Sexual States of Mind*, Londres, Karnac, 1973, chap. 14 (« Terror, Persecution and Dread ») et chap. 20 (« Tyranny »).

pourraient s'y reconnaître. Il s'agit d'une variante du « miroir des princes » :

> Xénophon, historien grave et du premier rang entre les Grecs, a fait un livre auquel il fait parler Simonide avec Hiéron, tyran de Syracuse, des misères du tyran : ce livre est plein de bonnes et graves remontrances, et qui ont aussi bonne grâce à mon avis qu'il est possible : que plût à Dieu que les tyrans qui ont jamais été l'eussent mis devant les yeux et s'en fussent servi de miroir ! je ne puis pas croire qu'ils n'eussent reconnu leurs verrues, et eu quelque honte de leurs taches (DSV, 70).

Le discours moral de Xénophon est censé susciter la honte chez le tyran dont les vices sont exposés aux yeux de tous. La honte succède à l'indignation que doit susciter le tableau des « misères du tyran » : invité à adopter le point de vue moral de l'historien, le tyran pourra jeter un regard extérieur sur sa propre condition, et s'indigner des vices mis en scène. Lorsque le tyran se reconnaît et comprend que la condition décrite par Xénophon est la sienne, l'indignation morale, ainsi réfléchie, pourra se transformer en honte.

Cette stratégie de moralisation serait évidemment peu efficace, si elle visait seulement le tyran. Et c'est vraisemblablement le sens de cette mention de Xénophon : La Boétie rappelle, de manière indirecte, que l'on ne saurait compter sur les capacités réflexives et le sens moral des tyrans dont on connaît l'impudence. On peut en effet regarder le cynisme comme une défense contre le sentiment de honte : en montrant comment le lien tyrannique permet au tyran de faire l'économie de l'affect de honte en l'expulsant au-dehors, chez les sujets qui auront à le prendre en charge psychiquement[1]. Cet aspect est au cœur de la « fausse honte » dont il sera question plus loin.

2) Dans un second sens, et de manière plus évidente, le *Discours* vise à produire un sentiment de honte non pas chez le tyran, mais chez le lecteur. C'est ainsi que l'on peut entendre les nombreuses exclamations adressées aux « pauvres et misérables peuples insensés,

1. Voir encore A. Ferrant, « Emprise et lien tyrannique », *Connexions* 95, 2011-1, p. 15-27, qui renvoie au *Discours de la servitude volontaire*.

nations opiniâtres en votre mal et aveugles en votre bien » (DSV, 42). C'est la honte que doit susciter le tableau des ressorts de la tyrannie, lorsque La Boétie présente les sujets comme responsables et même complices de la tyrannie : « D'où a-il pris tant d'yeux dont il vous épie, si vous ne les lui baillez? comment a-il tant de mains pour vous frapper, s'il ne les prend de vous ? » (DSV, 43). Le tableau de la tyrannie est exposé au regard des sujets, afin qu'ils se reconnaissent, et prennent la mesure de leur responsabilité : comme le traité de Xénophon, il vise à provoquer indignation et honte. La stratégie morale, inopérante avec les tyrans, se trouve appliquée aux sujets et aux lecteurs. Le tyran devient lui-même le « miroir » de ses sujets; La Boétie place son portrait sous nos yeux de lecteurs, pour que nous nous y reconnaissions. Le procédé est violent : il consiste à transformer la victime en complice, en lui imputant la responsabilité de la violence subie et revient finalement à mobiliser, contre la tyrannie, un ressort au fondement de la soumission au tyran.

D'un point de vue manifeste, la honte ainsi mobilisée vise à préparer l'indignation nécessaire à la réappropriation par les sujets de leur destin politique. Comme le relève Marx, « la honte est déjà une révolution [...]. La honte est une sorte de colère : celle par quoi on s'en prend à soi-même »[1]. Indignation et colère sont traditionnellement regardées comme de puissants ressorts d'intégration, autrement dit comme *gardiennes de l'identité et de la dignité humaine* (Wurmser). On l'a vu à propos des remèdes traditionnels au « mal d'amour ».

3) On peut aborder la question de la honte dans le *Discours* d'un autre point de vue encore, à partir de la notion de « fausse honte » élaborée par Plutarque : *dysopia; vitiosus pudor* (Xylander) ou *vitiosa verecundia* (Érasme). Cette perspective est suggérée par Montaigne, incidemment, dans un passage des *Essais* consacré au style de Plutarque :

> [Plutarque] [A] guigne [indique] seulement du doigt par où nous irons, s'il nous plaît, et se contente quelquefois de ne donner qu'une

1. K. Marx à Ruge, mars 1843, *Correspondance*, t. 1, Paris, Les éditions sociales, 1977, p. 287.

> atteinte dans le vif d'un propos. Il les faut arracher de là et mettre en place marchande. [B] Comme ce sien mot, que les habitants d'Asie servaient à un seul, pour ne savoir prononcer une seule syllabe qui est Non, donna peut-être la matière et l'occasion à La Boétie de sa *Servitude volontaire*[1].

Montaigne renvoie ici à un passage du traité « De la fausse honte » :

> Celui qui dit anciennement que tous les habitants de l'Asie servaient à un seul homme pour ne savoir prononcer une seule syllabe qui est Non, ne parlait pas à bon escient, ains [mais] se jouait : mais ces honteux ici pourraient sans parler, en fronçant seulement les sourcils, ou baissant la tête, échapper plusieurs corvées qu'ils font outre leur gré et par importunité[2].

Il n'est pas nécessaire d'opposer à ces situations un refus explicite : un simple mouvement de tête suffirait à se libérer de ces obligations et servitudes.

Cette « fausse honte », sur laquelle on reviendra plus loin, est définie par Plutarque comme un « excès de honte » qui a pour effet d'empêcher le sujet de s'affirmer et de s'opposer à autrui. La « crainte du déshonneur », transformée en timidité excessive et manque de courage, devient source de soumission, de servitude et d'aliénation. Elle corrompt les liens sociaux :

> Cette honte excessive, étant toujours dessus ceux qui n'ont pas le cœur assez ferme et viril, et n'osant pas librement respirer ni regarder franchement entre deux yeux, divertit les juges de la justice, clôt la bouche à ceux qui doivent conseiller et les contraint de faire et dire beaucoup de choses qu'ils ne voudraient pas; et celui qui sera le plus déraisonnable et le plus importun maîtrisera toujours et tyrannisera celui qui est ainsi honteux[3].

La fausse honte n'est pas directement cause de l'assujettissement ; elle en est la condition : elle définit une simple disposition à la

1. « De l'institution des enfants », I, 26, p. 156.
2. Plutarque, « De la mauvaise honte », 532E, Amyot, 79B
3. *Ibid.*, 529F ; Amyot, 77D.

soumission et à l'obéissance. La « fausse honte » de Plutarque ne saurait évidemment relever de « l'art de s'orienter dans le monde social » : la « crainte du déshonneur » et de la perte des objets sociaux sont ici, au contraire, source d'une forme de désorientation (de vertige) qui précipite le sujet dans un rapport de soumission et le livre à l'emprise malveillante et cynique d'un tyran.

ARISTOTE : ACTION VOLONTAIRE, HONTE ET RECONNAISSANCE

Dans le *Discours*, le caractère volontaire de la servitude est évidemment très problématique. On peut l'éclaircir provisoirement en rappelant que La Boétie ne se rapporte pas à une définition métaphysique du libre arbitre telle que la tradition moderne tente de l'élaborer, mais plutôt à la définition aristotélicienne de l'action volontaire comme accomplie « de plein gré ». La distinction entre ces deux conceptions de la volonté permettra de lever quelques contresens habituels sur la notion de « servitude volontaire ». Elle n'en demeure pas moins tout à fait problématique d'un point de vue clinique. Il en irait pareillement de l'opposition convenue entre la honte et la culpabilité.

a) *La honte signal*. L'originalité d'Aristote est de définir la honte (*aidôs*) non comme une vertu morale (au sens de la pudeur ou de la modestie), mais comme un affect (*pathos*) qui relève d'abord de la peur (*phobos*)[1] :

> En ce qui concerne la honte (*aidôs*), il ne convient pas d'en parler comme d'une vertu, car elle ressemble plus à une affection (*pathos*)

1. Pour l'*Éthique à Nicomaque*, je suis ici la traduction de J. Tricot (Paris, Vrin, 1983) et parfois celle de R. Bodeüs (Paris, Garnier-Flammarion, 2004). Pour la *Rhétorique*, celle de P. Chiron, Paris, Garnier-Flammarion, 2007. Dans leur traduction de l'*Éthique à Nicomaque*, Tricot rend le terme *aidôs* par « modestie », et Bodeüs par « pudeur ». J'ai préféré leur substituer le terme de « honte » (comme P. Chiron pour la *Rhétorique*) qui, en français, désigne plus évidemment l'affect ou l'émotion. La définition de la honte comme « crainte du déshonneur » se trouve chez Platon (*Lois*, I, 646e), et s'applique non pas à l'*aidôs*, mais à l'*aiskhunè*. Aristote refuse la distinction et emploie indifféremment les deux termes.

qu'à une disposition (*hexis*). Quoi qu'il en soit, on la définit comme une sorte de crainte de donner une mauvaise opinion de soi, et elle produit des effets analogues à ceux que provoque la crainte du danger : on rougit en effet quand on a honte et on pâlit quand on craint pour sa vie[1].

Cette singularité d'Aristote constitue un changement de perspective remarquable. De vertu morale, la honte comme « crainte de l'infamie » ou « crainte du déshonneur », acquiert le statut d'un affect-signal alertant le sujet d'un danger menaçant son intégrité et son identité, en l'occurrence son honneur ou sa réputation. Il est significatif qu'Aristote propose une analogie entre la crainte du déshonneur et le risque vital, entre l'identité sociale et l'intégrité biologique. Aristote définit en effet la peur comme « une souffrance et une perturbation issues de la représentation (*phantasia*) d'un mal à venir susceptible de causer destruction ou souffrance »[2]. La représentation ou l'imagination de la souffrance à venir – et de ses signes annonciateurs (*sèmeia*) – est elle-même source de douleur. La honte anticipe un mal. Et cet affect-signal qui avertit d'un danger, peut lui-même être interprété comme une reviviscence d'expériences antérieures de désorganisation traumatique.

Dans l'exposé plus développé de la *Rhétorique*, Aristote rapporte la honte aux « maux qui paraissent conduire à une perte de sa réputation ». La honte a pour objet des actes susceptibles d'être interprétés comme les manifestations d'une imperfection ou d'un vice : « passent pour honteux [...] tous les actes qui sont l'effet d'un vice, par exemple lâcher son bouclier ou prendre la fuite : ce sont des effets de la lâcheté »[3]. Il en va pareillement des autres vices, comme l'injustice, le dévergondage ou l'avarice. À chaque fois, ce n'est pas le comportement lui-même qui est source de honte, mais le jugement qui en infère une imperfection morale. Le jugement ne porte pas ici sur la seule conformité des actions aux normes sociales, mais sur la valeur de leur auteur et sur ses dispositions

1. Aristote, *Éthique à Nicomaque*, IV, 15, 1128b 10-13.
2. Aristote, *Rhétorique*, II, 5.
3. *Ibid.*, II, 6, 1383b 14.

morales. L'inférence repose donc sur l'idée que « les actes (*erga*) sont des signes de la disposition (*hexis*) »[1]. La honte suppose le regard d'autrui et la question se pose alors de savoir *qui* interprète et juge le comportement de l'individu.

b) *Reconnaissance et action volontaire.* Cette définition de la honte s'inscrit dans le cadre de la théorie aristotélicienne de l'action et de la responsabilité morale. C'est la théorie de l'action dite *consentie* (accomplie « de plein gré ») (*hekôn*), qu'il définit, par opposition à l'action réalisée par violence ou sous la contrainte, comme un acte dont le principe est « intérieur à l'agent ». Ce principe est la disposition morale (*hexis*, *habitus*) qui relève du caractère de l'agent (*êthos*). Ce qui fonde l'idée de responsabilité, ce n'est donc pas la notion abstraite de volonté ni de liberté[2], mais l'idée selon laquelle l'homme est « le point de départ (*archè*) » ou la cause efficiente (*aitia*), « exactement comme il est l'auteur de ses enfants »[3]. Le propos, simple en apparence, est pourtant ambigu. D'abord parce que juger du père par ses enfants ne va pas de soi. Mais aussi parce que Aristote suspend la question de la reconnaissance et de la responsabilité à l'incertitude et au doute nécessairement associés à l'identité du père.

La responsabilité ne se fonde pas sur l'autonomie du sujet, ou sur son libre pouvoir de décision ou d'autodétermination, mais sur le lien entre les actes et les dispositions internes ou le caractère éthique. Nos actions manifestent notre être. On peut rapporter cette théorie de l'action et de la responsabilité à ce que J.-P. Vernant écrit à propos de la tragédie : « c'est ici moins l'agent qui explique l'acte, mais plutôt l'acte qui, révélant après-coup sa signification

1. *Ibid.*, I, 9, 1367b 33.

2. J.-P. Vernant, « Ebauches de la volonté dans la tragédie grecque », dans *Mythe et tragédie en Grèce ancienne*, I, Paris, Maspero, 1972, p. 43-73. Dans les pages qu'il consacre à Aristote (p. 48-61), Vernant part du constat que pour appréhender la conception grecque de responsabilité, « il faut se garder de projeter […] notre système actuel d'organisation des conduites volontaires, les structures de nos processus de décision, nos modèles d'engagement du moi dans ses actes » (p. 44). Autrement dit, se dégager de catégories dont les limites sautent aux yeux.

3. Aristote, *Éthique à Nicomaque*, III, 1113b 17-19.

authentique, revient sur l'agent, découvre ce qu'il est et a réellement accompli sans le savoir »[1]. La connaissance de soi passe ici par un moment de « reconnaissance » : l'agent (comme le héros tragique) s'appréhende lui-même comme cause et auteur de ses actes pour en endosser la responsabilité. La reconnaissance (*anagnôrisis*) revient à s'attribuer la paternité des événements apparemment subis et prend appui sur leur cours objectif. Sur le plan de l'action et de la théorie morale, elle joue un rôle analogue à l'anamnèse platonicienne qui repose sur la réappropriation des contenus idéaux d'abord appréhendés au-dehors, à partir de la multiplicité de leurs manifestations sensibles. Pareillement, l'acte dévoile et manifeste à l'extérieur les dispositions intérieures de l'agent. La réflexivité suppose encore un moment projectif d'extériorisation ou d'objectivation, dans lequel le contenu intérieur se donne souvent comme frappé du sceau de l'étrangeté. C'est à ce type de reconnaissance que La Boétie fait allusion à partir de Xénophon et de son tableau des vices du tyran : en se reconnaissant, les méchants devraient avoir honte de leurs vices.

La honte procède bien de cette reconnaissance dans laquelle se révèle au sujet quelque chose de son identité, mais à travers des signes et des manifestations qui échappent à son pouvoir et à sa maîtrise. Lorsqu'il place en l'homme le principe des actions effectuées « de plein gré », Aristote ne subordonne pas l'agir au pouvoir d'une volonté (comme autodétermination ou libre-arbitre), mais rapporte les actions *imputables* du sujet aux déterminations intérieures du caractère ou des dispositions morales, en elles-mêmes opaques et connaissables seulement indirectement ou par signes.

c) *Responsabilité et disposition morale.* Cette opacité est source d'ambiguïté. La honte est inséparable des notions de responsabilité et de reconnaissance. Elle est plus généralement relative à l'identité même de la personne, à ses dispositions ou à son caractère, et à la reconnaissance d'un défaut ou d'une imperfection, c'est-à-dire

1. J.-P. Vernant, « Tensions et ambiguïtés dans la tragédie grecque », dans *Mythe et tragédie en Grèce ancienne*, I, *op. cit.*, p. 24.

d'une marque d'infériorité. Après avoir fait une liste des « actes honteux et dégradants » pour le sujet, Aristote ajoute : « Il est honteux de ne pas avoir part aux biens dont bénéficient soit tous les hommes, soit tous ses égaux, soit une majorité d'entre eux »[1], c'est-à-dire de ne pas jouir des mêmes avantages que ses pairs auxquels on se compare (par exemple « le même niveau d'éducation »). Ce sentiment d'infériorité, source de honte, sera renforcé par le fait que le sujet peut s'imputer la responsabilité de son infériorité : « mais tous ces manques sont d'autant plus honteux qu'il apparaît clairement qu'on en est soi-même responsable »[2].

Le domaine de la responsabilité est ici assez large. Les dispositions et le caractère sont en partie imputables à l'individu lui-même, en vertu, par exemple, de l'habitude : « L'importance de contracter telle ou telle habitude dès la prime jeunesse n'est donc pas négligeable, mais tout à fait décisive ou plutôt, c'est même le tout de l'affaire »[3]. Aristote définit la vertu morale comme « le fruit de l'habitude »[4], pour autant que le propre de la vertu éthique, à la différence des simples dispositions naturelles, est d'être acquise par l'habitude, autrement dit par l'exercice, au moyen d'actions fréquemment répétées : « Ainsi, c'est en bâtissant qu'on devient bâtisseur, et en jouant de la cithare qu'on devient cithariste. De la même façon, c'est donc aussi en exécutant des actes justes que nous devenons justes, des actes tempérants qu'on devient tempérant et des actes courageux qu'on devient courageux »[5]. Le caractère, manifesté ou révélé par les actes, est lui-même le résultat d'une activité répétée. Il en va pareillement des vices que l'on ne saurait imputer seulement à la nature, mais qui sont de notre responsabilité : « Mais les hommes sont eux-mêmes responsables

1. Aristote, *Rhétorique*, 1384a 9-10.

2. Ce qui revient à concevoir (par exemple à l'école) l'idéologie du mérite comme un redoutable instrument de domination sociale.

3. Aristote, *Éthique à Nicomaque*, II, 1103b 24-25 ; trad. Bodeüs.

4. *Ibid.*, 1103a 17. Moyennant un jeu de mots entre *êthike* et *ethos* (habitude). Même jeu de mots chez Platon (*Lois*, VII, 792e) : « tout caractère (*êthos*) vient de l'habitude (*ethos*) ».

5. *Ibid.*, 1103a 35-b 2.

d'être devenus tels, à force de vivre de manière relâchée. Ils sont aussi responsables d'être injustes ou intempérants à force, dans le premier des cas, de perpétrer des méfaits et, dans le second, de s'adonner aux beuveries ou aux plaisirs de ce genre »[1]. Le jugement sur lequel repose la honte rapporte donc les actes aux dispositions morales, qui sont les effets de l'habitude : ils portent la marque ou la trace de l'expérience de vie passée. Le caractère est ainsi une forme de mémoire à laquelle donnent accès les actes effectués « de plein gré ». Le jugement moral, au principe de la reconnaissance, a bien le sens d'une anamnèse. L'enquête du *Discours* vise à produire une reconnaissance de ce genre.

d) *Ambiguïté et reconnaissance*. Ces pages d'Aristote revisitent, à leur manière, les paradoxes exposés par Platon dans sa théorie de la réminiscence et en particulier dans le mythe d'Er : les âmes, avant leur descente dans les corps, choisissent leur genre de vie future, c'est-à-dire leur *daimon*, leur démon, défini *à la fois* comme principe externe d'une providence personnelle, présidant à la destinée ou à la fortune de l'individu, et comme un principe interne d'organisation psychique. Aristote abandonne l'élément mythique, mais se ressaisit du paradoxe qui conduit à rapporter l'action volontaire, ou plutôt consentie et réalisée « de plein gré », à un « principe interne », constitutif d'une identité éthique de l'individu en elle-même opaque, et auquel on n'a qu'un accès indirect, par le moyen de la reconnaissance ou de l'anamnèse. Le paradoxe, propre à la notion de responsabilité, n'en est pas résolu pour autant. La contradiction apparente de la notion de « servitude volontaire » serait à rapporter à cette ambiguïté que notre notion de volonté n'est parvenue à trancher qu'en apparence.

Cette ambiguïté de la notion de responsabilité est poussée assez loin dans le chapitre de la *Rhétorique* consacré à la honte. Aristote y mentionne la honte attachée à la violence subie (par exemple le viol) :

1. Aristote, *Éthique à Nicomaque*, II, 1114a 4-7.

> Il est honteux aussi de subir, d'avoir subi ou de devoir subir tous les actes de nature à conduire au déshonneur et à l'infamie : ils consistent en l'asservissement de son corps ou la soumission à des pratiques honteuses, parmi lesquels le viol, et se partagent entre le dévergondage, que les actes soient volontaire ou involontaire, et la violence, subie involontairement. Car le simple fait de les subir et de ne pas s'en prémunir résulte du manque de virilité, ou de la lâcheté[1].

L'exemple d'Aristote est au cœur de la clinique de la honte liée au traumatisme. La honte ressentie est relative à l'état de passivité forcée du sujet qui n'a pas été en mesure de conserver la maîtrise ou le contrôle de la situation. Elle est donc associée ici à la désorganisation ou à l'échec de l'appareil d'emprise. La honte renvoie ainsi typiquement à des situations de débordement dans lesquelles le sujet se trouve asservi et réduit à la passivité et à l'impuissance, dans l'incapacité de défendre son intégrité physique et psychique[2].

C'est bien, semble-t-il, ce qu'entend Aristote : la victime de violence a honte de sa vulnérabilité ; elle regarde la passivité et l'état d'impuissance auquel elle a été réduite, comme la marque d'une imperfection éthique qui l'a rendue incapable de répondre activement à l'agression. Autrement dit, la victime est amenée à interroger sa part de responsabilité dans la violence subie, et à tenter de faire le partage entre ce qui relève de la contrainte extérieure et ce qui relève d'elle-même. Jusqu'à quel point l'événement subi reflète ou révèle au sujet quelque chose de ses dispositions intérieures, et dans quelle mesure la violence subie a rencontré le consentement de la victime ? Cette interrogation repose sur l'ambiguïté de la notion de responsabilité et sur l'opacité du principe interne d'action, qui n'est jamais donné ni connaissable directement, mais doit être inféré

1. Aristote, *Rhétorique*, II, 6, 1384a 17-23.

2. C. Janin (« Pour une théorie psychanalytique de la honte », art. cit.) insiste sur le lien entre la honte et les expériences précoces de passivation qui désorganisent l'activité pulsionnelle. On verra que cette expérience est au cœur de la définition augustinienne de la libido.

du comportement de l'individu, aussi bien que des situations, même fortuites, dans lesquelles il s'est trouvé, c'est-à-dire, finalement, de la fortune ou du hasard.

Le chapitre de la *Rhétorique* consacré à l'éloge (I, 9), repose sur une considération analogue. Il s'agit cette fois d'imputer au sujet des situations relevant du hasard ou de la fortune pour en faire des marques de vertu :

> Puisque l'éloge se tire des actions et que le propre de l'homme de bien est d'agir par choix délibéré (*proairesis*), il faut essayer de montrer que la personne qu'on loue agit par choix délibéré. Il est utile aussi de faire apparaître qu'elle a souvent agi de la sorte. Aussi faut-il traiter les coïncidences et les hasards comme des actes délibérés. Si l'on en présente beaucoup de semblables, cela paraîtra signe (*sémeion*) de vertu et de délibération[1].

Dans l'éloge, il s'agit de faire apparaître les coïncidences et les événements fortuits, comme les effets d'une décision ou d'un choix délibéré, de manière à en attribuer la paternité au sujet lui-même. Ici encore, la théorie aristotélicienne propose d'intégrer la causalité démonique et ses paradoxes : il faut traiter de la fortune *comme si* elle relevait d'un consentement et d'un choix permettant de connaître la disposition intérieure du sujet (*êthos* ou caractère). La décision (*proairesis*) est « intimement liée à la vertu, et c'est elle qui permet de juger des traits de caractère, mieux que ne le peuvent les actions »[2]. La honte associée à la violence subie suit une même voie, mais pour témoigner au contraire d'un vice ou d'une imperfection.

e) *La subjectivation et ses paradoxes*. La théorie de la responsabilité et de la reconnaissance renvoie à la problématique de l'identité éthique et de l'appropriation subjective. On retrouve l'idée d'une « contrainte à la synthèse » ou encore d'un « délire d'assimilation » par lequel le sujet s'attribue la responsabilité de ce à quoi il a été confronté. Le conseil relatif à l'éloge (« traiter les

1. Aristote, *Rhétorique*, I, 6, 1367b 20-25.
2. Aristote, *Éthique à Nicomaque*, III, 1111b 5-6.

coïncidences et les hasards *comme* des actes délibérés ») éclaire ce qui arrive dans le cas des événements traumatiques auxquels le sujet fait face en se tenant responsable de la violence subie.

À l'évidence, les remarques d'Aristote sont loin d'être univoques. Sa théorie de l'action volontaire et de la responsabilité éthique, et surtout la mise en évidence de ses effets dans les cas de l'éloge et du blâme, peuvent être regardées à la lumière de la problématique du « souci de soi », de la notion de *parrhêsia* et des effets de subjectivation définis par M. Foucault comme une constante de la pensée morale antique. On retrouve pareillement, chez Aristote, cette idée selon laquelle la responsabilité repose sur une reconnaissance qui permet à l'individu de se « constituer comme sujet », et que cette constitution ou ce « rapport de soi à soi » suppose des techniques et des pratiques qui articulent l'exigence du souci de soi à l'obligation de dire le vrai et à se connaître soi-même. Foucault montre dans ses derniers travaux que cet accès à la vérité est associé à une « pragmatique du sujet » qui a pour horizon la transformation de soi : les « jeux de vérité » sont inséparables de ces « arts d'existence » ou de ces « exercices spirituels » (P. Hadot) par lesquels il s'agit de façonner la forme de sa propre vie[1].

Au regard de cette riche problématique, le traitement de la honte chez Aristote prend une dimension critique : 1) la honte perd son statut de vertu éthique (comme pudeur) : elle est un simple affect (peur ou crainte du déshonneur); 2) dans le contexte de la *Rhétorique*, l'éloge et le blâme se présentent comme des effets de langage; 3) ces effets trouvent leur condition de possibilité dans l'opacité des dispositions éthiques sur lesquelles repose l'action volontaire, accomplie « de plein gré ».

Si l'on accepte de suivre la logique de l'exposé d'Aristote, on peut encore ajouter, 4) que cette exigence de vérité, comme dans le cas de la violence subie, est ambiguë, comme le sont les

1. Voir notamment l'introduction à l'*Usage des plaisirs*, Paris, Gallimard, 1984. Foucault relève que cette thématique par laquelle il définit la « spiritualité », est étrangère à Aristote qui fait figure d'exception (*L'herméneutique du sujet*. Cours de 1982, Paris, Seuil, 2001, p. 18-19).

effets de la « contrainte à la synthèse ». La question du « souci de soi » et de la subjectivation (au sens de Foucault) serait ainsi renvoyée aux paradoxes associés à la question de l'appropriation, pour autant qu'elle est rapportée aussi bien au travail d'élaboration et d'intégration subjective, qu'à une forme d'incorporation ou d'identification aliénante, comme c'est le cas avec les préjugés dont les effets, comparés à ceux d'un poison, font obstacle à la connaissance de la vérité[1].

Malgré des formules qui laissent parfois entendre que cette volonté serait un principe autonome d'autodétermination, le *Discours* renvoie plus sûrement à la définition aristotélicienne de l'action consentie ou effectuée « de plein gré », conformément à un déterminisme opérant du dedans. L'interrogation relative à la corruption de la nature et à la force de la coutume montre que l'on se situe ici au niveau d'une liberté conditionnée par l'*êthos*. On peut ainsi relever la violence du *Discours* dont la rhétorique vient imputer aux sujets la responsabilité de la tyrannie dont ils sont victimes. La Boétie fait retomber sur les victimes une culpabilité qu'il dénonce chez le tyran et ses complices les plus manifestes. Il mobilise très exactement, en le renversant, le procédé rhétorique de l'éloge, en présentant l'état de servitude ou d'assujettissement comme un signe de lâcheté, et même comme l'effet d'une décision ou le résultat d'un choix volontaire.

Plutôt que d'opposer ici deux figures de la volonté, la notion grecque de l'action réalisée « de plein gré », fondement de la notion de responsabilité, à la définition du libre arbitre qui fait du sujet le principe autonome de ses actions, on peut regarder la conception

1. J'ai tenté ailleurs (T. Dagron, *Pensée et cliniques de l'identité. Descartes, Cervantès, Montaigne*, Paris, Vrin, 2019, chap. v) de montrer comment Aristote opposait l'humour (ou l'eutrapélie) à l'idéal de « grandeur d'âme » et à la pratique de la *parrhêsia*, en mettant l'accent sur le mépris social et l'illusion d'omnipotence au principe de la prétention du « magnanime » à devenir « auteur de sa propre vie » (Foucault). Se trouverait ainsi confirmé le statut d'exception de la pensée d'Aristote qui, avec une remarquable régularité, prend en défaut les idéaux de la culture du « souci de soi ». En particulier lorsqu'elle rapporte la problématique identitaire à ses enjeux narcissiques.

moderne de la liberté qui organise le sentiment de culpabilité, comme un résultat de cette contrainte à l'appropriation par laquelle le moi fait face aux situations traumatiques de passivation, autrement dit comme une forme de contre-investissement narcissique de la honte (mieux vaut être coupable qu'impuissant). Ce délire d'incorporation est assez bien décrit par Aristote, lorsqu'il assigne à l'éloge (et au blâme) la tâche de « traiter les coïncidences et les hasards *comme* des actes délibérés ». Pareillement, La Boétie s'emploie à montrer que la passivité et la servitude reposent (au moins en partie) sur le consentement actif des sujets. Ce renversement vise à produire, chez le lecteur, une forme de reconnaissance (*anagnôrisis*), par laquelle le sujet est invité à prendre conscience de sa responsabilité éthique et, pour finir, à transformer en culpabilité le sentiment de honte. Par ce moyen, La Boétie en vient à effacer la frontière entre complices et victimes et à jeter le trouble chez le lecteur qui en arrive à douter s'il est de « ceux auxquels la tyrannie semble être profitable », ou de « ceux à qui la liberté serait agréable » (DSV, 87). Le procédé consistant à imputer aux victimes de violence la responsabilité du traumatisme subi, est évidemment discutable.

La conception réputée moderne de la volonté (centrée sur la culpabilité) n'est peut-être jamais que le contre-investissement de ces effets de subjectivation : l'œuvre d'un moi qui naît dans la honte et la désillusion.

RÉFLEXIVITÉ, DÉPENDANCE ET SOUMISSION

La honte est un affect qui se communique, se déplace ou se transfère. C'est ce qui rend problématique la *reconnaissance* et la *réflexivité* qui paraissent la conditionner, tout comme la notion de *responsabilité* qui rend parfois incertaine la frontière entre innocence et culpabilité, entre complices et victimes. L'affect de honte révèle au sujet *ce qu'il est*, et lui impose la tâche d'endosser et d'assumer la responsabilité de cette identité pourtant frappée du sceau de l'étrangeté. Cette forme de réflexivité mérite qu'on s'y arrête.

1) Dans son analyse célèbre, Sartre insiste sur cette dimension : « La honte [...] est honte de soi, elle est reconnaissance de ce que je suis bien cet objet qu'autrui regarde et juge »[1]. Il insiste sur la dimension spéculaire et réflexive : le regard d'autrui me révèle à moi-même une dimension de mon identité qui échappe à mon contrôle, mais dont pourtant je suis responsable. La honte « est l'appréhension honteuse de quelque chose, et ce quelque chose est moi. J'ai honte de ce que je suis. La honte réalise donc une relation intime de moi avec moi : j'ai découvert par la honte un aspect de mon être »[2]. La honte est l'aveu que « je reconnais que je suis tel qu'autrui me voit ». Par cette reconnaissance, je suis sommé d'assumer la responsabilité de « cet être nouveau qui apparaît pour autrui »[3]. Cette « relation intime de moi avec moi » n'est pas présentée comme une forme d'immédiateté : elle est pensée à la lumière de l'irruption d'un sentiment d'étrangeté appelé ici par le regard d'autrui.

La honte émerge dans la relation à autrui, à un autre qui juge et pénètre le secret de l'identité du sujet, lui révélant ce qu'il est. On peut poursuivre l'analyse en relevant que cette mise à jour du secret est évidemment source de désorganisation. D'abord parce qu'elle constitue un empiètement sur la sphère de l'intime, et qu'à ce titre elle constitue une forme de violence. Mais aussi parce qu'elle confronte le sujet aux frontières ambiguës entre le moi et le non-moi, et à la part de l'informe qui le constitue et témoigne des limites du travail d'intégration et de subjectivation.

2) D'un point de vue phénoménologique, l'expérience de honte, telle que la présente Sartre, introduit une rupture dans le sentiment d'évidence naturelle ou de continuité d'existence. Une rupture à l'origine de ce que Merleau-Ponty appelle la « bifurcation du sujet

1. J.-P. Sartre, *L'Être et le néant*, Paris, Gallimard, 1943, p. 319. L'une des originalités de Sartre est ici de rapporter l'angoisse dont M. Heidegger a fait une caractéristique essentielle de l'existence humaine (*Dasein*), à une expérience spécifique vraisemblable (et précoce) de la rencontre avec autrui.

2. *Ibid.*, p. 275.

3. *Ibid.*, p. 276.

et de l'objet », par laquelle le sujet se trouve placé en position d'étranger par rapport à son monde aussi bien que par rapport à lui-même. L'intérêt de l'analyse de Sartre tient au fait qu'il associe cette rupture à l'irruption ou l'intrusion d'autrui, dont l'altérité vient déchirer la plénitude de l'être pour conférer au sujet le statut d'une transcendance, hors du monde : le *je* devient un « trou dans l'être », un « néant ». C'est pour faire face à des expériences d'intrusion et de néantisation de ce genre que seront mises en place des conduites de « mauvaise foi » par lesquelles le sujet se glisse dans le moule rassurant d'identités factices.

Lorsqu'il fait état d'une forme de rapport à soi et au monde en deçà de la « bifurcation du sujet et de l'objet », Merleau-Ponty invoque une expérience antéprédicative ou préréflexive qui lui permet d'enraciner la position du sujet, un acte par lequel il s'institue comme un *je* dans une « prise de position volontaire », sur « le fond et la proposition d'une vie de conscience prépersonnelle »[1]. La thèse est que « toute perception a lieu dans une atmosphère de généralité et se donne à nous comme anonyme ». C'est ce qui caractérise, en effet, selon Merleau-Ponty, la relation perceptive pour autant qu'elle échappe à l'alternative intellectualiste entre l'en soi et le pour soi : « De sorte que, si je voulais traduire exactement l'expérience perceptive, je devrais dire qu'*on perçoit en moi*, et non que je perçois. Toute sensation comporte un germe de rêve ou de dépersonnalisation comme nous l'éprouvons par cette sorte de stupeur où elle nous met quand nous vivons vraiment à son niveau »[2]. Par *dépersonnalisation*, il entend un état de non-intégration analogue à celui à partir duquel Winnicott propose de penser les phénomènes transitionnels. Par *stupeur*, il désigne un état de repos que l'on peut opposer à la vigilance qui caractérise la pensée objective construisant son monde sur la base du jugement de réalité.

1. M. Merleau-Ponty, *Phénoménologie de la perception*, Paris, Gallimard, 1945, p. 241.

2. *Ibid.*, p. 249.

3) Cet horizon prépersonnel que Merleau-Ponty présente comme la condition sur laquelle viendra secondairement se fonder la différenciation entre le sujet et l'objet, aussi bien que la « prise de position volontaire » du *je* qui se constitue dans le *cogito*, peut être rapproché des notions d'aire transitionnelle ou d'espace potentiel au moyen desquels Winnicott propose de penser les processus d'intégration subjective, à partir de l'expérience d'un état non-intégré. Merleau-Ponty mentionne un cogito préréflexif qui repose sur l'expérience sensorielle particulière, où le sujet et l'objet restent non discriminés : il donne en exemple la « réversibilité du touchant et du touché » et parle d'un « entrelacs du sensible et du sentant ». On trouve autrement développée chez Winnicott, du point de vue de la clinique du développement, une idée analogue : « nous expérimentons la vie dans l'aire des phénomènes transitionnels, dans l'entrelacs excitant (*exciting interweave*) de la subjectivité et de l'observation objective, ainsi que dans l'aire intermédiaire qui se situe entre la réalité intérieure de l'individu et la réalité partagée du monde qui est extérieure »[1]. Il ajoute aux réflexions phénoménologiques la dimension économique de l'excitation qui caractérise le jeu comme organisateur de la pulsion. Ce point de vue complémentaire permet de définir l'horizon prépersonnel comme une expérience propre à cette illusion d'omnipotence créatrice dans laquelle « ce qui est objectivement perçu est, jusqu'à un certain point, conçu subjectivement »[2].

Ailleurs, Winnicott souligne assez le caractère singulier du « sentiment de soi » appelé par cet état de non-intégration, et dans des termes qui font encore écho à l'idée paradoxale d'un « cogito préréflexif » ou « prépersonnel » : « Le sentiment de soi, en fait, se constitue sur la base d'un état non intégré qui, par définition, n'est ni observé, ni remémoré par l'individu et qui est perdu, à moins qu'il ne soit observé et renvoyé en miroir par un être en qui on peut avoir confiance, qui justifie cette confiance et va au-devant

1. D. Winnicott, *Jeu et réalité*, *op. cit.*, p. 90.
2. *Ibid.*, p. 92.

de la dépendance »[1]. Il souligne ainsi l'importance de cette aire transitionnelle et du rapport à soi qu'elle permet, dont dépend la capacité de vivre une expérience personnelle et créative : « L'espace potentiel entre le bébé et la mère, entre l'enfant et la famille, entre l'individu et la société ou le monde, dépend de la situation qui conduit à la confiance. On peut le considérer comme sacré pour l'individu dans la mesure où celui-ci fait, dans cet espace même, l'expérience de la vie créatrice »[2]. Il rappelle ainsi que le « cogito préréflexif » dont parle Merleau-Ponty dépend de conditions très particulières et que l'expérience de non-intégration doit être contenue et garantie par un environnement capable de procurer suffisamment de confiance et de sécurité.

4) L'expérience de honte chez Sartre peut être comprise, d'un point de vue clinique, comme une rupture de cette confiance et de l'illusion d'omnipotence qui conditionne la relation tacite d'évidence naturelle sur laquelle repose ce « cogito prépersonnel ». En lieu et place de cet « être en qui on peut avoir confiance », fait irruption cet autre qui « regarde et juge ». Ce qu'induit alors autrui, c'est « le sentiment originel d'avoir mon être *au-dehors* » :

> La honte pure n'est pas sentiment d'être tel ou tel objet répréhensible ; mais, en général d'être un objet, c'est-à-dire de me *reconnaître* dans cet être dégradé, dépendant et figé que je suis pour autrui. La honte est sentiment de *chute originelle*, non pas du fait que j'aurais commis telle ou telle faute, mais simplement du fait que je suis “tombé” dans le monde, au milieu des choses, et que j'ai besoin de la médiation d'autrui pour être ce que je suis[3].

La honte correspond à une expérience de désillusion qui fait effraction dans la sphère d'omnipotence et contraint le sujet à se reconnaître en tant qu'objet du regard d'autrui, dans cet être objectivé

1. *Ibid.*, p. 85.
2. *Ibid.*, p. 143.
3. J.-P. Sartre, *L'Être et le néant*, *op. cit.*, p. 349.

que je suis pour autrui, comme essence ou image[1]. Dans ces pages que Sartre consacre à la honte et à la relation à autrui, on peut reconnaître la trace de la conception ancienne de la réflexivité qui nous a servi de fil conducteur, et notamment les enjeux narcissiques et identitaires de la clinique de l'amour : autrui n'est pas seulement un témoin extérieur de mes actions et de mon comportement, il est également le dépositaire d'une image dans laquelle je suis appelé à me reconnaître et à laquelle il me faudra m'identifier.

La honte dont Sartre expose les destins dans les chapitres consacrés à l'être-pour-autrui, correspond ainsi à une expérience de désillusion par laquelle autrui apparaît comme détenteur du « secret de ce que je suis ». Une telle forme de réflexivité confronte le sujet aux limites du travail d'intégration et de subjectivation : le regard objectivant d'autrui me révèle une image faite des restes qui résistent au processus d'appropriation, des restes dont je suis, comme l'écrit Sartre, responsable sans pourtant en être le fondement[2], apporte un brutal démenti au sentiment de toute-puissance qui caractérise l'état de non-intégration. Ainsi entendu, le regard d'autrui ne se limite pas à sa dimension d'objectivation : en faisant intrusion dans la sphère d'omnipotence du sujet, il vient l'infecter d'éléments étrangers. C'est en ce sens que Sartre peut écrire que « nous éprouvons notre insaisissable être-pour-autrui sous la forme d'une possession »[3].

1. On ne saurait ici disqualifier la copie ou l'image réfléchie en l'opposant à son modèle : l'existence même de la copie, suggère Sartre, constitue une objectivation qui transforme en essence la subjectivité pure ou ipséité, rejaillit sur elle pour en faire un « être dégradé, dépendant et figé ». Cette remarque était déjà au cœur de la dialectique platonicienne de la copie et de l'image, et notamment de la critique des idées du *Parménide*.

2. J.-P. Sartre, *L'Être et le néant*, *op. cit.*, p. 431.

3. *Ibid.* Cette intrusion est illustrée par la manière dont autrui me dépossède de mon « corps propre » et altère l'expérience réputée muette que j'en ai. Le passage se poursuit ainsi : « Je suis possédé par autrui ; le regard d'autrui façonne mon corps dans sa nudité, le fait naître, le sculpte, le produit comme il est, le voit comme je ne le verrai jamais. Autrui détient un secret : le secret de ce que je suis. Il me fait être et, par cela même, me possède, et cette possession n'est rien d'autre que la conscience de me posséder. Et moi, dans la reconnaissance de mon objectivité, j'éprouve qu'il a conscience. À titre de conscience, autrui est pour moi à la fois celui qui m'a volé mon être et ce qui fait qu'il y a un être qui est mon être ». J'ai tâché ailleurs de montrer

5) L'analyse de Sartre traite de l'affect de honte indépendamment du message communiqué par autrui. Ce n'est pas le blâme qui provoque la honte, mais le seul regard de l'autre, en tant qu'il fait effraction et infecte le sujet du secret de sa propre origine.

La situation décrite par Sartre peut être rapprochée de l'expérience de désillusion qui, selon Winnicott, menace l'activité du jeu libre et créateur et l'état de repos qu'il suppose. Sans doute, l'expérience du jeu nécessite la présence d'un autre capable de garantir la confiance dans la stabilité de l'environnement, mais également capable de réfléchir ce qui se passe à l'intérieur du jeu, afin de tenir à distance et de neutraliser les éléments capables de le perturber et de le « transformer en quelque chose d'effrayant »[1]. Le jeu libre suppose l'existence d'un environnement stable qui doit lui servir de fond ou de cadre à l'intérieur duquel il peut avoir lieu.

Si l'expérience de non-intégration repose à l'origine sur le *lien de dépendance*, on peut regarder l'expérience de honte comme l'effet de la désillusion qui signe la faillite de ce lien de confiance. Ainsi : « dans les cas de faillite prématurée de la sécurité de l'environnement, il y a aussi danger que cet espace potentiel s'emplisse de ce qui lui est injecté par quelqu'un d'autre que le bébé. Il semble aussi que tout ce qui, dans cet espace, vient de quelqu'un d'autre, soit un matériel persécutif que le bébé n'a aucun moyen de rejeter »[2]. À l'état de dépendance, Winnicott oppose une situation toute différente qui résulte de la perte des soutiens du moi et conduit à la *soumission*, c'est-à-dire à l'adaptation « sur la base de la complaisance ». Dans la plupart des cas, et au-delà de la clinique des interactions précoces, cette soumission est activement induite ; elle relève, selon Winnicott, de l'*exploitation* de l'aire transitionnelle : « À l'opposé, l'exploitation de cette aire conduit à une condition pathologique où l'individu est littéralement encombré d'éléments persécutifs dont il n'arrive pas à se débarrasser »[3].

que ce *cogito* sous contrainte n'était lui-même pas étranger au dispositif cartésien, suspendu à la fiction du malin génie.

1. D. Winnicott, *Jeu et réalité*, *op. cit.*, p. 71
2. *Ibid.*, p. 142.
3. *Ibid.*

Sartre décrit bien cette intrusion du regard d'autrui dans l'aire d'omnipotence, et la puissance de persécution induite par là. Faute de pouvoir rejeter ces éléments étrangers, le sujet est mis en demeure de les reconnaître comme siens et d'assumer la responsabilité de « cet être nouveau qui apparaît pour autrui ». L'expérience de passivation à laquelle on rapporte la honte, peut être comprise comme relevant de cette désillusion et de cette perte de sécurité qui désorganisent le sentiment de soi. Elle est encore liée à l'incapacité du sujet de se débarrasser du matériel persécutif injecté en lui par un autre.

Ainsi conçue, la problématique de la honte peut être appréhendée du point de vue des angoisses paranoïdes d'intrusion et de la situation d'impasse dans laquelle se trouve le sujet qui cherche à se débarrasser du matériel persécutif introduit par autrui dans sa sphère d'omnipotence. D'où la dimension *claustrophobique* de la honte. En lieu et place de cet autre capable de neutraliser les angoisses associées à l'expérience de non-intégration, surgit un autre qui brise l'élan pulsionnel et réduit à néant l'illusion d'omnipotence qui organise le jeu. Dans l'expérience de honte, l'autre conserve une fonction réfléchissante, mais c'est la forme de l'image qui change : ce qu'elle restitue au sujet, ce n'est plus une expérience créatrice, source de satisfaction, mais la part d'informe sur laquelle elle repose : l'inanité et l'indignité des productions qui soutiennent le sentiment de soi et la part d'inquiétant qui aurait dû rester cachée pour qu'ait lieu le travail d'intégration (Schelling). C'était une expérience de désorganisation ou de dépersonnalisation analogue que mettait en avant Ficin avec la « mort de l'âme »[1].

1. Lorsque Freud écrit à propos de la mélancolie que « l'ombre de l'objet est tombée sur le moi », il paraît se référer à une expérience analogue d'intrusion et d'empiètement. Cette ombre incorporée peut être entendue comme le « double négatif de l'objet » : « Dès lors le sujet incorpore une partie "négativée" de l'objet de la partie de lui que "porte l'objet" en lieu et place d'introjecter la fonction "narcissique" de l'objet » (R. Roussillon, « Narcissisme et complexification », *Revue française de psychanalyse* 1, 2014, p. 76). Cette ombre induite témoigne

La disqualification qui vient objectiver la part d'illusion nécessaire au processus créateur, est généralement difficile à réfuter. La clinique du travail aussi bien que celle des interactions précoces en fourniraient de nombreux exemples. De fait, l'objectivation peut être comprise comme une dégradation ou une destruction active des bons objets internes ou de ce « bien intérieur » sur lequel repose la relation de confiance qui permet la dépendance. C'est en ce sens que l'on peut interpréter, avec Sartre, la sommation à se reconnaître comme « cet être qu'autrui regarde et juge », comme une forme bien particulière de réflexivité : non pas tant comme l'expression d'un rapport à soi impartial et objectif, mais comme la marque d'une *réflexivité subjuguée*[1].

certes de la faillite de la fonction réfléchissante de l'objet dont parle Winnicott. Elle n'en réfléchit pourtant pas moins quelque chose du sujet, à savoir cette part informe et non-discriminée qui vient envahir l'espace potentiel et faire obstacle au travail d'élaboration et d'appropriation.

1. La honte qui procède de la désillusion est également principe de *subjectivation*, au sens où elle « réalise une relation intime de moi avec moi ». Mais d'une subjectivité particulière qui isole, désocialise et ne saurait guère définir le sujet que comme un « trou dans l'être » (Sartre). On pourrait bien interroger cette forme de subjectivation particulière que Foucault, dans ses derniers écrits sur le « souci de soi », met au cœur de sa conception d'une « pragmatique du sujet » et des « exercices spirituels » grâce auxquels « l'individu se constitue et se connaît comme sujet ». Il n'est pas interdit de regarder Mithridate, brillant sociopathe, héros du panhellénisme, comme un modèle qui pousse à son comble cet idéal artiste de transformation de soi. On peut comprendre pareillement le supplice qu'il inflige à Manius Aquilius en lui faisant verser dans la gorge de l'or fondu, comme une illustration paradoxale de cette pédagogie par la honte qu'est la *parrhêsia* : « Peu après, ayant capturé Manius Aquilius, grand responsable de l'ambassade et de la guerre, Mithridate le promena, enchaîné sur un âne, et faisant proclamer que c'était Manius. Finalement, à Pergame, Mithridate fit verser de l'or fondu dans sa bouche, voulant par cela sans doute rappeler aux Romains leur vénalité » (Appien, *Mithrid.* I, 3, 21). Leçon analogue chez Pline : « À l'invention de la monnaie se rattachent l'avarice, l'usure et la vogue de l'oisiveté lucrative ; cette soif de l'or (*fames auri*), car le mot cupidité serait trop faible, s'est graduellement changée en une rage véritable. [...] Déjà Rome entière, et non un Romain, était diffamée dans le monde, quand Mithridate fit verser de l'or dans le gosier d'Aquilius, son prisonnier » (*Hist. Nat.*, XXXIII, 14).

MIROIRS : LE MASQUE DE LA GORGONE ET NARCISSE

La honte qui place l'individu en situation de reconnaître *ce qu'il est*, constitue une injonction à l'appropriation. Sous cet aspect, elle apparaît comme un principe essentiel de subjectivation, aussi bien que d'aliénation et de désorganisation. J'ai tâché de montrer que cette ambiguïté est au cœur des conceptions de l'amitié et de l'amour de l'Antiquité. Il en va de même de ce miroir que constitue le regard d'autrui. Sans doute, comme le dit Aristote, le miroir de l'ami permet au sage lui-même, selon Aristote, de « participer à la conscience (ou au sentiment) qu'a l'ami de sa propre existence », mais ce même regard peut aussi bien, avec l'expérience de honte, pétrifier et subjuguer les capacités réflexives du sujet, en le confrontant à ces restes qui résistent au travail d'appropriation.

1) On peut ici encore mentionner les observations de Winnicott au sujet du « rôle de miroir de la mère ». L'idée centrale est que « le précurseur du miroir, c'est le visage de la mère ». Le texte repose sur l'étude des interactions précoces et le développement psychique qu'elles rendent possible. Il commence par évoquer la présentation de l'objet, autrement dit une première forme de rapport à la réalité extérieure : « Un bébé est porté et traité de manière satisfaisante; cela étant tenu pour acquis, l'objet lui est présenté de telle sorte que son expérience légitime d'omnipotence ne s'en trouve pas violée pour autant. Il peut en résulter que le bébé est alors capable d'utiliser l'objet et d'avoir le sentiment que cet objet est un objet subjectif que lui-même a créé ». La notion d'objet subjectif constitue une réponse au conflit possible entre le sujet et la réalité : la fonction de la transitionnalité serait de neutraliser la violence associée à l'irruption du dehors, d'en transformer l'impact traumatique en représentation ou en image. D'où cette analyse de la rencontre avec le visage de la mère : « Que voit le bébé quand il tourne son regard vers le visage de la mère? Généralement, ce qu'il voit, c'est lui-même. En d'autres termes, la mère regarde le bébé et ce que son visage exprime est en relation directe avec ce qu'elle voit ». Dans cet échange, s'organisent les conditions d'une réflexivité

qui suppose la médiation d'un « objet suppléant l'incapacité de se regarder soi-même, d'avoir de soi-même une représentation ». En cas de défaillance maternelle, toujours selon Winnicott, le visage de la mère cesse d'être un miroir et « la perception prend la place de l'aperception » : « et cette perception devient une défense ». Ou encore : « si le visage de la mère ne répond pas, le miroir devient une chose que l'on peut regarder, mais dans laquelle on n'a pas à se regarder ». Ou encore : dans laquelle, si je cherche à m'y regarder, « ce qu'il y a de central en moi sera atteint ». Il compare cette vision à celle des visages peints par Francis Bacon : des visages déformés dans lesquels on ne saurait *se voir* sans devenir fou.

La réalité qui provoque l'angoisse et l'effroi tient à l'impact de ce visage qui vient sidérer les capacités réflexives du sujet. C'est à cette violence qui atteint « ce qu'il y a de central en moi », que renvoie l'affect de honte qui « produit des effets analogues à ceux que provoque la crainte du danger » (Aristote). Là où la dépendance et l'aperception sont impossibles, la perception et la soumission constituent des moyens de défense contre la désorganisation et le chaos.

2) On peut ici mentionner les pages très suggestives que Vernant consacre au masque de Gorgone et à l'ambiguïté fondamentale du miroir[1]. Le miroir ne renvoie pas d'abord à la rassurante familiarité du même; il implique « l'intrusion d'un élément énigmatique », à l'origine aussi bien de la sidération associée à l'affect de honte, que de la commotion érotique :

> Le miroir est le moyen de se connaître, de s'atteindre, de se retrouver, mais à condition de se séparer, se diviser et se poser à distance de soi-même. Dans et par le miroir, ma figure, ma personne se donnent à voir sous l'espèce de l'extérieur, de l'étranger, de l'autre. Nous avons défini le masque de Gorgô : l'Autre auquel on s'identifie par

1. Sartre mentionne en passant le mythe de la Gorgone Méduse : « L'autre en surgissant confère au pour-soi un être-en-soi-au-milieu-du-monde comme chose parmi les choses. Cette pétrification de l'en-soi par le regard de l'autre est le sens profond du mythe de Méduse » (*L'Être et le néant*, *op. cit.*, p. 502).

> un croisement de regard qui vous change en pierre. Le miroir, c'est soi-même devenu autre dans la réciprocité du regard. Cette figure objectivée du sujet, que renvoie le miroir, constitue en outre, dans le monde des réalités quotidiennes, comme l'intrusion d'un élément énigmatique : elle comporte quelque chose de mystérieux, au même titre que l'ombre, le fantôme ou le double[1].

Comme le suggère Vernant, cette figure du double fantomatique est également au cœur du mythe de Narcisse.

Cette apparence vide et illusoire, mais également démoniaque ou surnaturelle, renvoie à une conception archaïque de la mort que Vernant paraphrase ainsi :

> Or, Gorgô et ses deux sœurs portent la mort dans les yeux. Leur regard tue. Les voir, ne fût-ce qu'un instant, c'est quitter pour toujours la clarté du soleil, perdre la vie avec la vue : être changé en pierre, bloc aveugle, opaque aux rayons lumineux comme ces stèles funéraires qu'on érige sur les tombeaux de ceux qui ont à jamais sombré dans l'obscurité de la mort. Si la vision de ces monstres est insoutenable, c'est que mêlant, dans leur faciès, l'humain, le bestial, le minéral, elles sont la figure du chaos, du retour à l'informe, à l'indistinct, à la confusion de la Nuit primordiale : le visage même de la mort, de cette mort qui n'a pas de visage. [...] Semblables à l'image de vous-mêmes que le miroir reflète et qui toujours vous renvoie votre propre regard, la tête de Gorgô – contrairement aux conventions figuratives de l'art archaïque où les personnages sont tous peints de profil – est chaque fois représentée de face, dardant sur les spectateurs la lueur de ses yeux écarquillés, leur renvoyant en pleine figure son regard fascinant. Qui voit la tête de Méduse se change, dans le miroir de ses prunelles [...] en une face d'horreur : la figure fantomatique d'un être qui, ayant traversé le miroir, sauté

1. J.-P. Vernant, *Figures, idoles, masques*, Paris, Julliard, 1990, p. 126 (résumé du cours du Collège de France 1978-1979). Sur le masque et le miroir, voir aussi F. Frontisi-Ducroux, *Du masque au visage. Aspects de l'identité en Grèce ancienne*, Paris, Flammarion, 1995.

> la frontière qui sépare la lumière des ténèbres, a du coup sombré dans l'informe et n'est plus rien ni personne[1].

L'idée d'une réflexivité en double trouverait ici une confirmation paradoxale. La figure du sujet, ainsi réfléchie dans le miroir de la Gorgone, représente bien l'« intrusion d'un élément énigmatique », informe, apparenté à une ombre, à un fantôme ou encore à un double. Vernant écrit ailleurs :

> Redoublement de ce qui est un, objectivation du sujet, altérité du même : le miroir, comme le masque, est tout à la fois moins que la personne – une illusion, une apparence vide, un décor creux –, et plus que la personne – une réalité d'au-delà, une puissance démoniaque ou surnaturelle. L'espace du miroir ouvre ainsi, dans le moment même où il nous découvre et nous révèle à nos propres yeux, une dimension d'inconnu à travers laquelle les choses et les êtres naturels, en se dédoublant, s'apparentent aux réalités d'autre monde[2].

Cette réalité qui subjugue, c'est celle d'une image qui n'a pas encore l'organisation d'une représentation. Elle n'est pas tout à fait une image ou une forme dont le sujet puisse se ressaisir. Elle procède de l'élément informe qui sert de fond à l'activité représentative[3].

1. J.-P. Vernant, *L'Individu, la mort, l'amour. Soi-même et l'autre en Grèce ancienne*, Paris, Gallimard, 1989, p. 121-122. Comme l'indique Vernant en note, la Gorgone n'est pas appelée *visage* (*prósôpon*), mais *tête* (*kephalê*). On peut indiquer encore que le masque de Gorgone peut aussi prendre des formes comiques et grotesques à la manière de certaines représentations du sexe féminin de Baubô qui sollicitent le rire afin de neutraliser l'effroi provoqué par l'obscène.

2. J.-P. Vernant, *Figures, idoles, masques*, Paris, Julliard, 1990, p. 126.

3. Dans un court article consacré aux processus psychotiques, F. Pasche (« Le bouclier de Persée ou psychose et réalité » (1971), repris dans F. Pasche, *Le Sens de la psychanalyse*, Paris, P.U.F., 1988, p. 27-41) propose d'interpréter le mythe de Persée pour montrer comment la médiation de l'espace de la représentation rend le sujet capable de faire face à l'angoisse ou à la terreur associée à la pression de la réalité sur le psychisme. Il compare le bouclier qui protège Persée du regard de Méduse, à la fonction pare-excitante du système perception-conscience qui permet aux excitations d'origine extérieure de « glisser sur lui sans laisser de traces » : de cet « effleurement » naît la conscience, aussi bien que la perception proprement dite par laquelle le sujet peut appréhender la réalité extérieure « selon l'infinité de ses

C'est le monde de ces « fantômes sans formes [...] effroyables, inquiétants et dépourvus de toute félicité », que Schelling oppose aux « visions pures, claires, et bienheureuses ». Ce qu'énonce le regard de Méduse, c'est ceci : *cet autre, c'est toi*[1].

3) C'est de ce point de vue que Vernant rapproche le motif du masque de Gorgone des enjeux associés au mythe de Narcisse[2]. L'effroi fait place à une commotion amoureuse pareillement mortelle. Dans les deux cas, l'image révèle l'altérité d'un double qui cause la perte du sujet, faute d'être organisée en représentation.

Narcisse ne meurt pas de s'aimer, mais de se voir et de se reconnaître. C'est le sens, dans la version d'Ovide, de la prophétie énigmatique de Tirésias qui avait prédit que Narcisse aurait une longue vie, « s'il ne se connaît pas (*si se non noverit*) »[3], où le verbe

profils ». Le bouclier de Persée figurerait ainsi un dispositif capable de transformer la Gorgone Méduse en une « partie intégrante de la réalité extérieure », c'est-à-dire du monde perçu visible et perceptible : en la dépouillant de sa profondeur et de sa puissance magique, le bouclier la transforme en une « image de la réalité ». La fonction du bouclier serait ainsi de rendre possible l'émergence du « monde serein des divinités homériques » comme règne de l'apparence. Ici encore, la dimension du perceptif permet de faire barrage au sensoriel.

1. Dans la version d'Ovide, la Gorgone était à l'origine une belle jeune fille, violée par Poséidon dans le temps d'Athéna, la déesse vierge : « Célèbre par sa beauté, Méduse fut recherchée par un grand nombre de prétendants qui se la disputaient jalousement. Il n'y avait dans toute sa personne rien de si admirable que ses cheveux; j'ai connu quelqu'un qui assurait l'avoir vue. Le souverain des mers la déshonora, dit-on, dans un temple de Minerve; la fille de Jupiter se détourna, couvrit de son égide son chaste visage et, pour ne pas laisser impuni un tel attentat, elle changea les cheveux de la Gorgone en serpents affreux. Aujourd'hui encore, pour frapper ses ennemis d'épouvante et d'horreur, elle porte devant sa poitrine les serpents qu'elle a fait naître » (*Métamorphoses*, IV, 794-804). Il y aurait beaucoup à dire sur cette séquence. Notons seulement que la honte qui métamorphose le spectacle de la beauté en une vision source d'effroi, se communique et se diffracte de la victime aux témoins. Selon Apollodore (II, 4, 3), la faute de Gorgone aurait été de rivaliser de beauté avec la déesse elle-même : une leçon qu'Ovide figure assez clairement avec le viol de la jeune fille dans le sanctuaire d'Athéna.

2. *Ibid.*, p. 131-136. Voir surtout F. Frontisi-Ducroux, *Du masque au visage. Aspects de l'identité en Grèce ancienne*, Paris, Flammarion, 1995, p. 213-216 (et l'ensemble du chapitre sur le mythe de Narcisse).

3. Ovide, *Métamorphoses*, III, 458.

prend le double sens de *se voir* et de *se reconnaître*. L'histoire est bien connue; c'est celle d'un joli garçon qui enflamme les cœurs autour de lui, mais qui repousse sans cesse tous ceux et celles qui s'éprennent de lui. « Plutôt mourir que d'être possédé par toi », déclare-t-il à Écho. À tel point qu'une victime de son dédain réclamera son châtiment en ces termes : « Puisse-t-il aimer lui aussi et ne jamais posséder l'objet de son amour ». Un jour, devant une source, il demeure immobilisé dans la contemplation de son image : « il s'éprend d'un espoir sans corps (*spem sine corpore amat*) »[1]. Il est à la fois amant et objet aimé. Le poète avertit son personnage : « Ce que tu recherches n'existe pas (*est nusquam* : n'est nulle part, est mort); l'objet que tu aimes, tourne-toi et tu le perdras. Ce reflet que tu aperçois, n'est que l'ombre d'une image (*Ista repercussae, quam cernis, imaginis umbra est*). Elle n'est rien par elle-même; elle vient et demeure avec toi, et s'en ira avec toi si tu veux t'éloigner »[2].

Contemplant son image d'un regard insatiable, Narcisse « meurt, victime de ses propres yeux (*Perque oculos perit ipse suos*) »[3]. Mais il finit aussi par se reconnaître. Loin de briser le charme, cette reconnaissance précipite la fin du jeune homme : « Celui-là, c'est moi (*Iste ego sum*); je l'ai compris et mon image ne me trompe plus; je brûle d'amour pour moi-même et j'allume une flamme que je porte en mon sein. Que faire? Attendre d'être imploré ou implorer moi-même? Et puis, quelle faveur implorer maintenant? Ce que je désire est en moi; ma richesse a causé ma privation »[4]. Narcisse ici ne confond plus le reflet et la réalité, et meurt non de s'aimer lui-même, mais d'une image impalpable de lui-même qu'il ne saurait étreindre. Ovide souligne encore la chose dans ses *Fastes*,

1. *Ibid.*, III, 417.

2. *Ibid.*, III, 433-436. On peut ici rappeler Narcisse est né de l'union de deux cours d'eau : de la rencontre de Liriope, sa mère, et de Céphise le fleuve qui « l'enlaça dans son cours sinueux et, la tenant enfermée au milieu de ses ondes, lui fit violence » (Ovide, *Métamorphoses*, III, 342-344).

3. *Ibid.*, III, 440.

4. *Ibid.*, III, 463-466.

en écrivant que Narcisse meurt « malheureux de n'être pas différent de lui-même » (*Infelix quod non alter et alter eras*)[1].

L'histoire de Narcisse, comme le motif de la Gorgone, sont portés par une même interrogation relative non à la réalité, mais au statut de l'image, source d'effroi et de folie. La vision est dans les deux cas à l'origine d'un double, d'une ombre ou d'un fantôme qui fascine et subjugue. Et qui tue pour autant qu'elle figure *à la fois* l'altérité radicale de la mort et l'identité sans différence du sujet. Ce qui manque aussi bien à Narcisse qu'aux victimes de la Gorgone, ce n'est évidemment pas un miroir : mais une médiation capable de faire face à l'image réfléchie de soi-même et à la violence intrusive d'une vision qui rend fou. Le bouclier de Persée viendrait ainsi interposer une représentation de l'activité représentative, permettant de retransitionnaliser le processus réflexif en le donnant comme un « objet subjectif » préservant « l'expérience légitime d'omnipotence ». Dans sa description du tableau de Narcisse, Philostrate attribue à la peinture une fonction méta-représentative analogue. Il écrit : « La source peint Narcisse, et la peinture peint la source et tout ce qui concerne Narcisse ».

L'une des leçons que l'on peut tirer de ces choses, c'est que la conscience, telle que nous la concevons habituellement, est généralement par elle-même impuissante à libérer le sujet de ces liens qui subjuguent, et à transformer en « visions claires et bienheureuses » la stupeur et l'effroi engendrés par les « songes troubles et pénibles », ces « fantaisies » qui isolent et désocialisent en disqualifiant jusqu'au souvenir de la liberté.

1. Ovide, *Fastes*, V, 226.

APPENDICE

STRATÉGIE DE SURVIE ET IDÉAL ÉTHIQUE : DIOGÈNE DE SINOPE

J'ajoute ici un rapide aperçu de la vie de Diogène de Sinope, fondateur de l'école cynique, qui a érigé en idéal éthique des stratégies de survie que l'on retrouve notamment dans la clinique de la grande précarité. Il fournit un éclairage sur la question de la honte qui a ici sa place. Dans un monde hanté par la mort sociale et psychique, la « servitude volontaire » (l'adaptation aliénante à des normes sociales perverties) et l'auto-exclusion cynique constituent deux stratégies de survie opposées, parfois complémentaires, deux formes de contre-investissement de la honte et de la situation de dépendance.

On relève régulièrement, à propos de l'incurie et du « syndrome de Diogène », l'étrangeté de la référence au philosophe cynique, Diogène de Sinope, contemporain de Platon, d'Aristote et d'Alexandre. *A priori*, le mode de vie ascétique et la pratique du dépouillement qui caractérise le cynisme de l'antiquité, n'ont pas grand-chose à voir avec les critères diagnostiques qui définissent le syndrome. En me fondant sur les fragments et témoignages relatifs à Diogène, je proposerai ici plutôt de mettre en rapport la vie et l'enseignement du philosophe grec avec une clinique différente, celle de la grande précarité, avec son cortège de défenses paradoxales et ses stratégies de survie allant jusqu'à l'« auto-exclusion » (Furtos). La démarche paraîtra étrange, puisqu'elle revient à faire un parallèle entre une expérience de détresse sociale et psychique, et les préceptes d'un mouvement philosophique dont l'idéal s'est largement perpétué au-delà de l'antiquité, bénéficiant ainsi d'une reconnaissance culturelle et intellectuelle, sinon de véritables lettres de noblesse. Le paradoxe du cynisme tient pourtant au fait qu'il érige bien en idéal éthique de sagesse et de vertu, des défenses et des stratégies généralement associées aux impasses que l'on rencontre dans la clinique des situations extrêmes. La question se pose évidemment de savoir jusqu'à quel point le parallèle a un sens, et ce qu'il peut nous apprendre d'un point de vue clinique.

Notre connaissance du cynisme ancien est limitée par le caractère fragmentaire des témoignages qui nous sont parvenus[1] : il s'agit surtout d'anecdotes et de propos dispersés par lesquels, cependant, on peut se faire une idée cohérente de cette forme de pensée essentiellement tournée vers la pratique. L'appellation de cynique (de *kuôn*, chien) a pour origine vraisemblable une appellation disqualifiante, endossée et revendiquée par Diogène. Elle a trait au franc-parler paradoxal, à l'ironie et aux invectives provocatrices (comparable aux aboiements d'un chien) à l'encontre des usages et de l'opinion commune, mais aussi à la vie d'errance et au vagabondage. Autrement dit à un mode de vie réputé conforme à la « nature », qui prend le contre-pied des valeurs et des conventions sociales.

Diogène (né vers 410 av. J.-C., mort en 323) est issu d'une famille aisée de Sinope, ville marchande située sur la rive sud de la mer Noire, très active économiquement. Grâce son père banquier, il reçoit une éducation d'excellence conforme à son milieu social. Mais à cause de son père, emprisonné pour avoir fabriqué de la fausse monnaie, Diogène est brutalement contraint de s'exiler à Athènes. Par la suite, Diogène aurait revendiqué d'avoir lui-même *falsifié la monnaie*. Il fera de la formule une devise philosophique à la mesure de son négativisme social, jouant sur le double sens du

1. Je me fonderai essentiellement sur Diogène Laërce, *Vies et doctrines des philosophes illustres*, traduction coordonnée par M.-O. Goulet-Cazé, Paris, Le livre de poche, 1999 (abrégé DL), à compléter avec *Les Cyniques grecs. Fragments et témoignages*, édition de L. Paquet, Paris, Le livre de poche, 1992 (édition plus complète citée ici : Ottawa, 1975 : abrégé Paquet).

grec *nomisma* qui signifie monnaie, mais aussi coutume et usage, et désigne ainsi, de manière générale, l'ensemble des valeurs qui ont cours dans les relations sociales.

Athènes, à l'époque de l'exil de Diogène, est une cité florissante, avant-garde culturelle de la Grèce. En marge de cette prospérité économique et intellectuelle, on assiste au développement de l'exclusion : c'est le monde des citoyens pauvres, des esclaves et des affranchis, des étrangers ou des exilés, – un monde régi par la Fortune aveugle (*Tuchè*), et marqué par la dégradation et la précarisation des appuis sociaux. C'est à ce contexte que l'on peut rapporter le mode de vie cynique et son enseignement éthique parfois défini comme individualiste. Il prend en effet le contre-pied de la définition aristotélicienne de l'homme comme *animal politique*, dont l'accomplissement repose sur son inscription dans une réalité sociale. Le cynisme s'oppose également à l'idéal argumentatif défendu par Aristote, fondé sur l'usage de la raison ou du langage : son enseignement repose sur l'invective provocatrice et paradoxale et sur une pratique ostentatoire et théâtralisée, autrement dit sur la performance et l'agir qui constituent encore une *falsification* délibérée *de l'échange*, de ses instruments et de ses règles. On connaît l'image célèbre d'un Diogène déambulant à reculons, tenant à la main une lampe allumée en plein jour, parcourant les rues de la cité à la recherche d'un *homme* digne de ce nom[1].

Malgré l'étrangeté et la radicalité de la forme que lui donne Diogène, la conception éthique du cynisme, fondée sur l'opposition entre l'individu et le citoyen intégré au monde social, n'est évidemment pas absente de la pensée philosophique contemporaine. On la retrouve d'une certaine façon dans des pensées qui invitent, comme chez Levinas, à réfléchir la notion d'humanité à partir de situations extrêmes de désaffiliation, de détresse et de vulnérabilité, du point de vue de l'irréductible transcendance de « l'autre homme ». Ou même chez ceux qui proposent, comme Foucault, de théoriser les processus de subjectivation comme des effets d'emprise (de contrôle et de discipline), à la lumière d'expériences de marginalisation. Ces

1. DL, VI, 41.

approches que l'on peut regarder comme les lointaines héritières des paradoxes cyniques, se démarquent de la définition de l'homme comme « animal politique » (Aristote) ou comme « individu vivant socialisé » (Marx), et de pensées qui proposent de rapporter la subjectivation et l'individuation à un travail de culture soutenu par des objets sociaux et à des expériences d'illusion partagée (Winnicott). Cette tension de nature philosophique et éthique a évidemment une incidence sur notre manière d'aborder la relation d'aide et de concevoir la clinique de la souffrance psychosociale.

À Athènes, Diogène suit l'enseignement d'Antisthène qui oppose les lois humaines à la pratique de la vertu définie comme autosuffisance (autarcie) : « Le sage se suffit à lui-même, puisqu'il possède en lui tout ce qui appartient aux autres. L'obscurité du nom est un bien, tout autant que l'effort »[1]. Diogène se singularise progressivement par son comportement et son mode de vie ascétique. On raconte qu'un jour, seul et s'apprêtant à dormir sous un marché, il vit une souris se nourrir des miettes de sa galette, « courant çà et là, sans chercher de lieu de repos, sans prendre de précaution contre l'obscurité, et ne désirant rien de ce qu'on qualifie de jouissance : il y découvrit aussitôt [...] la façon de *s'adapter aux circonstances* »[2], devise typiquement cynique. Interrogé sur le profit qu'il avait retiré de la philosophie, Diogène fait une réponse analogue : « À défaut d'autre chose, au moins celui d'*être prêt à toute éventualité* »[3]. Il associe d'ailleurs explicitement cette vision de la philosophie au traumatisme de l'exil, une rupture source de désorganisation identitaire et narcissique qui marque de son sceau la pratique cynique : « c'est à cause de cet exil [...] que je me suis mis à philosopher »[4]. De fait, la raison et la pratique de la philosophie doivent elles-mêmes être comprises, dans l'histoire de Diogène, comme des moyens destinés à faire face à l'expérience traumatique de perte des objets sociaux : « Il ne cessait de répéter que, si l'on

1. DL, VI, 11.
2. DL, VI, 22.
3. DL, VI, 63.
4. DL, VI, 49.

veut être équipé pour vivre, il faut de la raison ou une corde [pour se pendre] »[1].

Cette définition de la vertu et de la sagesse comme autosuffisance et comme adaptation à des situations extrêmes, explique le mode de vie ascétique et dépouillé qui correspond à une stratégie délibérée d'insensibilisation et de marginalisation. Traditionnellement représenté à demi-nu, Diogène ne porte qu'un manteau (sale et troué) qu'il double pour s'en servir la nuit de couverture. Il ne garde avec lui qu'un bâton et une besace. Un jour, voyant un garçon recueillir l'eau d'une fontaine dans le creux de ses mains, il jette au loin son gobelet ; il se débarrasse pareillement de son écuelle, en observant un enfant qui avait cassé son plat, manger des lentilles avec un morceau de pain[2] : « je suis bien fou d'avoir porté si longtemps des bagages superflus »[3]. Comme on tardait à lui attribuer le logement qu'on lui avait promis, il décida de s'installer dans un tonneau (ou une jarre), près du temple de Rhéa : « l'été, il s'y roulait dans le sable brûlant, tandis que l'hiver, il embrassait les statues couvertes de neige, tirant ainsi parti de tout pour s'endurcir »[4].

L'insensibilisation du corps s'accompagne d'une stratégie délibérée d'endurcissement moral qui passe par la recherche active d'humiliation et de déshonneur public. « S'exerçant à supporter l'injure »[5], Diogène s'expose volontairement, par ses provocations, aux rebuffades et aux coups, mais aussi au mépris et au silence : « Un jour qu'il demandait l'aumône à une statue, on l'interrogea sur la raison qui le poussait à agir ainsi : "je m'entraîne, répondit-il, à essuyer des échecs" »[6]. La mise en scène vise encore à dénoncer la vanité des représentations culturelles et religieuses, à démontrer l'inanité de leurs prétentions face aux besoins vitaux des individus. Manière de réduire l'aide sociale à l'impuissance.

1. DL, VI, 24.
2. DL, VI, 37.
3. Paquet, 1975, p. 68.
4. DL, VI, 23.
5. DL, VI, 90.
6. DL, VI, 49.

Il pousse encore à l'extrême, jusqu'à l'exhibitionnisme, l'idée selon laquelle la sagesse doit être pratiquée à découvert, sans dissimulation, afin de dénoncer la vanité et l'arbitraire des conventions sociales, opposées aux prescriptions de la *nature* : « le soleil pénètre bien les latrines, et pourtant il ne se souille pas »[1], variante cynique du mot d'Héraclite selon lequel les dieux seraient aussi dans les cuisines. Dénonçant la pudeur comme une manifestation de l'hypocrisie sociale, Diogène « avait l'habitude de tout faire en public, aussi bien les œuvres de Déméter [liées à l'alimentation] que celles d'Aphrodite. [...]. S'il n'y a rien de déplacé à déjeuner, il n'y a rien de déplacé non plus à le faire sur la place publique ». Et il en va de même de la pratique sexuelle, qu'elle ait lieu avec des prostituées, ou qu'elle soit solitaire : « Il se masturbait constamment en public et disait : “Ah, si seulement en se frottant aussi le ventre, on pouvait calmer sa faim ! ” »[2]. Au nom de la nature, il s'agit d'abolir le sentiment de honte (crainte du déshonneur), propre à la vie sociale. Gauchissant la formule d'Antisthène citée plus haut, Diogène soutenait que « la mauvaise réputation est un bien, au même titre que la souffrance »[3]. Une inversion des valeurs que l'on peut comparer à la fameuse déclaration du Richard III de Shakespeare : « Que le mal soit mon bien ».

La dimension de toute-puissance associée au négativisme social et au sentiment d'exception, s'exprime notamment au sujet de la mendicité. Diogène suit encore Antisthène qui soutenait que « le sage se suffit à lui-même, car tous les biens d'autrui lui appartiennent »[4], formulation paradoxale qui procède bien de la falsification des règles sociales de l'échange. Un sage ne mendie pas, mais réclame son dû. Il ne saurait être redevable de quiconque, ni s'endetter : « Tout appartient aux dieux ; or les dieux sont les amis des sages ; par ailleurs, les biens des amis sont communs ; donc tout appartient aux sages »[5].

1. DL, VI, 63.
2. DL, VI, 69.
3. DL, VI, 11.
4. DL, VI, 11.
5. DL, VI, 72.

Capturé par des pirates, Diogène est vendu comme esclave à Corinthe. Au marchand qui lui demandait ce qu'il savait faire, il aurait répondu : « Crie cette annonce : quelqu'un veut-il s'acheter un maître ? »[1]. Son acquéreur, un certain Xéniate, en fit le précepteur de ses fils : Diogène les éduqua conformément à ses propres principes.

Plusieurs versions circulent sur sa mort. Selon certaines, il aurait été mordu au tendon du pied par un chien avec lequel il aurait voulu partager un poulpe[2]. On peut y voir, sous forme condensée, une allégorie probable de l'impasse cynique. D'autres soutiennent qu'il aurait seulement retenu sa respiration : « selon leur habitude, ses disciples vinrent le voir et le trouvèrent enveloppé dans son manteau. Ils ne pensèrent point qu'il dormait, car ce n'était pas quelqu'un qui avait l'habitude de s'assoupir. Ils soulevèrent donc le manteau et trouvèrent Diogène inanimé. Ils supposèrent qu'il avait agi ainsi parce qu'il voulait *se soustraire au temps qui lui restait à vivre* »[3]. Manière non de mourir, mais d'échapper à la vie, de s'effacer et de disparaître. Mais aussi de défier le temps lui-même. Conformément à sa volonté, son corps aurait été jeté dans un fossé et abandonné « sans sépulture, afin que n'importe quelle bête sauvage pût prendre sa part ». Dans la Grèce de l'époque, ce destin est celui des parias et des naufragés. On mentionne un grand nombre d'épitaphes, dont celle-ci : « Je suis Diogène le chien ; nocher qui transporte les morts, reçois-moi et fais-moi passer sur l'autre rive ; j'ai dépouillé toute vie humaine de son orgueil », ou encore : « je n'ai rien laissé sous le soleil »[4].

Diogène est ce philosophe grec qui se revendiquait « sans cité, sans maison, privé de patrie, mendiant, vagabond et vivant au jour le jour »[5]. On peut s'interroger sur la référence à la *nature* au nom de laquelle Diogène entreprend, par ses actes et ses propos, de « falsifier la monnaie », c'est-à-dire les valeurs d'usage qui organisent les relations sociales. Mais aussi sur la définition de

1. DL, VI, 29.
2. DL, VI, 77.
3. DL, VI, 77.
4. Paquet, 1975, p. 96-97.
5. DL, VI, 38.

cet *homme* qu'il prétend chercher en vain au milieu des foules. La vraie vie, indépendante et libre, dont les cyniques font l'apologie, est l'effet d'une désaffiliation et d'une désocialisation qui confèrent au sage un *statut d'exception*, en marge des hommes et de la cité, le rendant semblable aux bêtes et aux dieux. Elle érige en idéal de vertu une norme non-humaine dont on retrouvera plus tard la trace dans la conception chrétienne de la sainteté.

Devant le scandale que constitue le modèle de vie cynique, les contemporains ont souvent évoqué l'hypothèse de la folie. Platon le premier, qui définissait Diogène comme *un Socrate devenu fou*[1]. On peut comprendre ce jugement comme un véritable diagnostic, pour autant que la pratique socratique consiste bien à *interroger la valeur de la monnaie*, au risque de porter atteinte au narcissisme d'autrui et de la société en général. La question est d'ailleurs au cœur de la définition cynique de la sagesse. Elle pourrait être éclairée par une formule d'Antisthène sur laquelle paraît reposer la stratégie cynique d'insensibilisation : *Plutôt la folie que la sensation*[2]. Où la sensation (*aisthesis*) renvoie au plaisir sensible (et à la douleur), mais aussi aux affects « qui n'entrent pas par la porte des sens », autrement dit aux satisfactions qui ne relèvent pas du corps seulement, mais des « besoins du moi » : « il faudrait les laisser tomber, les purger ou les épuiser par la diète », ou encore : « les retrancher ou bien les traiter par l'ellébore ».

L'ascèse, l'insensibilisation, la renonciation à l'identité et même la folie sont ici des moyens pour échapper à l'aliénation, aux liens d'emprise et au risque d'intrusion associé à la situation de dépendance. La stratégie d'auto-exclusion, réfléchie et délibérée dans le cas de Diogène, serait le pendant ou l'envers de cette « servitude volontaire » par laquelle La Boétie définira plus tard la soumission à la tyrannie, – c'est-à-dire la relation addictive aux objets sociaux et culturels ou, plus exactement, à leurs débris ou leurs reliques, comme dans le cas de l'incurie (« syndrome de Diogène »). Elle

1. DL, VI, 54.
2. Paquet, 1975, p. 33.

permet d'illustrer les enjeux narcissiques liés à l'acceptation de la dépendance et du compromis, acceptation nécessaire à la vie sociale et, tout particulièrement, à la relation d'aide.

Le *cynisme* des Robinson de la vie urbaine n'a que peu de rapport avec celui des sociopathes experts dans l'art d'exploiter l'attachement d'autrui aux valeurs éthiques et culturelles. Ils sont cependant mus par un même « péché d'orgueil », autrement dit par un semblable déni de dépendance qui a pour origine un sentiment d'impuissance et de persécution largement partagé. Ce sentiment d'insécurité qui conduit à entretenir une insécurité effective, est à l'origine d'une *mentalité de survie* qui érige en idéal éthique des formes d'existence non humaines associées à ce qu'on peut appeler des « conditions extrêmes de la subjectivité » (R. Roussillon).

CHAPITRE IX

LA HONTE, L'INFORME ET L'OBSCÈNE

> Que ses yeux voient sa propre ruine, et qu'il s'abreuve à la fureur du Tout-Puissant (*Videbunt oculi eius interfectionem suam, et de furore Omnipotentis bibet*) Job, 21, 2.

La honte n'a pas pour objet les actions elles-mêmes, mais ce qu'elles manifestent et réfléchissent du sujet et de ses dispositions morales. Cette forme de réflexivité est assez singulière, puisqu'elle est indissociable de la peur, voire de l'effroi. La honte expose au sentiment d'étrangeté qui accompagne, selon Schelling, la « sombre violence » des religions à mystères. C'est l'expérience d'une chute dans l'informe. Comme dans les yeux de la Gorgone, ce qui est réfléchi du sujet, c'est un « fantôme sans forme [...] effroyable, inquiétant et dépourvu de toute félicité » (Schelling), une ombre privée de toute vie qui pétrifie celui qui la regarde.

L'analyse d'Aristote est, pour une bonne part, héritière de cette dimension archaïque, au cœur de la reconnaissance tragique. Elle montre assez que la honte, gardienne de l'identité et de la dignité humaine, avant de prendre la forme d'une vertu éthique et sociale (comme *pudeur*), peut être appréhendée du point de vue de la désorganisation identitaire qu'elle induit. À sa manière, Aristote permet ainsi d'interroger les processus de subjectivation et d'appropriation à la lumière d'une *réflexivité subjuguée*, exposée à l'injonction d'un regard qui stigmatise, isole et désocialise, repoussant le sujet aux marges de l'humanité. C'est à partir de ces enjeux narcissiques et identitaires que l'on peut appréhender la potentialité tyrannique de l'idéal ou encore du surmoi cruel qui impose au moi une reddition sans condition[1].

Les problématiques de la reconnaissance et de la responsabilité rencontrent ce que Bleger propose de penser comme le « noyau non discriminé », indifférencié ou « syncrétique » de la personnalité psychique. C'est à ce noyau qu'il rapporte le sentiment d'inquiétante étrangeté. Il appelle « ambiguïté » cette absence de discrimination : « Dans l'ambiguïté, on n'est pas arrivé à extraire ou à discriminer des termes différents, antinomiques ou contradictoires ; termes, attitudes, comportements différents (non nécessairement antinomiques), qui ne s'excluent pas les uns des autres, mais apparaissent ensemble ou alternativement, coexistent dans le monde extérieur et à l'intérieur du sujet, sans que celui-ci ressente de contradiction ou de conflit »[2]. Ce noyau d'ambiguïté est héritier de « l'état de fusion primitive ou d'indifférenciation qui caractérise les premières ébauches de l'organisation psychologique ». Cette organisation, qui se maintient dans certains secteurs de l'activité psychique et se manifeste dans des situations de régression, caractérise (dans le contexte théorique inspiré de Melanie Klein) une position spécifique, que Bleger appelle « épileptoïde »[3], différente de la « position schizo-

1. G. Devereux rappelle justement que le surmoi interdicteur, cruel et stupide des premières années, ne saurait être assimilé sans reste aux règles de la culture, qu'il ne saurait avoir la valeur d'un élément intégrateur, mais qu'il œuvre, tout aussi bien que le ça, à l'encontre de la socialisation : « La culture est avant tout un système standardisé de défenses, et par conséquent solidaire au premier chef des fonctions du moi. Si la culture était entièrement déterminée par le surmoi qui est tout aussi absolutiste et déréiste que le ça, la vie en société serait impossible et l'espèce humaine en tant qu'espèce sociale ne tarderait pas à disparaître, car une culture entièrement axée sur le surmoi ne pourrait, par exemple, jamais accepter le mariage en tant que solution de compromis au conflit entre, mettons, les pulsions œdipiennes, d'une part, et les tabous prohibant toutes relations sexuelles, de l'autre » (*Essais d'enthopsychiatrie générale*, Paris, Gallimard, 1970, p. 91).

2. J. Bleger, *Symbiose et ambiguïté*, *op. cit.*, p. 206-207.

3. Ou encore « position glischro-caryque », en référence aux travaux de F. Minkowska sur la « constitution épileptoïde » ou « glischroïdie », dans laquelle la « viscosité » ou d'adhésivité, alterne avec des accès de violence ou des moments de décharge explosive (F. Minkowska, « La constitution épileptoïde et le trouble générateur de l'épilepsie essentielle », *L'Évolution psychiatrique* 4, 1923).

paranoïde », associée au travail de discrimination et au jugement d'attribution. Le « moi », dans ce secteur de la personnalité, se présente comme constitué d'une « multiplicité d'identifications non sédimentées, contemporaines et contradictoires ». C'est sur ce fond d'indifférenciation que se détacherait la figure du « moi officiel ».

Bleger interroge ainsi, du point de vue du fonctionnement mental qu'il implique, le fond prépersonnel, antérieur à la « bifurcation du sujet et de l'objet » (Merleau-Ponty). Il montre en particulier comment l'intégration psychique est le résultat d'une discrimination graduelle, fragments par fragments, de ce noyau agglutiné, mais surtout de la nécessité pour le moi plus intégré de maintenir à distance, clivé, ce fond non discriminé, principe d'indifférenciation, dont l'émergence est source d'angoisses catastrophiques. Cette nécessité impose le recours à des défenses primitives, comme l'identification projective, qui permettent l'immobilisation et le contrôle de ce secteur d'ambiguïté. C'est la fonction de la relation symbiotique qui en assure l'évacuation dans un *dépositaire* : un autre sujet, l'environnement ou le groupe.

On peut ainsi proposer de comprendre certaines particularités de l'affect de honte, notamment sa violence et l'angoisse catastrophique qui l'accompagne, comme un effet de la rupture de ce genre de relation symbiotique ou de « contrat narcissique », autrement dit comme la réintrojection brutale, en bloc, de ce noyau non discriminé : comme le héros tragique, le sujet est mis en demeure de se « reconnaître » pour *ce qu'il est*, c'est-à-dire d'appréhender comme sienne cette partie non intégrée de lui-même, et d'en assumer la responsabilité. Bleger interprète comme un effet de cette réinintrojection les troubles associés aux états de conscience, depuis l'insomnie (défaut de discrimination entre l'état de veille et de sommeil), la confusion et la dépersonnalisation, jusqu'à la crise d'épilepsie qui peut être comprise comme une ultime défense contre ce retour du noyau syncrétique d'ambiguïté.

À sa manière, l'affect de honte participe de ces manifestations. Sa définition comme « crainte du déshonneur » renvoie à la menace d'une rupture de l'identité syncrétique de groupe qui sert de base ou de fond aux interactions sociales : elle répond ainsi à une menace de stigmatisation, de marginalisation et d'exclusion[1]. La honte, dans l'analyse de Sartre (mais aussi dans celle d'Aristote), peut être entendue comme la rupture d'un « contrat narcissique » : une fois brisé le silence ou l'accord tacite, le sujet se trouve privé du recours aux défenses symbiotiques et renvoyé à une solitude source d'angoisse catastrophique. Cette solitude (née de la perte de sécurité) n'est pas ontologiquement première : elle est induite et trouve son origine dans la perte du lien de *dépendance* qui garantissait l'immobilisation du noyau non discriminé.

Ce point de vue permet de dégager la honte du point de vue solipsiste par lequel on l'appréhende parfois : la honte qui isole est induite par l'objet dépositaire. C'est dire que la « réintrojection » n'est pas sans reste. Comme on l'a vu à propos de Ficin et de l'amour non partagé, il y a bien une forme de restitution (ou de « contre-indentification projective »), mais le dépôt n'est pas rendu à l'identique. Entre deux, il y a *prise d'intérêt*[2].

La forme particulière de reconnaissance qui préside à la stigmatisation, n'est donc jamais sans reste. Pèse sur elle « l'ombre de l'objet ». Dans le cas des victimes de violence évoquées par Aristote, la honte serait à rapporter à l'induction mystificatrice et

1. Ce surgissement du fond non discriminé peut rendre compte du fait, régulièrement observé dans la clinique psychosociale, que la honte puisse être ressentie par les intervenants qui ont à faire face à des situations de désocialisation extrême. Le « malaise » est lié au sentiment d'impuissance et au fait qu'ils éprouvent en eux une honte qui n'est plus ressentie chez l'autre, mais aussi au fait qu'ils soient confrontés directement à ce noyau syncrétique, qui vient faire vaciller l'identité groupale mieux intégrée, c'est-à-dire d'abord l'identité professionnelle de chacun.

2. La chose a été remarquée par E. Goffman (*Stigmates. Les usages sociaux des handicaps* (1963), Paris, Minuit, 1975, p. 17-18) à propos de la *stigmatisation*. La honte résulte certainement de l'intériorisation d'un idéal social : l'individu se perçoit comme n'étant pas « à la hauteur de ce qu'il devrait être ». Pourtant l'idéal social se situe, par définition, au-delà de toute réalisation possible : il ne suffira jamais à définir une limite entre "normaux" et "anormaux". Il n'y a aucune raison de priver les individus réputés "normaux" de la capacité de douter s'ils sont eux-mêmes « à la hauteur ». La stigmatisation, selon Goffman, constitue alors une défense sociale contre ce doute et permet une forme de déni par lequel les « normaux » s'épargnent l'épreuve de la honte.

cynique de l'agresseur : elle apparaît même inhérente à la relation d'emprise et à l'intrusion qui caractérisent ces situations. C'est de ce genre d'identification aliénante que relève la « fausse honte » de Plutarque dont il sera question dans ce chapitre.

L'INFORME, L'OMBRE ET L'« ENFER EN SOI »

a) *La fascination de l'informe : Richard III.* Dans un article sur les « types de caractères dégagés par le travail psychanalytique » (1919), Freud consacre un développement au statut d'exception revendiqué par certains patients, qu'il interprète comme le refus de renoncer, au nom du principe de réalité, à la satisfaction immédiate de certains désirs. Alléguant une injustice subie ou un préjudice dont elles auraient été victimes (par exemple un long état maladif durant l'enfance), certaines personnes revendiquent un statut particulier auquel s'attacheraient des droits et des privilèges compensatoires. Pour illustrer ce trait de caractère, Freud prend l'exemple du Richard III de Shakespeare, qui invoque l'injustice de la nature (sa malformation ou sa laideur), afin de « passer outre aux scrupules par lesquels d'autres se laissent entraver ». Je propose ici d'apporter au monologue célèbre un éclairage un peu différent, en partant de la honte et du sentiment d'indignité à l'origine de la revendication du personnage de Richard III. Le texte de Shakespeare est bien connu :

> Mais moi qui ne suis pas formé (*shaped*) pour ces jeux folâtres, – ni pour faire les yeux doux à un miroir amoureux, — moi qui suis rudement taillé (*rudely stamped*) et qui n'ai pas la majesté de l'amour – pour me pavaner devant une nymphe aux coquettes allures, — moi en qui est tronquée toute noble proportion (*curtailed of this fair proportion*), — moi que la nature décevante a frustré de ses attraits (*cheated of features by dissembling nature*), — moi qu'elle a envoyé avant le temps – dans le monde des vivants, difforme, inachevé (*deformed, unfinished*), – tout au plus à moitié fini (*half made up*), – tellement estropié et contrefait – que les chiens aboient quand je m'arrête près d'eux ! — eh bien, moi, dans cette molle et languissante époque de paix, – je n'ai d'autre plaisir

> pour passer les heures – que d'épier mon ombre au soleil (*to spy my shadow in the sun*) – et de décrire ma propre difformité (*to descant on mine own deformity*). — Aussi, puisque je ne puis être l'amant – qui charmera ces temps de l'éloquence, – je suis déterminé à être un scélérat (*I am determined to be a villain*) – et à être le trouble-fête de ces jours frivoles (*and hate the idle pleasures of these days*)[1].

La décision qui conclut le passage et imprime son mouvement à la suite des événements, pourrait être entendue comme un exemple de défense par retournement de la passivité en activité par lequel le sujet peut transformer l'injustice subie en injustice agie, afin que la honte et le sentiment d'indignité puissent être pris en charge par la culpabilité. L'idée selon laquelle il serait narcissiquement préférable d'être coupable qu'impuissant, n'est peut-être pas absente du texte, mais elle apparaît comme secondaire par rapport à un processus plus immédiatement présent dans le texte : celui qui consiste à expulser la honte, à la projeter ou la transférer. Pour le comprendre, on peut faire ici l'hypothèse que le sentiment d'indignité qui confère au personnage son statut d'exception, peut être entendu à la lumière de cette forme de réflexivité subjuguée mentionnée au chapitre précédent et de cette chute dans l'informe qui résulte de la réintrojection du noyau non-discriminé. Ce qui compte alors, ce sera le moment de la *reconnaissance* qui confronte le sujet à cette ombre dans laquelle se donne à voir, en miroir, l'implacable image de *ce qu'il est*. Le choix du vice et du mal mettrait donc en scène une issue : l'identification au *double monstrueux*.

Le sentiment d'indignité, source de haine, est associé au sentiment de monstruosité. La nature qu'il accuse ne l'a pas doté des avantages qu'il aurait pu en attendre, mais surtout l'a injustement laissé « inachevé », « à moitié fini », « tronqué de toute noble proportion ». La monstruosité a trait au défaut de forme : c'est le sens de la « difformité » dont il est question ici. Malaimé de cette nature qui l'a engendré, Richard III désespère de recevoir les faveurs de ces « nymphes aux coquettes allures ». Il ne trouve d'autre miroir

1. W. Shakespeare, *Richard III*, I, 1, v. 14-31 ; trad. fr. F.-V. Hugo.

que les aboiements des chiens, et ne peut se regarder qu'en « épiant son ombre », tel un spectacle obscène qui trouble l'ordre du monde. Il sera lui-même cette ombre informe qui fera irruption et viendra perturber « cette molle et languissante époque de paix ». La haine de soi est à l'origine de cette vocation portée par l'envie.

La monstruosité manifeste la puissance indéterminée ou l'informité fondamentale de la matière qui vient ici menacer le sentiment d'identité, au point de compromettre l'appartenance de Richard au genre humain. C'est le sens du statut d'exception qui le met au banc de l'humanité. La fable de Narcisse illustre à sa façon cette dimension fascinante de l'image : l'ombre « épiée » sans relâche impose de ressasser sans fin l'énigme qu'elle constitue.

Le choix d'être un scélérat correspond clairement à ce moment de « reconnaissance » qu'Aristote met au cœur de l'intrigue tragique. L'*identification à ce double monstrueux* caractérise la *soumission* qui organise, de proche en proche, les liens tyranniques mis en scènes par La Boétie. On en aurait une confirmation un peu plus loin dans la seconde scène de la tragédie de Shakespeare, lorsque Richard séduit Anne dont il a assassiné le mari et le père. Richard ne nie pas ses crimes, mais les présente comme autant de preuves d'amour, et rend cyniquement Anne responsable de son double deuil :

> ANNE : C'est toi la cause de cet effet maudit.
> RICHARD : Votre beauté fut la cause de cet effet. Votre beauté qui me hantait dans le sommeil et qui m'aurait persuadé d'anéantir le monde entier pour une heure passée sur votre sein charmant[1].

Lui confiant son épée pour qu'elle puisse se venger, il l'exhorte :

> N'arrête pas, car j'ai tué le roi Henry, mais c'est ta beauté qui m'a poussé à le faire. N'attends pas : c'est moi qui ai poignardé le jeune Edouard, mais c'est ton céleste visage qui a dirigé ma main[2].

1. *Ibid.*, I, 2, 120-124.
2. *Ibid.*, I, 2, 167-170.

L'argument consiste à imputer les actes criminels à une image ou une ombre (ta beauté, ton visage) dans lesquelles Anne est invitée à se reconnaître, obligée qu'elle est d'aimer, comme l'écrit Ficin, cette similitude et ressemblance d'elle-même réfléchie par les paroles de son séducteur. Et cela, au moment même où elle accompagne le cadavre du roi Henry VI, son père, en attente de sépulture. L'entreprise de séduction produit chez Anne un effet de sidération analogue à cette forme de reconnaissance et d'identification au double monstrueux mis en scène auparavant avec le célèbre monologue de Richard. De victime, elle passe, instantanément, au statut de complice. La honte déniée et clivée peut être communiquée et induite. C'est d'elle que Richard tire son pouvoir de séduction.

b) *Le Satan de Milton : le soi comme enfer*. Si le héros de Shakespeare constitue un bon exemple de tyran, le prototype pourrait en être Satan lui-même, l'archange déchu pour son péché d'orgueil. On peut ici évoquer brièvement la manière dont John Milton présente, dans son *Paradis perdu* (*Paradise Lost*, 1667), celui qui s'était vanté d'avoir « subjugué le Tout-Puissant ». Il fait cette première apparition dans le poème :

> Celui-ci, au-dessus du reste par sa taille et sa contenance, superbement dominateur, s'élevait comme une tour. Sa forme n'avait pas encore perdu de sa splendeur originelle ; il ne paraissait rien moins qu'un Archange tombé, un excès de gloire obscurcie ; comme lorsque le soleil nouvellement levé, tondu de ses rayons, regarde à travers l'air horizontal et brumeux ; ou tel que cet astre derrière la lune, dans une sombre éclipse, répand un crépuscule funeste sur la moitié des peuples, et par la frayeur des révolutions tourmente les rois : ainsi obscurci, brillait encore au-dessus de tous ses compagnons, l'Archange[1].

Satan porte encore sur son visage les restes de sa splendeur passée, mais sa lumière s'obscurcit pour laisser place à l'ombre informe et menaçante qui le rend comparable au soleil du matin ou

1. J. Milton, *Paradise Lost, Le paradis perdu* (trad. fr. Chateaubriand, 1828), I, 589-599.

à un astre éclipsé par l'opacité de la lune. Progressivement privée de cette lumière intérieure, sa figure se voile et s'estompe pour laisser place à l'ombre et aux ténèbres.

Plus loin, au livre IV, la métamorphose se poursuit : l'ombre et les ténèbres qui paraissaient les effets d'un voile extérieur qui envahit maintenant l'intérieur de l'Archange. Satan se perçoit lui-même au miroir de l'horreur et du doute qui troublent sa pensée et font vaciller son sentiment d'identité[1]. Au lieu de la gloire et de la beauté qui alimentaient son orgueil, il aperçoit maintenant *l'enfer en lui* :

> L'horreur et le doute déchirent les pensées troublées de Satan, et jusqu'au fond soulèvent l'Enfer au-dedans de lui ; car il porte l'Enfer en lui (*within him*) et autour de lui (*around him*) ; il ne peut pas plus fuir l'Enfer d'un pas, qu'il ne peut se fuir lui-même en changeant de place[2].

Cette puissance intérieure dont Satan est ici prisonnier, devient un gouffre dévorant qui subjugue l'identité même du sujet, le soi (*self*) :

> Je suis moi-même enfer (*myself am Hell*) ; dans l'abîme le plus profond est au-dedans de moi-même un plus profond abîme, qui, large ouvert, menace sans cesse de me dévorer[3].

Ces ténèbres intérieures tourmentent et désorganisent le sujet.

La métamorphose de Satan pourrait être entendue comme un dédoublement réflexif par lequel le sujet se prend comme objet. Il est cependant clair que cette conception de la réflexivité ou de l'autoconscience est singulièrement complexifiée par la

1. L'altération du sentiment d'évidence relatif au monde en général prélude bien ici au sentiment hypocondriaque d'étrangeté qui transforme le rapport à soi et au corps propre.

2. J. Milton, *Paradise Lost, Le paradis perdu*, trad. cit., IV, 18-23 : « Horror and doubt distract/ His troubled thoughts, and from the bottom stir the hell within him ; for within him Hell/ He brings, and around him, nor from Hell/ One step, non more than himself, can fly/ By change of place ».

3. *Ibid.*, IV, 75-77.

problématique de la honte. Ce que duplique la réflexivité, ce n'est pas tant le moi que son image ou son ombre. On retrouve ainsi, dans ce passage de Milton, quelque chose de l'effet d'inquiétante étrangeté mis en avant par Schelling, puis par Freud : le sujet réfléchissant rencontre l'informe ou l'abîme en soi ; il devient lui-même cet enfer en découvrant en lui-même un « plus profond abîme » qui menace de le dévorer, comme cette eau qui engloutit Narcisse. La reconnaissance et l'identification qui l'accompagne, fait du sujet un « abîme dans l'abîme », l'ombre d'une ombre.

Dans le cas de Satan, le dépositaire en question n'était rien moins que la gloire et la toute-puissance de Dieu lui-même. Et la rupture du lien symbiotique avec un tel objet produit alors ce déferlement d'envie et de destructivité à l'origine des grands spasmes de l'histoire du monde. Le drame de Satan, chez Milton, tient au déni de dépendance et à un idéal d'autonomie qui fera de lui le « Prince des ténèbres » que l'on sait. Voici comment Satan lui-même revient sur le sens de son péché d'orgueil :

> L'orgueil et l'ambition m'ont précipité ; j'ai fait la guerre dans le ciel au Roi du ciel qui n'a point d'égal. Ah ! pourquoi ? il ne méritait pas de moi un pareil retour, lui qui m'avait créé ce que j'étais dans un rang éminent. […] Cependant toute sa bonté n'a opéré en moi que mal, n'a produit que malice (*yet all his good prov'd ill in me, / and wrought but malice*). Élevé si haut, j'ai dédaigné la sujétion (*I sdeind subjection*) ; j'ai pensé qu'un degré plus haut je deviendrai le Très-Haut ; que dans un moment je m'acquitterai la dette immense d'une reconnaissance éternelle (*the debt immense of gratitude of endless gratitude*), dette si lourde (*so bruthensome*) ; toujours payer, toujours devoir. J'oubliais ce que je recevais toujours de lui ; je ne compris pas qu'un esprit reconnaissant (*a grateful mind*) en devant ne doit pas, mais qu'il paie sans cesse, à la fois endetté et acquitté. Etait-ce donc là un fardeau (*burden*) ?[1]

Ici encore la question est de savoir comment la lumière a pu être transformée en ténèbres, la gloire en orgueil, et la bonté en malice. Et l'histoire émerger de la plénitude immuable du monde divin.

1. J. Milton, *Le paradis perdu*, IV, 40-57.

Le passage pourrait évidemment servir à illustrer les processus à l'origine de l'*envie*, tels que Melanie Klein les a mis en évidence : la source de satisfaction (le sein), dès lors qu'elle peut être perçue comme séparée et différente, fait naître l'envie et la haine, jusqu'à faire l'objet d'attaques destructives qui viendront alimenter le sentiment de persécution. Faute de pouvoir devenir Dieu lui-même et posséder ses qualités infinies, Satan entreprend de détruire la source de toute vie et de toute gratification.

On peut rapporter ces mouvements au thème de la désillusion et au conflit de dépendance formulé sous la forme d'un paradoxe : « un esprit reconnaissant *en devant ne doit pas* » ; en payant sans cesse, il est « *à la fois* endetté et acquitté ». Ce paradoxe de la dette et de sa reconnaissance, tout comme celui sur lequel se fonde l'illusion au cœur de la relation de dépendance, s'il est explicitement posé, produit un effet catastrophique : avoir à reconnaître une dette, désirer s'en acquitter, c'est briser le lien avec un dépositaire du noyau d'ambiguïté, gardien de l'intégrité narcissique du sujet. Le péché d'orgueil par lequel la dépendance est transformée en sujétion insupportable, est directement l'effet d'une désillusion. Cet orgueil qui transforme la dette en fardeau et fait un mal du bien reçu, est immédiatement accompagné de son châtiment : le sentiment de honte et d'indignité. La leçon est traditionnelle et trouve sa source littéraire dans la Genèse avec le récit du péché originel.

La chute de Satan est inscrite dans ce renversement par lequel le « bien intérieur » est transformé en fardeau, pour devenir ensuite cet « enfer au-dedans » qui finit par subjuguer le moi. Le sort de Satan est le lot commun des âmes damnées dont les peines sont traditionnellement rapportées à cette haine de « Dieu en soi », dévorante et abyssale.

Observation : Sur les peines imaginaires de l'enfer, on peut évoquer ici un passage de Raymond Sebond que l'on pourrait mettre en regard du drame de Narcisse, « infortuné de n'être pas différent de lui-même ». Il définit la tristesse, dans sa dimension mélancolique, comme « privation de la chose désirée », mais aussi, dans sa dimension paranoïde, par la proximité de l'objet de haine : c'est le sentiment d'être « accompagné outre notre gré de ce que nous avons en haine ». Sebond propose de montrer comment les souffrances de l'enfer associent ces deux aspects pour engendrer dans l'âme « une pure et parfaite tristesse » : « Le mécontentement s'engendre de ce que nous sommes privés de la chose désirée, et sommes accompagnés outre notre gré de ce que nous avons en haine. Le dernier degré de la tristesse, c'est de se voir en continuel souhait et appétit de quelque chose qu'on ne puisse recouvrer, et de ne se pouvoir défaire de la compagnie et assistance de ce qui nous déplaît, principalement si cela est en notre volonté même »[1]. Les souffrances de l'enfer ainsi interprétées, sont alors décrites de ce double point de vue qui conjugue privation et connaissance vraie. L'âme, libérée de son corps, devient capable de se connaître elle-même sans entrave : « Comme elle sera dépouillée de son corps et de sa chair, elle verra tout à clair, et connaîtra évidemment ce à quoi elle avait été engendrée : elle reviendra à soi et se sentira, et sa nature ». Se connaissant elle-même, elle se saura privée, par sa propre faute, des biens infinis associés à l'amour de Dieu : « Davantage, étant toute réduite à soi, et se voyant si à clair, elle s'apercevra évidemment des qualités et imperfections de sa volonté ; elle verra comme elle est contrefaite, difforme, monstrueuse, perverse, dévoyée et désordonnée, d'autant qu'elle est ennemie jurée et capitale de son créateur »[2]. Cette lucidité engendre une honte et une culpabilité insupportable. D'abord sous la forme d'une haine de soi : « Comment ne les [*i.e.* ses propres difformités] haïrait-elle pas en soi-même, puisqu'elle les haïrait en autrui. Sa laideur, son malheur et sa confusion lui seront éternellement devant les yeux. Elle voudra s'en démêler et s'en défaire, mais elle ne le pourra : ainsi, elle aura en soi-même ce qu'elle hait le plus, et sera elle-même matière de sa misérable tristesse. D'autant qu'elle sera immortellement présente à soi-même, d'autant sera immortellement

1. R. Sebond, *Liber creaturarum seu naturae*, 1436 ; trad. fr. M. de Montaigne, *Théologie naturelle*, 1569, f. 170r.

2. *Ibid.*, f. 171r.

son ennemie ». L'amour de soi, cause du péché, se transforme en haine de soi et finit par prendre Dieu lui-même comme objet : « l'âme qui souhaite n'être pas et qui est en dépit d'elle, hait par nécessité Dieu qui l'a faite être, et qui la maintient en son essence. Elle voudrait que Dieu ne fût pas aussi »[1].

La mort produit ici des effets analogues à la levée du clivage et à la brutale désillusion que Bleger assimile à la réintrojection de la partie syncrétique de la personnalité. La question technique qui peut se poser à la lecture de ce passage est de savoir comment un analyste peut aborder le conflit de dépendance (clivages et défenses narcissiques) du patient sans faire de sa vie psychique un enfer.

La libido et l'obscène (Augustin)

Le lien entre la honte et le péché d'orgueil (déni de dépendance) est au cœur du commentaire d'Augustin du récit de la Genèse que l'on trouve au livre XIV de la *Cité de Dieu*[2]. La honte y joue un rôle central. Elle n'est pas seulement une suite du châtiment divin, un stigmate de la faute et de la culpabilité d'une humanité qui aurait à vivre avec la représentation de sa propre indignité. Elle organise, en amont, le péché d'orgueil lui-même, c'est-à-dire le désir que sollicite la séduction du démon, un désir de connaissance associé au déni de dépendance et à l'illusion d'omnipotence : « Le serpent répliqua à la femme : "Pas du tout ! Vous ne mourrez pas ! Mais Dieu sait que, le jour où vous en mangerez, vos yeux s'ouvriront et vous serez comme des dieux, qui connaissent le bien et le mal" » (Gen. 3, 4-5). Cette connaissance paradoxale qui plonge l'humanité dans les ténèbres et la confusion, peut être entendue, psychologiquement, comme une forme de désillusion qui provoque un état de désorganisation identitaire : comme une forme de "reconnaissance" qui expose le premier couple à un sentiment d'étrangeté comparable à une perte

1. *Ibid.*, f. 171v.

2. Je cite ici la traduction Gentian Hervet (première édition : 1570), accompagnée des commentaires de Vivès : Saint Augustin, *De la cité de Dieu*, 4e éd., Paris, 1610.

radicale du sentiment d'évidence (ou de l'innocence originelle). C'est le sens qu'Augustin propose de donner au fameux verset de la Genèse : *et aperti sunt oculi amborum* : « et leurs yeux s'ouvrirent à tous les deux » (Gen. 3, 7). On peut le regarder comme le pendant de la prophétie de Tirésias à propos de Narcisse : il vivra « s'il ne se connaît pas (*si se non noverit*) »[1].

Ce que montre Augustin, c'est que le péché livre l'humanité à une communauté particulière, la « communion du péché », fondée sur le mensonge et le déni : un type de lien que l'on retrouvera dans le tableau des chaînes de la tyrannie dans le *Discours*. Comme chez Milton qui prolonge et développe le récit de la Genèse avec la description de la métamorphose de Satan, le drame de la chute peut être interprété à la lumière de ces enjeux politiques aussi bien que des effets identitaires et narcissiques associés à la honte.

1) La *faute originelle* est d'abord comprise par Augustin comme un péché d'orgueil par lequel l'homme a « commencé par se complaire en lui-même »[2], une complaisance associée au déni de dépendance. Cet orgueil est rendu « pire et plus dommageable et damnable » (*peior damnabiliorque*) du fait que le premier couple a cherché « quelque moyen d'en échapper et s'excuser », en reportant sur autrui la responsabilité de la faute : « Entant que combien qu'ils ne nient (*negent*) pas ce qu'ils ont commis, comme Caïn, toutefois l'orgueil cherche encore de mettre sur un autre (*in aliud referre*) ce qu'il a perpétré méchamment : l'orgueil de la femme sur le serpent, l'orgueil de l'homme sur la femme (Gen. 3, 12-13) »[3]. L'excuse est partiellement justifiée : la femme a été séduite et trompée par le serpent; et l'homme lui a obéi « par une nécessité de compagnie » (*sed sociali necessitudine*) : « Mais lui ne voulut pas être séparé de la compagne unique, non pas même en la communion du péché (*nec in communione peccati*), et non étant pour cela moins coupable,

1. Ovide, *Métamorphoses*, III, 458.
2. Augustin, *De la cité de Dieu*, XIV, 13.
3. *Ibid.*, XIV, 14.

ains [mais] il pécha bien le sachant et à bon escient [en toute conscience] »[1].

La communauté organisée par cette « communion du péché » est soudée par le déni de responsabilité et le mensonge. Elle paraît d'abord répondre, cliniquement, à la nécessité de restaurer en urgence une forme de lien symbiotique, coûte que coûte. Une construction factice et illusoire, hantée par la terreur et la honte. Mais aussi une construction fragile, susceptible de voler en éclat à tout instant, et qui tire toute sa puissance de cette fragilité elle-même et du risque qu'elle fait courir à chacun. Se dessine ici cette forme paradoxale d'association qui lie, chez La Boétie, le tyran à ses complices aussi bien qu'à ses victimes. On doit remarquer que la solidité d'une telle communauté repose sur la conjugaison trois termes : en plus de l'esprit trompeur et malveillant d'un tyran et de la femme abusée et séduite, il faut la complicité tacite d'un homme qui pèche, lui, en toute conscience ou « à bon escient » et « par nécessité de compagnie ». C'est ce trio, digne d'une comédie de boulevard, qui scelle le destin tragique de l'humanité.

2) Le *châtiment* imprime en l'homme la marque du péché : la nature corrompue de l'humanité est à l'image de la faute. L'homme, créé par Dieu « à son image », « en gardant le commandement devait être en sa chair spirituel » (*carne spiritalis*), et il est devenu « charnel en esprit » (*mente carnalis*). On a affaire à un renversement ou à une permutation de la figure (intégrée) et du fond (non-discriminé) qui caractérise l'expérience de perte de l'évidence naturelle selon Bleger, c'est-à-dire la réintrojection du noyau syncrétique qui vient menacer l'organisation du moi plus intégré (l'*esprit*). La chair, auparavant assujettie et soumise par la partie spirituelle, prend maintenant le devant de la scène. On avait assisté, chez Milton, à un renversement analogue, lorsque la dette infinie s'est transformée en gouffre dévorant, devenant « l'enfer en soi », ou le « soi comme enfer ».

1. *Ibid.*, XIV, 11.

Augustin décrit ainsi les conséquences de la faute originelle :

> Et pource que par son orgueil, il s'était plu à soi-même, la justice de Dieu lui serait donnée. Et ne serait pas totalement en sa puissance comme il désirait, ains désaccordant aussi et répugnant avec soi-même, serait en une dure et malheureuse servitude, sous celui à qui il avait consenti en péchant, au lieu de la liberté qu'il avait désiré, étant mort en l'esprit le voulant, et ayant à mourir au corps malgré lui, abandonneur de la vie éternelle, condamné aussi à la mort éternelle si la grâce ne le délivrait[1].

Le déni de dépendance engendre la servitude : l'homme sera soumis à l'empire du démon qui viendra occuper la place désormais vacante du « Dieu en soi ». Le désordre de la chair symbolise alors la soumission ou la relation addictive à cet objet tyrannique. Ce qu'Augustin appelle alors *libido* signifie ce lien de sujétion au fonctionnement cynique de ce mauvais objet.

La désobéissance au commandement divin devient désaccord interne et asservissement à la chair qui échappe à la maîtrise de la volonté : « Enfin, pour dire en bref, en la peine de ce péché-là, quel salaire a eu cette désobéissance de l'homme sinon une rébellion ? Car quelle autre misère y a-il de l'homme, sinon la désobéissance de lui-même contre son propre désir, en façon que pource qu'il n'a pas voulu ce qu'il a pu, il veut ce qu'il ne peut pas ? ». L'homme et l'âme deviennent ainsi assujettis à la souffrance et au désir, c'est-à-dire aux passions de la chair. Augustin propose d'appeler du terme générique de *libido* ces désirs (*cupiditates*) qui perturbent l'âme et la désorganisent. La libido est alors définie comme un appétit désordonné qui échappe à la maîtrise ou au contrôle de la volonté, et se dit d'abord de l'excitation sexuelle, « par laquelle s'émeuvent les parties du corps qui sont vilaines et déshonnêtes (*qua obscenae partes corporis excitantur*) »[2].

Ces *obscenae partes* sont bien évidemment les parties génitales, vouées à être dissimulées. L'obscène (*obscenus*) n'a pas directement ce sens, puisqu'il désigne d'abord un mauvais présage. Objet de

1. Augustin, *De la cité de Dieu*, XIV, 15.
2. *Ibid.*, XIV, 16.

toute l'attention des augures et des experts en divination, il s'agit de quelque chose qu'on ne doit pas voir et qui doit rester secret. C'est le spectacle inquiétant (*unheimlich*) d'un événement qui dérange et fait violence à l'ordre du monde. Il produit par là un effet de sidération lorsque la beauté, en un clin d'œil, se transforme en laideur, lorsque le fond ou l'informe fait surface et menace l'intégrité de la figure et de la forme : rien n'a changé, mais rien n'est plus comme avant pour celui qui, comme Richard III, s'emploie à « épier son ombre » de trop près.

Le fond, c'est ici la « chair », autrefois soumise et contenue par l'esprit, qui prend maintenant la forme d'un « appétit désordonné », la *libido*. Ce fond émerge ou se donne du dehors, mais il ne transfigure pas seulement les apparences ; il est réintrojecté ou, comme l'écrit Augustin, il « se donne et s'attribue » en propre à l'homme qu'il désorganise du dedans :

> Or il se donne et s'attribue comme à lui appartenant, non seulement tout le corps, et non simplement ce qui est extérieur (*nec solum extrinsecus*), ains encore l'intérieur (*verumetiam intrinsecus*), et émeut tout l'homme, la passion de l'âme étant jointe et mêlée avec l'appétit de la chair, en sorte qu'il s'ensuit une volupté ou plaisir, sur lequel il n'y en a point de plus grand entre toutes les voluptés et plaisirs du corps.

La libido désorganise l'esprit, à l'image de l'intensité du plaisir qu'elle procure. Hétérogène à l'esprit, cette libido n'est cependant pas non plus une simple fonction corporelle, susceptible d'être objectivée et maîtrisée : la chair subjugue et tyrannise désormais l'homme tout entier. L'humanité déchue est ainsi destinée à être exposée (comme l'écrit Milton) à cet « enfer en soi », comme à un miroir effroyable et mortel.

Augustin insiste ainsi sur le caractère désorganisateur de la libido qui échappe à la maîtrise de la volonté. C'est cette dimension d'étrangeté qui est source de honte :

> À bon droit, on a grande honte de cet appétit désordonné, et à bon droit les membres mêmes, lesquels par je ne sais quel sienne (pour dire ainsi) autorité (*suoquodam iure*), non pas du

tout à notre vouloir (*ad arbitrium nostrum*) il émeut, ou n'émeut pas, s'appellent honteux. Ce qu'ils n'ont pas été devant [avant] le péché de l'homme. Car ainsi qu'il est écrit, "ils étaient nus et n'avaient point de honte" (Gen. 2, 25) : non pas que leur nudité leur fût inconnue, mais la nudité n'était encore vilaine et déshonnête (*obscena*). Vu que l'appétit désordonné n'émouvait pas encore ces membres-là outre l'avis et le vouloir : la chair ne baillait [donnait] pas encore aucunement témoignage par sa rébellion, pour reprendre et rembarrer la désobéissance de l'homme[1].

Commentant le passage de la *Genèse* (« Leurs yeux s'ouvrirent à tous les deux », Gen. 3, 7), Augustin précise : avant le péché, « leurs yeux voyaient bien, mais ils n'étaient pas ouverts, c'est-à-dire ils ne prenaient pas garde attentivement pour connaître [ce que couvrait] le vêtement de la grâce (*indumento gratiae*), vu que leurs membres ne savaient répugner à leur volonté. Laquelle grâce étant ôtée, afin que l'inobédience [désobéissance] fût punie d'une peine réciproque, il s'éleva au mouvement du corps je ne sais quelle nouveauté impudente et éhontée, qui causa que la nudité leur était malséante : et les y fit prendre garde, les rendant honteux et confus »[2]. La honte peut être rapportée au choc lié à la découverte de la libido, au brusque dévoilement d'une puissance intérieure, « impudente et éhontée », qui se dérobe au contrôle de la volonté. Elle est liée, comme chez Aristote, à la reconnaissance : c'est la douloureuse appréhension d'une nature auparavant masquée par « le vêtement de la grâce » qui garantissait l'obéissance de la chair[3].

La honte est provoquée par l'obscène et par sa dimension d'étrangeté (« je ne sais quelle nouveauté impudente et éhontée »). Elle a trait sans doute à l'expérience de passivation ou à la défaillance

1. Augustin, *De la cité de Dieu*, XIV, 17.

2. *Ibid.*.

3. Ces choses sont au cœur de l'analyse du sadisme proposée par Sartre (*L'Être et le néant*, *op. cit.*, p. 470-473). Le sadisme est une tentative pour faire réapparaître la facticité et l'inertie de la chair, dissimulée sous le masque de la « grâce », c'est-à-dire sous l'image d'un être qui serait à lui-même son propre fondement. Il s'agit de faire apparaître le corps « sous l'aspect de l'obscène », comme « déshabillé de ses actes » et de la belle apparence qu'il lui donne.

de l'appareil d'emprise, comme au vacillement des frontières du moi, pour autant qu'on la rapporte à l'effet d'intrusion produit par cette forme de reconnaissance qui désorganise, isole et marginalise.

Le monde de la tyrannie que décrit La Boétie peut être rapproché de la « communion du péché » dont parle Augustin : une communauté forgée par la honte et le déni, dans laquelle s'efface la frontière entre coupables et victimes, où tous paraissent contribuer et collaborer à leur propre servitude. Il montre comment cette communauté s'organise autour de la figure du tyran et de la honte qu'il induit partout, en se servant de l'intimidation cynique comme instrument d'assujettissement, en subjuguant la volonté de chacun et en démantelant leur faculté de penser. Le monde d'avarice et de cruauté est la conséquence de la destruction des liens d'amitié et de l'insécurité qui résulte de la perte des soutiens du moi. C'est un monde dans lequel le sujet ne rencontre plus ses objets sociaux que sous la forme de débris ou de vestiges illusoires et précaires.

L'ambiance de soumission qui organise la « communion du péché », contraste avec l'honnête sujétion qui unit le premier couple avant le péché. Chez Milton, cette dépendance est symbolisée par la chevelure d'Ève qui recouvre son corps d'un voile pudique :

> La femme porte comme un voile sa chevelure d'or qui descend éparse et sans ornement jusqu'à sa fine ceinture, se roule en capricieux anneaux, comme la vigne replie ses attaches ; symbole de dépendance (*subjection*), mais d'une dépendance demandée avec une douce autorité (*with gentle sway*), par la femme accordée, par l'homme mieux reçue ; accordée avec une soumission contenue (*with coy submission*), un décent orgueil (*modest pride*), une tendre résistance, un amoureux délai (*and sweet, reluctant, amorous delay*)[1].

Cette chevelure, symbole de dépendance, sera opposée aux vêtements, masques de la faute et du mensonge.

Pour suivre cette voie, on peut s'appuyer sur l'indication de Montaigne qui rapporte le *Discours* au traité de Plutarque sur la

1. J. Milton, *Paradis perdu*, IV, 304-311.

« fausse honte », une disposition morale un peu étrange, responsable de la vulnérabilité aux inductions mensongères et cyniques. Elle conduit au pire, « à bon escient » et « par nécessité de compagnie ».

TYRANNIE, INDUCTION CYNIQUE ET « FAUSSE HONTE »

1) Montaigne considérait que La Boétie avait trouvé « la matière et l'occasion » de son *Discours* dans le traité de Plutarque sur la « fausse honte » (*dysopia*) et, en particulier, dans le mot d'esprit selon lequel les Perses ont été maintenus en servitude « pour ne savoir prononcer une seule syllabe qui est Non ». Il propose ainsi de considérer cette « fausse honte » comme l'un des ressorts de la « servitude volontaire ». Définie comme timidité excessive et marque d'un « courage trop tendre et trop efféminé »[1], cette « honte excessive » est une disposition morale qui empêche de s'opposer ou de résister à l'impudence et conduit à la soumission au cynisme et à l'injustice par crainte de perdre la face : « cette honte excessive, ni plus ni moins qu'un lieu bas qui reçoit toutes fluxions, ne pouvant repousser ni détourner aucune rencontre, ni jamais dire rien, se laisse fouler aux pieds, en manière de dire, par les plus vilains actes et plus déshonnêtes passions qui soient »[2].

Plutarque qui indique encore comment cette honte expose les femmes honnêtes aux séducteurs : « venant encore à corrompre et solliciter l'impudicité, [elle] trahit et rend toutes forteresses ouvertes, faciles à ceux qui les veulent tenter et assaillir, lesquels par dons prennent les plus vilaines et vicieuses natures, mais par inductions et par moyens de cette excessive honte, ils viennent à bout de celles qui sont gentilles et honnêtes »[3]. La séduction évoquée ici est particulière : elle ne prend pas appui sur le désir de la victime (le dévergondage ou l'appât du gain), mais emprunte d'autres voies ; elle prend la forme d'une induction narcissique.

1. Plutarque, « De la mauvaise honte », 528F ; Amyot, 76G.
2. *Ibid.*, 530A ; Amyot, 77D.
3. *Ibid.*, 530B ; Amyot, 77E.

La fausse honte empêche ainsi de résister à l'intimidation et contraint généralement aux actions injustes (mensonges, faux témoignages) ceux qui, par scrupule excessif et manque de fermeté ou de force d'âme, n'osent pas opposer leur refus aux sollicitations des cyniques. Dans la langue philosophique de Plutarque ce manque de *courage* équivaut à un défaut d'intégration du moi. Elle prend le sens d'une vulnérabilité narcissique.

2) Le traité peut s'entendre comme une réponse à la critique d'Aristote qui définissait la honte (*aidos*) comme un affect, refusant de la considérer comme une vertu morale. Plutarque s'appuie ici sur la définition de la vertu comme moyen terme entre deux vices, « mélange tempéré des deux extrémités »[1], et propose de définir la honte vertueuse (*aidos*) (pudeur et modestie), comme un moyen terme entre le défaut de honte (effronterie ou impudence) et une forme excessive de honte (*dysopia*) qu'il s'agit de caractériser : « la honte est utile par le moyen de la raison qui retranche ce qu'il y a de trop et laisse ce qui est au milieu entre peu et trop »[2]. C'est la raison pour laquelle, dans l'éducation des enfants, il faut « craindre qu'en voulant ôter le trop de honte, nous n'emportions la honte tout entière et ce qui en approche, comme la modestie et la débonnarité ». Mais il faut également prendre garde que cette éducation à la pudeur et à la modestie ne favorise la faiblesse de l'âme : sous ces qualités morales, en effet, « la honte excessive se glissant et s'attachant à celui qui y est sujet, le flatte, comme si cela lui procédait d'humanité, de courtoisie et de bon sens commun, et non pas d'une opiniâtre et inflexible dureté »[3].

La fausse honte conduit à la soumission, et tout particulièrement à la soumission à la tyrannie et au cynisme des impudents. Les anecdotes et les situations évoquées par Plutarque le montrent : « ainsi mourut Dion, sachant bien que Callippus l'épiait, et ayant honte de se défier et garder de lui, pour autant qu'il était son hôte et

1. *Ibid.*, 529A ; Amyot, 76H.
2. *Ibid.*, 529D-E ; Amyot, 77C.
3. *Ibid.*, 529C-D ; Amyot, 77B.

son ami ; ainsi fut aussi massacré Antipater, fils de Cassandre, ayant convié Démétrius de souper en son logis, et le lendemain étant aussi convié par lui, il eut honte de se montrer défiant en refusant d'y aller, attendu que l'autre s'était fié à lui, et ainsi fut assommé après le souper »[1]. Plutarque tire la leçon de ces histoires : « N'aie point de honte d'éconduire celui que tu sais qui te hais, et ne le rejette point à demi quand il montrera se fier à toi : car il te reconviera une fois si tu le convies, et te donnera à souper quand tu lui en donneras : si une fois tu abandonnes la défiance, garde de ton salut, comme amollissant ta bonne trempe par honte de n'oser refuser »[2]. Ce comportement ne relève ni de l'ignorance ni la naïveté : dans les deux exemples, les victimes savaient les risques qu'elles encouraient. Il ne relève pas non plus d'un excès de confiance, sinon en apparence, puisque la honte regarde précisément la défiance pourtant légitime à l'égard de l'ennemi : une défiance rendue inopérante par des raisons plus puissantes.

Il s'agit de préserver un lien, coûte que coûte, aussi destructeur soit-il, sous peine de catastrophe identitaire. C'est Adam péchant « par nécessité de compagnie », « le sachant et à bon escient ». C'est évidemment cette forme singulière d'association qu'Augustin appelle « communion du péché », soudée par le déni et la mystification. Dans ce nouveau monde, on fait comme si rien n'avait changé. Comme chez Orwell, le mensonge est entretenu par l'usage de mots vidés de leur sens. Et les objets sociaux, réduits à l'état de débris, continuent d'exercer leur puissance, mais comme les reliques d'un passé révolu.

Ce mode de fonctionnement trouverait de nombreuses illustrations dans des champs cliniques très variés. Il relève, en général, du registre des conduites addictives, dans lesquelles la relation de dépendance se trouve remplacée par l'asservissement et la soumission à l'égard de « mauvais objets » qui exercent leur emprise par la séduction, le dénigrement et la menace d'abandon.

1. Plutarque, « De la mauvaise honte », 530C ; Amyot, 77F-G.
2. *Ibid.*, 530D-E ; Amyot, 77H.

Cette définition que j'emprunte à Meltzer[1], présente le mérite de ne pas limiter l'addiction au seul déni de dépendance et à une régression à des fonctionnements autoérotiques destinés à calmer la douleur psychique. Elle permet en outre d'expliciter la distinction proposée par Winnicott entre dépendance et soumission. L'idée d'un asservissement aux modes de fonctionnement cynique d'un mauvais objet interne vise à dépasser la conception solipsiste du narcissisme et à mettre en avant les enjeux du rapport de soumission rencontré dans les relations sociales, aussi bien que dans des conduites apparemment solitaires. Il montre comment, dans les deux cas, on a affaire au règne de la terreur : « L'effroi (*dread*) ressenti dans la relation au tyran est fondamentalement la crainte de perte d'une protection illusoire contre la terreur (*terror*). Cet effroi devient perceptible particulièrement au moment où la rébellion a été entreprise en alliance avec les bons objets, tout comme pendant les vacances analytiques »[2].

Le détour par la problématique de la honte aura permis d'expliciter ce démantèlement de l'organisation narcissique sur lequel reposent ces conduites addictives de soumission. Et de pousser la réflexion au-delà de la notion d'accoutumance, en proposant d'analyser quelques effets de cette contrainte à la synthèse ou à l'assimilation dont parle Freud. J'ai voulu consacrer mon attention sur ce qu'il y avait évidemment d'illusoire dans l'expérience de désillusion sur laquelle pèse « l'ombre de l'objet ». C'est ce qui m'a conduit, en m'appuyant sur Sartre, mais surtout sur Aristote, à parler d'une réflexivité subjuguée passant par l'identification à l'image ou à l'ombre projetée du sujet, à ce double surgi sur fond d'inquiétante étrangeté. Et d'un moi qui naît de la honte et de la désillusion, plutôt que de la haine, de la colère et de l'indignation.

Plutarque se contente de définir la fausse honte comme un excès de pudeur et d'en décrire les effets. Si elle trouve son origine

1. D. Meltzer, *Sexual States of Mind*, Londres, Karnac, 1973, chap. 18 (« Structural Revisions of the Theory of Perversions and Addictions »).

2. *Ibid.*, chap. 14 (« Terror, Persecution and Dread »), p. 106.

dans une disposition naturelle (comme « défaut de courage ») et dans l'éducation (principalement lorsqu'elle inculque les règles de civilité et le respect de l'autorité), la fausse honte est d'abord rapportée à un genre déterminé d'*interaction* : elle apparaît comme une *réponse induite* par la tentative d'intimidation émanant d'un individu cynique et malveillant. La victime se plie alors à ses exigences, jusqu'à abdiquer sa volonté propre, faute d'être capable de résister. La servitude volontaire repose bien sur la spécificité de ce lien d'emprise qui contraint les sujets à coopérer activement à leur propre assujettissement. Chez Plutarque, comme chez La Boétie, l'intimidation repose sur une induction qui menace l'intégrité psychique du sujet et vient désorganiser le rapport à soi. Le tyran subjugue et séduit; il fascine et enchante. Ce lexique de la magie renvoie clairement à la « puissance d'Éros ». Mais cet amour qui enchaîne le sujet au bon vouloir d'un objet malveillant, est évidemment hanté par le spectre de la « mort de l'âme » (*mors animi*) : l'amant, privé de forme propre et dépossédé de lui-même, est condamné à une existence errante et fantomatique. La soumission à la tyrannie peut être entendue comme une conduite de survie.

La question politique posée par la *Discours* de La Boétie regarde le caractère paradoxal des liens sociaux propres à l'univers de la tyrannie, d'une communauté fondée non sur l'amitié et la « fraternelle affection », mais sur l'avarice et la cruauté, autrement dit sur l'envie et la destructivité, aussi bien que sur la peur et un fol espoir dont on sait pourtant bien qu'il sera déçu. La réponse consistant à invoquer l'égoïsme et la recherche de l'intérêt individuel semble largement insuffisante pour rendre raison de l'étrangeté du tableau proposé par La Boétie. Si le *Discours de la servitude volontaire* semble tellement déroutant, c'est qu'à l'arrière-plan de la conception prétendument moderne de l'individu et de son utilitarisme de façade, il laisse entrevoir un monde gouverné par la peur et la honte. Il démontre à sa manière (si besoin était) que l'individualisme et l'égoïsme ne sont jamais que des formes de contre-investissement servant à faire face à cette menace de désorganisation.

CHAPITRE X

ANGOISSES CLAUSTROPHOBIQUES : SUPERSTITION ET PACTE SORCIER

> Le lieur n'attache pas celui qu'il veut lier plus facilement qu'un chef de guerre n'enlève une citadelle bien défendue, si l'accès n'est pas favorisé par un traître en la place, quelque serviteur qui a passé alliance, qui a fait soumission ou avec qui on peut traiter[1].

> Le patient se sent emprisonné dans l'état d'esprit auquel il est parvenu et incapable de s'en évader, parce qu'il a l'impression qu'il lui manque l'appareil de prise de conscience de la réalité qui est à la fois la clé qui lui permettrait de s'évader et la liberté vers laquelle il aimerait s'évader[2].

Dans ce qui précède, j'ai proposé de mettre en avant le travail de métabolisation et d'appropriation du narcissisme, autrement dit cette « contrainte à la synthèse » par laquelle « le moi tente aussi de supprimer le caractère étranger et isolé du symptôme en utilisant toutes les possibilités de le lier à lui-même d'une manière ou d'une autre et, par de tels liens, de l'incorporer à son organisation »[3]. Cette compulsion témoigne que l'on a affaire à des situations dans lesquelles les défenses ordinaires, « sous le primat du principe de

1. G. Bruno, *De vinculis*, I, 28.
2. W. Bion, « Le développement de la pensée schizophrénique » (1956), dans *Réflexion faite*, Paris, P.U.F., 1983, p. 46-47.
3. S. Freud, *Inhibition, symptôme, angoisse* (1925), OC, XVII, p. 216; GW, XIV, 125-126.

plaisir », sont débordées et rendues inopérantes : la sauvegarde de l'intégrité ne saurait consister seulement à incorporer le bon, source de plaisir, et à rejeter le mauvais, source de déplaisir ou de souffrance. J'ai proposé d'interpréter la « servitude volontaire » à la lumière de cette contrainte paradoxale par laquelle les sujets finissent par « consentir » à leur mal, et même à le « pourchasser ». Ces questions sont au cœur de la réflexion éthique et politique dont participe La Boétie, et notamment de la problématique de la coutume, de l'accoutumance et des paradoxes relatifs au processus d'appropriation. La plasticité humaine capable de faire siennes des formes de vies si variées, et quelquefois si dégradées, est en elle-même étonnante ; il n'y a donc rien de surprenant qu'elle ait régulièrement retenu l'attention.

La question que l'on rencontre inévitablement est relative aux effets de ce processus d'appropriation ou d'incorporation forcée. De ses limites, d'abord, comme on l'a vu à propos de l'accoutumance et du cas de Mithridate. De l'effet d'étrangeté également qu'il produit sur un moi sommé de se reconnaître dans des possessions qui échappent largement à son initiative, comme dans le cas de la honte. Mais également du destin de ces restes qui résistent au travail narcissique d'assimilation ou de métabolisation. C'est pour interroger ces restes que Freud a proposé de parler, dans son étude sur la mélancolie, de l'*ombre de l'objet tombée sur le moi*. J'ai insisté sur le rôle de cette ombre en rapportant la honte à l'identification au double monstrueux. Pour cela, je me suis appuyé sur les exemples du Richard III de Shakespeare et du Satan de Milton. Il est apparu que la culpabilité n'est bien souvent qu'un masque de la honte, un arrangement possible avec l'identité dégradée qu'elle réfléchit[1].

Dans ce chapitre, je voudrais prolonger encore un peu ces réflexions en interrogeant plus directement la démarche critique de La Boétie. Dans la mesure où elle passe par la mise en évidence des effets psychiques de la violence sociale, elle conduit inévitablement à poser la question de la *stratégie thérapeutique* par laquelle on

1. Sous-titre anglais du livre de E. Goffman, *Stigmates* : « Notes on the Management of Spoiled Identity ».

pourra extraire le sujet de cette « servitude volontaire ». Pour cela, je me limiterai encore à quelques observations relatives à la conception *implicite* du soin dans le *Discours*.

Revenons d'abord sur quelques certaines ambiguïtés du *Discours*, déjà aperçues en passant :

a) La première regarde la notion de volonté qui sert à faire porter l'accusation non sur le système tyrannique, mais sur le comportement des sujets. Plutôt que de dénoncer les vices et l'inconduite du tyran, La Boétie renverse les perspectives, rendant les sujets complices et finalement coupables des malheurs et des souffrances qu'ils subissent. Le procédé bien évidemment discutable revient finalement à imputer à la victime la responsabilité de la violence subie. D'où cette formule que l'on rencontre au début du *Discours* : « Soyez résolus de ne servir plus, et vous voilà libres » (DSV, 44). J'ai tenté de montrer que l'on avait affaire là à une injonction toute rhétorique destinée d'abord à dénoncer la « faiblesse de volonté » (*acrasie*) à la racine d'un comportement qui précipite les sujets dans des situations qu'ils savent être contraires à leurs intérêts, même les plus fondamentaux. C'était le sens de cette « fausse honte », excessive, dont s'étonnait Plutarque, et qu'illustre le célèbre propos de Médée : « Je vois le bien, je l'approuve, et néanmoins je poursuis le mal » (*Video meliora, proboque, deteriora sequor*)[1]. Il n'est donc pas question de résoudre la contradiction en rapportant la volonté de servir à une connaissance fausse ou illusoire du monde social et du rapport de domination. L'étrangeté de la situation tient au fait que les sujets en savent bien plus long qu'on ne le pense souvent. Ils pèchent bien, comme l'écrit Augustin, « à bon escient » et « par nécessité de compagne », afin de sauver les débris et les reliques d'un monde perdu.

b) L'autre ambiguïté du *Discours* regarde la manière dont La Boétie paraît invoquer un désir d'obéissance à l'origine la soumission des sujets. On ne saurait s'en tenir là : sur ce point encore, l'objet du *Discours* est de restaurer la distinction entre dépendance et soumission. Une distinction fragile, mais nécessaire

1. Ovide, *Métamorphoses*, VII, 20.

entre le désir légitime d'entrer dans des liens de solidarité et de coopération qui caractérisent l'amitié politique, et l'exploitation cynique de ce désir au profit d'un système qui repose sur la crainte et la défiance, l'avarice et la cruauté.

On pourrait encore faire une distinction analogue à propos du *masochisme* présumé des sujets. Rappelons seulement que le masochisme proprement dit est d'abord l'expression d'un fantasme d'origine infantile, qui appartient au domaine des relations intimes et sexuelles, dans lequel on *joue* à tuer un bébé. La tyrannie et la soumission que La Boétie invite à penser, sont une affaire bien plus sérieuse dans laquelle sont à l'œuvre des enjeux de survie et des angoisses plus primitives, irréductibles aux scénarios pervers qui tentent de les mettre en forme. Cette distinction montre les limites de la tendance naturelle à extrapoler dans le monde social des processus qui relèvent la vie intime. Or la tyrannie, en s'appuyant sur la honte induite, consiste précisément à détruire ce domaine de l'intime et du jeu[1]. Le masochisme peut être regardé comme une tentative pour contre-investir, secondairement, ces angoisses primitives[2]. La chose vaut d'ailleurs aussi bien pour les victimes de violences sociales que pour ceux qui ont à les prendre en charge, trop souvent incités à interpréter « sous le primat du principe de plaisir » des situations qui leur échappent manifestement, disqualifiant ainsi la souffrance sociale. Trop prompt par conséquent à sacrifier la complexité des enjeux psychiques à une illusion de clarté.

c) Une autre source d'ambiguïté tient au destinataire du *Discours*. J'ai suggéré à plusieurs reprises que La Boétie s'adresse non pas directement au « peuple », c'est-à-dire à la masse de ceux qui sont directement exposés à la force armée, mais à ceux qui, du fait de leur position sociale, s'imaginent être préservés de cette

1. Voir D. Meltzer, *Donald Metzer à Paris. Conférences et cas cliniques*, J. Touzé (dir.), Larmor-Plage, Le Hublot, 2013, p. 101-108.

2. C'est la fonction qu'il a chez Sartre qui comprend le masochisme et le sadisme comme des moyens visant à surmonter l'expérience de honte. Le cas du sadisme est évidemment plus ambigu, pour peu qu'on veuille bien le distinguer de la cruauté avec laquelle on le confond souvent.

violence physique. Le *Discours* dénoncerait le caractère illusoire de ce sentiment de sécurité. La Boétie ne s'appuie pas sur le sens moral et les capacités d'empathie d'une « élite éclairée », sensible aux souffrances des malheureux, pour les inciter à combattre une injustice qu'ils ne subissent pas eux-mêmes directement[1]. Il interroge plutôt une forme de violence différente, plus occulte et insidieuse, dont ses lecteurs auraient eux-mêmes à subir les effets. La difficulté principale du *Discours* est d'identifier cette violence et de rendre représentable la souffrance qu'elle engendre. Le tableau des cruautés de la tyrannie leur est d'abord adressé, non pas comme une représentation fidèle ou réaliste de l'expérience sociale qu'ils vivent, mais comme une image ou une représentation vraisemblable de leur « condition ».

C'est dans cette perspective qu'il m'a paru nécessaire d'avoir recours à la notion de « violence symbolique », au moins pour en rapprocher les effets de ce que dit La Boétie lorsqu'il traite de la coutume et de l'érosion de la capacité de sentir, mais également lorsqu'il évoque les effets de sidération et de honte par lesquelles le tyran exerce son emprise. C'est sous cet aspect encore que j'ai proposé de rapporter le *Discours* à cette clinique de la souffrance psychique d'origine sociale dont les atteintes narcissiques et identitaires ont souvent pour caractéristique de ne pas être perceptibles et identifiables directement, au moins dans un premier temps, sinon sous la forme d'un malaise diffus ou de désordres somatiques.

Le lecteur est donc finalement appelé à se reconnaître *aussi bien* dans les conduites cruelles et cyniques des complices du tyran que dans le sort subi par le peuple. D'où la position finalement assez inconfortable induite par le *Discours*.

d) Enfin, j'ai souligné que la démarche critique de La Boétie consiste, au premier abord du moins, à dénoncer la perversion des valeurs communes à l'origine de la vie civile et des formes de

1. Sur cette situation, voir L. Boltanski, *La Souffrance à distance. Morale humanitaire, médias et politique*, Paris, Gallimard, 2007.

solidarité qui fondent la communauté politique : la transformation cynique de l'amitié en « avarice et cruauté » et des vertus sociales en instrument de domination et d'assujettissement. À dénoncer, autrement dit, une situation de crise ou d'anomie dans laquelle l'intégrité de la « chose publique » (*res publica*) se trouve menacée. J'ai été amené à regarder autrement la tyrannie décrite par le *Discours* : non comme l'effet d'une situation d'anomie, mais comme une situation ordinaire, sinon normale. À donner donc un sens fort à cet avertissement de La Boétie qui déclare avoir en vue, non pas une situation historique particulière, mais *ce qui se fait en tous pays, par tous les hommes, tous les jours*. Il invite par là son lecteur à reconnaître dans le tableau de la tyrannie les traits de son expérience quotidienne. De fait, les situations dans lesquelles nous cédons à l'intimidation par faiblesse de volonté ou « fausse honte » sont tout à fait courantes. Si La Boétie n'entreprend pas de définir la tyrannie ni d'examiner « quel rang doit avoir la monarchie entre les républiques », cela signifie qu'il s'intéresse plutôt à une *potentialité tyrannique* qui hante toute organisation et trouve son origine dans le processus de socialisation lui-même.

J'ai proposé d'examiner de ce point de vue la manière dont le *Discours* mobilisait les catégories traditionnelles de la pensée éthique et politique : l'amitié, la coutume et la honte, des vertus éthiques réputées socialisatrices. Il ne fait pas de doute, par exemple, que La Boétie oppose comme deux contraires les liens sociaux qui relèvent de l'amitié ou de la *philia*, principe de solidarité, de reconnaissance mutuelle et de réflexivité, aux liens tyranniques qui désorganisent la communauté politique et isolent les sujets. Il m'est apparu cependant que l'intérêt du *Discours* tenait plutôt à la manière dont il interroge les processus en vertu desquels l'amitié, réputée première et naturelle, a pu laisser place à des rapports organisés par l'avarice et la cruauté. Il en irait de même de la coutume et de la honte, de la distinction entre dépendance et soumission, comme du partage entre victime et coupable.

Je voudrais partir ici de la forme d'expérience que La Boétie impose à son lecteur et du type d'inquiétude qu'il mobilise ou libère en mettant en évidence les ressorts cachés de cette tyrannie ordinaire.

Il ne s'agit pas de contester le bien-fondé de la critique, mais de reconnaître au contraire que la tyrannie infiltre effectivement (et peut-être nécessairement) la plupart des institutions dans lesquelles nous vivons et fonctionnons, et qu'aucun groupe, y compris les plus coopératifs, n'est à l'abri de cette potentialité. Sans compter, cela va de soi, les organisations dans lesquelles il est fait cyniquement usage de ces fonctionnements que La Boétie dénonce.

CRITIQUE ET CONSTRUCTION : LE CAS DE LA SUPERSTITION SELON PLUTARQUE

La critique portée par le *Discours* peut être appréhendée comme une *construction* destinée à donner forme, à rendre représentable et pensable une expérience de souffrance à laquelle on accorde rarement *droit de cité*. Il s'agirait ainsi de transformer un malaise diffus, source de honte et d'isolement, en une expérience interprétable, c'est-à-dire partageable et communicable. En ce sens, la rhétorique du *Discours* assume bien la fonction que Platon attribuait à la mémoire en charge, selon lui, de la « sauvegarde de la sensation » et de son impact traumatique. Le recours aux exemples tirés de l'histoire romaine peut être compris de manière analogue : ces illustrations qui n'ont que peu de rapport avec la réalité objective dans laquelle évolue La Boétie, contribuent néanmoins à l'objectivation de la violence dont le lecteur a nécessairement (à des degrés divers) fait l'expérience.

1) On peut distinguer sommairement deux orientations de la critique sociale. La pensée critique se donner pour tâche de mettre à nu des relations de domination et de décrire les mécanismes sociaux sur lesquelles elles s'appuient. Elle suppose alors que cette description ou cette *objectivation* pourra être mobilisée comme instrument d'émancipation. La Boétie s'inscrit de plain-pied dans cette conception, notamment lorsqu'il met en avant la confiscation par le tyran et sa clique de la « chose publique » et la dissolution des liens de solidarité qui organisent la communauté.

La pensée critique peut encore se donner pour tâche de seconder les capacités réflexives du sujet : sa fonction n'est plus tant de favoriser la prise de conscience de la situation objective dans laquelle il se trouve, que de prendre la mesure de la violence subie, d'en objectiver non seulement les causes sociales, mais les effets psychiques. Manifestement, le *Discours* suit cette seconde voie, aussi bien que la première : la servitude volontaire repose moins sur une connaissance fausse ou illusoire du rapport de domination, que sur la sidération des capacités réflexives et sur la désorganisation ou le démantèlement de la faculté de penser et de sentir qui met les sujets hors d'état de vivre une expérience dotée de sens. On peut expliquer ainsi l'actualité du *Discours* et l'effet qu'il continue de produire sur le lecteur, même si notre réalité sociale n'a que peu de rapport avec celle que La Boétie pouvait avoir à l'esprit.

Ces deux orientations de la critique vont généralement de pair. Dans l'un et l'autre cas cependant, la *construction* assume une fonction différente. La notion de construction appartient d'abord au domaine des « sciences de la nature » qui visent à produire une « image du monde » (*Weltbild*) cohérente, capable de rendre raison de la variété des phénomènes. L'objectivation des rapports de domination, en eux-mêmes masqués et inconscients, suppose pareillement une construction de ce genre, capable d'objectiver la violence sociale qu'ils exercent. Ainsi, chez Marx, l'analyse des rapports de production dans le *Capital*. C'est dans un sens voisin, mais différent, que Freud propose de définir un type d'interprétation qu'il appelle « construction » en prenant pour modèle la pratique de l'histoire[1]. Cette construction consiste à « deviner » à partir d'indices (fragments de souvenirs, idées incidentes et répétition d'affects, mais aussi délires et hallucinations) un passé que le patient a oublié et à lui proposer un « tableau fiable », c'est-à-dire vraisemblable d'un temps qui échappe à la remémoration. Freud compare le procédé à « celui de l'archéologue qui exhume une demeure détruite

1. S. Freud, « Construction dans l'analyse » (1937). OC, XX, p. 61-73 ; GW, XVI, 43-56.

et ensevelie, ou un monument du passé », à la différence près que la construction, dans l'analyse, « n'est qu'un travail préliminaire » qui ne sert jamais que de support ou d'auxiliaire à l'effort de remémoration du patient. Intéressé aux processus mnésiques, Freud insiste sur la question de la « vérité historique » des constructions.

Il n'est pas interdit de comparer la construction à l'élaboration secondaire dans le rêve. Dans le rêve, le travail de mise en cohérence vise moins à produire l'image vraisemblable d'une « vérité historique » qu'à organiser un matériau onirique, d'abord fragmentaire et dispersé, pour lui donner la forme d'une « expérience vécue compréhensible ». Cette fonction, attribuée d'abord au préconscient, est dans un premier temps dénoncée par Freud pour son caractère factice et mensonger : « Cette fonction procède de la même façon que le philosophe, à ce qu'affirme méchamment le poète [H. Heine] : avec ses guenilles et ses haillons, elle bouche les trous de l'édifice du rêve. La conséquence de son effort est que le rêve perd son apparence d'absurdité et se rapproche du modèle de l'expérience vécue compréhensible »[1]. L'élaboration secondaire, qui rassemble et met en cohérence les fragments dispersés du rêve, est peut-être source d'illusion et risque bien de détourner de ce que Freud regarde, à l'époque de la rédaction de l'*Interprétation du rêve*, comme le « sens vrai » de la production onirique, sa fonction reste cependant analogue à celle de la mémoire en charge, selon Platon, de la « sauvegarde de la sensation », d'abord parce qu'elle produit un assemblage qui en permet la remémoration, mais également parce qu'elle transforme en expérience ces productions indistinctes de la nuit. La Boétie fait expressément appel à cette fonction du rêve lorsqu'il évoque le souvenir d'une liberté même « entièrement perdue et toute hors du monde » (DSV, 65) qui permet de sentir le joug de la servitude et la douleur qu'il occasionne. L'enjeu est de donner forme à ce *rêve d'une chose* aux contours encore imprécis.

1. S. Freud, *L'Interprétation du rêve*, 1900, OC, IV, p. 541 ; GW, II-III, 494

L'ensemble du *Discours* et de son tableau de la tyrannie peut être regardé comme une construction de ce genre. À travers notamment les exemples tirés de l'histoire romaine, il s'agit de donner forme à la souffrance née de la violence (souvent) silencieuse et confuse sur laquelle repose la soumission. De la peindre, autrement dit, sous des couleurs plus vives que nature afin de la représenter au regard du lecteur qui pourra s'y reconnaître. L'objectivation d'une construction de ce genre, dont le prototype est le rêve, ne vise à produire ni un tableau de la réalité sociale, ni un fragment de « vérité historique », mais une image du *monde interne* dans lequel se déroule une bonne partie de la vie psychique du sujet. Dans le cas du *Discours*, le procédé revient à mettre en avant le *cauchemar* dans lequel vit le sujet, pris en otage par les inductions cyniques et mensongères d'un tyran.

Cette notion de « monde interne » suppose que l'on ne regarde pas le rêve seulement comme l'expression d'une pensée relative aux préoccupations diurnes du rêveur, mais qu'on lui confère la valeur d'une expérience émotionnelle à part entière : l'idée est que cette expérience tire son origine d'un *lieu* spécifique, le *monde interne*, où s'engendre une bonne part des significations qui organisent la vie intime et subjective de l'individu. Dans le champ psychanalytique, cette notion de « monde interne », d'abord élaborée du point de vue de la clinique de l'identification projective, permet de reconfigurer la relation entre le monde onirique et celui de l'expérience vigile : elle repose notamment sur le fait que la difficulté à laquelle se confronte le sujet n'est pas tant de discriminer le dedans du dehors, la veille du sommeil, mais plutôt, au contraire, de mettre en relation « ce qui est objectivement *perçu* et ce qui est subjectivement *conçu* »[1]. L'enjeu est bien, encore une fois, de « sauver la sensation » et de lui donner la forme d'une « expérience vécue compréhensible ». Cette conception rencontre naturellement la fonction que les Anciens attribuent traditionnellement au rêve qui doit servir de pierre de

1. D. Winnicott, *Jeu et réalité. L'espace potentiel* (1971), Paris, Gallimard, 1975, p. 21.

touche au jugement et permettre de rejeter la servitude, « pour tant bien qu'on l'accoutre » (DSV, 65). Le fait que le rêve se transforme en cauchemar témoigne que cette fonction organisatrice du rêve est prise en défaut. Le monde onirique n'est plus relié à l'expérience vigile, mais il n'en est pas non plus séparé. En fait, les deux sont fusionnés ou confondus. C'est ce que souligne Plutarque, à propos de la superstition, dans un traité qui pourrait bien éclairer la notion de « fausse honte ».

2) Deux pensées d'Héraclite, pour obscures et incertaines qu'elles soient, permettront, prises ensemble, d'illustrer ces choses. La première, bien connue, veut que *les hommes pendant qu'ils veillent n'ont qu'un monde commun à tous, mais quand ils dorment, chacun d'eux s'en va au sien propre*[1]. Cette pensée trouve un écho lointain chez La Boétie lorsqu'il fait état de l'isolement des sujets : empêchés de communiquer et « quasi de penser », ils deviennent « tous singuliers en leur fantaisie ». L'expression est évidemment à prendre au sens fort, comme le montre le passage de Plutarque dont est tiré le fragment.

La citation est extraite du traité « De la superstition », ou plus littéralement « De la crainte des dieux » (*Peri deisidaimonias*), qui traite de la peur et de l'effroi religieux. Le contexte mérite qu'on s'y attarde un peu. Cette crainte « enchaîne l'âme », la rend incapable d'agir aussi bien que de raisonner. À la différence, selon Plutarque, des autres passions capables de pousser à l'action, la peur des dieux enchaîne l'âme et l'empêche de trouver une issue : elle enferme de superstitieux dans des situations d'impasse dont il ne saurait s'échapper. Si les dieux sont partout, « celui qui craint les dieux, craint toutes choses, le terre, la mer, l'air, le ciel, les ténèbres, la lumière, le bruit, le silence, les songes »[2]. Tandis que le sommeil soulage d'ordinaire les souffrances de l'existence vigile (« Les serfs oublient la dureté de leurs maîtres quand ils dorment : le sommeil

1. Héraclite, fr. B89 (Diels), dans Plutarque, « De la superstition », 166C ; trad. Amyot, 120F-G.

2. Plutarque, « De la superstition », 165D ; Amyot, 120C.

allège les ennuis [souffrances] de ceux qui sont en prison, les fers aux pieds »), les songes des superstitieux, au contraire, entretiennent et alimentent l'angoisse :

> Comme si le dormir des superstitieux était un enfer, et le lieu des damnés, elle leur suscite des imaginations horribles et des visions terribles et monstrueuses des diables, et des furies qui tourmentent la misérable âme, et la chassent hors de son repos par ses propres songes, desquels elle se flagelle et s'afflige elle-même, comme si elle le faisait par les étranges et cruels commandements de quelque autre[1].

Plutarque ajoute qu'au réveil, ces songes continuent d'exercer leurs effets, au lieu d'être soumis à la critique et au rire, ou encore d'être enfouis et refoulés comme les divinités d'un autre âge (Schelling) :

> Mais encore le pis est puis après, que quand ils sont éveillés et levés, ils ne méprisent pas ce qu'ils ont songé, ni ne s'en moquent pas, et ne s'aperçoivent pas qu'il n'y a rien de véritable en toutes ces visions qui les ont tourmentés : ains [mais] étants sortis de l'ombre de ces fausses illusions, où il n'y a mal quelconque, ils se déçoivent [trompent] eux-mêmes à bon escient, et se tourmentent, et dépendent infiniment en des magiciens, diseurs de bonne aventure, triacleurs et hommes abuseurs et affronteurs [charlatans et imposteurs], qui leur vont disant : “si d'aventure tu crains quelque vision nocturne, ou que tu aies été travaillé de [tourmenté par] Proserpine terrestre”, appelle la vieille qui te pétrit le pain, et te plonge dedans la mer, et te tiens assis contre terre tout le long d'un jour[2].

Dans l'ensemble de ce passage, Plutarque insiste sur l'incapacité du superstitieux de discriminer entre la veille et le sommeil, un trait qui caractérise, à des degrés divers, le cauchemar et le délire[3]. Or

1. 165E-F ; Amyot, 120D.

2. 165F-166A ; Amyot, 120D-E. Dans la traduction moderne de R. Klaerr (CUF) : « appelle la vieille magicienne avec ses onguents, plonge-toi dans la mer, puis passe la journée assis sur le sol ».

3. Dans sa Première Méditation, Descartes met en scène un délire analogue : l'interrogation relative à la discrimination de la veille et du sommeil engendre l'idée délirante d'un Dieu trompeur, puis celle d'un « malin génie ». On relèvera

c'est sur cette discrimination que reposent la réflexion critique aussi bien que l'humour, autrement dit la conservation de la sphère de l'intime (ou du « monde propre » d'Héraclite, selon Plutarque).

Tel est le contexte dans lequel Plutarque introduit le fragment d'Héraclite :

> Aussi pourrait-on dire à bon droit au superstitieux, que les dieux nous ont donné le sommeil pour une oubliance et un repos de nos maux, pourquoi en fais-tu une géhenne [torture] perpétuelle et douloureuse de ta malheureuse âme, qui ne peut refuir ni avoir recours à un autre sommeil? Heraclitus disait, *que les hommes pendant qu'ils veillent n'ont qu'un monde commun à tous, mais quand ils dorment, que chacun d'eux s'en va au sien propre*[1].

Au lieu de rêves, le superstitieux fait d'épuisants cauchemars. Sans aucun lieu où se réfugier, il est poursuivi, jusque dans son sommeil, par la vindicte des dieux. Plutarque poursuit et renverse la comparaison : le superstitieux n'a pas de « monde propre », dans lequel se réfugier pour y trouver soulagement et repos. Il n'a pas non plus de « monde commun », parce qu'il est incapable d'avoir recours au discours raisonnable et critique qui pourrait l'affranchir de ses peurs. Privé de la dimension de l'intime aussi bien que de monde commun, il n'a nulle part où vivre[2]. Une situation d'impasse

que la représentation du « malin génie », destinée à lutter contre l'idée d'un « Dieu trompeur », procède du projet de « se tromper soi-même ». Il en va pareillement chez Plutarque qui écrit que les superstitieux « se déçoivent [ou se trompent] eux-mêmes à bon escient », en toute conscience donc. Ces observations sont essentielles pour la compréhension clinique du délire.

1. Plutarque, « De la superstition », 166B-C; Amyot, 120F-G.

2. En d'autres termes : *si rien n'est commun, rien n'est propre*. Il est significatif que Plutarque invoque la dualité un « monde propre » et un « monde commun » avancée par Héraclite, pour faire émerger une privation de monde, un « nulle part » où il situe l'expérience délirante du superstitieux qui ne dispose, à la manière du naufragé, que de débris épars d'un monde perdu. Cette conception du délire n'est pas isolée : voir notamment J.-C. Racamier, « Un espace pour délirer », *Revue française de psychanalyse* 3, 2000, p. 823-829, avec cette conclusion : « Si l'on arrive à établir ou à rétablir avec le patient un îlot de réalité transitionnelle, un espace partagé, et à l'investir, à l'irriguer, à le peupler un peu, et à le revitaliser, alors on peut être certain que tout ce terrain gagné le sera sur les terres à délire. [...] La réalité [factuelle]

qui le contraint à se soumettre à des dieux malveillants, comparables à des tyrans auxquels on ne pourrait échapper :

> Mais le superstitieux n'a point de monde commun, car ni quand il veille il n'use point de sage discours qui l'assure, ni quand il dort il n'est jamais sans quelque chose qui le tourmente : car la raison sommeille, et la peur veille toujours, et jamais ne s'en peut sauver ni s'en défaire. Le tyran Polycratès était redouté en Samos, Periander à Corinthe, mais nul ne les craignait plus depuis qu'ils venaient en une ville franche, étant régie par un gouvernement populaire : mais celui qui redoute l'empire des dieux, comme une tyrannie sévère et inexorable, où se retirera-t-il ? où s'enfuira-t-il ? Quelle terre trouvera-t-il où il n'y ait point de dieu ? quelle mer ? En quelle partie du monde pourras-tu dévaler, pauvre homme, ni te cacher pour t'assurer que tu sois hors de la puissance des dieux[1] ?

Les angoisses claustrophobiques qui caractérisent l'expérience du superstitieux sont illustrées par la situation d'un sujet qui n'aurait aucun moyen de se soustraire à l'emprise malveillante d'un tyran, aux « étranges et cruels commandements de quelque autre ». Clairement, la démarche employée ici consiste bien à proposer une image de la réalité cauchemardesque dans lequel s'enferme le superstitieux, une image sans doute empruntée à la réalité sociale dans laquelle ont pu vivre les habitants de Samos ou de Corinthe sous la domination de Polycrate et de Périandre (c'est-à-dire dans une antiquité reculée à l'époque de Plutarque), mais dont la fonction est ici de proposer un tableau vraisemblable du monde dans lequel le superstitieux est pris au piège.

La Boétie procède de manière analogue. Il se saisit de la tyrannie évoquée en passant par Plutarque, pour brosser pareillement un tableau de ce monde interne dans lequel sont enfermés les sujets, rendus « tous singuliers en leurs fantaisies ». Un monde, comme celui du superstitieux, gouverné par la peur et la honte. De fait, l'objet central du *Discours* n'est pas tant la tyrannie comme

qu'on invoque si souvent comme panacée n'est pas un remède au délire. Le meilleur remède serait plutôt (dans le sens où l'entend Winnicott) le jeu… ».

1. Plutarque, « De la superstition », 166C-D ; Amyot, 120G.

système politique, que son ombre projetée dans la vie psychique des sujets. D'où le caractère fantomatique de la figure du tyran et l'indétermination dans laquelle est laissée la question des formes de gouvernement. C'est ce point de vue décentré qui en fait l'originalité. Parce qu'elle infiltre potentiellement toutes les relations sociales, la réalité de la tyrannie ne saurait être perçue directement : tout comme la souffrance sociale qu'elle engendre, son appréhension nécessite une construction. Elle se *devine* à partir d'indices et de fragments qui demandent à être rassemblés et organisés pour prendre la forme d'une « expérience vécue compréhensible ».

3) Comme le suggère Plutarque, on ne saurait s'arrêter à l'opposition entre le « monde commun » de la veille et le « monde propre » du sommeil. Et le *Discours* est d'ailleurs largement consacré à explorer les effets sociaux de cette ombre projetée dans la vie psychique des sujets. C'est le sens possible de cet autre fragment d'Héraclite que l'on trouve chez Marc Aurèle : *Les dormeurs travaillent et coopèrent à ce qui se fait dans le monde*[1]. Le monde interne qui se nourrit de ce qui se fait dans le monde social, contribue lui-même à organiser cette réalité extérieure. Ces effets, on a pu les rapporter aux mécanismes de l'identification projective dont Ficin faisait état à propos de la « violence de Cupidon », mais aussi aux pouvoirs de la honte. La notion de servitude volontaire suppose ce renversement par lequel les individus, à leur insu, coopèrent ou collaborent à leur propre assujettissement, perpétuent et renforcent un système de domination dont ils se rendent ainsi complices.

C'est le sens que Marc Aurèle attribue au fragment d'Héraclite qui illustre l'idée selon laquelle même celui qui s'isole et se met en marge du monde, contribue à sa manière à l'accomplissement du destin, quoiqu'à son insu :

> Nous concourrons tous à l'accomplissement d'une seule et même œuvre, les uns sciemment et intelligemment, les autres à leur insu. Ainsi, Héraclite, je crois, dit que *même les dormeurs sont ouvriers*

1. Héraclite, fr. B75 (Diels), dans Marc Aurèle, *Pensées*, VI, 42.

> *et coopèrent à ce qui se fait dans le monde*. Chacun y concourt dans une sphère différente ; et par surcroît, celui-là même y concourt qui critique le plus amèrement les choses, et qui essaie de remonter le courant et d'anéantir la réalité. C'est que le monde avait besoin de cette résistance[1].

Le dormeur et l'ignorant qui s'isolent dans leur monde propre, même lorsqu'ils tentent de s'opposer au monde commun et d'y résister, concourent et collaborent à l'ordre des événements qui définit le destin. Sans souscrire à cette conception stoïcienne du destin, le *Discours* en retient la leçon éthique et met en avant un renversement analogue de la passivité en activité : même s'ils n'apportent pas de soutien actif à la tyrannie, les sujets n'en sont pas moins les artisans du système de domination qu'ils subissent.

L'*œuvre* considérée par La Boétie n'est cependant pas cette réalité organisée par le destin, mais un monde malade et monstrueux. La formule d'Héraclite prend alors un sens différent : à la lumière du *Discours*, elle pourrait bien signifier que la réalité sociale monstrueuse et cauchemardesque de la tyrannie est principalement entretenue par ces « dormeurs » qui y collaborent, quoi qu'à leur corps défendant. En cela, il suit encore la leçon de Plutarque et le parallèle qu'il établit entre la tyrannie politique et le monde cauchemardesque dans lequel vivent les superstitieux selon Plutarque, soumis à des dieux tout à la fois vénérés et haïs :

> Voyez quel jugement les superstitieux ont des dieux, quand ils les estiment étourdis, déloyaux, muables et vindicatifs, cruels, chagrins et colères [colériques] : dont il s'ensuit nécessairement, qu'ils les haïssent, et qu'ils les craignent, et ne peut être autrement, puis qu'ils se persuadent que les plus grands maux qu'il ait oncques [jamais] endurés par le passé, et qu'il soit encore pour endurer à l'avenir, lui sont arrivés par eux : et s'il est ainsi qu'il les haïsse et qu'il les craigne, il est donc leur ennemi : et si ne faut pas trouver étrange cela, vu qu'il les prie, qu'il les adore, qu'il leur sacrifie, qu'il ne bouge ordinairement des églises [temples] : car nous voyons que

1. Marc Aurèle, *Pensées*, VI, 42.

> l'on fait la révérence aux tyrans, on les salue, on leur fait la cour, on érige en leur honneur des statues d'or ou d'argent, mais ce pendant on ne laisse pas à les haïr de mort secrètement, bien qu'on sacrifie en apparence pour eux[1].

Plutarque souligne ici la contradiction d'un culte adressé à des dieux à la fois redoutés et haïs, conduisant à renforcer l'emprise qu'ils exercent, tout comme la crainte du tyran et les sacrifices que l'on s'impose pour le satisfaire finissent par augmenter la puissance de la tyrannie. Cette contradiction doit bien entendu être rapprochée de la « fausse honte » qui précipite le sujet dans des situations qu'il devrait fuir, non par ignorance ou sous l'effet d'une illusion, mais par « manque de courage » ou « faiblesse de volonté », c'est-à-dire, comme le relève Augustin à propos du péché d'Adam, « le sachant et à bon escient ».

4) Le texte de Plutarque sur la superstition traite, à sa façon, de la servitude volontaire. La crainte des dieux isole et désocialise. Elle met le sujet à l'écart du monde commun pour en faire la victime d'une religion privée, en proie à des peurs qui dénaturent le rapport à soi et font obstacle à la capacité de rêver et de discriminer le monde de la veille des fantômes de la nuit. Dépossédé de la dimension de l'intime, de sa vie et de lui-même, le superstitieux est pris en otage par des puissances malveillantes qui hantent ses cauchemars. Privé de « monde propre », mais vivant dans une réalité interne dominée par des objets cyniques et malveillants, il n'a d'autre recours que d'adopter un conformisme de surface et d'obéir à toutes les prescriptions de ces dieux redoutables qu'il déteste en secret. Il peut aussi abdiquer et se laisser recruter comme lieutenant du tyran. S'il a de l'ambition, il s'arrangera pour devenir lui-même grand prêtre d'une religion infâme. À moins qu'il ne choisisse de jouer un rôle d'agent double et de satisfaire aux exigences du système, tout en tâchant, en sous-main, d'en protéger les otages. Mais il peut encore, dans un élan maniaque et généreux, se propulser héros de

1. Plutarque, « De la superstition », 170D-E ; Amyot, 123 D-E.

la résistance et prendre héroïquement fait et cause pour tous les opprimés, seul contre la foule des complices du tyran[1].

Cette réalité interne, qui tire bien entendu ses éléments de la réalité extérieure et sociale, contribue pareillement à produire « ce qui se fait dans le monde » : elle peut être mobilisée en soutien de tyrans bien réels. C'est ainsi que l'on doit, semble-t-il, entendre les paradoxes de la « fausse honte » et la facilité avec laquelle les liens sociaux les plus fondamentaux peuvent être altérés ou dénaturés. À cet égard, le traité de Plutarque est aussi un texte politique. Il permet de conjecturer, à l'arrière-plan de la servitude volontaire, les commandements « étranges et cruels » d'une religion inavouable qui transforme la vie en enfer. On donne ainsi un sens fort à l'isolement engendré par la peur aussi bien qu'aux angoisses associées à la situation sans issue dans laquelle se trouve le sujet.

La question est de savoir par quels moyens on peut *extraire* les sujets de cette situation cauchemardesque. Elle est au cœur de la pensée critique : la visée émancipatoire de son discours sur la vie aliénée, impuissante ou mutilée, a pour but de contribuer à l'émergence de luttes et de résistances contre des conditions sociales qui font obstacle à la réalisation de l'idée qu'on peut se faire d'une vie bonne ou satisfaisante, sinon accomplie. La forme de conscience critique ainsi mobilisée, c'est, dans le *Discours*, celle des « mieux nés que les autres, qui sentent le poids du joug et ne se peuvent tenir de le secouer » (DSV, 64), en s'appuyant sur les ressources de la mémoire et du rêve. L'enjeu du discours critique est bien de donner forme à ce sentiment d'insatisfaction et de relancer l'activité représentative et imaginative, afin de faire sortir les sujets de l'isolement dans lequel ils sont confinés, faute de « s'entre-connaître ».

1. Sur ces angoisses claustrophobiques voir D. Meltzer, *Le Claustrum. Une exploration des phénomènes claustrophobiques* (1992), Larmor-Plage, Le Hublot, 1999. Pour une illustration clinique la stratégie thérapeutique appelée par cette notion de *claustrum*, voir D. Meltzer, *Supervisions with Donald Meltzer. The Simsbury Seminars*, Londres, Karnac, 2003, en particulier le chapitre 1 : « Lucia. The Kafkaesque confinement of anorexia : rebellion and sacrifice, violence and survival in the claustrum », p. 3-31.

La pensée critique aurait pour fonction première de seconder ces défenses collectives, le « monde commun » des échanges, en vue de resocialiser des individus rendus « tous singuliers en leurs fantaisies ». De transformer, comme l'écrit Freud, une « misère » privée, source d'isolement et de marginalisation, en « malheur commun ». Telle est la fonction de la *philia* ou d'amitié à laquelle on doit donner un sens très large. La difficulté que La Boétie met en avant, est que cette visée du discours critique se confronte régulièrement au fait que la détérioration de ces défenses collectives et de la possibilité de se rapporter à une expérience partageable et communicable, est inséparable du démantèlement des capacités de penser et de vouloir, de désirer et de sentir. Au fait, autrement dit, que les atteintes au sentiment d'identité vont de pair avec la désorganisation du rapport à soi et avec la mise hors-circuit des défenses narcissiques ordinaires. S'il est certain que le constat que quelque chose ne va pas dans la société telle qu'elle est, devrait faire émerger une exigence de transformation et d'émancipation sociales, La Boétie rappelle que cette condition, bien que nécessaire, reste insuffisante et qu'elle se confronte à des résistances et des défenses paradoxales d'autant plus redoutables qu'elles œuvrent le plus souvent en silence : à une « fausse honte » au fondement de laquelle on doit conjecturer, avec Plutarque, quelque sourde superstition. Face à une situation de ce genre, il est naturellement bienvenu de rappeler et de mettre en pratique les devoirs éthiques élémentaires d'entraide et de solidarité auxquels se résument les principes de ce que les Anciens appelaient la « religion naturelle ». Mais La Boétie rappelle à sa façon qu'il faut aussi compter sur la part de délire qui infiltre toutes les religions, les plus raisonnables aussi bien les autres[1].

La leçon du *Discours* est essentiellement négative : en mettant en avant ces défenses paradoxales, La Boétie montre finalement que

1. Les auteurs de l'époque de la Renaissance (Rabelais le premier) ne cessent, souvent de manière comique, de mettre en avant les limites de ces vertus éthiques confrontées aux défenses paradoxales que leur opposent régulièrement les sujets pourtant les plus vulnérables.

pour lever de telles résistances, l'appel au sens commun moral ne suffit pas, puisque c'est lui qu'atteint d'abord la violence sociale, en détournant contre la personne propre les capacités de sentir et de désirer sur lesquelles il s'appuie. Il s'en remet finalement, avec une juste colère, à la justice divine : à un Dieu « tout libéral et débonnaire » qui réserve certainement aux tyrans et à leurs complices, « quelque peine particulière » (DSV, 100). Ce constat d'impuissance est peu satisfaisant. La solution proposée est même assez inquiétante, puisque le *Discours* est largement consacré à montrer à quel point la frontière entre victimes et complices est en elle-même incertaine.

La Boétie dénonce une situation d'impasse. Au-delà de l'intérêt que présente la description des effets psychiques induits par la mise hors service de ces défenses collectives, la question que pose le *Discours* est celle de la *stratégie thérapeutique* à mettre en œuvre pour faire face au démantèlement des capacités de sentir et de désirer, qui font précisément obstacle à l'émergence d'une conscience *critique*. On se situe dans le contexte pratique de la relation de soin confrontée à cette forme particulière, mais typique, de souffrance sociale.

Mon idée est que sur ce point, le *Discours* qui décrit une situation d'impasse est lui-même pris au piège de son objet et s'enferme dans ce monde sans issue qu'il dénonce lui-même.

SERVITUDE VOLONTAIRE ET PACTE SORCIER

J'ai insisté sur l'ambiguïté du *Discours* qui impute à la victime la responsabilité de la violence subie. À première vue, le procédé ne consiste guère qu'à transformer la honte en culpabilité. Il serait bien entendu discutable si l'on devait s'en tenir là. On peut néanmoins s'y attarder un peu.

Si l'on peut conjecturer, avec Plutarque, derrière la « fausse honte », la trace d'une religion paradoxale, fondée sur la crainte des dieux, c'est-à-dire l'emprise de dieux malveillants, on comprend que la peur sur laquelle repose la servitude volontaire n'a rien à voir avec l'appréhension d'un danger réel : dans les situations décrites par La Boétie aussi bien que par Plutarque, elle repose sur un délire qui alimente le monde cauchemardesque des sujets. Néanmoins la soumission qu'elle entretient est, elle, bien réelle. La difficulté est alors de rendre représentable et d'objectiver le lien de servitude des victimes de la tyrannie, de mettre par conséquent en évidence l'alliance mystérieuse qui enchaîne les sujets à leur bourreau. Sous cet aspect, on peut faire un parallèle entre le *Discours* et la démarche des Inquisiteurs de l'époque de La Boétie dont la méthode consiste, en matière de sorcellerie, à objectiver le lien d'assujettissement qui soumet, selon eux, les sorcières à la puissance du démon, en lui donnant la forme juridique d'un contrat ou d'un pacte « volontaire ». L'intérêt de ce détour tient au fait que cette objectivation repose, le plus souvent, sur des fictions juridiques : à défaut de documenter directement le pacte sorcier et de fonder leur jugement sur la base de preuves matérielles ou formelles, les Inquisiteurs s'appuient le plus souvent sur les fictions juridiques de « pacte tacite » et de « volonté virtuelle ». Il n'est pas interdit de lire le *Discours* à la lumière de ce contexte particulier dont pourtant La Boétie ne dit rien. À la manière des Inquisiteurs, le *Discours* n'invoque pas un pacte formel et explicite, mais bien une volonté seulement virtuelle à l'origine de l'alliance inconsciente qui lie les sujets au tyran.

1) L'idée de « servitude volontaire » revient à imputer aux victimes la responsabilité de leur sujétion et de leurs malheurs. Le concept juridique de volonté fonde cette responsabilité qui impose de statuer sur la culpabilité de ceux qui, bien que souffrant de leur assujettissement, n'en sont pas moins complices des puissances malveillantes qu'ils servent. C'est bien cette « volonté » qui permet d'établir la culpabilité des victimes de la tyrannie, quand bien même cette volonté serait inconsciente. Les Inquisiteurs et les magistrats qui ont affaire aux sorcières rencontrent une difficulté analogue, pour autant qu'il leur faut établir la responsabilité et la culpabilité des accusés, autrement dit le caractère volontaire de leur alliance

avec le démon. Même dans les cas, assez fréquents, où les faits de sorcellerie sont imaginaires ou illusoires, le crime de « lèse-majesté divine » doit appeler la sanction du magistrat. Le procès vise donc établir le degré d'implication, mais surtout le caractère *volontaire* de la participation de la sorcière à l'œuvre du démon.

La nécessité d'une telle démonstration est d'autant plus évidente qu'à la manière du tyran de La Boétie, le diable qui est un esprit, ne peut agir sur les corps directement : il a besoin d'un instrument. De son propre fait, il ne saurait agir que sur les esprits, en inspirant des songes ou en troublant l'imagination. Cette coopération nécessaire suppose le consentement de complices et par conséquent une alliance ou un contrat qui doit permettre en retour aux sorciers de réaliser les desseins du démon, et quelquefois (mais non nécessairement) des prodiges hors de portée des capacités naturelles de l'homme. Pour établir cette responsabilité, il faut mettre en avant l'engagement volontaire des accusés, par conséquent un pacte ou un contrat. On peut le faire en se fondant sur des témoignages directs ou indirects, des signes écrits ou des traces (quelquefois des marques corporelles ou des *stigmata diaboli*) qui attestent de l'engagement coupable des sorciers. Des aveux bien sûr, mais qui demeurent en eux-mêmes insuffisants : ils ont en général pour fonction de confirmer la conviction préalable du juge.

2) La première particularité de ce pacte tient au fait qu'il peut être *exprès*, oral ou quelquefois écrit, mais aussi *tacite*, auquel cas il ne donne pas lieu à une déclaration formelle de volonté. Cette distinction juridique entre deux formes de contrats est traditionnelle ; elle a évidemment son importance dans l'instruction du procès. On en trouve une formulation assez claire et synthétique dans un manuel de théologie du XVIIIe siècle, au sujet de la divination :

> On appelle divination une recherche désordonnée, parce qu'elle renferme toujours quelque pacte ou exprès ou tacite avec le démon. Elle renferme un *pacte exprès* non seulement lorsque pour deviner on invoque le démon par des paroles, ainsi que le font les magiciens,

> mais encore par le fait, comme si quelqu'un, sachant que le démon donne la connaissance des choses cachées par certains signes ou caractères, se sert de ces signes ou caractères pour parvenir à la connaissance d'une chose. Elle renferme un *pacte tacite* ou implicite, lorsque, sans penser au démon et sans prétendre avoir expressément aucun commerce avec lui, on cherche cependant à connaître les choses cachées par des moyens qui ne sauraient donner cette connaissance, en usant par exemple à cet effet de paroles ou d'instruments qui ne peuvent, ni par leur nature ni par l'institution divine, donner cette connaissance[1].

Les arts divinatoires, aussi bien que les pratiques magiques ou superstitieuses, « renferment » un pacte qui lie au démon, même sans y penser ou sans la volonté expresse d'entretenir avec lui un commerce. Dans les cas où le pacte est tacite, la volonté est impliquée de manière indirecte, par l'intermédiaire des moyens mis en œuvre. Ce pacte informel doit alors être inféré de toutes les pratiques magiques (notamment la divination) dont les effets ne sauraient reposer sur la causalité ordinaire de la nature, mais suppose l'intervention des démons et l'institution d'une communauté ou société avec eux. On dit alors que la volonté est liée *virtuellement* par un tel pacte, même si fait défaut la « volonté formelle ». C'est ce que souligne Enrique de Villalobos en s'appuyant sur Francisco Suarez :

> J'infère de ceci que bien souvent les hommes se trouvent engagés aux démons sans en rien savoir par des pactes tacites, d'autant plus dangereux qu'ils sont inconnus par une ignorance coupable, et n'importe que leur intention soit éloignée de ces desseins, et qu'ils ne pensent point contracter avec lui ; car cette invocation tacite de laquelle ils se servent pour savoir les choses qui surpassent les forces humaines est blâmable ; et il se peut fort bien arriver, comme a remarqué Suarez, par ignorance crasse, qu'un homme voudra formellement une chose, et virtuellement une autre, comme en cette matière, où le devin peut vouloir formellement la chose qu'il désire,

1. L.-A. Joly de Choin, *Instructions sur le rituel* (1748), Lyon, 1780, t. 3, p. 46.

> sans pactiser avec les démons, étant pourtant censé contracter virtuellement avec eux, en vertu des paroles et des actions dont il se sert en cette occasion[1].

Ce pacte ou cette alliance échappe à la connaissance du sujet. Pareillement, dans le *Discours*, La Boétie dénonce la culpabilité des complices liés au tyran par un pacte exprès, c'est-à-dire, comme l'écrit Augustin à propos d'Adam, « le sachant et à bon escient », mais il vise avant tout le pacte tacite ou implicite des sujets qui, sans y penser, servent les intérêts du tyran et se lient, *de facto*, par un pacte tacite, avec un pouvoir qui les asservit.

3) L'autre particularité du pacte tient à l'obscurité des clauses qui lient entre eux les contractants d'une manière tout à fait inégale. Il est essentiel au pacte qu'il soit respecté, par la sorcière aussi bien que par le démon, faute de quoi la victime pourrait le dénoncer et s'en dégager facilement. Le contrat est formellement légal, mais injuste et trompeur dans son contenu. Cet aspect est souvent relevé :

> Les démons ne font aucun plaisir aux sorciers ou magiciens que ce ne soit en vertu d'un pacte ou convention expresse ou tacite qu'ils ont fait avec eux. Il n'y a point de doute que le diable ne nous lie par pacte exprès ou tacite, le plus étroitement qu'il peut ; que les plus légitimes conventions ne soient des cautèles non communes et simplement telles que les plus subtils cavillateurs pourraient inventer : mais encore ruses déliées et très subtiles, venant de l'ouvrier du souverain fraudeur de ruses, par lesquelles il nous tient

1. H. de Villalobos, *Somme de théologie morale et canonique*, II, traité 38, d. 3, 4, Paris, 1635, col. 909. Le passage paraphrasé de Francisco Suarez est le suivant : « Ad primum respondetur, interdum per crassam ignorantiam, vel incogitantiam velle aliquem contraria ; unum in se, ac formaliter, aliud virtute, et in alio. Sic ergo accidit in illo casu, nam licet is, qui voluntarie utitur talibus inquisitionibus vanis, explicite dicat, se nolle pactum cum daemone, implicite vult illud ; et licet nolit expressum pactum, de facto vult tacitum, quia vult uti illis mediis, ut utilibus, cum tamen utilitatem habere non possunt, nisi interventu daemonum » (F. Sanchez, *De religione*, III, 2, « De superstitione », cap. 9, § 4, Lyon, 1630, p. 332).

> tellement obligé à la rigueur qu'il n'y a presque moyen quelconque d'en échapper et d'en sortir[1].

Passé librement et formellement légitime, le pacte est obscur, en raison des termes « à double entente » qui manifestent la ruse du diable. Le sorcier en est la première victime : « il en sort communément si déchiré et si maltraité, l'issue en est si longue et si malaisée, que celui qui en sort en est tout éperdu et troublé ». On lit pareillement dans une brochure anonyme du début du XVIIe siècle, qui donne une idée assez bonne de la technique de management à laquelle s'exposent les imprudents :

> L'astuce du malin esprit étant telle afin que quand il a réduit à ce point quelque pauvre insensé, il le tourne et manie à sa guise, lui promettant tout et ne lui donnant jamais rien, n'ayant pas dequoi se bien faire à soi-même. Au contraire, pour récompense de dix ou douze ans de service, ils les battent tout leur saoul, comme il a fait ce pauvre misérable, et leur représentent ce qu'ils ont fait de mal toute leur vie afin de les désespérer[2].

À l'opposé de Dieu qui, comme le sait, « donne le ciel pour un verre d'eau froide », le diable « se sert des hommes comme des chevaux de bagage, et après les avoir fait suer d'ahan en ce monde, n'a rien pour les faire rafraîchir en l'autre qu'un état de feu et de soufre qui n'éteindra jamais ».

On retrouve encore une remarque analogue sous la plume de Henri Krämer, pourtant peu disposé à la compassion. Il fait allusion à des situations dans lesquelles la bonne foi de l'inculpée n'est pas mise en doute :

> L'expérience nous a enseigné (et cela ressort des confessions de toutes celles que nous avons fait brûler) qu'elles n'ont pas souvent été volontaires pour jeter des maléfices. Et cela, elles ne le disaient

1. P. De Lancre, *Tableau de l'inconstance des mauvais anges et démons* (1613), III, disc. 1 ; éd. N. Jacques-Chacun, Paris, Aubier, 1982, p. 171.

2. *Discours admirable d'un magicien de la ville de Moulins qui avoit un démon dans une phiole, comdamné à estre bruslé tout vif, par arrest de la cour du Parlement*, Paris, 1623, p. 14-15.

> pas dans l'espoir d'échapper. Mais c'est sur la constatation des plaies et des meurtrissures infligées par les démons quand elles ne voulaient pas les servir à discrétion, que la vérité apparaissait, très souvent sur leurs faces livides et tuméfiées. De même, après la confession de leurs crimes sous la torture, elles font tout pour s'enlever la vie en se pendant : c'est une vérité qui ressort de l'expérience pratique. Ainsi toujours après la confession des crimes, des gardes étaient postés toutes les heures, attentifs à cela. Et là où parfois, de par la négligence des gardes, on les retrouvait pendues par des filets ou par leurs voiles, [on savait] que c'était à l'instigation de l'Ennemi, afin qu'elles n'obtiennent pas le pardon par la contrition et la confession sacramentaire[1].

On pourrait aisément multiplier les exemples. Ils témoignent, si besoin était, de l'aliénation que représente ce genre de contrat de subordination. Ils font état de troubles narcissiques et identitaires typiques que l'on rencontre régulièrement dans la clinique de la souffrance au travail.

La position de Krämer est certainement différente de celle de La Boétie, ne serait-ce que par le contexte dans lequel elle s'inscrit, mais elle peut néanmoins être regardée comme *analogue* : si les victimes du diable ou du tyran souffrent du fait de leur soumission, et même dans le cas où elles y auraient été entraînées par une volonté seulement virtuelle ou tacite (au sens de Suarez), elles ne sont pas moins responsables de leur mal. À ce titre, leur servitude peut être dite *volontaire*. L'argumentation du *Discours* repose, elle aussi, sur l'idée d'un pacte tacite qui lie les sujets au tyran : une « communion du péché » dont la réalité seulement virtuelle n'est pas directement observable, mais doit faire l'objet d'une construction, à partir de ses effets. La notion même de « servitude volontaire » est une fiction au sens juridique.

4) On insiste souvent, et à juste titre, sur la dimension délirante des accusations portées contre les sorcières. De fait, le pacte sur

1. H. Istitoris et J. Spenger, *Malleus maleficarum* (*Le Marteau des sorcières*) (1486-1487), trad. fr. A. Danet, Paris, Plon, 1973 ; rééd. Grenoble, Million, 1997, p. 282.

lequel reposent ces accusations est un pur artefact. On peut relever que du point de vue des Inquisiteurs eux-mêmes, le pacte qui peut être tacite, est bien une fiction ou une construction comme on en trouve de nombreux exemples dans l'argumentation juridique : mettant en scène une volonté virtuelle, non formelle, échappant à la connaissance de ceux qui s'en rendent complices, il est néanmoins attesté par des signes suffisamment solides pour entraîner aussi bien la conviction des juges que les aveux des prévenus[1]. Pourtant, dans l'esprit des Inquisiteurs, ce genre de fiction n'a pas seulement un sens juridique : le procès a également une visée qu'on pourrait qualifier de thérapeutique, puisqu'il s'agit de permettre aux prévenus de rompre le pacte pour le rachat de leur âme (à des fins de « déradicalisation »). La construction vise alors à produire, sur les tréteaux de la conscience, une scène inaugurale qui a scellé la soumission au démon, à en réactiver le souvenir, c'est-à-dire à lever le refoulement dont a fait l'objet le « malencontre » à l'origine du pacte de soumission.

On peut comprendre l'intérêt que Freud a porté très tôt à cette dimension « thérapeutique » des instructions inquisitoriales, notamment sous l'impulsion de l'entourage de Charcot[2]. On en trouve notamment témoignage dans ses lettres à Fliess, à une

1. La valeur des aveux obtenus sous la torture est évidemment très discutable. Cela n'exclut pas nécessairement la sincérité de certains, même sur des faits que l'on doit regarder comme imaginaires. Les faits imputés aux sorcières dans ce cas peuvent être considérés comme une sorte de co-construction. On doit aussi prendre en considération que l'aveu peut avoir une double dimension : il peut être un instrument d'émancipation permettant de reprendre possession de soi ; mais il peut aussi être un vecteur de dépossession de soi, comme c'est bien souvent le cas dans la pratique managériale des « entretiens d'évaluation », à l'opposé de la forme de réflexivité favorisée par l'analyse des pratiques.

2. Donnant lieu à de nombreuses études historiques et médicales sur le sujet, et même à la création d'une « Bibliothèque diabolique » dans le cadre de la Salpêtrière. Au plus près de la clinique psychiatrique de l'époque, l'évaluation de la sorcellerie a pu évoluer en direction d'approches fondées sur les différentes formes de délire de persécution (dont l'hypocondrie), mais aussi sur les traités de médecine légale consacrés à l'épilepsie.

époque où il interroge le sens des fantaisies stéréotypées dont font état ses patientes :

> Que dis-tu par ailleurs de cette remarque : toute ma nouvelle histoire originaire de l'hystérie est déjà connue et a été publiée des centaines de fois, il y a même plusieurs siècles ? Est-ce que tu te souviens que j'ai toujours dit que la théorie de la possession, en vigueur au Moyen Âge et dans les tribunaux ecclésiastiques, était identique notre théorie du corps étranger ou du clivage de conscience ? Mais pourquoi le diable, qui a pris possession de ces pauvres créatures, a-t-il régulièrement forniqué avec elles et cela d'une façon dégoûtante ? Pourquoi les aveux sous la torture ressemblent-ils tant à ce que nous communiquent mes patients dans le traitement psychique. Il faudra que je me plonge très prochainement dans la littérature sur le sujet[1].

Il commande, dès le lendemain, un exemplaire du *Malleus malificarum*, pour les informations cliniques qu'il espère en tirer, mais surtout pour donner corps et cohérence aux symptômes dispersés qu'il rencontre chez ses patients : « Je rêve d'une religion du diable extrêmement ancienne dont le rite se perpétue en secret et je comprends la thérapie sévère de ceux qui jugent les sorcières. Les relations abondent »[2]. En d'autres termes, Freud recherche, dans le matériau historique, les grandes lignes d'une religion occulte, c'est-à-dire un modèle ou une construction auxiliaire susceptible de faire apparaître les « scènes originaires », le pacte, frappé d'amnésie ou de refoulement, qui a scellé le destin des victimes du démon.

Pour Freud à l'époque, les fantaisies qui organisent cette religion sont les déguisements de souvenirs d'abus sexuels. On peut cependant noter que l'intérêt de Freud pour les affaires de sorcières s'inscrit dans un contexte particulier : celui de l'élaboration de la notion de fantaisie qui donnera lieu, quelques mois plus tard (en septembre 1897), à l'abandon de sa première théorie des névroses, fondée sur la réalité historique de ces « scènes originaires »,

1. S. Freud, Lettre à Fliess du 17 janvier 1897 [118] ; trad. fr. dans *Lettres à Fliess*, Paris, P.U.F., 2006, p. 286.
2. Lettre du 24 janvier 1897 [119] ; *Ibid.*, p. 289.

comprises et remaniées après-coup par la victime de violences : ces scènes que la pratique thérapeutique permet de mettre en avant, n'ont pas besoin d'avoir eu lieu pour exercer leurs effets. Une étiologie des névroses étroitement associée à la théorie du soin des débuts de la psychanalyse.

5) Ces considérations mériteraient sans doute d'être développées. J'ai seulement voulu montrer comment la démarche de La Boétie pouvait être appréhendée sous deux aspects différents. Elle revient pour une part à transformer la honte en culpabilité. Cette visée manifeste évidemment très discutable conduit les victimes à la reconnaissance de leur alliance (généralement inconsciente) avec l'agresseur aussi bien qu'avec le système qui organise la violence subie. C'est la voie suivie par la thérapie par le fer et le feu que pratiquent les Inquisiteurs, lorsqu'ils invoquent la volonté non pas délibérée, mais virtuelle des victimes du démon. J'ai voulu montrer encore qu'on ne saurait s'en tenir à cette seule transformation. La fiction juridique ou construction sur laquelle s'appuie expressément l'accusation, prend également la valeur d'une mise en forme ou d'une objectivation qui vient relancer l'activité représentative : la fiction du contrat ne vise pas seulement à extorquer des aveux, elle permet de mettre à jour une « religion du diable extrêmement ancienne dont le rite se perpétue en secret » et de prendre, par ce moyen, la mesure du cauchemar effectivement vécu par le superstitieux.

Indépendamment de la forme particulièrement inhumaine qu'a prise la « chasse aux sorcières », on conçoit l'intérêt de ce genre de construction dans la prise en charge de certains patients, et tout particulièrement avec les victimes de violences. Le thérapeute doit avoir à l'esprit le contexte social dans lequel ont eu lieu ces atteintes à l'intégrité personnelle, mais doit également produire une représentation du cauchemar effectivement vécu par le patient et s'en faire d'abord une image ou un tableau vraisemblable. L'enjeu n'est pas tant de reconnaître la réalité de la violence subie, ni d'accorder au patient le « statut de victime », que de faire face à la forme de *défense par connivence* qui procède de l'adaptation forcée du sujet à des situations extrêmes. Cette adaptation, le plus souvent inconsciente, conduit à regarder comme familière, banale ou allant de soi des abus caractérisés. On l'a vu en évoquant, avec l'exemple de Mithridate, les effets de l'accoutumance et des processus de métabolisation propres au narcissisme. L'enjeu du travail thérapeutique ne saurait être d'amener le patient à la seule reconnaissance de la complicité inconsciente avec l'agresseur et le système qui organise la violence, mais au contraire de lever le voile sur l'imposture et le mensonge qui alimente cette complicité : de débusquer l'usurpateur intérieur qui s'est installé en lieu et place des objets de dépendance, afin de donner corps à « l'ombre de l'objet » tombée sur le moi. L'intérêt porté à la secrète « religion du diable » qui hante les superstitieux, ne vise pas seulement à lever le refoulement : il s'agit également de favoriser le clivage et de s'appuyer sur les défenses projectives du patient.

J'ai tenté ailleurs de montrer que l'on pouvait comprendre dans ce sens la stratégie mise à l'œuvre par Descartes lui-même dans ses *Méditations* : le recours à la fiction permet de mettre fin à la confusion identitaire sur laquelle repose l'emprise tyrannique de la coutume et de convoquer sur la scène de la représentation la figure de ce double énigmatique, le « malin génie », ce « trompeur très puissant et très rusé qui emploie son industrie à me tromper toujours ». La Boétie procède de manière analogue : le monde cauchemardesque qu'il décrit en s'appuyant sur des éléments empruntés à une histoire déjà ancienne, peut être regardé comme une fiction, au même titre que les emprunts de Descartes à la démonologie. Il ne s'agit pas tant de proposer un tableau vraisemblable de la réalité sociale elle-même, mais de convoquer une image du monde fantasmagorique qui organise les conduites de soumission. Une image que ne manqueront jamais d'exploiter les nombreux « tyranneaux » que l'on rencontre dans la vie sociale, la masse de tous ceux qui « s'amassent autour [du tyran] et le soutiennent pour avoir part au butin et être, sous le grand tyran, tyranneaux eux-mêmes » (DSV, 87), au même titre que les charlatans et imposteurs mentionnés par Plutarque, capables de tirer avantage des angoisses qui agitent l'esprit du superstitieux. La servitude volontaire procéderait ainsi d'une forme de *parasitisme* mental.

6) Depuis le siècle des Lumières, il est devenu assez courant de regarder les religions instituées comme des équivalents de formations délirantes. Et elles le sont pour une bonne part, du fait, notamment des processus projectifs sur lesquels s'appuient généralement leurs dogmes fondamentaux. On leur oppose la « vision scientifique du monde ». On insiste pareillement sur les crimes et les persécutions dont elles se rendent régulièrement coupables, de l'intolérance et du zèle fanatique dont elles font preuve au nom de la « défense de la foi ». À cet égard, le cas des sorcières et de leurs crimes imaginaires est devenu emblématique des folies commises au nom de la religion. *Tantum religio potuit suadere malorum !* Combien la religion suscita de malheurs ! Ce jugement est évidemment justifié, mais jusqu'à un certain point cependant. On peut en effet regarder les religions instituées, avec leurs rites et leurs cultes enracinés dans la culture et la société, comme des formes de défenses collectives contre les potentialités délirantes de ce que Plutarque appelle « superstition » ou « crainte des dieux ». Ou encore contre la « sombre violence », de ces « fantômes sans formes [...] effroyables, inquiétants et dépourvus de toute félicité » que Schelling oppose aux « visions pures, claires et bienheureuses » du ciel des divinités homériques. Autant de caractéristiques que l'on peut rapporter, d'après le témoignage des Inquisiteurs, à cette « religion du diable [...] dont le rite se perpétue en secret ». L'apparente ancienneté de cette forme de religion tiendrait non au fait qu'elle s'enracinerait dans un passé révolu, mais au fait que ressurgit, à travers elle, une forme archaïque d'effroi sacré qu'il appartient à la culture de contenir, d'organiser, d'enfouir ou de refouler. On trouverait par là également le moyen de distinguer la religiosité commune de la forme composite et souvent contradictoire qu'elle prend régulièrement dans les délires, lorsqu'une divinité bienveillante se transforme en Dieu trompeur ou

en « malin génie »[1]. C'est peut-être la thèse de Plutarque qui définit la « véritable religion » comme un moyen terme ou un mélange harmonieux de superstition et d'athéisme. Une définition, un peu étrange à première vue, qui distingue sans doute la superstition de la vraie religion, mais pour mettre aussi bien en avant les liens ambigus qu'elles entretiennent nécessairement. Plutarque, lui-même prêtre d'Apollon à Delphes, savait aussi la dose d'incrédulité ou d'athéisme avec laquelle la religion civile doit composer pour être humainement vivable. Je comprends ainsi la remarque de Fairbairn, selon laquelle, chez « tous les patients, névrotiques et psychotiques », lorsqu'une sainte messe est célébrée dans le chœur, on doit raisonnablement s'attendre qu'une une messe noire ait en même temps lieu dans la crypte[2].

Observation : Qualifier de superstition toute déviance par rapport à la religion officielle et publique est évidemment problématique. D'un point de vue sociologique, la sorcellerie s'enracine bien souvent dans une forme de religion populaire et officieuse, c'est-à-dire dans des pratiques qui ont valeur de résistance à l'autorité et à l'ordre établi. En un sens, ce que découvrent les Inquisiteurs, c'est le fait que l'adhésion des dominés au dogme officiel n'est pas sans reste, autrement dit le fait que le consentement de façade à la religion dominante va généralement de pair avec l'existence d'une contre-culture populaire ou d'un « texte caché », en contradiction avec le catéchisme publiquement prêché par le clergé[3]. Par définition,

1. Les exemples ne manquent pas. On peut mentionner le cas devenu classique de Perceval Spencer, dont l'autobiographie a été publiée par G. Bateson : *Perceval le fou. Autobiographie d'un schizophrène (1830-1832)*, Paris, Payot, 1976. Le texte décrit bien la manière dont l'étudiant en théologie s'enferme progressivement dans une forme de religiosité privée sous l'influence de ses voix.

2. W. R. D. Fairbairn, « Refoulement et retour des mauvais objets (notamment en ce qui concerne les névroses de guerre) » (1943), dans *Études psychanalytiques de la personnalité*, Paris, Éditions du Monde Interne, 1998, p. 73.

3. Sur cette notion de « texte caché » ou privé, opposé au « texte public », voir James C. Scott, *La domination et les arts de la résistance. Fragment du discours subalterne* [1992], Paris, Éditions Amsterdam, 2019. Ce texte caché n'est pas spécifique aux dominés, il se rencontre dans tout groupe social. La construction

ce « texte caché » est dissimulé; il est par conséquent difficile à documenter. Un bon exemple est celui de la religion des esclaves nord-américains ou encore l'antinomisme des lollards anglais du XVIIe siècle, élaboré d'abord dans les tavernes et les brasseries, avant de prendre une forme publique à la faveur de la Révolution avec les revendications des *diggers* et des *levellers*[1]. Parler donc de « texte caché » risque de masquer le fait que les revendications sociales des classes populaires s'appuient le plus souvent sur une « économie morale ancienne », la coutume et la tradition, comme l'a montré E. P. Thompson, et prend couramment la forme d'une dissidence religieuse. Le propre de ces formations culturelles est d'être à la fois autonomes et dominées, et de se constituer comme la *négation* (plus ou moins cohérente) des valeurs et des pratiques officielles. Et c'est bien ce qui les rend si vulnérables face aux enquêtes des « défenseurs de la foi ». Une autre raison de cette vulnérabilité tient au fait que la consistance d'un tel « texte caché », en tant qu'expression des défenses collectives, repose sur la solidarité et le lien social qui existe entre les dominés, et dépend donc de la capacité du groupe à transformer une misère solitaire en « malheur commun ».

On peut considérer que les Inquisiteurs, aux prises avec les prétendus faits de sorcellerie, sont à leur manière confrontés à une difficulté analogue, relative à la tension nécessaire entre la religion officielle qu'ils défendent et les superstitions qui la menacent de toutes parts. Cette question, ils l'abordent naturellement du point de vue de la doctrine de la foi. Mais la fiction du pacte sorcier la déplace aussi sur un terrain différent, celui du droit. Sur ce point encore, je me contenterai de quelques brèves indications.

de Scott rencontre ainsi l'adage des libres penseurs : *foris ut licet, intus ut libet* (« [comporte-toi] au-dehors comme il convient, au-dedans comme il te plait »). L'originalité du propos tient au fait qu'il en donne une interprétation dynamique : cette duplicité est déjà une forme de résistance à la domination.

1. Exemples rapportés par James C. Scott, *La domination et les arts de la résistance*, *op. cit.*, respectivement p. 211 et p. 382-383 (en référence aux travaux de Christopher Hill, notamment : *Le Monde à l'envers : les idées radicales au cours de la Révolution anglaise*, Paris, Payot, 1977).

Le pacte sorcier constitue un crime de « lèse-majesté divine » qui atteste de la participation active à une conspiration contre Dieu, contre l'Église, tout autant que contre la communauté humaine. La relation qu'il institue, on l'a vu, n'a rien d'informel : elle est légale sans doute, mais vouée à rester clandestine, secrète ou « taciturne ». Qualifiée juridiquement par ses adversaires, elle ne relève pas du droit public, c'est-à-dire de la loi commune, comme les miracles de Dieu, mais du *droit privé* ou du droit contractuel : « le sorcier qui opère sur la base d'un pacte avec le démon, est dit agir sur la base d'un contrat privé »[1]. Tandis que le registre de la loi institue un ensemble de règles hétéronomes qui s'imposent aux personnes indépendamment de leur volonté, les contrats reposent sur l'idée d'un libre accord avec autrui : ils reposent sur un engagement volontaire des acteurs. On peut aussi aborder les controverses théologiques sous cet aspect, et en particulier la « religion du diable » qui transforme en cauchemar la promesse paulinenne d'une abolition de la loi. À leur manière, les Inquisiteurs rappellent la nécessité d'une norme commune de justice comme fondement de l'ordre social, destinée à organiser et réguler les interactions contractuelles relevant du droit privé. On reconnaît ici la conception architectonique d'Aristote qui subordonnait les liens d'allégeance fondés sur l'amitié au domaine de la justice et de la loi, garante effective de la communauté et du bien commun. En s'appuyant sur les formules d'Héraclite, Plutarque rappelait pareillement la nécessité d'une telle subordination.

Il serait intéressant de se pencher sur la répression de la sorcellerie sous cet angle juridique et sociologique, en faisant l'hypothèse qu'elle interroge finalement des phénomènes sociaux bien réels, associés à la désorganisation du monde social, à la précarisation et aux effets de désaffiliation et de marginalisation qui résultent de la perte des sécurités nécessaires à la vie subjective. Même si, à l'évidence, comme c'est généralement le cas, le soupçon se porte non sur les principaux artisans de cette désorganisation,

1. P. De Lancre, *Tableau de l'inconstance des mauvais anges et démons*, *op. cit.*, p. 167.

mais d'abord sur ceux qui en pâtissent les premiers : les pauvres, les exclus, les marginaux, les étrangers et, bien entendu, des femmes. Sur ce point notamment, la démarche de La Boétie se distingue de celle des Inquisiteurs.

7) Dans ce chapitre, j'ai voulu prolonger la réflexion relative à la description des effets de la « fausse honte » qui aurait servi de prétexte à l'écriture du *Discours*. Pour cela, je me suis tourné vers un autre texte : le traité sur la superstition ou « crainte des dieux » dans lequel Plutarque met en avant des angoisses un peu particulières, associées au sentiment d'être pris au piège d'une situation sans issue. Il s'appuie pour cela sur une formule d'Héraclite, devenue célèbre, qui distingue le « monde propre », celui du rêve, du « monde commun » des échanges et des interactions, mais qui invite également à interroger les relations qu'entretiennent nécessairement ces deux genres de réalité. La formule d'Héraclite est évidemment très ambiguë, mais l'usage que paraît en faire Plutarque n'est pas très éloigné de la manière dont on peut distinguer ces deux espaces dans lesquels nous vivons : le « monde interne », la sphère de l'intime et du rêve, et le « monde commun » de l'expérience partagée dans lequel nous rencontrons autrui, la réalité sociale qui donne forme et organise ces échanges.

Sans doute, il n'y a pas de dedans sans dehors, non plus que de moi sans non-moi : leur entrelacement est pour ainsi dire nécessaire. La grande question n'est pas seulement de séparer ces mondes, mais aussi de les mettre en relation. La difficulté, comme le rappelle Winnicott n'est pas de discriminer ces espaces, mais de les associer et de permettre de faire un lien « entre ce qui est objectivement *perçu* et ce qui est subjectivement *conçu* »[1]. Cette nécessité est au cœur de la définition de la « psychologie sociale » par laquelle Enrique Pichon-Rivière défend une approche psychanalytique des phénomènes de groupe :

1. D. Winnicott, *Jeu et réalité*, *op. cit.*, p. 21.

> La psychologie sociale que nous postulons a pour objet d'étudier le développement et la transformation d'une relation dialectique, celle qui existe entre la structure sociale et le fantasme inconscient du sujet, qui repose sur les relations de nécessité de ce dernier ; ou, pour le dire autrement : elle étudie la relation entre la structure sociale et la constitution du monde interne du sujet, relation qui est abordée à travers la notion de lien[1].

Il poursuit en montrant comment l'opposition convenue entre l'individu (le sujet) et la société (structure sociale) peut être problématisée : « Pour nous, l'être humain est un être de besoins, besoins qui ne peuvent être satisfaits que socialement, à travers des relations qui déterminent l'être en question. Le sujet n'est pas seulement un sujet en relation, c'est un *sujet produit* dans la praxis. Il n'existe rien en lui qui ne soit la résultante de l'interaction entre individu, groupe, société ». L'idée est bien que le déterminisme structurel n'invalide pas, mais ouvre au contraire le champ à l'étude de ces interactions et de ces pratiques dans ce qu'elles ont de vivant et créatif.

Observation : Sur les impasses du « structuralisme », on peut mentionner E. P. Thompson qui critique la tendance à regarder la structure comme une abstraction métaphysique et à assimiler l'histoire vivante à un « processus sans sujet », réduisant, comme l'écrit Marx à propos de Proudhon, « les choses d'ici-bas », les hommes et leurs activités, à de simples « broderies dont les catégories logiques constituent le canevas »[2]. Dans son introduction à l'étude des « relations en public », E. Goffman exprime une insatisfaction analogue : « Chaque fois qu'il a fallu illustrer concrètement une institution sociale ou un morceau de structure sociale, on y a

1. « Contributions à la didactique de la psychologie sociale » (1972), trad. fr. dans E. Pichon-Rivière, *Le Processus groupal*, Ramonville Saint-Ange, Érès, 2004, p. 38.

2. E. P. Thompson, *Misère de la théorie. Contre Althusser et le marxisme anti-humaniste*, [1978], Paris, L'Échappée, 2015, p. 226 ; K. Marx, *Misère de la philosophie*, Paris, Payot, 2002, p. 158.

introduit quelques interactions pour les décorer de faits de la vie et, incidemment, pour ne pas oublier tout à fait qu'il y a des gens qui s'y agitent. Ainsi, on a utilisé des interactions pratiques pour éclairer d'autres faits, mais en les traitant comme s'il n'y avait pas besoin de les définir, ou comme si elles ne valaient pas la peine qu'on les définisse »[1]. Plutôt que de lire le *Discours* comme la démonstration de cet assujettissement en vertu duquel l'individu serait capté corps et âme par le système de domination, on peut, comme j'ai essayé de le faire, s'intéresser aux *processus* à la fois sociaux et psychiques qui concourent à cette captation, aux conditions non seulement sociales, mais aussi psychologiques qui la rendent possible, et aux effets qu'elle peut avoir sur le fonctionnement mental des individus. On se ménage ainsi la possibilité de prendre en compte le fait que l'assujettissement n'est jamais tout à fait sans reste.

De ce point de vue, le traité de Plutarque sur la « crainte des dieux » défend à sa manière une conception analogue de la transitionnalité : il montre comment l'écrasement de ces perspectives revient à priver le superstitieux tout à la fois de « monde commun » et de « monde propre ». Il s'enferme alors dans un espace délirant et cauchemardesque, dominé par des dieux hostiles et malveillants auxquels il ne saurait échapper, un espace finalement assez similaire à celui de la tyrannie du *Discours*, dans lequel toutes les valeurs éthiques sont transformées en leur contraire.

En évoquant la notion de pacte que mettent en avant les Inquisiteurs dans leur lutte contre la sorcellerie, j'ai seulement tenté de montrer comment la démarche pouvait être comprise à la lumière des questions soulevées par Plutarque au sujet de la superstition. Comment surtout la notion de contrat tacite procédait d'un effort d'objectivation non pas identique, mais analogue à celui du *Discours*. Comment également l'idée d'une « volonté implicite » mobilisée dans le droit pouvait apporter un éclairage sur le caractère

1. E. Goffman, *La mise en scène de la vie quotidienne. 2. Les relations en public* (1971), Paris, Minuit, 1973, p. 11.

volontaire de la servitude dénoncée par La Boétie. Comment enfin la manière dont l'alliance secrète des sujets avec le tyran était assez comparable, y compris dans ses effets, à ce pacte imaginaire qui enchaîne les sorciers quelquefois à leur insu et malgré eux. La notion même de pacte tacite témoignerait encore qu'il n'a pas échappé aux Inquisiteurs eux-mêmes que leur effort d'objectivation passait par la construction d'un artéfact ou d'une fiction comme on en rencontre tant dans le raisonnement juridique. Il y a d'ailleurs tout lieu de penser que notre conception de la *volonté* repose, tout aussi bien, sur une fiction de ce genre.

La réalité sociale décrite par La Boétie n'est évidemment pas sans rapport avec ce qui se fait « en tout pays, par tous les hommes, tous les jours » (DSV, 39), mais elle s'alimente du cauchemar qui préside aux conduites de soumission et de « fausse honte », et de l'efficace de ces « nécessités internes » qui interdisent aux sujets de s'engager dans des pratiques d'émancipation. En ce sens, l'injonction de La Boétie est parfaitement justifiée : « soyez résolus de ne servir plus, et vous voilà libre » ; néanmoins elle se heurte à des résistances qui témoignent de la puissance du cauchemar ou du délire dans lequel vivent les sujets du tyran. Ce sont ces résistances que La Boétie s'emploie à mettre en évidence. Mais il le fait si bien qu'il finit par s'enfermer, et le lecteur avec lui, dans ce monde dont il décrit si finement les rouages. Je comprends ainsi la conclusion du *Discours* qui voue les complices du tyran aux souffrances de l'enfer, où leur serait réservée « quelque peine particulière » (DSV, 100). Comme un constat d'échec, assez comparable à celui des Inquisiteurs évoqués dans ce chapitre. Ces derniers mots mobilisent l'indignation et la colère ; ils sont aussi un aveu d'impuissance qui témoigne de l'impasse dans laquelle s'enferme La Boétie lui-même après avoir détaillé les ressorts et les effets d'un système de domination auquel nul ne saurait échapper, si ce n'est, peut-être, la minorité éclairée, les « mieux-nés », *nous* ses lecteurs. Bien entendu cette manière de voir est illusoire et trompeuse. Elle rend moins compte, selon moi, de la réalité concrète de la domination que du biais intellectualiste qui organise le point de vue. Ce genre d'impasse n'est pas rare : parce qu'elle pense et réfléchit si bien le système de domination, parce qu'elle en objective si parfaitement les mécanismes, la théorie critique finit parfois par s'interdire de prendre en compte les résistances auxquelles ce système est nécessairement confronté et contre lesquelles d'ailleurs il se constitue en permanence. Au point quelquefois de refuser à ces résistances tout statut de réalité : dans ce monde trop bien pensé, ce ne sont plus que les manifestations illusoires et imaginaires d'une conscience aliénée. Ainsi les nombreux tableaux de l'oppression dite "totalitaire" qui ne proposent jamais qu'une description du monde social *tel que les dominants voudraient qu'il soit* : le produit d'un assujettissement sans reste des individus. Je suggère que ce biais n'est pas étranger au *Discours* ni au concept de volonté implicite qu'il mobilise. La sidération ainsi engendrée témoignerait d'abord de l'impact de l'objet sur la théorie et sur l'activité théorisante elle-même. Ce qui est laissé de côté c'est, pour reprendre l'expression de Plutarque, la part d'athéisme qui ne manque jamais de se mélanger à la superstition. Autrement dit, la part irréductible de conflictualité que l'on rencontre nécessairement dans la réalité sociale aussi bien que dans la vie psychique.

CONCLUSION

Mon intention n'aura pas été de mettre en avant l'actualité politique et philosophique du texte de La Boétie, ni de suggérer qu'il nous permettrait de penser certaines transformations contemporaines des relations de pouvoir ou de domination. De toute évidence, le monde social a changé, et les questions que nous sommes amenés à nous poser ne sont plus les mêmes que celles qui occupaient les hommes de la Renaissance. Je suis néanmoins parti du principe que ce texte pouvait porter un éclairage stimulant sur certains enjeux associés à la « souffrance sociale », sur l'impact psychique d'une violence qui trouve son origine dans les conditions sociales d'existence. C'est sous cet aspect que j'ai proposé d'aborder le *Discours*, aussi bien que plusieurs autres textes, la plupart anciens, qui ont pu inspirer La Boétie ou qui m'ont paru susceptibles d'éclairer l'étrange expression de « servitude volontaire ». À l'inverse, il m'a semblé nécessaire, pour entendre de quoi parlait le *Discours* et pour donner à voir la réalité clinique à laquelle il faisait allusion, de ne pas m'interdire de l'illustrer au moyen de catégories et de situations empruntées à notre présent. En cela, j'ai pris le parti d'expliciter un horizon que le lecteur ne manque jamais de mobiliser, même par-devers soi.

Je suis parti du fait que l'intention de La Boétie n'était peut-être pas tant de mettre en évidence une forme particulière et déterminée de pouvoir, que de faire état d'une *violence sociale* qui s'exerce « en tous pays, par tous les hommes, tous les jours », et d'en interroger l'impact sur la vie psychique des sujets, c'est-à-dire sur leurs capacités mentales et réflexives. Le *Discours* part d'un constat finalement assez général : dans certaines circonstances, les conditions sociales d'existence et les relations de pouvoir qui s'y exercent, entraînent chez ceux qui y sont assujettis, non seulement une érosion des valeurs morales relatives au juste et à l'injuste, mais également une forme d'insensibilisation qui procède du démantèlement des puissances de penser et de vouloir : ces conditions finissent par désorganiser les facultés de sentir et de désirer et par porter atteinte tout autant à la dignité de la personne qu'à la fonction d'appropriation qui caractérise le vivant, rendant le sujet, comme l'écrit Aristote, « étranger à ses propres plaisirs et à ses propres peines ». Le *Discours* ne dit finalement pas grand-chose de ces conditions sociales, ni de la tyrannie dont il ne fournit qu'une description assez sommaire et décontextualisée, d'abord parce qu'il écarte d'emblée la question juridique et philosophique des formes de gouvernement, mais également parce que la réalité qu'il évoque, celle qu'il emprunte largement à l'histoire romaine, n'a qu'un rapport lointain avec celle de son époque. J'ai pris appui sur cette atmosphère d'irréalité qui donne au *Discours* son caractère de saisissante étrangeté (ou d'étrange familiarité), sur la manière, autrement dit, dont il vient faire vaciller le sens ordinaire de la réalité, faisant apparaître, sous le rêve d'une société conçue comme réserve inépuisable d'amour, le cauchemar d'un monde régi par l'avarice et la cruauté. Cette série d'observations a guidé mon approche du *Discours* : si le texte de La Boétie est incontestablement un texte politique, il traite cependant des relations de pouvoir et de domination sous un angle particulier, du point de vue de *l'ombre projetée* de la réalité sociale sur le fonctionnement mental des sujets, pour mettre en avant des atteintes identitaires et narcissiques caractéristiques de la souffrance sociale. Il interroge aussi bien, en retour, les effets sociaux de ce fonctionnement mental, sa capacité à entretenir les conduites de soumission et à alimenter le système de domination. La difficulté du *Discours* tient, en partie, à ce double horizon, éloigné toute forme de réductionnisme : une difficulté à laquelle se confronte nécessairement toute réflexion relative à la souffrance sociale. Ces enjeux ne sont pas étrangers à la culture des Anciens.

Il va de soi qu'il n'y a pas de dehors sans dedans, pas de moi sans non-moi, non plus que d'être sans non-être, et que leur entrelacement rend leurs frontières incertaines. Ce constat est au cœur de la conception freudienne du narcissisme et de son travail d'appropriation et de métabolisation qui peut prendre des formes inattendues et quelquefois paradoxales. Cette incertitude est au cœur de la pensée critique aussi bien que des pratiques d'aide ou de soin. Elle impose généralement une disposition mentale assez inconfortable : la capacité d'appréhender, dans un même acte, deux choses différentes, irréductibles l'une à l'autre. En élaborant sa conception de la « complémentarité » sur laquelle repose son programme pluridisciplinaire visant à articuler, sans les confondre, l'approche sociologique et l'approche psychologique, G. Devereux compare cette incertitude à celle que l'on rencontre dans le domaine de la physique, où elle est érigée en principe. On pourrait tout aussi bien, au moins pour caractériser l'état mental qu'elle impose au chercheur comme au praticien, se rapporter à la définition que propose Platon de la *mémoire* : il y a réminiscence ou souvenir, toutes les fois que, « voyant une chose ou l'entendant, ou la saisissant par une sensation quelconque, non seulement on perçoit cette chose, mais on conçoit en plus une autre chose ». Ainsi, « voyant Simmias, il arrive assez souvent que l'on se ressouvienne de Cébès » (*Phédon* 73c-d). Un signe ou une image renvoie à ce qu'il représente ou figure, mais également à « autre chose ». Mon idée a été que la notion de souffrance sociale impose un travail mental de cet ordre.

Lorsqu'il s'appuie sur l'histoire romaine pour dénoncer une violence qui s'exerce « en tous pays, par tous les hommes, tous les jours », La Boétie mobilise chez son lecteur un travail de mémoire analogue. Il invite son lecteur à se reconnaître dans des situations qui appartiennent à un passé révolu depuis longtemps, et à y reconnaître aussi les traits de l'actualité dans laquelle il vit. J'ai procédé de même invitant pareillement le lecteur à *lâcher la proie pour l'ombre* et à opérer cet effort de mémoire : un déplacement ou un transfert qui caractérise aussi bien le rêve que le travail de pensée. Notre clinique psychosociale a, elle aussi, ses Diogène et ses Mithridate et, bien qu'on ne puisse exclure que Dieu soit mort, Satan fait encore bien partie de notre paysage.

La tâche de l'historien est de donner forme aux traces du passé. C'est ainsi que l'on peut résumer son travail d'objectivation ou de construction qui vise à produire une image vraisemblable de ce qu'auront été ces choses qui ne se donnent à nous que sous la forme de restes ou de vestiges. Mais l'intérêt de l'histoire et souvent le plaisir qu'elle procure vont bien au-delà : à la manière des contes, ils alimentent aussi nos rêves et ce monde interne dans lequel s'élabore la manière dont nous nous rapportons à notre monde commun. Le passé historique n'est pas seulement un objet à symboliser ; il procure également un objet *pour* symboliser, un médium susceptible de nous aider, à notre tour, à « sauver la sensation », à donner aux impressions du présent la forme d'une expérience vécue compréhensible. Pour le dire autrement, il est un miroir dans lequel nous réfléchir. Sans doute, *eux ne sont pas nous*. Mais c'est précisément sur cet écart que repose la réflexivité, celle qui repose non sur l'illusion sidérante de la coïncidence à soi, mais sur la reconnaissance de l'altérité qui définit la relation d'amitié. Comme l'observe Plutarque, « les mouches ne se peuvent tenir contre les endroits des miroirs qui sont bien lissés, ains [mais] glissent : et au contraire elles s'attachent bien à ceux qui sont raboteux et scabreux, et où il y a des gravures »[1].

Cette conception de l'histoire et de la mémoire, typique de la culture humaniste, est finalement au cœur du propos de La Boétie. Faute de cette capacité de rêver une liberté qui n'a peut-être jamais été de ce monde, le sujet se prive de la faculté de juger du présent et de sentir le joug dont il devrait souffrir. Il est rendu insensible à ses propres plaisirs aussi bien qu'à ses propres peines. J'ai insisté sur les effets de cette érosion du jugement d'attribution, gardien du narcissisme, aussi bien en traitant de la « mort de l'âme » qui menace les amants éconduits, que de cette disposition particulière à la servitude volontaire qu'est la « fausse honte », celle qui

1. Plutarque, « De la tranquillité de l'âme », 473E ; Amyot, 73H.

entraîne Adam (et tant d'autres) à pécher « à bon escient » et « par nécessité de compagnie ». Il ne fait pas de doute que cette érosion du jugement, cette mort et cette honte soient activement induites par les conditions sociales d'existence et par la rencontre avec un autrui cynique et malveillant. L'intérêt du *Discours* est d'interroger la manière dont ces nécessités externes rencontrent, pour exercer leur violence, l'efficace de nécessités internes.

Je me suis intéressé à cet entrelacement : je n'ai pas voulu aborder pour elles-mêmes ces nécessités externes, mais traiter plutôt de leur effet ou de leur impact sur la vie psychique en m'attardant sur quelques-unes des réponses possibles mobilisées par les sujets pour y faire face. La « servitude volontaire », cette forme d'abdication par laquelle, comme l'écrit Hume, « les hommes *révoquent leurs propres sentiments et passions* », peut être comptée au nombre de ces réponses ou défenses paradoxales : elle revient, dans une forme d'héroïsme sans gloire, à obéir à l'injonction stérile qui exige que l'on se mette au garde-à-vous devant le réel. La leçon du *Discours* est peut-être que cet idéal d'adaptation, aussi illusoire que délétère tant il va à l'encontre des forces qui caractérisent le vivant, conduit à une confiscation du domaine de l'intime, à l'isolement et à l'enfermement dans des situations sans issue.

Dans le fond, mon intention a été de proposer un travail historique, centré sur un texte particulier de l'époque de la Renaissance, afin de montrer comment il témoigne de la riche réflexion clinique sur les enjeux de la socialisation et de la subjectivation, comment il pourrait bien s'enraciner dans la tradition de l'*humanisme civil*. Elle a été également de proposer, à l'intention de ceux que cela intéresserait, une réflexion sur la psychanalyse et les enjeux pratiques qui naissent de la nécessaire prise en compte de la souffrance d'origine sociale et, plus généralement, de la confrontation du sujet avec son environnement. Partant de l'idée que le narcissisme devait être regardé aussi comme un phénomène social, j'ai proposé d'explorer, m'appuyant sur un corpus assez large, quelques-uns des aléas de la fonction d'appropriation et de métabolisation qui lui est propre. Mais j'ai cherché également, par les exemples, à fournir un peu de matière à rêver au praticien à l'écoute de ce type de souffrance, c'est-à-dire quelques objets susceptibles de nourrir son transfert sur des plaintes souvent muettes ou inaudibles. J'ai l'espoir que ce travail puisse aussi être lu dans cet esprit.

BIBLIOGRAPHIE

LISTE DES ABRÉVIATIONS

Amyot : PLUTARQUE, *Œuvres morales et meslées*, trad. Amyot, Paris, 1572.

DSV : É. LA BOÉTIE, *Discours de la servitude volontaire*, éd. A. Tournon, présentation T. Dagron, Paris, Vrin, 2014.

GW : S. FREUD, *Gesammelte Werke*, 19 vol., Frankfurt am Main, Fischer, 1940-1987.

OC : S. FREUD, *Œuvres complètes. Psychanalyse*, J. Laplanche (dir.), 20 vol., Paris, P.U.F., 1991-.

SOURCES LITTÉRAIRES ET DOCTRINALES

Je n'indique pas ici de manière exhaustive toutes les sources utilisées. Pour les classiques grecs et latins, je donne les textes dans les références habituelles et je reprends, sauf indication contraire, les éditions et les traductions des CUF (Classiques des Universités de France, Paris, Les Belles Lettres). Pour des raisons liées à la nature du travail présenté ici, j'ai souvent privilégié certaines traductions en circulation aux XVIe et XVIIe siècles. Ainsi je mentionne à l'occasion les versions latines des textes d'Aristote et de Platon, usuelles à l'époque.

Discours admirable d'un magicien de la ville de Moulins qui avoit un démon dans une phiole, condamné à estre bruslé tout vif, par arrest de la cour du Parlement, Paris, 1623.

ARISTOTE, *Aristotelis opera cum averrois commentariis*, Venise, 1562.
– *Métaphysique*, trad. J. Tricot, Paris, Vrin, 1981.
– *Éthiques d'Aristote*, trad. Ph. Le Plessis, Paris, 1553.
– *Éthique à Nicomaque*, trad. J. Tricot, Paris, Vrin, 1983.

– *Éthique à Nicomaque*, trad. R. Boéüs, Paris, Garnier-Flammarion, 2004.
– *Politique*, trad. J. Tricot, Paris, Vrin, 1987.
– *Les Politiques*, trad. P. Pellegrin, Paris, Garnier-Flammarion, 1990, 1993.
– *Rhétorique*, trad. P. Chiron, Paris, Garnier-Flammarion, 2007.
AUGUSTIN d'Hippone, *De la cité de Dieu*, trad. Gentian Hervet ; 1570, 4e édition (avec les commentaires de Vivès), Paris, 1610.
AULU-GELLE, *Nuits attiques*, trad. Verteuil, Paris, 1776.
AVERROÈS (Ibn Rushd), *Aristotelis opera cum Averrois commentariis*, Venise, 1562.
AVICENNE (Ibn Sina), *Liber de anima*, IV, 3 ; éd. S. Van Riet, Louvain, 1968-1972.
BRUNO G., *Opera Latine Conscripta*, Naples, 1879-1891 (8 vol. en 3 tomes)
– *Le Souper des Cendres*, éd. G. Acquilecchia, trad. Y. Hersant, Paris, Les Belles Lettres, 1994.
– *Des fureurs héroïques*, éd. G. Acquilecchia, trad. P.-H. Michel, Paris, Les Belles Lettres, 1999.
– *L'Expulsion de la bête triomphante*, éd. G. Acquilecchia, trad. J. Balsamo, Paris, Les Belles Lettres, 1999.
– *La Cabale du cheval pégaséen*, éd. G. Acquilecchia, trad. T. Dagron, Paris, Les Belles Lettres, 1994.
– *Opere magiche*, éd. S. Bassi, E. Scapparone, N. Tirinnanzi, Milan, Adelphi, 2000.
– *De la magie*, trad. D. Sonnier et B. Donné, Paris, Allia, 2000.
CICÉRON M. T., *De la république*, trad. Ch. Appuhn, Paris, Garnier-Flammarion, 1965.
– *Les Questions Tusculanes de Marc Tulle Ciceron*, trad. E. Dolet, s. l., 1544.
DE LANCRE P., *Tableau de l'inconstance des mauvais anges et démons* (1613) ; éd. N. Jacques-Chacun, Paris, Aubier, 1982.
DIOGÈNE LAËRCE, *Vies et doctrines des philosophes illustres*, trad. coordonnée par M.-O. Goulet-Cazé, Paris, Le livre de poche, 1999.
EQUICOLA M., *Les Six Livres de Mario Equicola sur la nature d'Amour, tant humain que divin, et toutes les différences d'iceluy*, trad. G. Chappuys, Paris, 1584.
ÉRASME D., *Éloge de la folie. Adages. Colloques*, textes choisis et traduits par C. Blum, A. Godin, J.-C. Margolin, et D. Ménager, Paris, Laffont, 1992.
– *Les Adages*, éd et trad. J.-C. Saladin (dir.), 5 vol., Paris, Les Belles Lettres, 2013.

FICIN M., *Marcilii Ficini Opera*, 2 vol., Bâle, 1576.
– *Théologie platonicienne*, éd. trad. R. Marcel, Paris, Les Belles Lettres, 1964.
– *Commentarium in Convivium Platonis. De amore. Commentaire sur le Banquet de Platon*, éd. trad. P. Laurens, Paris, Les Belles Lettres, 2002.
– *El libro dell'Amore*, éd. S. Niccoli, Florence, Olschki, 1987.
JOLY DE CHOIN L.-A., *Instructions sur le rituel* (1748), Lyon, 1780.
JOUBERT L., *Des erreurs populaires touchant la médecine*. Première et seconde parties, Paris, 1587.
JUSTIN, *Histoire universelle*, trad. J. Pierrot et E. Boittard, Paris, 1833.
[KRÄMER] INSTITORIS H. et J. SPENGER, *Malleus maleficarum* (*Marteau des sorcières*) [1486-1487], trad. A. Danet, Paris, Plon, 1973 ; rééd. Grenoble, Million, 1997.
LA BOÉTIE É., *Discours de la servitude volontaire*, éd. A. Tournon, présentation T. Dagron, Paris, Vrin, 2014.
LEMNIUS L., *Occulta naturae miracula*, Anvers, 1559.
– *Les Occultes Merveilles et secrets de la nature*, Paris, 1574.
MILTON J., *Le Paradis perdu*, trad. Chateaubriand, Paris, Belin, 1990.
MONTAIGNE M. de, *Les Essais*, éd. P. Villey, Paris, P.U.F., (1924), 1965.
PAQUET L., *Les Cyniques grecs. Fragments et témoignages*, Ottawa, 1975 ; édition allégée, Paris, Le livre de poche, 1992.
PIC DE LA MIRANDOLE G., *Œuvres philosophiques*, trad. O. Boulnois et G. Tognon, Paris, P.U.F., 1993.
PLATON, *Divini Platonis opera Marsilio Ficino interprete*, Lyon, 1562.
– *Le Sympose de Platon, ou de l'amour et de beauté*, trad. L. Le Roy, Paris, 1559.
PLOTIN, *Plotini Opera omnia*, Bâle, 1580 (trad. M. Ficin).
PLUTARQUE, *Œuvres morales et meslées*, trad. J. Amyot, Paris, 1572.
– *Vies des hommes illustres*, trad. J. Amyot, Paris, 1594.
– *Vie des hommes illustres*, trad. A. Dacier, Paris, 1734.
ROMANCI F. *Thesoro politico*, Tortona, 1602 ; *Trésor politique*, Paris, 1608.
SADE D., *La Nouvelle Justine*, suivie de *L'Histoire de Juliette*, Paris, 1797.
SÉNÈQUE, *Œuvres*, trad. du Chalvet, Paris, 1618.
SPANHEIM F., *Mémoires sur la vie et la mort de la Sérénissime Princesse Royale Juliane*, Leiden, 1645.
SUAREZ F., *De religione*, Lyon, 1630.
TOLAND J., *Lettres à Serena et autres textes*, introduction, éd. et trad. T. Dagron, H. Champion, Paris, 2004.

IBN TUFAYL, *Hayy ibn Yaqzân, Le Philosophe autodidacte*, Paris, Fayard-Mille et une nuits, 1999.

VILLALOBOS H. de, *Somme de théologie morale et canonique*, Paris, 1635.

OUVRAGES POSTÉRIEURS À 1800

Je ne mentionne ici, pour l'essentiel, que les ouvrages cités. Dans cette bibliographie, comme dans les notes, j'ai volontairement limité au strict minimum les références aux études consacrées aux auteurs classiques.

BAKHTINE M., *Marxisme et théorie du langage. Essai d'application de la méthode sociologique en linguistique* (1929), Paris, Minuit, 1977.

– *Problèmes de la poétique de Dostoïevski* [1929], Paris, L'Âge d'homme, 1970.

– *Esthétique et théorie du roman*, Paris, Gallimard, 1978.

BALIER C., *Psychanalyse des comportements violents*, Paris, P.U.F., 1988.

– *Psychanalyse des comportements sexuels violents*, Paris, P.U.F., 1996.

BARANGER M., « Le travail mental de l'analyste : de l'écoute à l'interprétation », *Revue française de psychanalyse* 1, 1993, p. 225-238.

BARANGER M. et W., *Problemas del campo psiconalítico*, Buenos Aires, 1969 ; trad. partielle, *La situazione psicoanalitica come campo bipersonale*, Milan, Raffaello Cortina Editore, 1990 ; trad. partielle, *The Work of confluence. Listening in the Psychoanalytic Field*, Londres, Karnac, 2009.

– « La situation analytique comme champs dynamique » (1961), *Revue française de psychanalyse* 6, 1985, p. 1543-1571.

BARANGER M. et W., MOM J.M., « Processus et non processus dans le travail analytique » [1983], *Revue française de psychanalyse* 4, 1996, p. 1223-1242.

BATESON G., *Perceval le fou. Autobiographie d'un schizophrène (1830-1832)*, Paris, Payot, 1976.

– *Vers une écologie de l'esprit*, Paris, Seuil, 1977-1980 (2 vol.).

– *Une Unité sacrée. Quelques pas de plus vers une écologie de l'esprit*, Paris, Seuil, 1996.

BAYLE G., *Clivage. Moi et défenses*, Paris, P.U.F., 2012.

BENJAMIN, W., *Origine du drame baroque allemand* (1928), Paris, Flammarion, 1985.

BLEGER J., *Symbiose et ambiguïté* (1967), Paris, P.U.F., 1981.
– *Psicología de la conducta*, Buenos Aires, Paidós, 1973.
– *Temas de Psicología (Entrevista y grupos)*, Buenos Aires, Nueva Visión, 1985.
– *Psicohigiene y Psicología Institucional*, Buenos Aires, Paidós, 1996 ; trad. it. *Psicoigiene e psicologia istituzionale*, Molferta, La Meridiana, 2011.
– « Le groupe comme institution et le groupe dans les institutions » (1970), in *Temas de psicología*, traduit dans R. Kaës (éd.), *L'institution et les institutions. Études psychanalytiques*, Paris, Dunod, 1996.
BION W., *Recherches sur les petits groupes* (1961), Paris, P.U.F., 1965.
– *Réflexion faite*, Paris, P.U.F., 1985.
– *L'Attention et l'interprétation* (1970), Paris, Payot, 1974.
BLUMENBERG H., *Paradigmen zur Metaphorologie*, Suhrkamp, Francfort, 1960 ; trad. fr. *Paradigmes pour une métaphorologie*, Paris, Vrin, 2006.
BOLTANSKI L. et E. CHIAPELLO, *Le nouvel esprit du capitalisme*, Paris, Gallimard, 1999.
BOURDIEU P., *Le Sens pratique*, Paris, Minuit, 1980.
– *Méditations pascaliennes*, Paris, Seuil, 1997, 2003.
BRUN A., B. CHOUVIER, R. ROUSSILLON, *Manuel des médiations thérapeutiques*, Paris, Dunod, 2013.
– *Formes primaires de la symbolisation*, Paris, Dunod, 2014.
BUFFIÈRE F., *Éros adolescent : la pédérastie dans la Grèce antique*, Paris, Les Belles Lettres, 1980.
BUTLER J., *La Vie psychique du pouvoir*, Paris, Léo Scheer, 2002.
CAIRNS D., *Aidôs : the Psychology and Ethics of Honor ans Shame in Ancient Greek Litterature*, Oxford University Press, 1993.
CARRUTHERS M., *Le Livre de la mémoire. La mémoire dans la culture médiévale* [1990], Paris, Macula, 2002.
– *Machina memorialis. Méditation, rhétorique et fabrication des images au Moyen Âge (400-1200)* [1998], Paris, Gallimard, 2002.
CASTEL R., *Les Métamorphoses de la question sociale. Une chronique du salariat*, Paris, Fayard, 1995.
– *La Montée des incertitudes. Travail, protection, statut de l'individu*, Paris, Seuil, 2009.
– *L'Insécurité sociale. Qu'est-ce qu'être protégé ?*, Paris, Seuil, 2003.
CICCONE A., « Aux sources du lien tyrannique », *Nouvelle revue de psychanalyse*, 76, 2012(1), p. 173-191.

— (éd.), *Psychanalyse du lien tyrannique*, Paris, Dunod, 2003.
– « Indices de honte et dispositif thérapeutique », *Dialogue*, 190, 2010(4), p. 41-53.
— et A. FERRANT, *Honte, culpabilité et traumatisme*, Paris, Dunod, 2009.
CHASSEGUET-SMIRGEL J., *La Maladie d'idéalité. Essai psychanalytique sur l'idéal du moi* (1973), Paris, L'Harmattan, 1999.
– *Éthique et esthétique de la perversion*, Paris, Champ Vallon, 1984.
CHAUVET É., « L'addiction à l'objet : une dépendance passionnelle », *Revue française de psychanalyse*, 63, 2004(2), p. 609-622.
CHOUVIER B. (éd.), *Les Processus psychiques de médiation*, Paris, Dunod, 2012.
CLOT Y. et D. LHUILIER, *Travail et santé. Ouvertures cliniques*, Ramonville Saint-Ange, Erès, 2010.
CORIAT B. (éd.), *Le Retour des communs. La crise de l'idéologie propriétaire*, Paris, Les liens qui libèrent, 2015.
DAGRON T., « Enjeux du délire d'influence selon Viktor Tausk : hypocondrie et processus mélancolique », *Psychanalyse et psychose* 14, 2014, p. 151-173.
– *Pensée et cliniques de l'identité. Descartes, Cervantès, Montaigne*, Paris, Vrin, 2019.
DARDOT P. et Ch. LAVAL, *Commun. Essai sur la révolution au* XXI*e siècle*, Paris, La Découverte, 2014.
DEJOURS Ch, *Travail, usure mentale. De la psychopathologie à la psychodynamique du travail*, Paris, Bayard, 1980.
– *Souffrance en France. La banalisation de l'injustice sociale*, Paris, Seuil, 1998.
– *L'Évaluation du travail à l'épreuve du réel. Critique des fondements de l'évaluation*, Paris, Inra Éditions, 2003.
– « Aliénation et clinique du travail », *Actuel Marx*, 39, 2006(1), p. 23-44.
DEVEREUX G., *Therapeutic Education. Its Theoretical Bases and Practice*, New York, 1956.
– « La renonciation à l'identité : défense contre l'anéantissement », *Revue française de psychanalyse* 1, 1967, p. 101-140.
– *Ethnopsychanalyse complémentariste*, Paris, Flammarion, 1972.
– *Essais d'ethnopsychiatrie générale*, Paris, Gallimard, 1973.
– *De l'angoisse à la méthode dans les sciences du comportement* (1967), Paris, Champs-Flammarion, 2012.
– *Tragédie et poésie grecque. Études psychanalytiques*, Paris, Flammarion, 1975.

– *Les Rêves dans la tragédie grecque*, Paris, Les Belles Lettres, 2006.

DIDRY C., *Naissance de la convention collective. Débats juridiques et luttes sociales en France au début du XXe siècle*, Paris, Éditions de l'École des Hautes Études en Sciences sociales, 2002.

– *L'Institution du travail. Droit et salariat dans l'histoire*, Paris, La Dispute, 2016.

DONNET J.-L., *Surmoi. Le concept freudien et la règle fondamentale*, Monographie de la *Revue Française de psychanalyse*, Paris, P.U.F., 1995.

DOVER K. J., *Homosexualité grecque* (1978), Grenoble, Pensée sauvage, 1982.

DURAND J.-P., *La Chaîne invisible. Travailler aujourd'hui : flux tendus et servitude volontaire*, Paris, Seuil, 2003.

– *La Fabrique de l'homme nouveau. Travailler, consommer et se taire ?*, Lormont, Le Bord de l'eau, 2017.

DURKHEIM, É., *De la division du travail social* (1893), Paris, P.U.F., 1930.

– *Règles de la méthode en sociologie* (1895), Paris, P.U.F., 1937.

– *Les Formes élémentaires de la vie religieuse* (1912), Paris, P.U.F., 1960.

– *L'Évolution pédagogique en France*, Paris, Alcan, 1938.

– *Sociologie et philosophie*, Paris, Alcan, 1924 ; P.U.F., 1967.

DUVOUX N., *L'Autonomie des assistés. Sociologie des politiques d'insertion*, Paris, P.U.F., 2009.

FAIMBERG H., *The Telescoping of Generations. Listening to the Narcissistic Links between Generations*, Routledge, Londres, 2005.

FAIRBAIRN W. R. D., *Psychoanalytic Studies of the Personnality* [1952], New York, Routledge, 1990.

FEDERN P., *La Psychologie du moi et les psychoses* [1952], Paris, P.U.F., 1979.

FERENCZI S., *Psychanalyse. Œuvres complètes*, Paris, Payot, 4 vol., 1968-1982.

– *Journal clinique (janvier-octobre 1932)*, Paris, Payot, 1985.

FERRANT A., *Pulsion et lien d'emprise*, Paris, Dunod, 2001.

– « Honte et emprise », *Revue française de psychanalyse*, 67, 2004(5), p. 1781-1787.

– « Emprise et lien tyrannique », *Connexions*, 95, 2011(1), p. 15-27.

FEUERBACH L., *L'Essence du christianisme*, trad. fr. J.-P. Osier, Paris, Maspero, 1968 ; Gallimard, 1992.

FISCHBACH F., *Sans objet. Capitalisme, subjectivité, aliénation*, Paris, Vrin, 2009.

– *Manifeste pour une philosophie sociale*, Paris, La Découverte, 2009.

– *Le Sens du social. Les puissances de la coopération*, Montréal, Lux, 2015.

– *Qu'est-ce qu'un gouvernement socialiste. Ce qui est vivant et ce qui est mort dans le socialisme*, Montréal, Lux, 2017.

FOUCAULT M., *Folie et déraison. Histoire de la folie à l'âge classique*, Paris, Plon, 1961.

– *L'Usage des plaisirs*, Paris, Gallimard, 1984.

– *Le Souci de soi*, Paris, Gallimard, 1984.

– *L'Herméneutique du sujet*. Cours de 1982, Paris, Seuil, 2001.

– *Dits et écrits*, Paris, Gallimard, 1994 (4 vol.).

FRAIBERG S., *Fantômes dans la chambre d'enfants. Evaluation et thérapie des perturbations de la santé mentale du nourrisson* (1989), Paris, P.U.F., 1999.

FREUD S, *Gesammelte Werke*, 19 vol., Frankfurt am Main, Fischer, 1940-1987

– *Œuvres complètes. Psychanalyse*, J. Laplanche (dir.), 20 vol., Paris, P.U.F., 1991.

– *Lettres à W. Fliess*, F. Kahn et F. Robert, Paris, P.U.F., 2006.

FREUD A., *Le Moi et les mécanismes de défense* (1936), Paris, P.U.F., 1949.

FRONTISI-DUCROUX F., *Du masque au visage. Aspects de l'identité en Grèce ancienne*, Paris, Flammarion, 1995.

– *Dans l'œil du miroir*, Paris, Odile Jacob, 1997.

FURTOS J. et Ch. LAVAL (éd.), *La santé mentale en acte. De la clinique au politique*, Ramonville Saint-Ange, Érès, 1995.

FURTOS J. (éd.), *Les Cliniques de la précarité. Contexte social, psychopathologie et dispositifs*, Paris, Masson, 2008.

GAILLE M., *Conflit civil et liberté : la politique machiavélienne entre histoire et médecine*, Paris, Champion, 2004.

GOFFMAN E., *Asiles. Étude sur la condition sociale des malades mentaux et autres reclus*, Paris, Minuit, 1968.

– *La Mise en scène de la vie quotidienne*, 2 vol., Paris, Minuit, 1973.

– *Les Rites d'interaction*, Paris, Minuit, 1974.

– *Stigmates. Les usages sociaux du handicap*, Paris, Minuit, 1975.

– *Les Cadres de l'expérience* [1974], Paris, Minuit, 1991.

GOLDSCHMIDT V., *Le Système stoïcien et l'idée du temps*, Paris, Vrin, 1979.

GRINBERG L., *The Goals of Psychoanalysis. Identification, Identity and Supervision*, New York, Karnac, 1990.

GRINBERG L. et R., *Psicoánalisis de la migración y del exilio*, Madrid, Alianza, 1984 ; trad. angl. *Psychoanalytic Perspectives on Migration and Exile*, New Haven et Londres, Yale University Press, 1989.

HABER S., *L'Aliénation. Vie sociale et expérience de la dépossession*, Paris, P.U.F., 2007.

HALBWACHS M., *Les Cadres sociaux de la mémoire*, Paris, F. Alcan, 1925.

– « La représentation de l'âme chez les Grecs. Le double corporel et le double spirituel », *Revue de métaphysique et de morale*, 1930, p. 493-535.

HAMRAOUI E., « Servitude volontaire : l'analyse philosophique peut-elle éclairer la recherche pratique du clinicien ? », *Travailler*, 13, 2005(1), p. 35-52.

HERMANN I., *L'Instinct filial* (1943), Paris, Denoël, 1972.

HONNETH A., *La Lutte pour la reconnaissance*, Paris, Cerf, 2010.

– *La Société du mépris. Vers une nouvelle Théorie critique*, Paris, La Découverte, 2006.

– *La Réification. Petit essai de théorie critique*, Paris, Gallimard, 2007.

– *Les Pathologies de la liberté. Une réactualisation de la philosophie du droit de Hegel*, Paris, La Découverte, 2008.

JANIN C., « Pour une théorie psychanalytique de la honte (honte originaire, honte des origines, origines de la honte) », *Revue française de psychanalyse*, 67, 2004(5), p. 1657-1742.

KAPSEMBELIS V., « L'aliénation, psychopathologie et condition humaine », *Psychanalyse et psychose* 11, 2011, p. 119-136.

KASTER R. A., *Emotion, Restrain and Community in Ancient Rome*, Oxford University Press, 2005.

KESTEMBERG É., *La Psychose froide*, Paris, P.U.F., 2001.

KLEIN M., *Contributions to Psycho-analysis, 1921-1945*, Hogarth Press, Londres, 1968 ; trad. fr. *Essais de psychanalyse*, Paris, Payot, 1968, 2005.

– *Envy and Gratitude and Other Works, 1946-1963*, Londres, Horgarth Press, 1975 ; trad. fr. *Envie et gratitude et autres essais*, Paris, P.U.F., 1968.

KLEIN M., P. HEIMANN, P., S. ISAACS, J. RIVIERE, *Développements de la psychanalyse* [1952], Paris, P.U.F., 1966.

LE BON G., *La Psychologie des foules* (1895), Paris, P.U.F., 1963.

LÉNINE V. I. O., *Œuvres choisies*, 3 vol., Moscou, Éditions du progrès, 1971.

– *Matérialisme et empiriocriticisme. Notes critiques sur une philosophie réactionnaire* [1908], Moscou, Éditions du Progrès, 1973.

LINHART D., *Le Torticolis de l'autruche. L'éternelle modernisation des entreprises françaises*, Paris, Seuil, 1991.

– *Travailler sans les autres*, Paris, Seuil, 2009.

– *La Comédie du travail humain. De la déshumanisation taylorienne à la sur-humanisation managériale*, Toulouse, Érès, 2015.

— (éd.), *Pourquoi travaillons-nous? Une approche sociologique de la subjectivité au travail*, Toulouse, Érès, 2008.

– *Perte d'emploi, perte de soi*, Toulouse, Érès, 2009.

LINHART R., *Lénine, les paysans, Taylor*, Paris, Seuil, 1976, 2010.

– *L'Établi*, Paris, Minuit, 1978-1981.

LORENZ K., *Trois Essais sur le comportement animal et humain*, Paris, Seuil, 1970.

MAYOR A., *The Poison King. The Life and Legend of Mithridates, Rome's deadliest Ennemy*, Princeton University Press, 2010.

MARX K., *Manuscrits économico-philosophiques de 1844*, trad. fr. F. Fischbach, Paris, Vrin, 2007.

– *L'Idéologie allemande*, Paris, Editions sociales, 1976.

– *Die deutsche Ideologie*, K. Marx, F. Engels, *Werke*, Berlin, Dietz Verlag, t. 3, 1990.

– *Le Capital, Livre I*, trad. J.-P. Lefebvre (dir.), Paris, Les éditions sociales, 1983.

– *Correspondance*, t. 1, trad. Paris, Les éditions sociales, 1977.

MAUSS M., *Sociologie et anthropologie*, Paris, P.U.F., 1950.

MEAD G. H., *L'Esprit, le soi et la société* (1934), Paris, P.U.F., 1963.

MELTZER D., *Sexual States of Mind*, Londres, Karnac, 1973.

– *Le claustrum. Une exploration des phénomènes claustrophobiques*, Larmor-Plage, Éditions du Hublot, 1999.

– *Supervisions with Donald Meltzer. The Simsbury Seminars*, Londres, Karnac, 2003.

– *D. Meltzer à Paris. Conférences et séminaires au GERPEN*, Larmor-Plage, Éditions du Hublot, 2013.

— et M. HARRIS, *The Educational Role of the Family. A Psychoanalytical Model* [1976], Londres, Karnac, 2013.

MERLEAU-PONTY M., *La Phénoménologie de la perception*, Paris, Gallimard, 1945.

NAGY G., *Le Meilleur des Achéens. La fabrique du héros dans la poésie grecque archaïque* [1978], Paris, Seuil, 1994.

– *The Ancient Greek Hero in 24 hours*, Cambridge Mass.–Londres, The Belknap Press, 2013.

PASCHE F., *Le Sens de la psychanalyse*, Paris, P.U.F., 1988.

PASOLINI P. P., *Empirismo eretico. Lingua, letteratura, cinema : le riflessioni e le intuizioni del critico e dell'artista*, Milan, Ganziani, 1972.

PAUGRAM S., *Le Salarié de la précarité. Les nouvelles formes de l'intégration professionnelle*, Paris, P.U.F., 2000.

PEZÉ M., *Ils ne mourraient pas tous, mais tous étaient frappés. Journal de la consultation "Souffrance et travail" (1997-2008)*, Paris, Flammarion, 2010.

PICHON-RIVIÈRE E., *Le Processus groupal*, Ramonville-saint Ange, Érès, 2004.

– *Théorie du lien* suivi de *Le Processus créatif*, Ramonville-saint Ange, Érès, 2004.

PIGEAUD J., *La Maladie de l'âme. Étude sur la relation de l'âme et du corps dans la tradition médico-philosophique antique*, Paris, Les Belles Lettres, 1981.

RACAMIER J.-C., *Les Schizophrènes*, Paris, Payot, 1980.

– *Le Génie des origines. Psychanalyse et psychoses*, Paris, Payot, 1992.

– « Un espace pour délirer », *Revue française de psychanalyse*, 64, 2000(3), p. 823-829.

RACKER H., *Études sur la technique psychanalytique. Transfert et contre-transfert*, Meyzieu, Cesura, 1997.

REINACH Th., *Mithridate Eupator, roi de Pont*, Paris, 1890.

RENAULT E., *L'Expérience de l'injustice. Reconnaissance et clinique de l'injustice*, Paris, La Découverte, 2004.

– *Souffrances sociales. Philosophie, psychologie et politique*, Paris, La Découverte, 2008.

RIBOT Th, *La Psychologie allemande contemporaine*, Paris, 1879.

– *La Psychologie des sentiments*, Paris, 1896.

RICŒUR P., *Soi-même comme un autre*, Paris, Seuil, 1990.

ROSA H., *Accélération : une critique sociale du temps*, Paris, La Découverte, 2010.

ROSENFLELD D., *The Psychotic Aspects of the Personality*, Londres, Karnac, 1992.

ROUSSILLON R., *Paradoxes et situations limites de la psychanalyse*, Paris, P.U.F., 1991.

– *Logiques et archéologiques du cadre psychanalytique*, Paris, P.U.F., 1995.

– *Agonie, clivage et symbolisation*, Paris, P.U.F., 1999.

– *Plaisir et répétition. Théorie du processus psychique*, Paris, Dunod, 2001.

– *Le Jeu et l'entreje(u)*, Paris, P.U.F., 2008.

– *Le Transitionnel, le sexuel et la réflexivité*, Paris, Dunod, 2008.

– « Narcissisme et complexification », *Revue française de psychanalyse*, 2014 (1), p. 68-82.

ROY O., *La Sainte Ignorance. Le temps de la religion sans culture*, Paris, Seuil, 2008.

SALMON Ch., *La Tyrannie des bouffons. Sur le pouvoir grotesque*, Paris, Les Liens qui libèrent, 2020.

SARTRE J.-P., *L'Être et le néant*, Paris, Gallimard, 1943.

SCHELLING F. W. J., *Œuvres métaphysiques* (1805-1821), trad. fr. J.-Fr. Courtine et E. Martineau, Paris, Gallimard, 1980.

– *Introduction à la philosophie de la mythologie*, trad. fr. J.-Fr. Courtine et J.-Fr. Marquet (dir.), Paris, Gallimard, 1998.

– *Philosophie de la Révélation*, trad. fr. J.-Fr. Courtine et J.-Fr. Marquet (dir.), Paris, P.U.F., 3 vol., 1989-1994.

– *Sämtliche Werke*, Stuttgart, 1855-1861.

SCOTT J. C., *La domination et les arts de la résistance. Fragment du discours subalterne*, Paris, Éditions Amsterdam, 2019.

SIRONI F., *Bourreaux et* victimes. *Psychologie de la torture*, Paris, O. Jacob, 1999.

– *Psychopathologie des violences collectives*, Paris, O. Jacob, 2007.

SUPIOT A., *Homo juridicus. Essai sur la fonction anthropologique du droit*, Paris, Seuil, 2005.

– *La Gouvernance par les nombres*. Cours au Collège de France (2012-2014), Paris, Fayard, 2015.

TAUSK V., *Œuvres psychanalytiques*, Paris, Payot, 1975.

THOMAS J.-F., *Déshonneur et honte en latin : étude sémantique*, Louvain, Peeters, 2007.

THOMPSON E. P., *Misère de la théorie. Contre Althusser et le marxisme anti-humaniste* [1978], Paris, L'Échappée, 2015.

– *Les Usages de la coutume. Traditions et résistances populaires en Angleterre (XVII-XIXe siècle)* [1991], Paris, EHESS, Seuil-Gallimard, 2015.

VERNANT J.-P., *Mythe et pensée chez les Grecs. Études de psychologie historique*, Paris, Maspero, 1965 ; Paris, La Découverte, 1996.

– *Mythe et tragédie en Grèce ancienne*, 2 vol., Paris, Maspero, 1972.

– *Religions, histoires, raisons*, Paris, Maspero, 1979.
– *L'Individu, la mort, l'amour. Soi-même et l'autre en Grèce ancienne*, Paris, Gallimard, 1989.
– *Figures, idoles, masques*, Paris, Julliard, 1990.
VILLEY P., *Les Sources et l'évolution des* Essais *de Montaigne*, Paris, 1908.
WINNICOTT D., *De la pédiatrie à la psychanalyse*, Paris, Payot, 1969.
– *Processus de maturation chez l'enfant. Développement affectif et environnement*, Paris, Payot, 1970.
– *Playing and Reality*, Londres, Routledge, 1971 ; *Jeu et réalité. L'espace potentiel*, Paris, Gallimard, 1975.
– *Human nature*, Londres, Free Association Press, 1988 ; trad. *La Nature humaine*, Paris, Gallimard, 1990.
WURMSER L., *The Mask of Shame*, John Hopkins University Press, 1981.

INDEX DES NOMS

TABLE DES MATIÈRES

Achevé d'imprimer en juillet 2022 par *La Manufacture - Imprimeur* – 52200 Langres
Imprimé en France – N° d'imprimeur : 220670 – Dépôt légal : août 2022